Zeitgeschichte

ÜBER DAS BUCH:

Nach jahrelangen Recherchen gelang es dem international bekannten Historiker Walter Laqueur gemeinsam mit Koautor Richard Breitman, die Geschichte jenes Mannes zu rekonstruieren, der als erster die Alliierten über Auschwitz und die »Endlösung« informierte.
Es ist die Geschichte des Industriellen Eduard Schulte, Generaldirektor der oberschlesischen Giesche-Werke und einer der führenden Männer der deutschen Wirtschaft. Als entschiedener Nazi-Gegner und in der festen Überzeugung, daß Hitler Deutschland zugrunde richten werde, spielte er Freunden und Mittelsmännern in der Schweiz unter Einsatz seines Lebens geheimste wirtschaftliche und militärische Informationen zu.
In dieser spannenden, zeitgeschichtlich bedeutenden Biographie schildern Laqueur und Breitman Jugend, Karriere, Nachrichtentätigkeit, Flucht und Kriegsschicksal dieses Mannes, der das Schweigen brach und von dem sie abschließend sagen: »Er besaß jenen einsamen Mut, der zu jeder Zeit selten ist, jene Tapferkeit, der zuvörderst die Völker ein Denkmal setzen sollten.«

DIE AUTOREN:

Walter Laqueur, geboren 1921 in Breslau, 1938 nach Palästina emigriert, lebt heute in London und Washington. Direktor des »Institute of Contemporary History and Wiener Library«, London, und Vorsitzender des »International Research Council« im »Center for Strategic and International Studies«, Washington. Inter-Nationes-Preisträger 1984. Autor zahlreicher zeitgeschichtlicher Bücher, die große Beachtung fanden (u. a. *Die deutsche Jugendbewegung. Eine historische Studie; Was niemand wissen wollte. Die Unterdrückung der Nachrichten über Hitlers »Endlösung«; Was ist los mit den Deutschen?; Terrorismus – Die globale Herausforderung*).

Richard David Breitman, geb. 1947, Studium der Geschichte an der Harvard University, seit 1976 Professor für Geschichte an der American University Washington.

Walter Laqueur
Richard Breitman

Der Mann, der das Schweigen brach

Wie die Welt vom Holocaust erfuhr

Mit 48 Abbildungen

Zeitgeschichte

Zeitgeschichte
Ullstein Buch Nr. 33092
im Verlag Ullstein GmbH,
Frankfurt/M – Berlin
Titel der amerikanischen
Originalausgabe: *Breaking the Silence*
Übersetzt von Erwin Duncker
Bearbeitung der Anmerkungen:
Martin Pfeiffer

Ungekürzte Ausgabe

Umschlagentwurf:
Hansbernd Lindemann
Unter Verwendung eines Fotos aus dem
Bildarchiv Preußischer Kulturbesitz

Die amerikanische Originalausgabe
erschien 1986 im Verlag
Simon and Schuster, New York

Printed in Germany 1988
Druck und Verarbeitung:
Ebner Ulm
ISBN 3 548 33092 4

August 1988

CIP-Titelaufnahme
der Deutschen Bibliothek

Laqueur, Walter:
Der Mann, der das Schweigen brach: wie
d. Welt vom Holocaust erfuhr / Walter
Laqueur; Richard Breitman. [Übers. von
Erwin Duncker. Bearb. d. Anm.: Martin
Pfeiffer]. – Ungekürzte Ausg. –
Frankfurt/M; Berlin: Ullstein, 1988
(Ullstein-Buch; Nr. 33092: Ullstein-
Sachbuch: Zeitgeschichte)
Einheitssacht.: Breaking the silence
< dt. >
ISBN 3-548-33092-4
NE: Breitman, Richard:; Pfeiffer, Martin
[Bearb.]; GT

Vom selben Autor
im Ullstein Verlag:

Was niemand wissen wollte (33027)
Was ist los mit den Deutschen? (34439 u.
07200)
Terrorismus – Die globale
Herausforderung (07985)

Inhalt

Einführung

Der Dienstwagen hält vor dem Portal des Breslauer Hauptbahnhofs. Es ist ein heißer, sonniger Mittsommertag des Jahres 1942; genauer gesagt, es ist der 29. Juli, ein Tag, der es verdient, im einzelnen festgehalten zu werden.

Der Fahrer hält den Wagenschlag auf, während Dr. Eduard Schulte ein wenig ungelenk aussteigt. Nach kurzem Innehalten schreitet er zum Eingang des Bahnhofs – ein großer, breitschultriger Mann von imposanter Erscheinung, woran die Tatsache nichts ändert, daß er unübersehbar hinkt. Der Fahrer, der das Gepäck trägt, folgt ihm.

In der Bahnhofshalle drängen sich Soldaten, die zum Heimaturlaub ankommen oder an die Front zurückkehren. Schulte verlangt eine Fahrkarte nach Zürich; der Schalterbeamte mustert ihn mit einer Neugier, die an Impertinenz grenzt. Aber die Reaktion des Beamten ist verständlich; man befindet sich im dritten Kriegsjahr, und während sehr viele Menschen eine Fahrkarte nach Berlin oder sogar nach München kaufen, ist der Kauf einer Fahrkarte in die neutrale Schweiz doch zu einem seltenen Ereignis geworden.

Das Gepäck sicher im Gepäcknetz verstaut, nimmt Schulte seinen Platz ein. Er wartet auf die Abfahrt des Zuges; sein Gesichtsausdruck läßt keine Rückschlüsse auf seine Gedanken zu. Vielleicht denkt er über die Ereignisse nach, die ihn veranlaßt haben, diese Reise anzutreten, vielleicht fragt er sich auch, was man daheim im Büro wohl von ihm halten mag.

Diese neueste Reise in die Schweiz ist für seine Kollegen und Angestellten ganz unvermutet gekommen, sogar für Fräulein Jerchel, seine langjährige Sekretärin. Aber niemand ist besonders überrascht, denn Schulte ist bekannt dafür, daß er manchmal kurz entschlossen verreist. Vielleicht hat sich, wie irgend jemand im Büro meint, eine plötzliche Komplikation ergeben in den Verhandlungen mit den Schweizer Firmen, mit denen Schulte in Geschäftsverbindung steht. Oder vielleicht hat ihn wieder eine jener rastlosen Stimmungen gepackt, in denen ihm jeder Vorwand recht ist, um fortzukommen. Wie dem auch sei, er behält den Grund für seine überstürzte Abreise bei sich.

In Wahrheit ist Eduard Schulte dieses Mal nicht durch Geschäfte oder durch die Zwänge seiner impulsiven Natur zu dieser Reise getrieben worden, sondern durch eine bestürzende Information, die nur vierundzwanzig Stunden zuvor zu seiner Kenntnis gelangt war. Sie führte zu dem Entschluß, eine in der Geschichte beispiellose Rettungsmission zu unternehmen – zur Rettung nicht einer Person oder einer Familie, sondern von Millionen von Menschen.

Für Eduard Schulte, Generaldirektor der Giesche-Werke, eines der führenden deutschen Bergbauunternehmen, begann der 17. Juli 1942 nicht viel anders als jeder andere Arbeitstag auch; er begann ihn am Schreibtisch in seinem Breslauer Büro mit der Zeitungslektüre. Er warf einen kurzen Blick auf die Berichte von der Front. Sie besagten, daß bei El Alamein gekämpft wurde und daß deutsche Vorausabteilungen den Donez in Rußland erreicht hatten. Und er las, daß die Vereinigten Staaten die Beziehungen zu Finnland abgebrochen hatten. Er wollte gerade seine Sekretärin rufen, als Otto Fitzner, der Produktionsdirektor, hereinkam. Mit gedämpfter Stimme sagte Fitzner, daß man an diesem Tag in Kattowitz, dem Verwaltungssitz der oberschlesischen Giesche-Betriebe, einen sehr wichtigen Besuch erwarte. »Wen denn?« fragte Schulte. »Himmler.« Schulte erschrak und machte ein besorgtes Gesicht, bis Fitzner ihn mit der Auskunft beruhigte, daß der Reichsführer SS und Chef der deutschen Polizei keineswegs beabsichtige, die Giesche-Werke zu inspizieren. Er habe in der Gegend etwas Wichtiges zu erledigen, allem Anschein nach in Auschwitz. Mehr wisse er im Augenblick auch nicht.

Schulte hatte keinen Grund, Fitzner nicht zu glauben. Sein Stellvertreter war schon in die Partei eingetreten, bevor das in Mode kam, und unterhielt enge persönliche Beziehungen zu vielen ihrer Führer. Fitzner war immer der erste, der solche Neuigkeiten erfuhr. Auch Heinrich Himmler kannte er, einen der drei oder vier mächtigsten Männer, die es damals in Deutschland gab, und ganz gewiß der gefürchtetste.

Himmler sah aus wie die Karikatur eines Volksschullehrers, ein gebrechlich wirkender Mann (und Hypochonder dazu), dessen äußere

Erscheinung vom nordischen Ideal der männlichen Schönheit ebenso weit entfernt war wie diejenige von Goebbels und Hitler. Er war kein bramarbasierender Kriegsheld wie Göring, kein brillanter und machtvoller Redner wie Goebbels, auch kein genialer Organisator. Er war allem Anschein nach ein Mann ohne Eigenschaften. Aber diese farblose Kreatur gehörte zu den wenigen Leuten, denen Hitler bedingungslos vertraute; für den Führer war er der »Treueste der Getreuen«. Hitler machte ihn zum Führer der SS, jener nationalsozialistischen Elite-Organisation, die nur die körperlich besten Exemplare der deutschen Jugend aufnahm und nur jene, die der NS-Weltanschauung am bedingungslosesten ergeben waren. Himmler wurde schließlich Reichsinnenminister, und neben vielen anderen Dingen war er für die Gestapo und sämtliche Konzentrationslager zuständig. Er war der oberste Richter über Leben und Tod im nationalsozialistischen Deutschland.

Himmler, das war allgemein bekannt, schätzte es nicht, allzu lange von seinem Schreibtisch und seinem häuslichen Herd getrennt zu sein. Was führte ihn nach Auschwitz, einer kleinen Ortschaft, die vor 1939 polnisch gewesen war und österreichisch vor dem Ersten Weltkrieg? Sie hatte keinerlei industrielle Bedeutung, noch zeichnete sie sich durch irgend etwas anderes aus. Im frühen Mittelalter war der Ort ein wichtiges Handelszentrum gewesen, aber dann hatte die industrielle Revolution ihn links liegengelassen. Auschwitz stagnierte und sank zu einem bedeutungslosen Flecken herab. Die Fischer warfen weiter ihre Netze aus in den kleinen Seen und Teichen der Umgebung, wie sie es seit unvordenklichen Zeiten getan hatten, aber Bergbau und Schwerindustrie siedelten sich woanders an. Es gab ein Konzentrationslager in Auschwitz, hauptsächlich bestehend aus alten Baracken der österreichischen Armee, aber nicht einmal dieses Lager war von irgendeiner besonderen Bedeutung. Es gab Dutzende solcher Lager in Großdeutschland, und bis 1942 waren etliche von ihnen erheblich größer. Außerdem hatte Himmler sich nie besonders daran interessiert gezeigt, sie zu besichtigen. Tatsächlich war das für ihn der unerfreulichste Teil seiner Pflichten, und wo immer es ging, drückte er sich darum.

Schultes Neugier wuchs, als er am nächsten Tag erfuhr, daß Himmler nicht etwa zu einer kurzen, ein- oder zweistündigen Besichtigung anreiste; der Reichsführer SS gedachte, sich länger aufzuhalten. Auf diesen Besuch wußte Schulte sich keinen Reim zu machen.

Neuigkeiten breiteten sich im oberschlesischen Kohlerevier mit der

Geschwindigkeit eines Lauffeuers aus. Am Morgen des 18. Juli wußte Schulte schon um einiges besser über den Besuch Bescheid. Denn am Vorabend hatte Himmler an einem Abendessen teilgenommen, das Bracht, der Gauleiter von Oberschlesien, gegeben hatte. Nach dem Essen in Auschwitz hatte sich die ganze Gesellschaft in die Villa Brachts, gelegen im Gieschewald bei Kattowitz, begeben. Diese Villa aber gehörte dem Unternehmen, dessen Generaldirektor Schulte war.

Die moderne, geräumige Villa hatte Giesche für seine amerikanischen Direktoren bauen lassen (infolge eines komplizierten Finanzierungsmanövers in den zwanziger Jahren unterstanden Giesches Unternehmungen im damaligen Polen amerikanischer Leitung). Sie verfügte über einen Golfplatz und einen Swimming-pool, ein damals in ganz Europa und erst recht in diesem weltabgeschiedenen Winkel des polnischen Schlesiens unerhörter Luxus. Die Villa war dem Gauleiter nicht ohne Hintergedanken von Giesche zur Verfügung gestellt worden. Denn nach der Annexion des polnischen Oberschlesien durch das Deutsche Reich im Jahre 1939 bestand die Gefahr, daß der gesamte Giesche-Besitz im besetzten Polen von einem der großen deutschen Staatsbetriebe übernommen würde, zum Beispiel von den Hermann-Göring-Werken. Die Giesche-Direktoren zerbrachen sich den Kopf darüber, wie man das abwenden könne, und schließlich sicherten sie sich Brachts Wohlwollen, indem sie ihm diese wunderbare Villa zur Verfügung stellten. Der Gauleiter hatte die Gabe mit einer von Mißtrauen nicht ganz freien Dankbarkeit entgegengenommen. Dr. Albrecht Jung, der Giesche-Justitiar, hatte angeregt, daß Bracht die Villa für die Dauer seiner Amtszeit übernehmen solle.

»Sie glauben also, daß man mich feuern wird?« fragte der argwöhnische Bracht, ehemaliges Mitglied des katholischen Zentrums, dann zum fanatischen Nazi geworden.

Jung dachte blitzschnell nach und sagte dann: »Früher oder später werden Herr Gauleiter ganz gewiß mit einer noch viel wichtigeren Aufgabe betraut werden.«

Am 17. Juli traf der erste Judentransport – er kam aus Holland – in Auschwitz ein, und Himmler beobachtete die Vergasung von 449 Personen in Bunker 2. Es war sein erstes derartiges Erlebnis. Er besuchte dann die Experimentieranlagen und Laboratorien und inspizierte den Bau eines Dammes. Am Abend speiste er in Auschwitz und schaute später in Brachts Villa im Gieschewald vorbei. Über gewisse Einzelheiten der

Inspektionsreise Himmlers wurde vor den Damen in der Villa nicht gesprochen. Himmler nahm ganz gegen seine Gewohnheit etwas Rotwein und rauchte eine Zigarre.

Die Lager von Auschwitz waren nahezu hermetisch von der Außenwelt abgeriegelt. Irgendwann im Jahre 1943 soll ein aufmerksamer deutscher Eisenbahner gesagt haben, daß Auschwitz inzwischen eine der größten Städte Europas geworden sein müsse – so viele Menschen führen hin, und keiner kehre jemals zurück. Doch im Juli 1942 fingen die Eisenbahnzüge erst an zu rollen. Aber schon damals war klar, daß etwas Ungewöhnliches vor sich gehen müsse; der oberste deutsche Polizeiführer war offensichtlich nicht ohne Grund zu Besuch gekommen.

Der Giesche-Vorstand war an Auschwitz interessiert, nicht nur, weil dort Zink abgebaut wurde. Er war äußerst mißtrauisch gegenüber den Absichten der SS, deren Appetit auf Grundstücke, die Giesche gehörten, nur demjenigen der Hermann-Göring-Werke nachstand. Einige dieser Grundstücke wurden für Himmlers landwirtschaftliche Experimente benötigt, andere für Konzentrationslager oder andere, damals noch unbekannte Zwecke. Am 1. März 1941 war Himmler schon einmal in Auschwitz gewesen, zu einem kürzeren Besuch, ebenfalls begleitet von Gauleiter Bracht und den lokalen Polizeiführern. Bei jenem Besuch hatte er eine Erweiterung des Lagers befohlen, so daß es 30000 Häftlinge aufnehmen konnte anstatt der wenigen Tausend – hauptsächlich Polen –, die sich damals dort befanden. Er wollte auch, daß ein zweites, viel größeres Lager gebaut wurde, das – wie es gerüchtweise hieß – für Kriegsgefangene bestimmt sein sollte. Und außerdem sollten Gebäude für den großen Chemiekonzern I.G. Farben errichtet werden. In dem Jahr seit jenem ersten Besuch hatte es eine rege Bautätigkeit gegeben. Dann waren neue Befehle gekommen für den Bau noch größerer Anlagen.

Anderthalb Wochen nach Himmlers Besuch in Auschwitz wurde Schulte der Zweck all dieser Tätigkeit bewußt. Er erkannte, daß Hitler eine wichtige Entscheidung getroffen hatte, die jetzt in die Tat umgesetzt werden sollte. Schulte war im Gegensatz zu seinem Stellvertreter Fitzner kein Nazi. Tatsächlich war er, was niemand wußte außer denen, die ihm am nächsten standen, von leidenschaftlichem Haß auf den Nationalsozialismus erfüllt. Er war felsenfest davon überzeugt, daß die Nazis Deutschland in den Ruin führen würden. Er traute der Nazi-Führung jedes nur erdenkliche Verbrechen zu, jede nur vorstellbare Tollheit.

Aber die Geheimpläne der Nazis für Auschwitz und andere Lager, die in der letzten Juliwoche einigen wenigen Eingeweihten bekannt geworden waren, waren so entsetzlich, daß sogar Schulte, der im engsten Freundeskreis Hitler nur als »den Verrückten« bezeichnete, einen Augenblick lang zögerte. Das konnten sie doch gewiß nicht wagen . . .

Die Neuigkeit, von der Schulte erfuhr, warf ein neues und fürchterliches Licht auf das wahre Schicksal der Juden. Wie alle anderen auch, hatte er die Reden gehört, in denen Hitler schwor, daß er das europäische Judentum vernichten werde. Aber das Wort »Vernichtung« konnte verschiedenerlei heißen. Es konnte zum Beispiel bedeuten, die Juden nach Madagaskar umzusiedeln, wie einige es vorgeschlagen hatten. So gut wie niemand, nicht einmal ein eingefleischter Antinazi wie Schulte, konnte glauben, daß »Vernichtung« wörtlich zu verstehen sei.

Niemand hatte einen schriftlichen Befehl gesehen. Weisungen wurden mündlich weitergegeben, und zwar unter Beachtung des Prinzips, daß jeder nur erfuhr, was er unbedingt wissen mußte. Das macht es heute, mehr als vierzig Jahre später, schwierig, mit absoluter Gewißheit festzustellen, wer was von wem und zu welchem Zeitpunkt erfahren hat. Mit Sicherheit wissen wir nur, daß unter denjenigen, die das Geheimnis erfuhren, ein außergewöhnlich mutiger Mann den nächsten Zug nach Zürich nahm, um die Juden zu warnen und dem Rest der Welt begreiflich zu machen, daß dringend Maßnahmen erforderlich waren, um den Massenmord zu verhindern. Warum handelte Eduard Schulte unter Einsatz seines Lebens, während alle anderen schwiegen?

Düsseldorf und Breslau

Des Mannes Vater ist das Kind. Von früher Jugend an legte Schulte eine Impulsivität an den Tag, die manchmal an tollkühne Gedankenlosigkeit grenzte; aber er besaß auch den Mut und den Willen, mit den Folgen dieser Seite seines Wesens fertig zu werden. (In der Mehrzahl der Fälle drückte seine Impulsivität sich in Taten der Großzügigkeit aus.) Ein traumatisches Erlebnis, das er im Alter von achtzehn Jahren hatte, verdeutlicht in höchstem Maße die Wahrheit dieser Feststellung.

Im Jahre 1909, nach seinem Schulabschluß in Düsseldorf, entschied er sich für eine Ausbildung in der Industrie. Er fand einen Ausbildungsplatz bei einer Firma, die sich auf geologische Bohrungen für industrielle Zwecke spezialisiert hatte und ihr Domizil in einem der Vororte von Düsseldorf besaß. Als er eines Tages im Büro an seinem Schreibtisch saß, sah er durch das Fenster, wie draußen eine Anzahl von Arbeitern vergeblich versuchte, einen beladenen Eisenbahnwaggon auf ein Nebengleis zu schieben. Eduard, ein kräftiger junger Mann und immer bereit, anderen zu helfen, sprang auf, um ihnen zur Hilfe zu eilen. In einer Pfütze, die er übersehen hatte, glitt er aus; sein linkes Bein geriet unter das schwere Rad und wurde zermalmt.

Man schaffte ihn, so schnell es ging, ins nächstgelegene Krankenhaus, aber mehrere Tage lang schwebte er zwischen Leben und Tod. Der Fuß wurde amputiert, aber dann wurde der Knochen infiziert, und weitere Operationen waren erforderlich. Am Ende wurde das ganze Bein amputiert. Daß er das alles überstand, verdankte er nur seiner eisernen Konstitution. Aber der psychologische Schock muß schrecklich gewesen sein. Ein junger Mann, aktiv in vielen Sportarten, ein leidenschaftlicher Jäger, der im Begriffe stand, wie die meisten seiner Altersgenossen in eins der Elite-Regimenter einzutreten – er hatte an die 11. Husaren (die »tanzenden Husaren«) gedacht –, war über Nacht zum Krüppel geworden. Belastet mit einer schweren Behinderung, trat er nun ins Leben – es mußte sehr viel Zeit vergehen, bevor daran gedacht werden konnte, ihm ein künstliches Bein anzupassen. Hinzu kam das gesellschaftliche Stigma, das es bedeutete, ein Krüppel zu sein. Angesichts so trüber Aussichten hätte manch einer zweifellos resigniert. Eduard Schulte war aus anderem Holze geschnitzt. Er beschloß, seine schwere Körperbehinderung zu ignorieren.

Napoleon hat von Düsseldorf gesagt »c'est petit Paris«, aber als Eduard Reinhold Karl Schulte dort am 4. Januar 1891 geboren wurde, war jede Ähnlichkeit mit Paris rein zufällig. Düsseldorf war in der zweiten Hälfte des Jahrhunderts wild ins Kraut geschossen. Es war Sitz vieler Verwaltungen – staatlicher, provinzieller, privatwirtschaftlicher; berühmt aber war die Stadt wegen ihrer Kirchen, ihrer Kunstgalerien und ihres Bieres, nicht wegen ihrer Verwaltungen. Es war eine behagliche Stadt, weder zu groß noch zu klein, mit vielen Parks und Grünanlagen und einem schönen Blick auf den Rhein.

Die Schultes, eine alte westfälische Familie, stammten ursprünglich aus der kleinen Stadt Wetter an der Ruhr, bis auf den heutigen Tag einer der schöneren Orte dieses Industriereviers. Andere Schultes waren aus Wengern gekommen, ebenfalls im Ruhrgebiet gelegen. Ihr erster Vorfahre, über den Einzelheiten bekannt sind, hieß Detmar und lebte im 17. Jahrhundert. Von seinen Söhnen und Enkeln wurden einige Bauern, andere gingen in den Bergbau, etliche wandten sich dem Handel zu.

Der Großvater des Helden dieser Geschichte, ebenfalls Eduard Schulte geheißen, war 1817 zur Welt gekommen und 1890 gestorben. Er hatte ursprünglich Medizin studiert, aber sein Vater war gestorben, bevor er sein Examen machen konnte, und weil er der Erstgeborene war, mußte er nun für den Unterhalt der Familie sorgen. Er ging in das Büchergeschäft, lernte bei Baedeker, dem berühmten Reiseführer-Verlag, der damals in Essen residierte, wo es immer noch eine sehr gute Buchhandlung gleichen Namens gibt. Später gründete Eduard der Ältere einen Verlag namens Buddäus in Düsseldorf, der sich auf Kunstbücher spezialisierte. Er eröffnete auch eine Galerie in der Alleestraße, der heutigen Heinrich Heine Allee.

Im letzten Jahrzehnt des 19. Jahrhunderts war die Bilder-Galerie Schulte zu einer der größeren Attraktionen der Stadt geworden. Der Baedeker von 1892 (dem Jahr nach der Geburt der Hauptperson unserer Geschichte) widmete ihr mehrere Zeilen. Die Galerie hatte sich auf

Bilder der von Peter Cornelius gegründeten örtlichen Malschule spezialisiert, die sich hauptsächlich mit religiösen Themen und mit Landschaften befaßte. Aber sie hatte auch immer eine Auswahl älterer deutscher Meister vorrätig, und in späteren Jahren wurden Filialen in Köln und in Berlin eröffnet, wo man das Palais Raedler erwarb – Unter den Linden 75 –, eine der besten Adressen der Stadt. Die Galerie expandierte und blühte; der Kaiser und Mitglieder der kaiserlichen Familie gehörten zu ihren Kunden.

Der Gründer der Galerie hatte einen Sohn, der ebenfalls Eduard hieß (1856–1937). Er heiratete die zehn Jahre jüngere Erna Berger, Tochter eines Architekten. Mittlerweile war die Familie wohlhabend, unter anderem durch Eheschließung. Der 1887 in Kreuznach (wo die Bergers eine kleine Privatbank besaßen) unterzeichnete Heiratsvertrag zwischen Eduard II und Erna war ein wortreiches Dokument, das beweist, daß es sich bei ihren Familien um vermögende Leute handelte. Die Schultes waren leidenschaftliche Jäger, ein Sport, der zu jener Zeit hauptsächlich dem Adel, dem gehobenen Mittelstand und den Wilderern vorbehalten war. Sie hielten sich eine Meute von Vorsteh- und Hühnerhunden. Eine Familienchronik berichtet auch von einer Vorliebe für das Sammeln goldener Uhren.

Der jüngere Eduard Schulte studierte Bergbautechnik, zog aber die Freiheit eines Beraters der festen Anstellung im Staatsdienst oder in der Industrie vor. Das brachte viele Reisen mit sich, manchmal bis in ferne Länder. Eduard Schulte II widmete seinen Steckenpferden ebenso viel Zeit wie seinem Beruf. Er war ein Sammler von Waffen und ein ernst zu nehmender Photo-Amateur, der seine Schnappschüsse selbst entwikkelte und vergrößerte. Er war ein Mann, der alles gern selbst machte. Er stellte nicht nur die Kugeln für seine Jagdgewehre selbst her, sondern machte auch seine Pomade selbst, und zwar aus weißer und gelber Vaseline.

Er war ein gutmütiger Mann mit einem großen Freundeskreis, doch ohne viel Energie oder Ehrgeiz. Er liebte seine Kinder, interessierte sich aber nicht sehr für ihre Erziehung. Das blieb seiner Frau überlassen, einer beeindruckenden Erscheinung mit wunderschönem Haar, lang genug, um darauf zu sitzen. Sie war äußerst belesen, klug, voller Initiative und im großen und ganzen der stärkere Charakter. Mama (die Betonung lag auf dem zweiten a) war energisch, ja herrschsüchtig, und ihr gehörte zeit ihres Lebens der nie in Frage gestellte Respekt ihrer

Kinder. Es waren vier an der Zahl – Erna, die älteste; Reinhold, der in frühester Kindheit starb; Eduard und Oskar.

Eduard Schulte II hatte das elterliche Heim in der Klosterstraße 18 geerbt. Seine beiden Brüder führten die Kunstgalerie weiter. Das Haus war eine stattliche Villa mit einem großen Tor, durch das die Kutschen vorfahren konnten, wenn die Schultes eine Gesellschaft gaben. Es gab eine kleinere Tür für den Alltagsgebrauch. Eduard Schulte III teilte sich im ersten Stock ein Zimmer mit seinem jüngeren Bruder Oskar. Die Lage des Hauses war, vom Standpunkt der Jungen aus gesehen, ideal; ihre Schule, das städtische Gymnasium, war das gegenüberliegende Gebäude. Sie warteten so lange, bis die Schulglocke zum Unterrichtsbeginn läutete. Dann rasten sie über die Straße und waren immer noch rechtzeitig auf ihren Plätzen.

Um ein Haus dieser Größe führen zu können, beschäftigten die Schultes, wie es damals in solchen Kreisen üblich war, mehrere Dienstboten, eine Köchin, einen Diener und Lottchen, eine Dame, die die Kinder zum Spazierengehen ausführte, als sie noch klein waren. Es gab einen großen Garten und daher auch die Notwendigkeit, einen Gärtner einzustellen; die Jungen liebten den Springbrunnen und die Pflanzen im Bassin. In einer Ecke des Gartens standen verschiedene Turngeräte. Einmal die Woche kam Herr Wölk, ein ehemaliger Hauptfeldwebel, der den Söhnen und Töchtern derer, die es sich leisten konnten, Privatunterricht im Turnen erteilte. Der junge Eduard zeichnete sich am Reck sowie im Hochsprung aus.

Der Vater war Mitglied eines exklusiven Klubs und trank dort vor dem Abendessen gern ein Gläschen Wein mit Freunden. Einmal in der Woche gingen die Schultes ins Theater (das damals unter Louise Dumont eines der besten in Deutschland war) oder zum Abendessen aus. Die Schulferien verbrachten sie fast ausnahmslos im Schwarzwald, niemals im Ausland. An warmen Sonntagnachmittagen ging die Familie im Hofgarten spazieren, Düsseldorfs imponierend großem Park, oder man nahm auf der anderen Rheinseite ein Stückchen »Platz« (einen Rosinenkuchen) in einem der vielen Cafés von Oberkassel. War es ein ganz besonders schöner Tag, dann fuhren die Schultes mit dem Dampfer nach Kaiserswerth, einem sehr beliebten Ausflugsziel.

Die Leidenschaft der Schultes fürs Jagen wurde schon erwähnt. Der Familie gehörten ausgedehnte Ländereien unmittelbar vor der Stadt in Richtung Oberhausen. Ein Forstmeister hielt das Land in Ordnung und auch die stattliche Jagdhütte, die eher wie ein kleines Schloß wirkte. Sie konnte im Winter fünfzehn oder gar zwanzig Personen aufnehmen. Das Jagen war weniger ein Sport als eine Lebensweise. Der junge Eduard lernte das Waidwerk von seinem Vater, der die Jagd überaus ernst nahm. Der ältere Schulte brach die Beziehungen zu seinem besten Freund ab, nachdem der Unglücksmensch versehentlich ein Reh getötet hatte.

Die Schultes waren gute Protestanten, aber keine Eiferer. Sie mochten es nicht, wenn jemand bei jeder Gelegenheit in die Kirche rannte. Die Familie versammelte sich am Heiligen Abend in Onkel Hermanns großem Haus (Hermann war einer der Brüder, denen die Galerie gehörte). Das Fest begann am Nachmittag mit Austern und Champagner; der junge Eduard, der sich später zu einem Gourmet entwickeln sollte, schätzte derlei Delikatessen damals noch nicht.

Über Religion sprach man zu Hause nicht, und ganz gewiß nicht vor den Kindern; das gleiche galt für Politik. Wie die meisten ihrer Freunde waren die Schultes konservativ und wählten nach 1918 die auf dem rechten Flügel angesiedelte Nationale Volkspartei. Aber ihr Konservatismus war aufgeklärt und tolerant.* Sie hatten die *Frankfurter Zeitung* abonniert, das führende liberale Blatt, wenn vielleicht auch nur, weil der Börsenteil weitaus besser war als der jeder anderen Zeitung. Ihre Freunde in der Stadt waren Anwälte, Bankiers, Ärzte und vor allem Maler. Ihr unmittelbarer Nachbar war Andreas Achenbach (1815–1910), einer der bekanntesten Künstler am Ort; wenn er in seiner Kutsche ausfuhr, erregte das in der ganzen Nachbarschaft Aufsehen – es war ein beinahe königliches Ereignis. Die Maler waren die ungekrönten Könige von Düsseldorf, und die Schultes hatten, allein schon wegen ihrer Geschäftsverbindungen, engsten gesellschaftlichen Kontakt mit ihnen.

Es gibt keine aufregenden oder dramatischen Ereignisse zu berichten aus der Jugend Eduards III in einem wohlbehüteten, wohlhabenden und sehr geregelten Haushalt. Es gab keinen Kindergarten wie heutzutage. Die kleinen Kinder der Mittel- und Oberklasse verbrachten den größten Teil ihrer Zeit in großen Kinderzimmern, wo sie weder unterrichtet noch unterhalten wurden. Die Möbel dort waren alt und massiv, das Spielzeug

* Sie lehnten den Nationalsozialismus in späteren Jahren instinktiv ab und brachen auch die Beziehungen zu Oskar Berger ab, einem Verwandten Ernas, der Hitler finanziell unterstützte. Ein solches Verhalten war ganz und gar bemerkenswert in einer Familie, in der die Politik keineswegs im Mittelpunkt stand.

war unzerstörbar; ein Schaukelpferd gehörte dazu und vor allem eine aufziehbare Eisenbahn, die detailgetreu gearbeitet war mit einer emaillierten dunkelgrünen Verkleidung und Messingbeschlägen an den Lokomotiven. Fünfunddreißig Jahre später sollten Eduard Schultes Söhne etliches von diesem Spielzeug erben.

Es herrschte aufrichtige Zuneigung in der Familie, aber die Äußerung von Gefühlen unterlag strengen Regeln. Man übte Zurückhaltung; größter Wert wurde darauf gelegt, das Richtige zu sagen und zu tun. Aufsehen zu erregen, einen gesellschaftlichen Fauxpas zu begehen, das waren Todsünden. Eduard Schultes Wahlspruch im späteren Leben hieß »Anstand und Würde«, und das hatte eine Menge zu tun mit den Werten, die ihm in früher Jugend eingeimpft worden waren. Es stimmt allerdings auch, daß die große Energie, die er darauf verwendete, die ruhige, unerschütterliche Fassade zu wahren, die Sorge auch, von der Wohlanständigkeit und von den anerkannten Verhaltensnormen abzuweichen, große Anspannung und Angst verursachten. Eduards Schwester war vier Jahre älter, sein Bruder vier Jahre jünger, und diese Altersunterschiede förderten nicht gerade die Vertrautheit untereinander. Aber dennoch bestand ein enges Verhältnis besonders zwischen den beiden Brüdern.

Wir wissen, daß Eduard die üblichen Bücher las, darunter *Robinson Crusoe* und James Fenimore Coopers *Der Wildtöter.* Er liebte vor allem eine schöne Ausgabe von Theodore Roosevelts afrikanischen Safari-Geschichten mit großen, glänzenden Bildern. Aber er bezog seine Grundwerte nicht hauptsächlich aus Büchern. Moralische Imperative waren Teil des allgemeinen Ethos der Familie, beruhend auf einer Mischung von aufgeklärtem Protestantismus und einer klassisch-humanistischen Tradition. Eduard war von früher Jugend an ein scharfer Beobachter der menschlichen Natur, und seine Meinungen, einmal gebildet, saßen tief und fest.

Eine strenge und freudlose Jugend also, brodelnd vor unterdrückten Konflikten? Nicht so erinnerte Eduard Schulte sich in späteren Jahren seiner Jugend. Im Gegenteil, er meinte, daß seine Kindheit sehr glücklich gewesen sei. Eine Photographie des zwölf- oder dreizehnjährigen Eduard zeigt einen ernsten, gutaussehenden jungen Mann, der weiß, was er will, lebhaft, intelligent, ernst, vielleicht ein wenig skeptisch; er trägt Gamaschen, Kniehosen oder Knickerbocker und eine Mütze, wie sie in jenen Jahren obligatorisch war für höhere Schüler.

Eduard besuchte drei Jahre die Grundschule und dann das Gymnasium. Während des ganzen neunzehnten Jahrhunderts berechtigte in Deutschland allein der erfolgreiche Abschluß des Gymnasiums zum Universitätsstudium. Der Lateinunterricht begann mit neun Jahren, Griechisch folgte ein paar Jahre später. In Eduards Fall war das Interesse an der Kultur des alten Roms und Griechenlands nicht sonderlich ausgeprägt; er las Tacitus, Ovid und sogar Homer im Original, doch wir finden in seinem späteren Leben keinen Hinweis auf diese klassischen Autoren. Der Unterrichtsplan der deutschen Schulen hatte die Fühlung zur realen Welt weitgehend verloren, und erst in Schultes Jugendjahren wurden Reformen durchgeführt, etwa die Anerkennung eines (nahezu) gleichberechtigten Status für moderne Sprachen und Naturwissenschaften. Eduard gehörte noch der Generation an, die den Anfang der Odyssee auswendig hersagen konnte, aber keinerlei Fertigkeit im Französischen und Englischen vorzuweisen hatte. Das Lernen war eine ernsthafte Angelegenheit; das Düsseldorfer städtische Gymnasium, das Eduard besuchte, genoß einen hohen Ruf wegen seines wissenschaftlichen Niveaus, seines Korpsgeistes und seiner Disziplin. Zusammen mit dem Grauen Kloster in Berlin galt es als eine der besten deutschen Schulen.

Eduard Schulte hatte in allen Fächern ausgezeichnete Noten. Jahre später mußte sein jüngerer Bruder sich sehr zu seinem Unmut von den Lehrern sagen lassen, er möge sich gefälligst Eduard zum Vorbilde nehmen. Schon früh war Eduard anzumerken, daß er etwas leisten wollte, daß es ihm um greifbare Resultate zu tun war. Er besaß die Fähigkeit, ein Problem blitzschnell, beinahe intuitiv zu analysieren und die wesentlichen Elemente mündlich oder auf dem Papier mit großer Klarheit darzulegen. Später tat er das mit einer solchen Autorität, daß seine Kollegen, ja sogar seine Vorgesetzten, seine Führung bereitwillig akzeptierten.

Der junge Schulte brauchte Erfolg und Anerkennung, aber er war ein eminent praktischer junger Mann. Er suchte nicht das Rampenlicht; persönliche Konfrontation war für ihn kein Spiel; Wettbewerb kein Selbstzweck, sondern stets einem höheren Zweck untergeordnet. Der große Realist jedoch war auf seine Weise auch ein Träumer. Als er heranwuchs, sah er sich oft in Gedanken als den Gewinner bei einer verzwickten geschäftlichen Transaktion, als den Diplomaten, der eine Krise meistert. Eduard Schulte war jene seltene Ausnahme eines Jungen, der immer genau wußte, was er im Leben erreichen wollte, der in seinen Überzeugungen nie schwankte und der alles, was ihm seinem

Ziel nicht näherbrachte, als Zeitvergeudung betrachtete. Er wollte ein Pionier sein, ein großer Industrieller, und er wollte Reichtum erwerben.

Das war kein unnatürlicher Ehrgeiz, denn Eduard Schultes Jugend fiel zeitlich zusammen mit der vitalen, mitunter hektischen Entwicklung seiner Heimatstadt und der Region, in der sie lag. In dem Jahrzehnt vor und nach der Jahrhundertwende entwickelte Düsseldorf sich stürmischer als zu irgendeiner Zeit vorher. Gewiß, noch gab es die Altstadt mit ihren stillen Gassen, ihren vielen Kneipen und ihrer Spezialität, dem »Halve Hahn« genannten Käsebrot. Die Einheimischen feierten noch drei Tage lang den Karneval, riefen dazu lauthals »Alaaf«, trugen phantasievolle Masken und Kostüme und tranken mehr, als gut für sie war. Die Kinder gingen im November im St. Martinszug und folgten dem Ritter auf dem Schimmel, der durch die Altstadt zum Rathaus ritt. Um ein paar Pfennige zu verdienen, zeigten die Straßenjungen, wie gut sie im Radschlagen waren – ein weiterer geheiligter Brauch in dieser Stadt.

Aber ein neues Düsseldorf bildete sich rasch heraus. Die Veränderungen konnte man von Jahr zu Jahr wahrnehmen, beinahe von Monat zu Monat. In dem Jahr, in dem Eduard geboren wurde, bekam Düsseldorf seinen neuen Hauptbahnhof. Als er acht Jahre alt war, wurde die Brücke nach Oberkassel fertig; bis dahin hatte man die Stadtteile auf dem linken Rheinufer nur mit der Fähre erreichen können. In demselben Jahr wurde Wilhelm Marx zum erstenmal zum Bürgermeister der Stadt gewählt, und unter seiner Führung wuchs sie in alle Richtungen. Im Jahre 1900 konnte Düsseldorf stolz eine Einwohnerzahl von einer Viertelmillion melden. Im Jahre 1902 wurde eine große Industrieausstellung eröffnet. Der Kaiser (der die Stadt nicht leiden konnte) besuchte sie, und es kamen fünf Millionen weitere Besucher. Keine andere deutsche Stadt hat je in ihren Mauern eine Ausstellung dieser Größe beherbergt. Als Eduard achtzehn Jahre alt war, erschien zum ersten Mal ein Zeppelin über der Stadt, und das erste große Kaufhaus (Tietz, jetzt Kaufhof) wurde eröffnet. 1913 besaß Düsseldorf bereits eine Art Flughafen. Neuheiten dieser Art mußten natürlich die Phantasie eines jungen Mannes von Weitsicht und Initiative beflügeln.

Die Schule war zu jener Zeit einer der Brennpunkte im Leben eines jungen Deutschen; der andere waren die Familie und der Freundeskreis. Es ist später viel geschrieben worden über die schreckliche Repression, die zu jener Zeit in Deutschland geherrscht habe, über die von den Lehrern und den Eltern gleichermaßen ausgeübte Tyrannei, über den vollständigen Mangel an Freiheit, an jeglicher Möglichkeit, sich auszudrücken, sich selbst zu verwirklichen. Es stimmt, einige sehr sensible junge Menschen haben damals gelitten, haben über Erstickungsängste geklagt. Einige irregeleitete Seelen sollten dann den Ausbruch des Ersten Weltkrieges als Befreiung begrüßen. In Wirklichkeit aber waren Ordnung und Disziplin mehr eine Sache der Form als der Substanz. Wenn junge Leute gewisse Konventionen respektierten, ließ man sie weitgehend in Frieden.

Soweit sich das noch feststellen läßt, war der junge Eduard Schulte kaum jemals deprimiert oder gelangweilt. Die Tage waren nicht lang genug für all die vielen Dinge, die er tun wollte. Er spielte viel Tennis, und im Winter veranstalteten die Schulte-Jungen Tischtennis-Turniere in ihrem Haus. Eduards engster Freund war ein junger Mann namens Poensgen, der Sohn eines Arztes aus der Nachbarschaft; häufig besuchte er auch einen jüdischen Klassenkameraden namens Herbert Simons, den Sohn eines Bankiers. Bei den Simons zu Hause erfuhr Eduard zum erstenmal, daß die Juden, zumindest einige von ihnen, gewisse religiöse Speisevorschriften beachteten, eine Tatsache, die ihn faszinierte. Gemeinsam erforschten die beiden Freunde Düsseldorf und seine Umgebung mit dem Fahrrad und beobachteten aufmerksam die vielen Veränderungen, die sich in der Stadt vollzogen.

Louischen darf nicht vergessen werden. Sie war Eduards erste Liebe, von der wir leider sehr wenig wissen. Er lernte sie in der Tanzstunde kennen, die obligatorisch war und eine überaus wichtige Rolle im gesellschaftlichen Leben eines jungen Deutschen spielte. Louises Vater war ein Gutsbesitzer aus der näheren Umgebung. Die Schultes mochten sie sehr und hätten sie gern als Schwiegertochter gesehen. Aber Eduard mochte noch nicht daran denken, seßhaft zu werden, wo er noch nicht einmal damit begonnen hatte, sich in der Welt umzusehen.

Eduards Körperbehinderung infolge des schweren Unfalls verminderte nicht im geringsten seine Entschlossenheit, es zu etwas zu bringen. Er begann eine Lehre bei der Darmstädter, einer der führenden deutschen Banken. Sehr rasch erschlossen sich ihm die Grundlagen des Bankwesens, und er zeigte ein gutes Gespür für den Aktienmarkt. Er schien instinktiv zu wissen, welche Aktien im Werte steigen würden, und unaufgefordert fing er an, seinem Vater Ratschläge zu erteilen und ihn wegen zu großer Vorsicht beim Investieren zu kritisieren. Dem Vater mißfielen die Empfehlungen seines Sohnes, und er richtete sich nicht danach. Er wäre besser gefahren, wenn er auf seinen Sohn gehört hätte. Im Jahre 1919, zur denkbar ungünstigsten Zeit, mußte das elterliche Heim in der Klosterstraße verkauft werden, und Eduards Eltern zogen in ein Haus auf dem Lande.

Eduard begriff rasch, daß er seinen juristischen Doktor würde machen müssen; jeder, der etwas darstellte, war ein »Herr Doktor«. Aber bezeichnenderweise hatte er keine Lust, eine Reihe von Jahren mit dem Studium theoretischer Fächer zu vergeuden, die für ihn von keinem Interesse waren. Er immatrikulierte sich für zwei Semester an den Universitäten Köln und Bonn, scheint aber nur einige wenige Vorlesungen gehört zu haben. Er nahm sich einen privaten Repetitor namens Bechstein, der ihm nach Feierabend das absolute Minimum an Wissen einpaukte, das von einem Examenskandidaten erwartet wurde. Dann schrieb er sich für ein Semester in Erlangen ein, einer Universität, die damals bekannt dafür war, ihren Absolventen nicht allzu viele Hindernisse in den Weg zu legen. Im Dezember 1912, im Alter von 21 Jahren, erwarb er den Titel eines Dr. jur. mit einer Dissertation über einen recht obskuren Aspekt des Börsenrechts, wobei es um Stempelgebühren beim Kauf und Verkauf von Aktien ging.

Eine weitere Episode aus dieser Zeit verdient Erwähnung. Im Jahre 1909, nach dem Abitur, aber vor der Immatrikulation, ging Schulte für zwei Monate nach London, wo er bei Bekannten der Familie wohnte. Wir wissen wenig darüber, was er in England trieb, außer sich die Grundbegriffe einer Sprache anzueignen, die er nie sonderlich gut beherrschen sollte. Aber es steht fest, daß er an einem schönen Sommersonntagmorgen in die Kensington Gardens ging und dort am Round Pond eine junge Dame kennenlernte, strohblond, einige Jahre älter als er und ebenfalls zu Besuch aus Deutschland. Man kam ins Gespräch, und es zeigte sich, daß Clara an der Londoner Universität Kurse belegt hatte. Ihr besonderes Interesse galt einer Schriftstellerin, von der Eduard (und wohl die meisten Deutschen) noch nie etwas gehört hatte, einer gewissen Charlotte Brontë. Sie trafen einander in London nicht wieder, und der Zwischenfall hätte nicht erwähnt zu werden brauchen, wäre da nicht der Umstand, daß Eduard Schulte acht Jahre später, im Jahre 1917, eben diese Dame heiraten sollte, die aus dem pommerschen Bütow stammende Clara Ebert.

Im Frühling des Jahres 1913 verließ Eduard das elterliche Haus und zog nach Berlin, wo er in die Handelsgesellschaft eintrat, eine der größten Banken des Landes. Unter seinen dortigen Kollegen befanden sich etliche, die später eine wichtige Rolle in seinem beruflichen und, in einigen Fällen, auch in seinem privaten Leben spielen sollten. Die Handelsgesellschaft war Mitte des neunzehnten Jahrhunderts gegründet worden, wuchs aber zu einer bedeutenden Bank erst unter Carl Fürstenberg heran, einem Juden, der in den Jahren vor 1914 Deutschlands angesehenster Bankier war. Fürstenberg arbeitete eng mit der Bergbauindustrie zusammen, und er war ein Pionier auf dem Gebiete der Geschäftsbeziehungen mit Firmen in den Vereinigten Staaten. Die Bedeutung des Amerika-Geschäfts scheint Eduard Schulte schon frühzeitig klar geworden zu sein, was das starke Interesse erklärt, das er später an Geschäftsbeziehungen mit amerikanischen Firmen an den Tag legte. So versuchte Schulte noch nach Ausbruch des Zweiten Weltkrieges mit Hilfe von Otto Jeidels, einem ehemaligen Direktor der Handelsgesellschaft und einem Altersgenossen von ihm, Verhandlungen mit amerikanischen Unternehmen zu führen. Jeidels, ein Jude, hatte Deutschland nach Hitlers Machtübernahme verlassen und war später bei Lazard Frères in New York eingetreten.

Eine Zeitlang teilte Eduard sich eine Wohnung mit seinem Bruder Oskar in Berlin. Ziemlich oft sah er auch seinen Vetter Hermann Schulte, der die Bildergalerie erben sollte. Dann, im Jahre 1916, wünschte das Beschaffungsamt im Preußischen Kriegsministerium seine Dienste. Dieses Amt war von Walther Rathenau gegründet worden, dem späteren Außenminister der Weimarer Republik, der im Jahre 1922 von Terroristen der extremen Rechten ermordet wurde. Angesichts des Mangels an Rohstoffen hatte Schulte sich in einer Abteilung, die von großer Bedeutung für die Kriegswirtschaft war, mit der Erzeugung pflanzlicher und tierischer Fette zu befassen. Er bewies ungewöhnliche Führungsqualitäten, und binnen weniger Monate wurde er ungeachtet der Tatsache, daß er erst in den Zwanzigern war, Leiter des für die Erzeugung und den Verkauf von Seife in Deutschland zuständigen Amtes. Er blieb in diesem Amt noch geraume Zeit nach Kriegsende, denn das Bewirtschaftungs- und Rationierungssystem blieb über den Waffenstillstand vom November 1918 hinaus in Kraft.

Eduard knüpfte wertvolle Kontakte zu den führenden deutschen Herstellern von Ölen und Fetten, und so war es kein Zufall, daß er 1921 in diesen Industriezweig eintrat, zunächst in Berlin, wo in den Jahren 1919 und 1920 seine Söhne Wolfgang und Ruprecht geboren wurden, und dann im relativ jugendlichen Alter von dreißig Jahren als Generaldirektor bei Sunlicht in Mannheim. Sunlicht war eine deutsche Tochter von Sunlight, dem 1889 gegründeten Marktführer auf diesem Gebiet. Das Werk in Mannheim war von ansehnlicher Größe.

Die Familie bezog ein geräumiges Haus in einer von der Rheinauer Chaussee abzweigenden Sackgasse. Es war ideal für heranwachsende Jungen mit seinem großen Garten voller Kirschbäume und Spalierobst. Sonntags gingen sie spazieren, oder Eduard machte eine Bootsfahrt mit den Jungen auf dem Rhein. Die Kindererziehung lag weitgehend in der Hand von »Tante Edith«, einer Freundin Claras – bis Eduard eine Abneigung gegen Edith entwickelte. Eduard war ein tüchtiger Firmenleiter, aber schon in seinen Mannheimer Tagen begann er Zeichen jener Rastlosigkeit an den Tag zu legen, die später so markant hervortreten sollte. Über die erforderlichen Geschäftsreisen zur Firmenzentrale in Berlin oder nach Hamburg hinaus redete er sich die Notwendigkeit mindestens einer weiteren Reise pro Woche ein. Der Grund lag nicht, wie man vielleicht vermuten könnte, in dem Wunsch, seiner Familie für einige Zeit zu entfliehen; er war einfach ein Mann der Tat, und gab es nichts zu tun, verfiel er der Langeweile. Nach drei Jahren wurde Sunlicht von Lever Brothers übernommen, die ihren eigenen Direktor schickten. Und so kam es, daß Eduard Schulte sich kurz nach dem Ende der großen Inflation als Arbeitsloser wiederfand.

Man bot ihm eine hohe Stellung im bayrischen Staatsdienst an, aber das Gehalt betrug nur einen Bruchteil dessen, was man ihm in Mannheim gezahlt hatte, und die Beförderungsaussichten waren schlecht. Deshalb lehnte er ab. Gleichwohl blieb er nicht lange arbeitslos. Eines Tages traf er in Berlin auf der Straße einen alten Familienfreund, von dem er erfuhr, daß Giesche, eine große ostdeutsche Firma und führender Erzeuger von Nichteisenmetallen, einen Generaldirektor suchte. Schulte hatte keine Ahnung von Nichteisenmetallen, aber er litt nicht unter einem Mangel an Selbstvertrauen. Er verfaßte ein Bewerbungsschreiben, knüpfte hier und da einige Beziehungen an, wurde zu einer Reihe von Gesprächen gebeten, machte einen günstigen Eindruck und fand sich binnen weniger Monate im Alter von noch nicht ganz fünfunddreißig Jahren als Chef einer der ältesten, größten und konservativsten Firmen Deutschlands wieder. Giesche war so alt, daß die im Jahre 1904 veröffentlichte offizielle Firmenchronik drei Bände benötigte, um auch nur die wichtigsten Ereignisse behandeln zu können.

Die Geschichte Georg von Giesches Erben - das war der offizielle Firmenname - wird uns später beschäftigen. Hier soll es genügen, aus einem 1926, ein Jahr nach Schultes Eintritt, von der *New York Times* veröffentlichten Bericht zu zitieren, in dem Giesche als »eines der ältesten Industrie-Unternehmen der Welt und eines der wertvollsten in Europa« bezeichnet wurde. Vor dem Ersten Weltkrieg wurde der Wert des Unternehmens auf mehr als einhundert Millionen Dollar geschätzt. Im Gefolge des Krieges wurde es in zwei Teile gespalten, der eine in Polen, der andere in Deutschland gelegen. Giesche betrieb den Abbau, die Schmelze und Veredelung von Zink und, in geringerem Umfang, von Kohle, Blei und Kupfer. Aber das Unternehmen stellte auch verschiedene Chemikalien und Farbstoffe sowie Zellulose her, einen der ersten Kunststoffe, es unterhielt Basalt-Steinbrüche, besaß weite Ländereien und bereederte eine Flotte von Flußkähnen. Anlaß des Berichts in der *New York Times* war ein »gigantisches Geschäft« zwischen dem amerikanischen Anaconda-Harriman-Syndikat und Giesche.

Der Firmensitz der polnischen Giesche-Werke befand sich in Kattowitz, während die Firmenleitung des deutschen Giesche-Zweiges in Breslau residierte, wo das Unternehmen seit den Tagen des Heiligen Römischen Reiches heimisch war. Dort, am Schweidnitzer Stadtgraben 26, sollte Eduard Schulte während der nächsten achtzehn Jahre tätig sein, bis zu dem Tage, an dem er Deutschland für immer verließ.

Breslau (das heute in Polen liegt und Wroclaw heißt) liegt im Tal der Oder. Es war mit 620000 Einwohnern die größte und wichtigste Stadt Ostdeutschlands und, wie seine Bewunderer hinzufügten, auch die schönste. Breslau hatte eine Universität, mehrere Theater, Tageszeitungen, große Parks, einen Flughafen, Bahnhöfe und einen Zoo. Zu den Touristenattraktionen gehörten die prachtvollen Barockbauten der Stadt ebenso wie ihre monumentalen modernen Bauwerke, etwa die Jahrhunderthalle (1913) mit der größten Kuppel und der größten Orgel der Welt. Wohl in der Sorge, er könne die vielen Möglichkeiten übersehen, die Breslau zu bieten hatte, machten Schultes Freunde ihn darauf aufmerksam, daß es in der Stadt ein sehr reges gesellschaftliches Leben und eine überaus gemütliche Atmosphäre gab. Als Philosoph könne er der Kant- oder der Schopenhauer-Gesellschaft beitreten, als Freimaurer würde er dort eine Anzahl von Logen vorfinden, und als Feinschmecker könne er den Breslauer Korn genießen oder das Schlesische Himmelreich, ein hauptsächlich aus Backobst bestehendes Gericht.

In Wirklichkeit unterschied Breslau sich nicht allzusehr von anderen Städten in Ost-Mitteleuropa. Die Straßen in den älteren Teilen der Stadt (die ungefähr seit dem Jahre 1000 Bischofssitz war) waren recht eng, die Fassaden der Häuser glichen einander sehr, ebenso wie die düsteren, dunkelgrauen Wohnblocks in den Arbeitervierteln. Es gab große Fabriken und Märkte. Kurz gesagt, es war eine Stadt der Arbeit, nicht der Lebensfreude. Von der großen Gesellschaft sah man nicht viel, es gab hier keine königlichen Kaufleute wie in Hamburg, und Breslau hatte weniger Künstler als München. Die Universität war relativ jung, und die Stadt hatte keinen einzigen bedeutenden Politiker hervorgebracht, abgesehen von dem jüdischen Sozialisten Ferdinand Lassalle. (Als die Nazis an die Macht kamen, benannten sie den Lassalle-Platz wieder um in Karlsplatz.) Es gab einige gute Schauspieler und Musiker in der Stadt, aber gewöhnlich gingen sie nach Berlin, sobald sie sich einen Namen gemacht hatten. Es hatte hier einige überragende Schriftsteller und Dichter gegeben, aber das war gleich nach dem Dreißigjährigen Krieg gewesen und lag nun Jahrhunderte zurück.

Aber trotz seiner Unattraktivität, der relativen Armut - Ostdeutschland hatte schon immer hinter dem Westen hergehinkt - und des Mangels an frischer Luft war Breslau im großen und ganzen eine optimistische Stadt - jedenfalls vor dem Ersten Weltkrieg. Der Fortschritt war sichtbar; beinahe in jedem Jahr gab es technische Neuerungen. Aber dann war der Krieg zu Ende, die Provinz Posen und Teile Oberschlesiens mußten an Polen abgetreten werden, und Breslau verlor viel von seinem Hinterland. Es herrschte ein Gefühl der Stagnation, der geschrumpften Horizonte und der begrenzten Aussichten, obwohl der wirtschaftliche Fortschritt trotz Inflation und Weltwirtschaftskrise in bescheidenem Maße weiterging. Aber es bestand die Gefahr, daß Breslau, einst ein wichtiges Zentrum, zu einer Sackgasse werden würde.

Das also war die Stadt, in der Eduard Schulte sich Mitte der zwanziger Jahre niederließ - eine so ganz andere Stadt als Düsseldorf, Mannheim und Berlin. Es gab guten Grund zu bezweifeln, ob ein Sohn des Rheinlandes sich dieser neuen Umgebung würde leicht anpassen können. Aber Schulte war ein Extrovertierter, der sich bereitwillig auf neue Gegebenheiten einstellen konnte; er fand sich rasch in seine neuen Verantwortungsbereiche hinein.

Wenn er aus dem Fenster seines Büros schaute, sah er die Stadtpromenade, die am alten Stadtgraben entlang gebaut worden war; Breslau war einst eine Festung gewesen, aber auf Napoleons Befehl waren die Mauern und Türme geschleift worden. Die städtischen Gärtner hatten hier ihr Meisterwerk vollbracht. Im Stadtgraben sah man Enten, auch weiße und schwarze Schwäne. Im Winter beherrschten die Eisläufer das Bild, im Sommer gab es Konzerte im Freien und Feuerwerk. Ein reicher Kaufmann hatte eine prunkvolle Halle und einen Aussichtsturm genau gegenüber vom Giesche-Bürogebäude gestiftet. Einen flüchtigen Augenblick lang konnte man sich in Florenz wähnen. Kurz gesagt, der Blick aus dem Fenster eines der jüngsten Spitzenmanager der deutschen Wirtschaft war so schlecht nicht.

Man betrat das Giesche-Haupthaus durch ein großes Portal, das zu den Verwaltungsbüros führte, die ein Herr von Bülow leitete. Ebenfalls im Erdgeschoß befanden sich die Rechtsabteilung (der Dr. Jung vorstand), die Archive und die Bibliothek. Im ersten Stock betrat man durch eine Milchglastür Schultes Büro. Der Raum hatte eine hohe Decke und große Fenster. Die Atmosphäre war streng geschäftlich; es gab nur wenige Bilder, dafür aber sehr viele Zeichnungen und Photographien von Gruben und Fabriken.

In den oberen Stockwerken befanden sich Gästezimmer, in denen die Familie Schulte eine Zeitlang untergebracht war. Aber die beiden Jungen fanden die Zimmerei-Werkstatt im Hof sehr viel spannender als die würdevollen, strengen Geschäftsbüros im Vordergebäude, wo, wie es schien, niemals etwas wirklich Interessantes passierte.

Die Familie zog um in die Ahornallee 28 in Kleinburg, der vornehmen südlichen Vorstadt. Das Haus war von der Firma gekauft worden. Es gab dort ein geräumiges Treppenhaus und ungefähr zehn Zimmer in den verschiedenen Stockwerken, einen Wintergarten, einen Weinkeller und einen schönen großen Garten. Die Türen waren schwer, die Korridore dunkel. In der Eingangshalle stand eine riesige Vase fernöstlicher Herkunft. Schulte wurde immer sehr böse, wenn Gäste sie als Aschenbecher benutzten. Es gab eine Garage mit einer Chauffeurswohnung. Die Zimmer waren weiß oder in hellen Tönen gestrichen; die gesamte Inneneinrichtung hatte Clara entworfen. Eduard Schulte war ein leidenschaftlicher Jäger, aber auf entschiedene Anweisung seiner Frau waren die Geweihe in die oberen Räume, außer Sichtweite, verbannt worden.

Das Haus befand sich in bester Lage; nur wenige Minuten entfernt lag der Südpark, der heutige Park Poludnia, der schönste Park der Stadt für geruhsame Spaziergänge. Noch näher waren die Kleinburger Schule, die Wolfgang und Ruprecht besuchten, und der Tennisclub Schwarz-Gelb.

Eduard Schulte stand jetzt am Anfang einer glänzenden Karriere. Er hatte eine stattliche Figur, war gut 1,80 Meter groß, hielt sich aufrecht und bewegte sich trotz seiner Behinderung schnell und gewandt. Er war ein lebhafter und energischer Mann, voll von Ideen, einer von der Art, die nicht so leicht aufgibt, auch unter widrigen Umständen nicht. Er besaß Ausstrahlung, jene Eigenschaft, die so schwer zu definieren und noch schwerer zu erklären ist. Man sagte, daß er einen Raum voller Menschen nur zu betreten brauchte, und schon richtete sich die allgemeine Aufmerksamkeit auf ihn. Man hatte das Gefühl: *Voilà, un homme.* Sah man sein Gesicht, fielen einem zunächst einmal die buschigen Augenbrauen auf. Er war ein wenig eitel, und als sich die ersten Anzeichen einer Glatze bemerkbar machten, ließ er sich einen Bürstenschnitt schneiden, was seiner Erscheinung nicht gerade zum Vorteil gereichte. Viel später gelang es seiner zweiten Frau, ihn zur Rückkehr zu einer konventionelleren Haartracht zu überreden. Er versuchte, sich körperlich gesund und leistungsfähig zu erhalten; in seinem Schlafzimmer in Breslau gab es einen Punchingball. Das Gewichtheben übte er nicht nur daheim, sondern sogar auch in seinem Berliner Hotel. Er interessierte sich mehr für die körperliche als für die geistige Ausbildung der Jungen; für jeden Klimmzug am Reck bekamen sie ein paar Pfennige Belohnung. Was die Zahnpflege betraf, so war er äußerst pedantisch; im großen und ganzen aber neigte er dazu, kleinere Krankheiten zu ignorieren. Er kleidete sich gut, aber nicht auffallend. Von seinen Reisen nach London brachte er Anzug- und Mantelstoffe mit (gewöhnlich in Dunkelblau) und gelegentlich einen Homburg oder Borsalino. Von formeller Kleidung wie Cut, Smoking und Frack hielt er nichts; sie kam ihm ganz und gar veraltet vor. Er verabscheute auch den Handkuß, der damals beim ostdeutschen Kleinadel noch gang und gäbe war. Er war ein ordnungsliebender Mensch, aber nicht pedantisch, er war unerschrocken und zutiefst ungeduldig, konnte sich aber, wenn es sein mußte, zurückhalten; er war ein Mann von entschiedenen Vorlieben und Abneigungen, aber durchaus fähig, seine Gefühle zu verbergen.

Seine Einstellung zum Geld war diejenige des rheinischen Großbürgertums; Geld hatte man, aber man prahlte nicht damit. Man lebte gut, aber nicht protzig. Man war Mitglied der besten Clubs in Breslau und Berlin, aber man verschwendete niemals Geld.

Im New Yorker Bankenkrach von 1929 verlor Schulte sehr viel Geld. Er war im Jahr zuvor in Amerika gewesen und hatte unglücklicherweise in amerikanische Aktien investiert. Die schlechte Nachricht erreichte ihn, als er sich zur Jagd auf seinem Gut in Pommern aufhielt, und er nahm sie mit Gelassenheit auf. Er verdiente in jenen Jahren sehr viel Geld; er bezog nicht nur ein stattliches Gehalt, sondern erhielt auch bei jedem Abschluß eines vorteilhaften Geschäfts eine ansehnliche Prämie.

In einem einigermaßen guten Jahr verdiente Schulte 200000 Reichsmark, was heute mehr als einer Million Mark entsprechen würde. Seine Ersparnisse legte er im allgemeinen wohlüberlegt und gut an.

Er war ein geistreicher und gewitzter Mann, wenn auch von begrenzten kulturellen Interessen. Er zog die Jagd allemal der Lektüre oder dem Besuch von Konzerten und Ausstellungen vor. Die Schultes kauften ihren ersten Rundfunkempfänger erst 1928. Clara hatte, nicht ganz zu Unrecht, argumentiert, daß die Kinder die meiste Zeit außer Haus verbringen würden, wenn man der modernen Zeit nicht diesen Tribut entrichte. Schulte verbannte den Empfänger auf die Fensterbank seines Zimmers. Als der Rundfunk später zu einer wichtigen Informationsquelle wurde, weil man ausländische Sender empfangen konnte, änderte sich seine Einstellung ihm gegenüber.

Ein Landgut zu besitzen, gehörte zur gesellschaftlichen Stellung der Schultes. Sie hatten ein Wochenendhaus rund sechzig Kilometer südlich von Breslau. Aber in Pommern, unweit der Gegend, in der Clara Schulte herangewachsen war, kaufte Schulte ein großes Gut, das hauptsächlich aus freiem Gelände, aus Wald, Wiesen und einigen Kartoffel- und Roggenfeldern bestand. Dieses Gut namens Gisolke erweiterte Schulte später, indem er ein Gut namens Klein Voldikow hinzukaufte. Es war ein guter Ort für die Jagd. Man konnte Geschäftsfreunde dorthin zu einem verlängerten Wochenende einladen. Schulte war dem Gut sehr zugetan, ebenso Herrn Kaat, dem Pächter des landwirtschaftlich genutzten Teils, der ihm einmal das Leben gerettet hatte. Auf der Pirsch war er in einen Sumpf gefallen und wäre mit Sicherheit ertrunken, wenn Kaat nicht rasch und geistesgegenwärtig gehandelt hätte.

Schulte genoß das Essen, aber er rauchte nicht und trank keine Schnäpse. Er genoß dann und wann ein Glas Wein, doch die Flaschen in seinem Keller wurden hauptsächlich von seinen Gästen leergetrunken. Die Kartons Scotch und Bourbon, die ihm seine amerikanischen Geschäftsfreunde in sein Zimmer im Waldorf in New York schickten, waren vergeudet. Andererseits lud er Mitglieder des Giesche-Vorstandes nach einer langen und erschöpfenden Sitzung (und Schulte war berühmt dafür, daß er geschäftliche Sitzungen lang und erschöpfend gestalten konnte) in eine beliebte Gastwirtschaft in der Nähe ein, wo es Bier gab und Würste in beachtlicher Menge.

Es wäre falsch, zu behaupten, daß Eduard Schulte keinen Familiensinn gehabt hätte. Aber die Arbeit war ihm wichtiger als die Familie, und da sein Arbeitstag grob geschätzt sechzehn Stunden dauerte, sah er seine Eltern, seinen Bruder oder seine Schwester nicht sehr oft seit dem Umzug nach Breslau. Für die Erziehung seiner Kinder begann er sich erst zu interessieren, als sie allmählich erwachsen wurden. Er kam nicht mit, wenn seine Frau im Sommer oder auch im Winter Ausflüge ins Riesengebirge machte; schon am zweiten Tag wäre die Langeweile für ihn unerträglich gewesen. Aber Clara führte ja ohnehin weitgehend ihr eigenes Leben, und es ist sehr fraglich, ob ihr ein Ehemann lieber gewesen wäre, der sich allzu genau für das interessierte, was sie tat.

Claras Vater war Getreidehändler gewesen, und während die Schultes finanziell und gesellschaftlich besser standen als die Eberts, fühlte Clara sich in geistiger Hinsicht ihrem Mann durchaus gewachsen, wenn nicht gar überlegen. Sie hatte in Greifswald, an der Sorbonne und in London studiert, und zwar zu einer Zeit, als dies für junge Mädchen eine Seltenheit war. Sie war eine frühe, wenn auch keine extreme Frauenrechtlerin. Zu ihren Heldinnen gehörte Madame Curie; Clara hatte ihre Vorlesungen in Paris gehört, obwohl sie sich weder für Radium noch für Radiologie besonders interessierte. Ihr war hauptsächlich an Literatur, Geschichte und Kunstgeschichte gelegen. Sie führte einen kleinen Salon in Breslau, dem hauptsächlich Damen mit geistigen Interessen und Ambitionen angehörten. Manchmal erschienen zu den Nachmittagen oder Abenden unter der Woche auch die Ehemänner, und gelegentlich war ein Universitätsprofessor anwesend. Eduard nahm nur selten an diesen Versammlungen teil.

Clara hatte während des Ersten Weltkrieges an einer Berliner Mädchenschule unterrichtet, und sie hielt Kontakt zu einigen ihrer ehemaligen Kolleginnen ebenso wie zu etlichen Kommilitoninnen aus ihren Studientagen. Im Laufe der Jahre veröffentlichte sie drei Bücher: Zuerst einen historischen Roman *(Das Haus am Ring)* über die Anfänge zweier führender Breslauer Firmen, Giesche und des Verlagshauses Korn. Das zweite Buch *(Der Ritter mit dem Drachen)* war seinem Charakter nach ebenfalls historisch. Held der Handlung war Nettelbeck, der Bürgermeister von Kolberg (einer Stadt in Claras heimatlichem Pommern), der die Stadt in den napoleonischen Kriegen verteidigt hatte, als alles sich gegen ihn zu wenden schien und als der Geist des Defätismus sich breitmachte. Diese beiden Bücher waren keine Werke der großen Literatur, wenn auch das erstgenannte eine zweite Auflage erlebte; auch sagen sie nicht viel über ihre Autorin aus. Das dritte Buch eröffnet uns einen solchen Einblick. *Charlotte Brontë, Genie im Schatten* war eine literarische Biographie in Romanform; Clara Schulte empfand ganz offensichtlich eine Menge Sympathie für ihre Heldin, die Tochter eines Geistlichen, die versuchte, sich in einer Männerwelt durchzusetzen. Es gab da recht viel Identifikation, ob bewußt oder unbewußt, kann man nicht sagen. Clara war nicht so quälend schüchtern wie Charlotte Brontë, noch war sie so begabt. Aber als aktive, gebildete Frau muß sie ähnliche Qualen durchlitten haben. Dieses Buch ist ihr einziges, das nicht nur aus dem Kopf entstand, sondern auch mit dem Herzen geschrieben wurde. Ebenso wie Charlotte war Clara am glücklichsten, wenn sie an einem Buch arbeitete. Sie war der irrigen Meinung, daß Charlotte Brontë in ihrem Heimatland weitgehend in Vergessenheit geraten sei, und daß sie dazu beitrüge, sie wiederzuentdecken.

Clara wurde gerühmt für ihre elegante Figur und ihre feinen Gesichtszüge. In ihrem Auftreten gab sie sich nicht sehr weiblich. Beide Schultes machten einen reservierten Eindruck, sie konnten sogar kalt und gefühllos auf diejenigen wirken, die sie nicht gut kannten. Nichts hätte der Wahrheit weniger entsprochen. Clara war eine sehr sensible Frau, zu sensibel vielleicht für ihr eigenes Wohl. Sie liebte ihre Söhne - Wolfgang, der ältere, war ihr Liebling -, und sie war unglücklich, wenn sie nicht zu Hause waren. Aber sie mochte nicht von den praktischen Details der Kindererziehung behelligt werden. Das überließ sie ihrer Freundin, der »Tante« Edith Marquardt. Ende der zwanziger Jahre wurde Clara noch einmal schwanger, aber sie wollte kein drittes Kind und ließ es abtreiben. Eduard hatte sich das Kind unbedingt gewünscht, und er war außer sich, als er erfuhr, was geschehen war. Edith Marquardt, von der er glaubte, sie sei an der Entscheidung seiner Frau beteiligt gewesen, mußte gehen.

Clara stand ihrem Mann näher, als es vielleicht den Anschein hatte. Sie hatten wenige Geheimnisse voreinander; ihm jedenfalls gelang es nicht, viele Geheimnisse vor ihr zu hüten. Und bei einigen kritischen

Gelegenheiten, wenn er sich in Gefahr befand, intervenierte sie nicht ohne Wirkung. Sonntagmorgens verbrachten sie gewöhnlich eine oder zwei Stunden damit, die Ereignisse der vergangenen Woche zu besprechen oder Pläne für die kommende zu schmieden. Sonntagnachmittags wurde Eduard zumeist schon wieder unruhig, beklagte sich über Langeweile, packte mitunter die Koffer und nahm den nächsten Zug nach Berlin oder sonstwohin.

Wenn Claras stille Zurückhaltung täuschte, so galt das auch für Eduards Kühle. Er war in der Überzeugung erzogen worden, daß es falsch sei, Gefühle zu zeigen. Er konnte glänzend mit Menschen umgehen, aber enge Freunde hatte er kaum. Er war kein praktizierender Christ; wenn Clara am Heiligen Abend mit den Jungen in die Johanneskirche ging, blieb er zu Hause, schmückte den Weihnachtsbaum und legte die Geschenke zurecht. Als Vater war er großzügig; zu großen Festen wie Geburtstagen oder Weihnachten durften die Jungen ihm einen Wunschzettel geben – aber das hatte vier Wochen im voraus zu geschehen, und Eduard war sehr gut darin, Geschenke zu finden, die am wenigsten erwartet wurden. Manchmal waren seine Ideen ein wenig ungewöhnlich. Als die Jungen noch ganz klein waren, brachte er einmal zu Claras Entsetzen von einem Jagdausflug zwei junge Füchse mit nach Hause, für die ein eigener Stall gebaut werden mußte. Einen tieferen Eindruck auf die Jungen machten da schon die Schallplatten, die er ihnen 1929 aus New York mitbrachte. Schulte hatte außer der Jagd kein anderes Steckenpferd. Manchmal spielte er Krocket, doch wenn er wirklich einmal etwas freie Zeit hatte, ging er lieber spazieren.

Eduard Schulte legte, kurz gesagt, Wert darauf, sich eine Privatsphäre zu erhalten, in die andere, seine eigenen Familienangehörigen nicht ausgenommen, im allgemeinen nicht eindringen durften. Viele kannten ihn, niemand aber kannte ihn genau. Er hatte Sinn für Humor, der manchmal in Sarkasmus, ja in Zynismus umschlagen konnte. Diejenigen, die geschäftlich mit ihm zu tun hatten, bezeichneten ihn als konstruktiv und einfallsreich, als einen Kopf, der stets auch aus äußerst schwierigen Situationen einen Ausweg fand, als hervorragenden Menschenkenner und genialen Taktiker. Er war selbst kein nervöser Typ, aber ein Mann von der Sorte, die bei anderen Magengeschwüre auslöst. Er hatte sehr früh gelernt, daß Härte unerläßlich ist, wenn man im Geschäftsleben Erfolg haben will, und wenn er Narren und Langweiler auch nicht leiden konnte, zwang er sich doch dazu, entgegenkommend zu ihnen zu sein, wenn sie ihm in seinen Geschäften von Nutzen sein konnten. In den Jahren nach 1933, den Jahren der Nazi-Herrschaft, sollte die Kunst der Verstellung zu einer sehr wertvollen Eigenschaft werden.

Schulte war ein dynamischer Mann und ein geborener Führer, gewohnt, Verantwortung in fast allen Lebensbereichen zu übernehmen. Aber dieser rastlose, kühne und schöpferische Geist war in mancher Beziehung auch sehr konservativ; seine Frau sagte manchmal - nur halb im Scherz - zu ihm, daß er noch in den neunziger Jahren des vorigen Jahrhunderts lebe und es ihm wohl am liebsten wäre, wenn gewisse Dinge sich überhaupt nicht änderten - gesellschaftliche Formen, das persönliche Erscheinungsbild, die Haushaltsführung etwa. Er war durchaus dafür, im Geschäft oder zu Hause etwas Neues zu versuchen, aber es hatte auf seine Veranlassung hin und unter seiner Aufsicht zu geschehen. Er schätzte es nicht, überrascht zu werden.

Normalerweise waren die Metallpreise, und vor allem das Auf und Ab (wobei das Ab häufiger war) des Zinkpreises auf dem Londoner Markt von größerem Interesse für Dr. Schulte als die Politik, allein schon deshalb, weil er in dem einen Spiel ein prominenter Mitspieler war, in dem anderen aber nur einer von vielen Zuschauern. Nichts weiß man über seine politischen Ansichten in der Zeit vor 1930. Wenn Eduard Schulte entschiedene Ansichten in der einen oder anderen Richtung hatte, was zu bezweifeln ist, dann behielt er sie streng für sich. Seine Weltanschauung war höchstwahrscheinlich konventionell; die Giesche-Eigner hätten ihr Vertrauen keinem anderen als einem Mann seiner Couleur geschenkt: In ihren Augen war allein schon ein Katholik verdächtig. Schulte war ein Patriot, er gehörte exklusiven, rechts von der Mitte angesiedelten Clubs an, er beklagte Deutschlands Niederlage im Ersten Weltkrieg, und er hielt den Versailler Vertrag für ungerecht. Bei gesellschaftlichen Anlässen, in den Clubs, auf der Jagd oder bei den Sitzungen der Handelskammer wird er schwerlich jemals Männer der Linken getroffen haben, und Liberale oder Intellektuelle ebensowenig.

Den Antisemitismus vieler seiner Kollegen teilte er nicht. Er scheint statt dessen der Überrepräsentierung des Adels an den Schalthebeln der staatlichen Macht kritisch gegenübergestanden zu haben. In *von* Papens Regierung (um nur ein Beispiel zu nennen) war im Jahre 1932 *von* Neurath Außenminister, *von* Gayl Innenminister, Schwerin *von* Krosigk Finanzminister, *von* Schleicher Reichswehrminister, *von* Braun Ernährungsminister und Eltz *von* Rübenach Reichspostminister. Selbst in den letzten Kabinetten des Kaiserreiches hatte es keine derartige Konzentration von *Herren von* gegeben. Steckte in Schulte vielleicht einiges von der liberaldemokratischen Abneigung des Rheinländers gegen den preußischen Krautjunker? Wenn das stimmte, so behielt er es im allgemeinen für sich. Giesche war nicht der rechte Ort, um anti-aristokratischen Ansichten Ausdruck zu verleihen, denn der Adel war im Vorstand der Gesellschaft gegenüber den Bürgerlichen im Verhältnis von zwei zu eins vertreten.

Die Hauptgefahr ging aber in Deutschland Anfang der dreißiger Jahre nicht vom Adel aus und nicht von den Konservativen. Die Gefahr war der allem Anschein nach unaufhaltsame Aufstieg der Nazis, der nicht nur eine Auflehnung gegen die Parteien der Linken war, sondern eine Protestbewegung gegen das Zentrum und die traditionelle Rechte, gegen das ganze parlamentarische System. In Breslau, wo die Schultes lebten, hatten im Jahre 1924 36 Prozent der Wahlberechtigten für die Parteien der Rechten gestimmt und 35 Prozent für die Linke (Sozialdemokraten und Kommunisten). In den Wahlen von 1932 verteidigte die Linke mehr oder weniger ihren Anteil, aber die konservative Rechte war praktisch ausgelöscht. Statt dessen heimsten die Nazis 43 Prozent aller Stimmen ein.

Von 1930 an, während sich die Wirtschaftskrise verschlimmerte, gelangten immer mehr Deutsche zu der Überzeugung, daß das demokratische System nicht funktioniere und daß eine starke Hand vonnöten sei, um das Land vor dem Ruin zu bewahren. Schulte war kein leidenschaftlicher Fürsprecher der parlamentarischen Demokratie; nur wenige Industriekapitäne glauben an etwas anderes als an eine autokratische Form der Führung. Auch Pazifist war er nicht. Er freute sich später, als seine beiden Söhne Offiziere im Heer wurden. Aber im Gegensatz zu vielen aus seiner Umgebung war sich Schulte von Anfang an der Tatsache bewußt, daß ein Sieg der Nazis einen Rückfall in Barbarei und Krieg bedeuten und in einer Katastrophe enden würde.

Warnsignale gab es genug, sogar schon im Sommer 1932, als der Nazi-Terror in Schlesien einen neuen Höhepunkt erreichte; die Nazis waren entschlossen, die Straße zu erobern. Ihren Feinden sollte nicht erlaubt sein, öffentliche Versammlungen zu veranstalten, ja nicht einmal ihr Gesicht zu zeigen. Es kam zu dem berüchtigten Fall Potempa; Potempa war ein Dorf in Oberschlesien, wo ein polnischer Arbeiter, der als Sympathisant der Kommunisten galt, vor den Augen seiner Familie von SA-Leuten totgetrampelt wurde. Dieser und ähnliche Morde waren keine zufälligen Exzesse, keine in der Hitze der Straßenschlacht begangenen Ausschreitungen. Sie waren von oben befohlen, und der Fall Potempa, einer von vielen, wurde nur deshalb allgemein bekannt, weil Hitler eine Erklärung veröffentlichte, in der er sich offen mit den Mördern solidarisierte.

Es gab nicht viele Leute in Schultes Kreisen, die derartige Zwischenfälle guthießen, aber man hörte doch das übliche Gerede, daß man eben kein Omelette machen könne, ohne Eier zu zerschlagen. Überhaupt brauche man Hitler ja nur als »Trommler«, um ein wenig Ordnung wiederherzustellen, sagten einige. Hatte er erst einmal seine Pflicht getan, würden ihn seine konservativen Verbündeten, ohne die er nicht würde regieren können, schon in Schach halten. Die Zusammensetzung des ersten Kabinetts Hitler vom 30. Januar 1933 schien diese Erwartungen zu rechtfertigen: Auf der Ministerliste standen nur zwei andere Nazis, der Innenminister und ein Minister ohne Portefeuille. Die Kooptation Hitlers schien perfekt.

Schulte teilte diese Selbsttäuschung nicht. Wenigen Vertrauten gegenüber äußerte er, daß es sich bei den Nazis um Gangster handele; sie würden Deutschland ruinieren. Alles, was er sah, bestärkte ihn in dieser Überzeugung. So offen konnte er bei Giesche natürlich nicht reden, denn einige seiner engsten Mitarbeiter waren, wie sein Stellvertreter Otto Fitzner, fanatische Nazis. Sogar zu Hause mußte er sich zurückhalten, und das nicht nur, weil Hausangestellte eine unbedachte Äußerung mithören konnten. Manches durfte nicht in Hörweite der Kinder gesagt werden. Im Jahre 1933 hätte Eduard Schulte den meisten seiner Landsleute zugestimmt, wenn sie sagten, daß eine neue Ära in der Geschichte Deutschlands angebrochen sei. Aber er glaubte nicht, daß sie tausend Jahre Bestand haben würde, wie Hitler es prophezeite, und er hatte auch keinerlei Zweifel, wie sie enden würde.

Geschäft und Politik

Am Spätnachmittag des 20. Februar 1933 traf eine Flotte schwerer Limousinen vor der offiziellen Residenz Hermann Görings, des Präsidenten des Deutschen Reichstags, im Herzen Berlins ein. Die Residenz, ein kleines Palais, diente hauptsächlich für offizielle Empfänge. Aus den Autos stiegen Deutschlands führende Geschäftsleute. Unter ihnen befanden sich Alfred Krupp von den Krupp-Stahlwerken, Albert Vögler, Direktor der Vereinigten Stahlwerke, Fritz Springorum, ein weiterer Stahlkönig, Georg von Schnitzler von der I. G. Farben, weitere Spitzenindustrielle sowie ein Querschnitt der deutschen Bankiers-Elite. Viele von ihnen hatten sich zuvor bereits in die parlamentarische Politik eingemischt, aber kaum je als geschlossene Gruppe. Genau eine Woche später wurde das nahegelegene Reichstagsgebäude in finsterer Nacht in Brand gesteckt. Die Umstände des Brandes sind bis auf den heutigen Tag nicht völlig geklärt.

Einer der rund fünfundzwanzig Wirtschaftstitanen war Eduard Schulte. Ebenso wie die anderen war er von Göring, dem berühmten Fliegerhelden des Ersten Weltkriegs und jetzigem großspurig auftretenden Führer der Reichstagsfraktion der Nationalsozialisten, und von Dr. Hjalmar Horace Greeley Schacht, Deutschlands bekanntestem Bankier, eingeladen worden. Die Gäste hatte man wissen lassen, daß Hitler sie kennenzulernen wünsche. Einige waren gekommen, weil sie mit dem neuen Regime sympathisierten, andere aus Pflichtgefühl oder, wie Schulte, aus Neugier.

Einer derjenigen, die ganz entschieden nicht aus Neugier gekommen waren, war Schacht. In Deutschlands hohem Norden geboren, genoß er den Ruf eines Finanzmagiers, des Mannes, der Deutschland aus den Tiefen der galoppierenden Inflation hinausgeführt hatte zum Wirtschaftswunder der zwanziger Jahre. Von Dezember 1923 bis 1930 war er Reichsbankpräsident gewesen, und er sollte in der nationalsozialistischen Ära wiederum eine wichtige Rolle spielen. Feste politische Überzeugungen besaß er nicht; nach dem Weltkrieg hatte er der leicht links von der Mitte angesiedelten Deutschen Demokratischen Partei angehört, aber nach Zusammenkünften mit Göring und Hitler im Winter 1930/31 hatte er den Eindruck gewonnen, daß Hitler ein Mann sei, mit dem man zusammenarbeiten könne, wie er nach dem Zweiten Weltkrieg während des Nürnberger Prozesses sagte. Er war der NSDAP nicht beigetreten, betrachtete aber ihren Aufstieg als mehr oder minder unvermeidlich. Auch hielt er ihn nicht für unerwünscht, denn er würde dem Deutschen Reich, wie er es sah, ein dringend benötigtes Maß an Stabilität verleihen, eine Vorbedingung für die Erholung nach der großen Wirtschaftskrise.

Das Treffen war angesetzt worden, um Geld für die März-Wahlen aufzubringen. Strenggenommen war es nicht einmal eine Parteiangelegenheit, denn das zu sammelnde Geld sollte nicht nur der NSDAP zugute kommen, sondern auch den rechtsgerichteten Deutschnationalen und sogar der nationalliberalen Deutschen Volkspartei. Aber es war allgemein bekannt, daß die Nazis dringend Geld brauchten, während die anderen »nationalen« Parteien mehr davon hatten, als sie ausgeben konnten. Ihnen fehlte es an Zugkraft, nicht an Spenden. Das Treffen sollte ganz ohne öffentliches Aufsehen vor sich gehen.

Man ließ die Gäste rund fünfzehn Minuten auf Göring und Hitler warten. Hitler schüttelte jedem die Hand und unterwarf den erlauchten Kreis sodann einem seiner berühmten Monologe, einer immer wieder abschweifenden und hitzigen Rede, die jedes nur denkbare Thema berührte – die Außen- und die Innenpolitik, die Wirtschaftspolitik und die Notwendigkeit der Aufrüstung, die Gefahren des Liberalismus, der Sozialdemokratie und natürlich des Bolschewismus. Deutschland brauche einen neuen Geist, sagte er, und übrigens auch ein neues politisches System. Die Demokratie sei untauglich, weil sie zur Anarchie führe und jedenfalls mit dem privaten Unternehmertum unvereinbar sei. Er kritisierte die rechtsgerichteten Deutschnationalen, seine Koalitionspartner; sie zögen überhaupt keine Wähler an und hätten lediglich den Aufstieg des Nationalsozialismus behindert. Die Marxisten, und damit meinte er alle, die mit den Nationalsozialisten nicht übereinstimmten, müßten zerschmettert werden. Er deutete an, daß es eine bewaffnete Machtübernahme geben werde, falls die nationale Koalition nicht die erforderliche Mehrheit erringe. Er selbst ziehe entschieden einen reibungslosen Übergang zur neuen Ordnung vor. Es sei allerdings ein Irrtum, zu glauben, daß die Nationalsozialisten schon gesiegt hätten. Der Sieg werde so lange nicht gesichert sein, wie der Feind noch nicht vernichtet sei.

Krupp sprach einige nichtssagende Worte, als Hitler geendet hatte, woraufhin sich der Führer, der aus Prinzip nie über Geld sprach, erhob und die Versammlung verließ. Göring, der nächste Redner, sagte, daß die nächsten Wahlen die letzten für die nächsten zehn, womöglich gar hundert Jahre sein würden. Er erklärte ferner, daß es nur gerecht sei, wenn die nicht direkt am politischen Kampf beteiligten Kreise, womit er die Industriellen und die Bankiers meinte, erhebliche finanzielle Beiträge leisteten. Das war das Zeichen für Schacht, das Wort zu ergreifen: »Meine Herren, zur Kasse.« Das war so wörtlich nicht gemeint, denn er erwartete lediglich Zusagen. Später wurde Schacht dann deutlicher: Er verlangte drei Millionen Reichsmark.

Schulte sagte wie die meisten anderen Anwesenden während der ganzen Versammlung kein Wort. Bisher war er ein erbitterter Gegner der Nazis gewesen; nun wurde ihm bewußt, daß die neuen Herren Deutschlands nicht besser waren als Gangster, daß sie aufbrachen zu einer Politik der nackten Gewalt im Inneren und nach außen, die, wie er meinte, früher oder später das Land in einen Krieg stürzen mußte. Er hatte Göring früher schon einmal getroffen – in einem Berliner Club, dem Herrenklub –, und er hatte seine bombastische Art nicht gemocht. Aber Göring war die nichtplebejische Fassade der Nazis für das Bürgertum und die gehobenen Schichten, ein Gemäßigter im Vergleich zu Hitler, den Schulte als rasenden Tollhäusler anzusehen sich angewöhnt hatte.

Schultes Einladung zu dieser Zusammenkunft war ein Maß für die Wegstrecke, die er in seinen acht Jahren bei Giesche schon zurückgelegt hatte. Zu Anfang hatte die Situation nicht sehr vielversprechend ausgesehen. Zunächst einmal war Giesche schwer verschuldet und außerstande, die Modernisierung der vorhandenen Gruben, geschweige denn die Eröffnung neuer, zu finanzieren. Große Kredite zu beschaffen, war im Deutschland des Jahres 1925 sehr schwierig gewesen. Giesche hatte, in einem verzweifelten Versuch zu diversifizieren, auf gut Glück neue Ländereien und Tochtergesellschaften erworben. Die Folge war, daß man vor ernsthaften Schwierigkeiten mit den Gläubigern stand.

Im Jahre 1925 hatte sich Schulte auch dem polnischen Problem gegenübergesehen, das resistent war gegen alle konventionellen unternehmerischen Rezepte. Nach der Teilung Oberschlesiens im Jahre 1922 verlief die neue Grenze zwischen Polen und Deutschland mitten durch die Giesche-Besitzungen und zerschnitt die Grube Bleischarley in zwei Teile. Achtzig Prozent des Giesche-Besitzes befanden sich auf der polnischen Seite, einschließlich sämtlicher Zinkhütten. Eine feindselig eingestellte polnische Regierung begann, Giesche und andere in deutschem Besitz befindliche Firmen aufs Korn zu nehmen. Sie plante eine gewaltige Anhebung der Steuern, die es unmöglich gemacht hätte, die polnischen Giesche-Anlagen mit Gewinn zu betreiben. Doch konnte Giesche seinen polnischen Zweig nicht einfach aufgeben; die Erze und die Raffinerien waren unentbehrlich. Was in Deutschland verblieb, war nach Schätzung eines externen Experten nur rund 15 Millionen Dollar wert, verglichen mit dem Vorkriegswert des gesamten Unternehmens von grob gerechnet 100 Millionen Dollar.

Schulte war nicht einmal seiner eigenen Stellung sicher gewesen. Giesches Erben waren eine Art Kreuzung zwischen einem Familienunternehmen und einer modernen Gesellschaft; ein Börsenmakler hätte gesagt, daß die Aktien sehr eng gestreut waren. Es gab ein sogenanntes Repräsentanten-Kollegium, ein aus sechs Personen bestehendes Gremium, das früher die Firma geführt hatte und noch immer beträchtlichen Einfluß besaß. Schultes Vorgänger, Mewes, war der erste Generaldirektor in der Geschichte der Firma, der von außen kam. Obwohl die Position des Generaldirektors die höchste in der deutschen Wirtschaft war, hatte Mewes drei sehr schwierige Jahre bei der Firma verbracht und war dann zurückgetreten. Jetzt waren Schultes Vollmachten nur ungenau definiert und umschrieben. Bei allen großen Entscheidungen mußte er das Kollegium konsultieren, und Giesches Verpflichtungen waren so drückend, daß drastische Maßnahmen sofort erforderlich waren.

Die Regierung von Preußen, des größten deutschen Staates, besaß ihr eigenes Bergbauunternehmen, die Preussag, die an Teilen des deutschen Giesche-Besitzes interessiert war. Widerwillig erbot sich die preußische Regierung, Giesche einen neuen Kredit zu gewähren, vorausgesetzt, die Preussag erhielt die Mehrheit in Giesches wichtigster deutscher Grube. Der Kredit hätte zur Abdeckung bestehender Schulden nicht ausgereicht, und außerdem hätte Giesche sich immer noch mit dem polnischen Problem auseinanderzusetzen gehabt. Und aller Wahrscheinlichkeit nach hätten die Bedingungen das Ende von Giesche-Deutschland als einer maßgeblichen unabhängigen Kraft in der Bergbauindustrie bedeutet. Mewes hatte Verhandlungen mit Vertretern des amerikanischen Finanziers W. Averell Harriman aufgenommen, der entweder unabhängig oder als Teil eines Konsortiums mit der Anaconda Copper Mining Company, die ebenfalls an Giesche interessiert war, kurz- und langfristige Kredite gewähren konnte. Aber die Amerikaner wünschten angemessene Sicherheiten, die schwer zu gewähren waren, ohne ihnen die Kontrolle über einen guten Teil von Giesche auszuhändigen.

Um zwei Probleme auf einen Schlag zu lösen, beschloß Schulte, einen Mehrheitsanteil an Giesche-Polen an die Amerikaner zu verkaufen, hauptsächlich deshalb, weil amerikanische Kapitalgeber in Polen sehr viel lieber gesehen wurden als deutsche. Anscheinend hatten die Amerikaner diese Idee ins Spiel gebracht, um deutschen Widerständen gegen die amerikanische Übernahme einer alten deutschen Firma vorzubeugen, und Schulte hatte sie sich eifrig zu eigen gemacht.

Am 4. November 1925 traten die Giesche-Aktionäre in Breslau zusammen, um das Darlehen der preußischen Regierung und das Anaconda-Harriman-Angebot zu prüfen. Die Entscheidung war politisch heikel, und Zeitungskorrespondenten durften der Versammlung nicht beiwohnen. Aber Averell Harriman persönlich und Cornelius F. Kelley, der Vorsitzende von Anaconda, hatten Erfolg mit ihrem Gebot. Das Kollegium war zwar geteilt, aber mit einer knappen Mehrheit stimmten die Giesche-Aktionäre einem Geschäft zu, wonach Harriman eine Halbjahres-Option zum Erwerb von 51% der polnischen Giesche-Betriebe und eines Teils der deutschen Zinkproduktion Giesches erhielt, während der deutsche Unternehmensteil eine dringend benötigte Kapital-Injektion bekam. Das gab beiden Seiten ausreichend Zeit, um das komplizierte Geschäft gründlich zu durchdenken und die Haltung der verschiedenen Regierungen auszuloten.

Die polnische Regierung zeigte sich am Ende bereit, auf ihre neuen Steuern zu verzichten, um amerikanische Investitionen in ihrem Land zu fördern. Aber das Klima in Berlin war anfangs äußerst feindselig. Preußische Beamte sahen in dem Geschäft praktisch eine amerikanische Übernahme des gesamten Giesche-Konzerns und den Versuch von Anaconda, ein Zink-Weltmonopol aufzubauen. Hinzu kam noch, daß die deutsche Presse voll war von Artikeln über Giesches mangelnde Rücksichtnahme auf nationale Interessen, ein äußerst heikles Thema, seit Deutschland gezwungen worden war, den verhaßten Versailler Vertrag über die Beendigung des Weltkrieges zu unterzeichnen. Einige

Deutsche hatten den Verdacht, daß Anaconda, der grob geschätzt sieben Prozent der Welt-Zinkproduktion gehörten, Giesche zwingen würde, keine neuen Zinkhütten mehr in Deutschland zu bauen.

Wenige Wochen, nachdem Schulte das Ruder bei Giesche übernommen hatte, veröffentlichte die *New York Times* auf ihrer ersten Seite einen Artikel mit der Überschrift »Preußen will das Harriman-Anaconda-Geschäft über ein Monopol der deutschen Zink-Produktion verbieten«. In dem Artikel wurde ausführlich aus der sehr kritischen Rede des preußischen Finanzministers vor dem preußischen Landtag zitiert. Die preußische Regierung bestand darauf, einen eigenen Vertreter in den Giesche-Aufsichtsrat zu entsenden, um zu verhindern, daß die Gesellschaft den nationalen Interessen zuwiderhandle.

Aber nicht jedermann in Berlin war negativ gestimmt. Reichsbankpräsident Hjalmar Schacht war für das Geschäft, und während dieser langwierigen Verhandlungen hatte Schulte Bekanntschaft mit Schacht gemacht. Da Harriman und Anaconda sich von der negativen Publizität nicht vergraulen ließen, verlor Schulte nicht die Ruhe. Er mochte den berühmten amerikanischen Eisenbahnmagnaten und Finanzier sehr gern, geriet aber von Zeit zu Zeit mit Harrimans Vertretern aneinander, zum Beispiel mit seinem Berliner Repräsentanten, Irving Rossi.

Das Harriman-Anaconda-Gebot hatte zu sehr die wirtschaftliche Vernunft auf seiner Seite, als daß Giesche es hätte ausschlagen können. Anstatt erbittert gegen die Kritiker des Geschäfts zu Felde zu ziehen, machte Schulte sich ihre Empfindlichkeiten zunutze. Im Mai 1926, noch bevor die Harriman-Anaconda-Gruppe ihre Option ausgeübt hatte, schloß Giesche eine Vereinbarung mit der preußischen Regierung. Preußen erklärte sich bereit, der Gesellschaft ein Darlehen von 15 Millionen Mark für den Bau einer neuen Zinkraffinerie auf deutschem Territorium und weiteren 10 Millionen Mark als Betriebskapital zu geben, und zwar beides zu sehr niedrigen Zinsen. Giesches Vereinbarung mit Harriman und Anaconda wurde dahingehend modifiziert, daß die Amerikaner kein Entscheidungsrecht im deutschen Unternehmensteil hatten und kein garantiertes Recht auf irgendeinen Anteil an der deutschen Erzproduktion. Diese Änderungen besänftigten nationalistische Empfindlichkeiten, und das Geschäft konnte abgeschlossen werden.

Harriman and Company und Anaconda Copper bildeten die Silesian-American Corporation mit Sitz in Wilmington, Delaware, als rechtlichen Eigentümer von Giesche-Polen. Die Silesian Holding Company (zu

65% im Besitz von Anaconda, zu 35% von Harriman) besaß 51% der Silesian-American-Aktien; Giesche besaß die restlichen 49%. Erfahrene Direktoren und Angestellte von Anaconda übernahmen jetzt die Leitung des polnischen Giesche-Besitzes. Sie waren fest davon überzeugt, daß die Einführung besserer Managementmethoden und neuester amerikanischer Technologie die Firma rasch wieder in die Gewinnzone bringen würde. Das Anaconda-Harriman-Konsortium glaubte, günstig eine Gesellschaft mit äußerst wertvollen Aktiva erworben zu haben, was das politische Risiko aufwiege. Man konnte wirklich nicht vorausahnen, wie die Ereignisse, die sich 1933 in Deutschland abspielten, die politischen Gefahren vervielfachen würden.

Schulte trat in der Silesian-American Corporation kaum hervor und war es zufrieden, die Amerikaner das Heft in Polen in die Hand nehmen zu lassen. Die dortige politische Situation verlangte genau das, und es gab ganz gewiß etliches, was er und seine Mitarbeiter von den amerikanischen Managern in Katowice lernen konnten. Es gab noch andere Gründe für die beiden Giesche-Gesellschaften, zusammenzuarbeiten. Vorläufig besaß Giesche-Deutschland keine Zinkhütten, während Giesche-Polen überschüssige Hüttenkapazität besaß und die Transportkosten zwischen den Werken unbedeutend waren. Giesche-Polen mußte eine beträchtliche Kohleproduktion absetzen, während Giesche-Deutschland im Kohle-Handel tätig war. Darüber hinaus besaß Anaconda Patente auf dem Gebiet der elektrolytischen Zinkdestillation, des modernen Herstellungsverfahrens für hochwertiges Zink, woran Schulte für die geplante neue Giesche-Raffinerie in Magdeburg äußerst interessiert war.

Aber als Schulte Anaconda zur Beteiligung an der neuen Zinkraffinerie einlud, die in Magdeburg gebaut werden sollte, und um eine Lizenz zur Verwendung des patentierten Anaconda-Verfahrens der elektrolytischen Zinkdestillation nachsuchte, wehrte die amerikanische Gesellschaft die Bitte ab, denn sie hätte sich sonst eine mächtige Konkurrenz für die polnischen Zinkraffinerien geschaffen und die deutschen Giesche-Werke unabhängiger gemacht.

Unweigerlich gab es auch andere Ursachen für Reibungen. Am Ende legten beide Giesche-Gesellschaften bestimmte Gebiete fest, auf denen sie kooperieren, und andere, auf denen sie konkurrieren wollten. Die Tatsache, daß sie die übergeordneten Firmenbeziehungen nicht durch Meinungsverschiedenheiten im Detail Schaden nehmen ließen, war dem gesunden Geschäftsverstand und der charakterlichen Reife von

Schulte und von George Sage Brooks, dem amerikanischen Direktor von Giesche-Polen, zu verdanken. Und zu Fred Gaethke, dem Chef der Bleischarley-Grube von Giesche-Polen und späterem Vizepräsidenten der Gesellschaft, entwickelte Schulte gar ein freundschaftliches Verhältnis.

Obwohl Schultes Gesellschaft ebenso wie die von Anaconda kontrollierten polnischen Giesche-Werke während der nächsten beiden Jahre expandierten und Gewinne erzielten, gab es doch weltweit zu viele Zinkgruben, die zuviel Erz förderten. Ein internationales Zink-Kartell erzielte nur geringe Fortschritte in seinem Bemühen, die Preise zu stabilisieren, und dann bewirkte die Weltwirtschaftskrise im Jahre 1929 praktisch den Zusammenbruch der Nachfrage nach dem Metall. Der Zinkpreis fiel von 23 bis 24 Pfund Sterling pro Tonne auf einen Tiefpunkt von 8,5 Pfund im Jahre 1932. Bei einem solchen Preisniveau konnte keines der beiden Giesche-Werke mit Gewinn arbeiten.

Trotz des Zusammenbruchs des Zinkmarktes fanden sich 1932 innerhalb der Reichsregierung einige prominente Namen, die die von Giesche vorgeschlagene Magdeburger Zinkhütte unterstützten. Ende April erklärte Wilhelm Groener, Reichswehr- und Innenminister in Personalunion, dem Reichskanzler Heinrich Brüning, daß die vorgeschlagene Hütte entschieden im nationalen Interesse liege. Die Reichswehr brauche eine angemessene einheimische Produktion von Elektrolytzink für die Produktion von Messing-Munitionshülsen; zur Zeit, schrieb Groener, werde das gesamte Elektrolytzink importiert, was das Reich auf diesem Gebiet im Kriegsfall verwundbar machen könnte. Außerdem würde eine Elektrolyt-Zinkhütte als Nebenprodukt Rauchende Schwefelsäure herstellen. Dieses »Oleum« werde bei der Sprengstoffherstellung benötigt, und auch Oleum sei in Deutschland knapp. Zink werde zu Messing, Spritzguß und Batteriegehäusen verarbeitet sowie als Korrosionsschutz für Eisen und Stahl verwendet. Es werde in der Produktion von Munition, von Elektro- und Automobil-Zubehör und im Flugzeugbau benötigt. Groeners machtvolle Intervention zugunsten von Giesche hätte den erwünschten Erfolg zeitigen können, wenn er nicht gezwungen worden wäre, im Mai von seinen beiden Kabinettsposten zurückzutreten. Er hatte ein Verbot von SA und SS erlassen und sich dadurch nicht nur höchste Militärkreise zum Feind gemacht, sondern auch den Reichspräsidenten Hindenburg. Auch Reichskanzler Brüning verlor das Vertrauen des Präsidenten und wurde zum Rücktritt gezwungen.

Brünings Nachfolger, Franz von Papen, wurde ebenfalls ersucht, Giesche für das Magdeburger Projekt Regierungshilfe zu gewähren. Wieder fand Giesche die Unterstützung von Reichswehrkreisen, die die Proteste von I. G. Farben-Direktoren zurückwiesen.

Aber die komplizierten Verhandlungen zwischen Giesche, Preussag und der Regierung schleppten sich bis in den November hin. Inzwischen lag Franz von Papens Regierung in den letzten Zügen. Deutschlands politisches System geriet aus den Fugen, und Adolf Hitler wartete auf die Chance, zu zeigen, daß er das geschundene Land wieder auf die Beine stellen könne.

Trotz ihres Namens hatte die Nationalsozialistische Deutsche Arbeiterpartei zumindest seit 1927 aktiv um Unterstützung durch die Wirtschaft geworben. Hitlers »Sozialismus« bedeutete eben nicht viel mehr, als alle patriotischen (und rassisch akzeptablen) Elemente der deutschen Volksgemeinschaft zu vereinigen, damit sie gemeinsam daran arbeiteten, das Land zu stärken. Obwohl die Nazis anfangs kaum Erfolge bei ihren Versuchen erzielten, prominente Geschäftsleute für sich zu gewinnen, veranlaßten die fortgesetzten Auseinandersetzungen mit den Gewerkschaften während der Weltwirtschaftskrise etliche Geschäftsleute, die Nazis als nützliche Gegenkraft anzusehen. Es gab sogar einige NS-Begeisterte in der Wirtschaft. Nachdem jedoch Hitler am 30. Januar 1933 Reichskanzler geworden war, sahen immer mehr Wirtschaftsführer die politischen und wirtschaftlichen Vorteile, die das neue Regime zu bieten hatte: Regierungsaufträge zur Ankurbelung der Wirtschaft, die Wiederaufrüstung, keine Gefahren vom Parlament oder von der Linken, keine aufsässigen, störenden, unabhängigen Gewerkschaften.

Die NS-Regierung hatte einen guten Grund, sich für Gieschеs Magdeburger Hütte zu interessieren. Der Führer war ganz entschieden der Meinung, daß Deutschland auf dem Gebiet der kriegswichtigen Rohstoffe autark werden müsse. Er glaubte, daß die britische Blockade über Deutschland im vergangenen Weltkrieg die Entscheidung gebracht hatte und daß dies ein zweites Mal geschehen könnte. Allen Maßnahmen, Deutschlands Abhängigkeit von importierten Rohstoffen zu verringern, räumte er hohen Vorrang ein. Zink fiel in diese Kategorie. Deutschland verbrauchte im Jahre 1933 rund 135 000 Tonnen Zink, erzeugte aber nur etwa 51 000 Tonnen. Der Rest kam aus Norwegen, Frankreich, Kanada und Australien, und auf keines dieser Länder konnte man sich verlassen, falls ein neuer Krieg ausbrach. Die Wiederaufrüstung würde zweifellos zu einer steigenden Nachfrage nach Zink führen, insbesondere nach dem reinen, durch Elektrolyse gewonnenen Zink.

Mitte 1933 sorgte Reichsfinanzminister Graf Schwerin von Krosigk dafür, daß Giesche einen langfristigen staatlichen Baukredit von 15 Millionen Reichsmark bekam. Eine moderne elektrolytische Hütte, die in der Lage war, zu 99,975% reines Zink zu produzieren, konnte im August 1934 fertiggestellt werden. Sie wurde rasch zu Deutschlands größtem Zinkproduzenten und zu einem bedeutenden Erzeuger von Schwefelsäure und Cadmium. Im Jahre 1935 machte Giesche wieder Gewinn.

Ein Außenstehender hätte aus diesen Tatsachen durchaus schließen können, daß die Beziehungen zwischen Giesche und der NS-Regierung ideal seien. Die Erweiterung des Zinkbergbaus und der Zink-Verhüttung dienten den Wiederaufrüstungsplänen der neuen Herren. Schultes Mitarbeiter veranstalteten Besichtigungstouren durch ihre Anlagen für die »Häuptlinge im Braunhemd« - was sich kaum hätte vermeiden lassen.

Aber der 1934 herausgegebene Giesche-Jahresbericht für das Jahr 1933 enthielt keine blumige Dankadresse an die neue Führung. Schulte sorgte dafür, daß der Regierungskredit so bald wie möglich zurückgezahlt wurde - obwohl die Gesellschaft neue Kredite bei privaten Geldgebern aufnehmen mußte. Keine bedeutende deutsche Firma konnte sich von der NS-Regierung abschotten, die Mitte der dreißiger Jahre immer neue wirtschaftliche Zuständigkeiten für sich beanspruchte. Aber der geschäftliche Aufschwung machte Eduard Schulte nicht blind für den wahren Charakter des neuen Regimes.

Viele andere Deutsche jedoch hegten während der frühen Jahre der NS-Herrschaft positivere Gefühle. Eine neue Hoffnung und eine neue Entschlossenheit erfüllten das ganze Land. Die Arbeitslosigkeit wurde weitgehend beseitigt, Fabriken und Bergwerke wurden wieder geöffnet; Deutschland war im Begriff, wieder zu einer bedeutenden Macht zu werden, als die Wehrpflicht wiedereingeführt wurde und die Wiederaufrüstung begann. Kritikern des neuen Regimes erging es nicht gut; sogar einige seiner einst führenden Stützen wurden in der »Nacht der langen Messer«, der Nacht des 30. Juni 1934, ermordet. Das aber erschien vielen Deutschen als sehr geringer Preis für den Fortschritt, den man errungen hatte.

Berlin war nie geschäftiger als im Sommer 1936, dem Jahr der Olympischen Spiele. Die Hauptstadt war herausgeputzt worden für die vielen tausend Ausländer, denen man die Leistungen des neuen Reiches vorführen wollte. Hitler und seine Partei befanden sich auf dem Gipfel ihres Prestiges. Wenige Deutsche waren ohne Arbeit, großartige neue Autobahnen wurden gebaut, überall im Land waren gewaltige Bauvorhaben im Gange. Wenn Deutschland wiederaufrüstete, so taten alle anderen das auch, und eine Armee war schließlich selbstverständlicher Bestandteil eines souveränen Staates. In zahllosen Reden hob Hitler die neue Geschlossenheit des Volkes hervor, seine Kraft, aber auch seinen Wunsch nach Frieden. Er gehörte der Generation an, die die Schrecknisse des Ersten Weltkrieges am eigenen Leibe erfahren hatte. Es schien undenkbar, daß er und seine Parteigenossen einen neuen, noch viel entsetzlicheren Krieg entfesseln wollten (wie einige seiner Feinde es behaupteten). Bei der Eröffnung der Olympischen Spiele (»Ich rufe die Jugend der Welt«) sprach sich Hitler für friedlichen Wettstreit und einen neuen Geist der Eintracht aus.

Die meisten ausländischen Besucher, die in jenem Jahr nach Berlin reisten, kehrten tief beeindruckt zurück – nicht nur von der Kraft und dem Können der deutschen Sportler, sondern von der neuen Stimmung, die ganz Deutschland durchdrungen hatte, dem neuen Optimismus, dem Glauben an die Zukunft, der einen so krassen Gegensatz zu dem Defätismus und der Verzweiflung bildete, die nur wenige Jahre zuvor geherrscht hatten. Ja, es gab Konzentrationslager, und die Juden waren zu Bürgern zweiter Klasse gemacht worden. Aber das betraf nur eine kleine Minderheit. Das schien die Sache schon wert zu sein, wenn man die enormen Leistungen der Nazis betrachtete, die, wie sie sagten, nur die ersten Schritte seien auf dem Wege in eine noch herrlichere Zukunft. In zehn Jahren, hatte Hitler geprahlt, werde man Berlin nicht wiedererkennen.

Es herrschte 1936 in Deutschland große Begeisterung für Hitler, den Friedensstifter, und die bedauernswerten Emigranten in Paris und Prag, die über die »tiefe interne Zerrissenheit« bei den Nazis und über den »bevorstehenden Sturz des Hitlerismus« schrieben, waren hoffnungslos fern von den deutschen Realitäten; so jedenfalls erschien es den Gutgläubigen. Es gab in jenem Jahr keine freien Wahlen in Deutschland, aber hätte es sie gegeben, die NSDAP hätte ganz gewiß einen überwältigenden Sieg errungen.

Nicht lange, nachdem Schulte Generaldirektor bei Giesche geworden war, bezog er eine Suite in Berlin, die ihm ständig zur Verfügung stand und die gelegentlich auch von anderen ranghohen Mitarbeitern der Firma benutzt wurde. Die Entscheidung ließ sich leicht rechtfertigen, denn es gab immer mehr Geschäfte, die mit den Reichsministerien und den Großbanken in der Reichshauptstadt abzuwickeln waren. Auch die ausländischen Firmen, mit denen Schulte in geschäftlicher Verbindung stand, hatten ihre Vertretungen in Berlin. Schulte kümmerte sich relativ wenig um Einzelheiten der Produktion, die in erfahrenen Händen lag. Gieschés Hauptschwierigkeiten in allen diesen Jahren waren finanzieller Art; Schulte sah seine Hauptaufgabe darin, das finanzielle Überleben der Firma sicherzustellen.

Von 1936 an wurde der Coburger Hof, auch einfach das »Coburg« genannt, zum zweiten Giesche-Firmensitz, und während des Krieges war es die eigentliche Zentrale. Das Coburg in der Georgenstraße gehörte nicht zu den größeren Berliner Hotels wie das Adlon, aber zweifellos zu den exklusivsten. Einst Stadthaus eines Herzogs, wurde es später geteilt - im Nachbargebäude eröffnete ebenfalls ein Hotel unter dem Namen Russischer Hof, und es gab auch noch ein drittes Hotel, den Georgen-Hof. Der Direktor des Coburg war ein skurriler Typ mit einer wilden Mähne, dabei aber durchaus gutmütig. Er hatte zuvor ein Hotel im ägyptischen Alexandria geleitet. Er besaß eine Sammlung Meißener Porzellan von erotischem Charakter, die er nur seinen erlesensten Gästen zeigte. Die Speisen genügten nicht immer den höchsten Ansprüchen; den Lachs kommentierte Schulte (wie sein Sohn sich später erinnern sollte) so: »*A la maison,* trocken und schlecht.« Aber die Bedienung war hervorragend, und Schulte fühlte sich dort wohl. Der Service hatte ein anderes Niveau als heutzutage. Stammgäste brauchten weder aus- noch einzupacken; das erledigte das Personal, das auch jeden Botengang übernahm und alles beschaffte, was überhaupt zu beschaffen war für die Gäste. Das Coburg befand sich in der Nähe des Bahnhofs Friedrichstraße im verkehrsreichsten Teil der längsten Berliner Hauptstraße. Hier riß der Strom der Menschen auf den Bürgersteigen niemals ab. Die Hochfinanz saß hier, hier befanden sich bedeutende Bürogebäude, die großen Zeitungen residierten hier ebenso wie viele der großen Restaurants und Cafés. Und wenn die Kunden und die Büroangestellten nach Hause gegangen waren, betraten andere Menschenmengen die Szene, etwa die Besucher von Varieté-Theatern wie dem Wintergarten vis à vis dem Bahnhof, dem Admiralspalast oder einem Dutzend anderer.

Eduard Schulte machte in der Hauptstadt seine Runden. Er war ein häufiger Besucher der führenden Banken. Otto Fischer von der Reichskreditgesellschaft gehörte zu seinen Freunden; er saß auch im Giesche-Aufsichtsrat. Schulte besuchte auch Schacht, der im Jahre 1936 Reichswirtschaftsminister war, aber schon vor der Entlassung stand. Mit seinem Vetter Hermann, dem Inhaber der Bildergalerie, pflegte Schulte bei Horcher zu frühstücken oder im Kempinski zu Abend zu essen. Hermann nahm ihn auch mit zu Versammlungen des Herrenklubs (oder vielmehr des Deutschen Klubs, wie er sich jetzt nannte). Dieser Club war die Heimat einer Gruppe konservativer Politiker, Bankiers und hoher Militärs, und er war einst recht einflußreich gewesen. (Im Herrenklub hatte Schulte auch Göring kennengelernt.) Diese Konservativen pflegten mit aller gebotenen Vorsicht zu lamentieren und den Verlust ihres politischen Einflusses zu beklagen; einige wiesen hinter vorgehaltener Hand darauf hin, daß es so oder so zu dem Wirtschaftsaufschwung gekommen wäre, denn Hitler sei an die Macht gekommen, als die große Rezession bereits im Abklingen war. Einige gingen noch weiter und behaupteten, daß es dem Aufschwung an einer soliden Basis fehle, daß die grundlegenden Wirtschaftsprobleme überhaupt nicht gelöst seien. Schulte wußte das alles. Bei Giesche war die Wende Mitte 1932 gekommen, nicht nach Hitlers Machtübernahme. Aber ihm fiel die Tatsache auf, daß niemand in seiner Kritik am Regime weiter zu gehen schien. Vielen gingen gewisse Aspekte des Nationalsozialismus gegen den Strich, aber im großen und ganzen sahen sie keine Alternative. Und die Militärs schienen begeistert zu sein, denn endlich bekamen sie nun eine Wehrmacht mit ihren drei Waffengattungen Heer, Marine und Luftwaffe.

1936 war kein gutes Jahr für Gegner des Nationalsozialismus. Hitlers Innen- und Außenpolitik konnte durchaus als gemäßigt und vernünftig gelten. Er hatte Deutschland vor dem Ruin gerettet und führte es einer besseren Zukunft entgegen: Er war in den Augen einiger ausländischer Beobachter eine deutsche Roosevelt-Ausgabe, sein Programm, fanden sie, sei dem New Deal nicht unähnlich. Wenn Schulte Kritik äußerte, traf er selbst unter engen Freunden auf Verständnislosigkeit, ja Entsetzen. Man müsse abwarten, sagte man ihm; aller Wahrscheinlichkeit nach werde das Regime im Laufe der Zeit reifen und milder werden. Hitlers *Mein Kampf* und seine radikale Rhetorik dürfe man nicht allzu ernst nehmen. Und so wartete schließlich auch Schulte ab, ohne Illusionen allerdings. Er sah, wie seine Söhne heranwuchsen, genoß die Aufenthalte auf seinem Landgut, schloß etliche neue Geschäfte ab. Aber er gehörte zu denjenigen, die ganz und gar nicht optimistisch auf Deutschlands Zukunft blickten. Viele gab es nicht von seinesgleichen im Jahre 1936.

Wie war es dazu gekommen, daß Eduard Schulte den Nationalsozialismus so tief verabscheute? Das ist eine naheliegende Frage, aber sie ist nicht leicht zu beantworten. In seinen jüngeren Jahren gab es nichts, was ihn schicksalhaft dazu hätte bestimmen können, zu einem eingeschworenen Feind der Nazis zu werden. Er war weder ein Linker noch ein radikaler Demokrat, er gehörte keiner von den Nazis verfolgten religiösen Gruppe an, er war kein Freimaurer und auch kein Monarchist vom rechten Flügel. Er war kein Jude. Was ihm mehr als alles andere zu schaffen machte, war die Tatsache, daß der Nationalsozialismus ihn zwang, Dinge zu tun, die er verabscheute.

Eines Sonntagabends gegen Ende 1934 sah er seine Söhne in Uniform von einem Marsch heimkehren, den die Hitlerjugend organisiert hatte. Er wußte, daß die Sache im Grunde harmlos war. Sie hatten den Tag in irgendeinem Wald der Umgebung verbracht, es hatte ein Geländespiel gegeben und ein Lagerfeuer; mit Politik hatte das Ganze wenig zu tun gehabt. Aber die Uniformen und die rote Fahne mit dem schwarzen Hakenkreuz ärgerten ihn doch sehr. Er brachte sein Mißvergnügen gegenüber Clara zum Ausdruck. Sie erinnerte ihn daran, daß jeder Gymnasiast Mitglied der Hitlerjugend zu sein habe, sofern er nicht Jude oder körperbehindert war. Falls er seine Söhne zwingen würde, nicht mitzumachen mit allen ihren Freunden und Klassenkameraden, würde das Ärger und Schwierigkeiten ohne Ende bedeuten. Er fand, die Sache sei dennoch von Übel, und hörte nicht auf zu grollen. Die Kinder seien außerstande, sich ein unabhängiges Urteil zu bilden, und würden mit dem »braunen Gift« geimpft, wie er es nannte. Clara entgegnete, daß er aus einer Mücke einen Elefanten mache; im übrigen sei es doch so, daß auch er, Eduard, Kompromisse schließen müsse mit der neuen Ordnung. Wenn auch zähneknirschend, war Schulte nämlich Mitglied der Deutschen Jägerschaft geworden, einer NS-Organisation. Sonst hätte er seinen Jagdschein verloren und hätte auf seinem eigenen Grund und Boden nicht mehr jagen dürfen. Er war Mitglied der DAF, der Deutschen Arbeitsfront, weil niemand in Deutschland ohne diese Mitgliedschaft arbeiten oder an der Spitze eines Betriebes stehen durfte. Und dann war er auch noch Mitglied der NSV, der Nationalsozialistischen Volkswohlfahrt. Das hatte nicht mehr zu bedeuten als die Zahlung kleiner monatlicher Beiträge, die angeblich für die Armen gesammelt wurden. Hätte er sich geweigert, Mitglied zu werden, hätte dies einen größeren Skandal bedeutet. Die SS-Zeitung *Das Schwarze Korps* oder irgendein anderes Nazi-Organ wäre mit einer Schlagzeile erschienen wie: »Asoziale Elemente am Ruder eines führenden Wirtschaftsunternehmens«. Man hätte es als einen Akt offener Auflehnung ausgelegt, und die Folgen wären unabsehbar gewesen. Höchstwahrscheinlich hätte es das Ende seiner Karriere bedeutet.

Und so hatte sich Eduard Schulte genötigt gesehen, Kompromisse zu schließen, nicht nur einmal, sondern dreimal, was ihn nur um so wütender machte. Er war ein unabhängiger Mann, er ließ sich nicht hinreißen von Wogen der Massenhysterie, er war nicht bereit, sich zum Beitritt in Organisationen zwingen zu lassen, die er verabscheute. Er mochte sich nicht von Führern befehlen lassen, die keinen Anspruch auf Respekt erheben konnten. Er hatte viele Leute in hohen Positionen kennengelernt, und, von wenigen Ausnahmen abgesehen, hatten sie ihm nicht imponiert. Unter der Republik hatten sie ihn wenigstens in Frieden gelassen, aber jetzt wurde blinder Gehorsam von ihm verlangt.

Eduard Schulte war nicht bereit, blind zu gehorchen. Er war gegen die Nazis, weil sein Instinkt, der ihn selten trog, ihm sagte, daß die NS-Propaganda, die viele seiner Zeitgenossen so tief beeindruckte, ein einziger Betrug sei. Sein Instinkt sagte ihm, daß Hitler und Goebbels logen, wenn sie ihre bombastischen Reden über die Notwendigkeit des Friedens und über ihre eigene tiefe Hingabe an die Sache des Friedens hielten. Sie logen, wenn sie die Schrecken des Weltkrieges beschworen; wie konnte ein Mensch, der noch bei gesundem Verstand war, für eine Wiederholung eintreten? Sie logen, wenn sie behaupteten, daß sie nicht einen einzigen Gebietsanspruch in Europa hätten.

Sein Instinkt sagte ihm, daß die Wiederaufrüstung keinen anderen Zweck haben könne, als einen Krieg zu führen. Was er von seinen Freunden in hohen Ämtern über das vernahm, was Hitler gegenüber den Chefs der Wehrmacht geäußert hatte, bestärkte ihn in seiner Überzeugung. Er wußte, daß die Wirtschaftspolitik des Dritten Reiches keinen Sinn ergab, wenn sie nicht der Vorbereitung eines Expansions- und Eroberungskrieges diente. Hjalmar Schacht war ein schlauer Fuchs und Opportunist, ein zweifelhafter Charakter, dem es an Aufrichtigkeit fehlte und der Hitler 1933 geholfen hatte, die Macht zu ergreifen. Aber Schacht besaß bei allen seinen Mängeln noch eine gewisse professionelle Integrität, und er bestätigte Schultes Argwohn: Die NS-Politik war ein Glücksspiel, das nur Erfolg haben würde, wenn der kommende Krieg kurz und siegreich sein würde.

Im nachhinein klug zu sein, ist leicht. In späteren Jahren waren viele Deutsche sich darin einig, daß man die Warnsignale schon frühzeitig hätte erkennen können, vielleicht sogar schon 1933, als die Nazis die Bücher verbrannten und die ersten Konzentrationslager einrichteten. Aber in den frühen Jahren sahen nur wenige Menschen wie Schulte die Zeichen an der Wand. Die meisten akzeptierten die Begründungen, die die Nazis für ihre Schritte auf dem Weg in den Krieg anführten. Deutschland trat aus dem Völkerbund aus: Der Bund hatte nichts für Deutschland getan und war außerdem schon lange zu einem Witz geworden. Deutschland kündigte den Versailler Vertrag von 1919 auf: Jeder Mensch in Deutschland (und nicht wenige Engländer und Franzosen) stimmte darin überein, daß es ein grausamer, ein ungerechter Friedensvertrag war, der nicht nur Deutschland, sondern der ganzen Welt einen unübersehbaren Schaden zugefügt hatte. Hitler führte die Wehrpflicht wieder ein: Schließlich hatte jedes Land in Europa eine ansehnliche Armee. Warum sollte Deutschland als einziger Nation dieses Grundrecht verweigert werden?

So ging es dann weiter bis hin zum Anschluß Österreichs im März 1938: Wenn die große Mehrheit der Österreicher Teil des Großdeutschen Reiches sein wollte, hatte niemand das Recht, ihr diesen Wunsch zu verweigern. Wenn mehr als drei Millionen Volksdeutsche in der Tschechoslowakei es als unerträglich empfanden, unter einer Fremdherrschaft zu leben, und wenn auch sie »heim ins Reich« wollten, verlangte dann die einfachste Gerechtigkeit nicht, daß ihnen ihr Wunsch erfüllt werde?

Schulte behielt seine Gedanken weitgehend für sich. Aber in ihm reifte die unerschütterliche Überzeugung, daß seine Analyse der Lage richtig sei, daß die meisten Menschen um ihn herum blind waren, und daß Deutschland einen Krieg anfangen werde, den es verlieren müsse.

Während die Gewitterwolken sich 1938 zusammenzuziehen begannen, verbrachte Schulte einen großen Teil des Jahres, genau gesagt fünf Monate, außerhalb Deutschlands. Der Aufsichtsrat wurde unruhig, man hörte sogar schon Gerede darüber, ihn angesichts seiner langen Abwesenheiten zu entlassen, aber Dr. Lothar Siemon, Giesches Chefjustitiar und ein guter Freund Schultes, legte ein Gutachten vor, nach dem in der Firmenverfassung die Entlassung des Generaldirektors nicht vorgesehen war. Allem Anschein nach hatte man die Möglichkeit nicht ins Auge gefaßt, daß etwas Derartiges nötig werden könnte. Die meiste Zeit verbrachte Schulte in der Schweiz, aber er reiste auch mehrere Male nach London, und diejenigen, die ihm nahestanden, kannten den Grund – die Firma stand wieder einmal am Rande des Bankrotts. Denn während Giesche enorme Vermögenswerte besaß, litt die Firma unter ständigen Solvenzproblemen.

Die Zinsen, die Giesche-Deutschland an die Silesian-American Corporation (die SACO, wie die in amerikanischem Besitz befindliche Gesellschaft genannt wurde) zahlen mußte, waren hoch – etwa 8,5 %. Die deutsche Regierung griff ein und half bis zu einem gewissen Ausmaß, denn der Verlust der Nichteisen-Gruben hätte ernste Folgen für die deutsche Industrie im allgemeinen gehabt. Aber die Regierung besaß keine Devisenreserven, und Schulte wurde von Reichsfinanzminister Schwerin von Krosigk angewiesen, den Versuch zu unternehmen, Geld für den Schuldendienst der Firma im Ausland zu beschaffen.

Schulte tat das, indem er in der Schweiz eine Reihe von Firmen gründete (z. B. Non-Ferrum und Erzag), hauptsächlich zu dem Zweck, Kredite aufzunehmen, um andere Kredite zurückzuzahlen (der Schweizer Zinssatz war damals niedriger als der deutsche). Aber das Schweizer Bankenkonsortium wollte Sicherheiten, und die erhielt es in Gestalt von Giesche-Aktien. Schulte schloß ferner ein kleineres Geschäft mit der Londoner Firma Brandeis Goldschmidt ab, der damals führenden privaten Kupferverkaufsgesellschaft.

Und so fand sich Eduard Schulte im Juli 1938 zu einem raschen Besuch in London wieder, um mit Julius Schloß zu sprechen, einem korpulenten Mann in den fünfzigern, den er in Berlin gut gekannt hatte als Direktor der Montangesellschaft, einer der größten internationalen Verkaufsgesellschaften für Mineralien. Schloß war eine der führenden Persönlichkeiten im deutschen Metallhandel gewesen; nach seiner Emigration war es ihm nicht allzu schwer gefallen, einen Posten in England zu finden, wenn auch nicht einen von gleich großem Einfluß und Ansehen.

Sie nahmen ein frühes Abendessen ein im Hause von Schloß in der Fitzjohn's Avenue, die von Swiss Cottage hinaufführt nach Hampstead Village. Es war eines jener alten massiven roten Backsteinhäuser, nicht besonders schön, gebaut geraume Zeit vor der Jahrhundertwende. Schulte äußerte seine Freude darüber, daß sein Freund nach den Drangsalierungen in Deutschland ein neues, behagliches Heim gefunden hatte. »In mancher Hinsicht beneide ich Sie«, sagte er. »Sie beneiden mich?« fragte Schloß ungläubig und fügte hinzu, er glaube nicht, daß sich Schulte in einer unvertrauten Umgebung glücklich fühlen würde. Schließlich seien sie beide nicht mehr die Jüngsten, und Schulte würde ohne sein Gut nicht glücklich sein. Schulte schien wenig Neigung zu verspüren, die Unterhaltung am Tisch fortzusetzen, und da sie ihren Kaffee schon getrunken hatten, schlug Schloß einen Spaziergang zur Hampstead Heath vor. Es war einer jener schönen Londoner Sommerabende, an denen die Nacht erst lange nach dem Abendessen anbricht.

Es waren viele Menschen auf der Straße, vor allem vor den Pubs zu beiden Seiten der Heath Street: Junge Leute, die sich ganz offenkundig wohl fühlten und sich ihres Lebens freuten. Einige tanzten sogar auf dem Bürgersteig. Wie lange das wohl noch so weitergehen werde, fragte Schulte. Ob nicht auch Schloß der Ansicht sei, daß dies durchaus der letzte Friedenssommer sein könnte? Schloß bezweifelte, daß jemand einen Krieg gegen Deutschland wagen würde – ganz gewiß nicht Mr. Chamberlain.

Schulte entgegnete, daß er die Nazis kenne. Die Deutschen wollten ebensowenig den Krieg wie alle anderen auch. Aber Hitler und seine Bande würden sie in den Krieg führen, und sie würden folgen wie eine Herde von Schafen. Österreich war der erste Schritt, die Tschechoslowakei würde folgen, oder Polen, oder vielleicht beide. Irgendwann müßten die Westmächte Hitler Einhalt gebieten, ob sie wollten oder nicht. Schloß meinte, Schulte übertreibe Hitlers Ambitionen – würde er wissentlich mehr schlucken, als er verdauen könne? Und was war mit den Generalen und den Industriellen und den Bankiers – wollten die wirklich alle in den Krieg ziehen? Schulte schob diese Einwände beiseite. Die Geschäftsleute würden gedämpfte Kritik äußern, und sie würden laut Beifall klatschen, wenn Hitler Erfolg hätte.

Schloß bemerkte dann, daß Deutschland nicht die Rohstoffe besitze, die es für einen langen Krieg benötige. Wie stand es um Zink? »Wir produzieren fast alles Zink, das wir brauchen«, sagte Schulte. »Kupfer ist schon eher ein Problem, unsere Vorräte betragen weniger als die Hälfte dessen, was wir brauchen.« Aber Hitler denke nicht in solchen Begriffen. Er wolle einen kurzen Krieg, und er rechne damit, alle benötigten Rohstoffe innerhalb der ersten Monate des Krieges erbeuten zu können.

Schloß lächelte. »Sie sind ein sonderbarer Mensch. Da kommen Sie nun, um uns zu bitten, Ihnen bei der Kreditbeschaffung zu helfen und um Geschäftsabschlüsse auf viele Jahre hinaus vorzuschlagen, und gleichzeitig versuchen Sie, mich davon zu überzeugen, daß wir im nächsten oder übernächsten Jahr Krieg haben werden.« Selbst wenn es Krieg gäbe, unterbrach ihn Schulte, würden die Geschäfte weiterlaufen; so sei es auch im vorigen Krieg gewesen. Das Geschäft werde zwischen London und einer Schweizer Firma abgeschlossen, nicht mit Deutschland, und die Schweiz werde ohne jeden Zweifel neutral bleiben.

Schloß war nicht überzeugt. »Sie brauchen meine Frage natürlich nicht zu beantworten, aber haben Sie je daran gedacht, zu emigrieren?«

Schulte sagte, er hasse die Nazis und alles, wofür sie stünden. Sie würden sich nicht mäßigen; ganz im Gegenteil. Bisher hätten sie die Welt über ihre eigentlichen Ziele getäuscht. Wenn er Jude wäre, würde er alles, was er habe, stehen und liegen lassen und den nächsten Zug nehmen, so lange das noch möglich sei. Aber er sei ein Deutscher. Was solle er in London, Paris oder New York? Seine Familie und seine Freunde und alles, was er aufgebaut habe, befinde sich in Deutschland. Und deshalb werde er bis zum bitteren Ende bei seinem Volk bleiben.

»Bis zum bitteren Ende?« wandte Schloß ein. »Aber Hitler wird doch von Tag zu Tag stärker! Wer wird ihn denn aufhalten können?«

»Auf kurze Sicht niemand«, sagte Schulte, »aber am Ende wird die ganze Welt sich gegen Deutschland erheben.«

Unter Schwierigkeiten beschafften sie sich im hoffnungslos überfüllten Jack Straw's Castle ein Bier; dann schlenderten sie wieder hinab zur Fitzjohn's Avenue. Schloß meinte, es wäre unrealistisch, unter den gegenwärtigen Bedingungen einen Kredit von 600000 Pfund zu erwarten. Schulte sei ja nicht allein mit seinen Zukunftssorgen; auch die Banken seien nervös. »Sie können von Glück sagen, wenn Sie ein Drittel dieser Summe bekommen.«

Frau Schloß öffnete ihnen, als sie wieder zu Hause angelangt waren. »War es ein schöner Spaziergang? Hoffentlich war es nicht zu anstrengend, Herr Schulte?«

»Aber nein«, sagte Schulte. »Es war sehr angenehm, die Heath und die frische Luft und die jungen Menschen, die sich ihres Lebens freuen. Ach, wenn man doch noch mal zwanzig sein könnte.« Er hielt einen

Augenblick inne und fügte dann hinzu: »Wenn ich Versicherungsmakler wäre, würde ich vorsichtiger sein mit meinen Aussagen. Die jungen Leute werden in den Kampf ziehen müssen im kommenden Krieg.«

»Womit wir wieder beim Thema wären«, kommentierte Schloß sarkastisch.

Bald kam der Wagen, der Schulte in sein Hotel zurückbringen sollte; er mußte am nächsten Tag einen frühen Zug nach Zürich nehmen. Schultes Pessimismus war berechtigt: Ein paar Monate später kam es zu einem größeren Pogrom in Deutschland, ausgelöst durch einen Mordanschlag. Der siebzehnjährige Herschl Grynszpan drang am 7. November 1938 in die deutsche Botschaft in Paris ein und schoß den dritten Sekretär, Ernst vom Rath, aus Protest gegen die brutale Deportation Tausender polnischer Juden aus Deutschland, unter ihnen Grynszpans Eltern, nieder. Die NS-Führung war gerade im Begriff, sich im Münchner alten Rathaus zu versammeln, um den fünfzehnten Jahrestag des Marsches auf die Feldherrnhalle feierlich zu begehen. Für Hitler war das Ereignis von Paris nur ein weiteres Kapitel in der Verschwörung des Weltjudentums mit dem Ziel, Deutschland herauszufordern. Das nationalsozialistische Deutschland könne einen derartigen Affront nicht ungesühnt hinnehmen. Zu vereinzelten Aktionen von Nazis gegen Juden kam es schon am Tag darauf, dem 8. November. Am 9. November erlag Rath seinen Verletzungen. Am Abend jenes Tages führte Hitler ein langes Gespräch mit Reichspropagandaminister Joseph Goebbels. Irgend jemand hörte den Führer sagen, man solle der SA ihren Willen lassen. Goebbels nahm die Sache rasch in die Hand und begann, die »spontanen Bekundungen des Volkswillens« zu organisieren. Die Polizei erhielt Weisung, nicht einzugreifen.

Während der folgenden vierundzwanzig Stunden wurden annähernd dreihundert Synagogen und siebentausend in jüdischem Besitz befindliche Geschäfte in ganz Deutschland zerstört. Mehr als neunzig Juden starben während der Ausschreitungen, Tausende andere wurden zusammengeschlagen oder gefoltert. Viele tausend wurden in die Konzentrationslager verschleppt.

Am 10. November war Schulte zufällig in München, wo er einen alten Freund traf, mit dem er offen reden konnte. Der Freund erinnerte sich später, daß Schulte sagte: »Jetzt beginnen diese Banditen, sich zu demaskieren! Sie wollten mir ja nie glauben, Sie behaupteten ja immer, ich sähe zu schwarz! ... Man scheint sich nicht einmal mehr die Mühe zu machen, die nackte Wirklichkeit mit einem Feigenblatt zu verkleiden. ... Es wäre das beste, die ganze Verbrecherbande auszuheben. Nur so wird die Möglichkeit geschaffen, die deutsche Politik und damit Deutschland wieder auf einen normalen Weg zurückzuführen. Aber das ist natürlich eine Arbeit, die wir beide allein nicht schaffen!«

Es wird ernst

Adolf Hitler betrieb seine Außenpolitik wie ein zwanghafter Glücksspieler, der seine Gewinne stehenläßt: Jeder Sieg war das Vorspiel für eine neue Runde mit noch höherem Einsatz. Bei dem berühmten Münchner Gipfeltreffen mit den Regierungschefs Englands, Frankreichs und Italiens Ende September 1938 hatte Hitler die Zustimmung der Verbündeten der Tschechoslowakei dazu erhalten, sich ein bedeutendes Stück aus diesem Land herauszuschneiden, und deutsche Truppen sollten bald darauf dort einrücken, ohne einen Schuß abzufeuern. Die Briten und die Franzosen hatten ein leeres Versprechen abgegeben, die Unabhängigkeit des restlichen Landesteils zu garantieren. Dann aber veranlaßten im März 1939 Abgesandte des Dritten Reiches slowakische Politiker, die Abtrennung der Slowakei von der Tschechei zu erklären, und zwei Tage später zwang Hitler den alten und niedergeschlagenen tschechischen Präsidenten, der deutschen Besetzung Böhmens und Mährens zuzustimmen. Danach sagte Hitler zu seinen Sekretärinnen: »Das ist der größte Tag meines Lebens. Ich werde als der größte Deutsche in die Geschichte eingehen.« Er flog nach Prag und verkündete das Ende der Tschechoslowakei.

Weniger als eine Woche später erhob Reichsaußenminister von Ribbentrop Gebietsforderungen hinsichtlich Danzigs und des Polnischen Korridors, und Deutschland zwang Litauen, die Ostseestadt Memel abzutreten. Auf Gerüchte über deutsche Absichten hinsichtlich Polens reagierend, gab die britische Regierung bekannt, daß Großbritannien und Frankreich jeden Widerstand Polens gegen Bedrohungen seiner Unabhängigkeit unterstützen würden. Hitler wies die deutschen Militärs an, sich bereitzuhalten, und im April widerrief Deutschland seinen 1934 geschlossenen Nichtangriffspakt mit Polen.

Die Expansion des Großdeutschen Reiches sollte also weitergehen, aber würde man Hitler gestatten, Polen unbehindert zu erobern, oder würde ein deutscher Angriff auf das Land zu einem allgemeinen europäischen Krieg führen? Im Mai erläuterte der Führer den Chefs der drei Wehrmachtteile, daß ein Angriff auf Polen zum Krieg mit dem Westen führen könnte; in diesem Falle müsse Deutschland Belgien und die Niederlande besetzen – nicht zuletzt zur Schaffung einer Basis für einen Angriff auf Großbritannien.

Von seinen verschiedenen militärischen Kontakten hatte Schulte einiges über die Pläne der Nazis im Jahre 1939 erfahren. Auch wenn der Krieg auf Polen beschränkt bleiben sollte, mußte es zu Schwierigkeiten für die Giesche-Werke mit ihren deutschen, polnischen und amerikanischen Komponenten kommen, und zu noch mehr Problemen für Schulte persönlich. Er würde einige sehr schwere Entscheidungen treffen müssen. Eduard Schulte war ein Mann von Grundsätzen, der auf der Basis des gesunden Menschenverstandes zu gewissen Schlußfolgerungen hinsichtlich der Zukunft Deutschlands gelangt war. Ob das Deutschland Hitlers nun militärische Siege erringen würde oder nicht, das Deutschland, das er kannte und liebte, würde zerstört werden, entweder von innen her oder von außen. Je mehr Länder Hitler eroberte, um so größer die Verwüstung und um so länger die Qualen. Aber am Ende würde Hitler unterliegen, denn der Mann hatte kein Gefühl für Maß und Grenzen.

Als Mann der Praxis mußte Schulte sich fragen, ob er irgend etwas würde tun können, um dazu beizutragen, das Verhängnis abzuwenden. Nur eines konnte den Krieg verhindern – die Beseitigung des Nazi-Regimes. Aber der wirtschaftliche Aufschwung und die diplomatischen Erfolge hatten den Führer populär gemacht, und die Gestapo hatte jegliche Opposition ausgeschaltet. Eine Zeitlang scheint Schulte gehofft zu haben, daß die Initiative für einen Sturz Hitlers von der militärischen Führung ausgehen würde. Die deutschen Generale und Obersten hatten natürlich den forcierten Ausbau der Wehrmacht begrüßt. Aber den Eid des unbedingten Gehorsams gegenüber Hitler hatten sie 1934 nur widerstrebend abgelegt. Viele waren empört über die Ermordung General Schleichers in der »Nacht der langen Messer« im Juni 1934 und über die niederträchtigen, manipulierten Beschuldigungen gegen einige ihrer angesehensten Führer im Jahre 1938. Die meisten von ihnen waren keine Narren. Sie waren der Meinung, daß Hitlers Absichten unmäßig waren und deshalb am Ende scheitern mußten. Es gab im Jahre 1938 halbherzige Gespräche über eine Verschwörung durch eine Gruppe hoher Offiziere, unter ihnen General Ludwig Beck. Aber die deutsche militärische Opposition gegen Hitler wurde durch Hitlers diplomatischen Erfolg von München und durch die unblutige Besetzung der Tschechoslowakei unterlaufen.

Im Laufe der Jahre hatte Schulte führende Generale wie Beck, Brauchitsch, Fritsch, Manstein, Reichenau und Rundstedt kennengelernt. Er hatte eng mit General Joachim von Stülpnagel zusammengearbeitet, der einen Sitz im Giesche-Aufsichtsrat hatte und dessen Vetter Generalquartiermeister des Heeres war. Er kannte die für die Waffenbeschaffung und die Kriegswirtschaft zuständigen Offiziere. Ein paar von ihnen sympathisierten mit den Nazis, aber die meisten waren pessimistisch. Im Laufe der Zeit sah Schulte ihre Schwächen allzu deutlich. Sie hatten keinen energischen Führer, es fehlte ihnen an politischem Verstand, und sie waren chancenlos als Verschwörer gegen eine skrupellose Bande politischer Gangster. Er sah einfach nicht, wie er mit dieser Gruppe zusammenarbeiten sollte.

Schulte hätte versuchen können, das NS-Regime zu unterminieren, indem er es mit minderwertigem Zink oder schlechter Schwefelsäure belieferte, aber das war in der Praxis schwer zu machen. Zu viele Menschen hätten in Sabotagepläne dieser Art eingeweiht werden müssen, und zu wenig hätte damit erreicht werden können. Es gab eine bessere Möglichkeit für ihn, etwas gegen das NS-Regime zu unternehmen – er konnte warnen, und er konnte potentiellen Opfern des Nationalsozialismus helfen.

Bis 1939 hatte das Dritte Reich Juden schikaniert und verfolgt, hatte sie ihrer Staatsbürgerschaft und ihrer Menschenwürde beraubt, hatte ihnen ihren Besitz und den größten Teil ihres Einkommens genommen, hatte sie isoliert von den »anständigen« Deutschen. Aber die in Deutschland verbliebenen Juden wurden im allgemeinen nicht in Konzentrationslager geworfen – die Massenverhaftung von Juden nach der sogenannten Kristallnacht vom November 1938 war eine Sondermaßnahme. Hitler jedoch machte im Januar 1939 in einer Reichstagsrede eine unheilschwangere Andeutung, daß der Kriegsausbruch schärfere Maßnahmen mit sich bringen werde:

> Wenn es dem internationalen Finanzjudentum in und außerhalb Europas gelingen sollte, die Völker noch einmal in einen Weltkrieg zu stürzen, dann wird das Ergebnis nicht die Bolschewisierung der

Erde und damit der Sieg des Judentums sein, sondern die Vernichtung der jüdischen Rasse in Europa.

Was Hitler auch vorhaben mochte, es wäre unklug von den Juden gewesen, in den von Deutschen besetzten Gebieten auszuharren und abzuwarten, was da kommen würde. Doch im Jahre 1939 war es für mitteleuropäische Juden nahezu unmöglich, die Genehmigung zur Einreise in andere Länder zu erhalten; überall versperrten ihnen bereits bestehende Gesetze oder hastig konstruierte neue Vorschriften den Weg.

Eduard Schulte kümmerte sich nicht sonderlich um die offizielle Mißbilligung jeglicher Kontakte zwischen Deutschen und Juden; es gab Juden, mit denen er geschäftlich zu tun gehabt hatte und die sich Ende der dreißiger Jahre in einer schlimmen Notlage befanden. Martin Mannheim zum Beispiel; er leitete eine kleine, von Giesche kontrollierte Spedition. Als die NSDAP erfuhr, daß Mannheim ein Jude war, forderte sie das Giesche-Direktorium auf, ihn hinauszudrängen. Schulte weigerte sich. NS-Funktionäre setzten daraufhin die Spedition auf die Liste der jüdischen Firmen. Das bedeutete, daß das Unternehmen entschädigungslos beschlagnahmt werden konnte. Mannheim bestand darauf, zurückzutreten, um zu verhindern, daß Giesche einen klaren Verlust erlitt, aber nun saß er ohne jegliches Einkommen da. Schulte setzte ihm eine Rente aus einem Giesche-Fonds aus, die gezahlt wurde, bis es Mannheim gelang, nach Shanghai zu emigrieren, was praktisch der einzige Ort auf der Welt war, der kein Einreisevisum der einen oder anderen Art verlangte. Bei Mannheims Abreise versprach Schulte ihm, die Zahlungen nach Shanghai zu überweisen, sobald er einen Weg dazu gefunden haben würde. Es gab andere Fälle, in denen Schulte Juden half, das Land mit wenigstens etwas Geld zu verlassen.

Nazi-Opfern zu helfen, war für Schulte einfach eine Frage des Anstands. Er fand, daß er das einfach tun mußte, obwohl er wußte, daß ein erhebliches Risiko damit verbunden war. Er wußte auch, daß derartige Aktionen die Naziherrschaft in Deutschland nicht zu schwächen vermochten. Wollte er dem NS-Regime ernstlich schaden, dann mußte er größere Risiken auf sich nehmen.

Einer von Schultes Schweizer Geschäftsfreunden erklärte später gegenüber amerikanischen Stellen, daß Schulte vor dem Krieg ausländische Bankiers und Journalisten über die Lage in Deutschland unterrichtet und sie über die Gefahren informiert habe, die sich daraus für die Freiheit der demokratischen Länder ergab; auch habe er jede Gelegenheit genutzt, um dazu aufzurufen, keinen Kompromiß mit Hitler zu dulden. Wo immer er konnte, habe er versucht, seinen Rat Personen zur Kenntnis zu geben, denen er einen gewissen Einfluß in den Vereinigten Staaten zuschrieb. Aber Schultes Warnungen trafen, soweit das beurteilt werden kann, auf taube Ohren.

Sobald die Diplomatie endete und der Krieg begann, stellten sich Schulte zusätzliche Hindernisse in den Weg. Die meisten deutschen Gegner Hitlers glaubten, daß sie zwar ein Recht hätten, das NS-Regime zu stürzen, daß sie aber auf keinen Fall den Feinden Deutschlands helfen dürften. Ein militärischer Sieg wäre ein Sieg für das ganze deutsche Volk, und alle Deutschen würden unter einer Niederlage zu leiden haben. Allein schon die Vorstellung, dem »Feinde« eine Warnung zukommen zu lassen, lief allem zuwider, was von einem patriotischen Deutschen erwartet wurde. Und die Geschichte war noch nie besonders freundlich mit Verrätern umgegangen. War also ein deutscher Patriot dazu verurteilt, zu schweigen, sobald der Krieg erst einmal ausgebrochen war?

Schulte kannte einen deutschen Geschäftsmann, der entschlossen alle Bande durchtrennt hatte, die ihn an das NS-Regime fesselten. Gero von Gaevernitz, der Sohn eines der bekanntesten deutschen Wirtschaftshistoriker, reiste weiterhin durch Deutschland und ging seinen Geschäften nach. Doch er machte überhaupt keinen Hehl aus seinem Haß auf das NS-Regime. Die Tatsache, daß Gero nach der in den Nürnberger Gesetzen festgelegten Definition Halbjude war, schien der Gestapo entgangen zu sein, was möglicherweise daran lag, daß er aussah wie der archetypische Arier – groß, blond, sehr gut aussehend. Aber wie dem auch sei, er besaß einen zusätzlichen Schutz, denn er war amerikanischer Staatsbürger geworden.

Gero war zutiefst beeinflußt von seinem Vater. Gaevernitz sen. war ein führender deutscher Liberaler, ein Quäker und ein Vegetarier. Er war zudem der Prototyp des zerstreuten Professors, aber abgesehen von allen seinen Eigenheiten gab es in Deutschland niemanden, der besser im Bilde war über die Entwicklungen der Weltwirtschaft. Geros Mutter entstammte einer reichen, hochkultivierten jüdischen Familie aus Mannheim namens Hirsch, die über glänzende Verbindungen verfügte. Wie sein Vater, war auch Gero Quäker geworden, und er hatte geraume Zeit in Rußland studiert zu einer Zeit, als sich nur wenige Deutsche für das neue sowjetische Regime interessierten. Nach Beendigung seines Studiums ließ er sich in New York nieder und arbeitete für eines der dortigen Bankhäuser (Morgan Livermore). Später gründete er eine kleine Anlage-Treuhandgesellschaft. Nicht zuletzt wegen des Ekels, mit dem ihn das NS-Regime erfüllte, bewarb er sich nach 1933 um die amerikanische Staatsbürgerschaft.

Geros Schwester Marga hatte Edmund Stinnes geheiratet, den Sohn des Anfang der zwanziger Jahre berühmtesten deutschen Industriellen, dem ein bedeutender Anteil an einem Bergbaukonzern mit Sitz in Wien gehörte. Edmund hatte sich von seiner konservativen Familie abgekehrt und war ebenfalls Quäker geworden. Im Jahre 1938 verließen er und Marga Deutschland und siedelten sich im schweizerischen Ascona in der Nähe der italienischen Grenze an. Gaevernitz reiste in den dreißiger Jahren oft nach Europa, um seine Eltern zu besuchen und um seinem Schwager in geschäftlichen Dingen zu helfen.

Gaevernitz verfügte über ausgezeichnete Verbindungen im deutschen diplomatischen Corps, in Banken- und Industriekreisen in Berlin und Wien und sogar beim Militär. Wie Schulte konnte auch er Informationen aus einigen der besten Quellen im Lande schöpfen, innerhalb und außerhalb der Regierung. Und weil sein Schwager in der Schweiz ansässig war, hatte Gaevernitz Gelegenheit, zwischen Deutschland und der Schweiz (in die er nach Kriegsausbruch umzog) hin- und herzupendeln.

Die Familie Gaevernitz hatte einen Besitz nicht weit von Breslau, und Eduard Schulte lernte Gaevernitz einige Zeit vor Kriegsausbruch im Hause eines gemeinsamen Bekannten kennen. Es dauerte eine Weile, bis Schulte merkte, daß in Gaevernitz zwar etwas von einem Dilettanten, einem Romantiker und einem Abenteurer steckte und er die Gesellschaft der Reichen und Mächtigen liebte, daß er dabei aber aufrichtig und mutig war. Nie wurde er in seiner Überzeugung schwankend, daß Hitler eine Gefahr für die ganze Menschheit darstellte. Sobald Schulte erst einmal die Tiefe der Überzeugungen Geros erkannt hatte, wußte er, daß er einen verwandten Geist gefunden hatte.

Gaevernitz fiel es nicht schwer, seine Grundsätze mit seinem Patriotismus in Einklang zu bringen. Obwohl er viel Zeit in Deutschland verbrachte, fühlte er sich dort nicht mehr zu Hause; und im Gegensatz zu Schulte hatte er keine Söhne in dem Land, die bei Ausbruch eines Krieges zur Wehrmacht eingezogen werden würden. So wie er sein

Geschäft und seine Staatsbürgerschaft übertragen hatte, so übertrug er auch seinen Patriotismus und hielt Ausschau nach einer Möglichkeit, dem Land zu dienen, für das er sich entschieden hatte. Für Eduard Schulte war der Konflikt zwischen moralischen Grundsätzen und Vaterlandsliebe ernster. Schulte hatte kein Verlangen danach, in aller Ruhe in der Schweiz auf das Kriegsende zu warten. Durch Herkunft und Ausbildung, durch Sprache und Kultur, in seinen Vorlieben und Abneigungen war er deutsch, und daran ließ sich nichts ändern. Gaevernitz war ein Kosmopolit, Schulte nicht. Er stand vor einem Dilemma, und einen leichten Ausweg gab es nicht.

Als der Krieg im Sommer 1939 immer näher rückte, folgten Eduard und Clara Schulte eines Tages einer Einladung; es war ein später Samstagnachmittag im August. Eduard Schulte liebte keine Feste und Gesellschaften. Von seltenen Ausnahmen abgesehen, empfand er sie als langweilig und als Zeitverschwendung. Es gab jedoch gewisse Verpflichtungen, denen man sich nicht entziehen konnte, und so fuhr er mit seiner Frau aus Breslau hinaus, um am jährlichen Sommerfest der Paulys teilzunehmen, einem Abendessen mit anschließendem Tanz auf ihrem Gut bei Oels. Oels lag rund vierzig Kilometer von Breslau entfernt, etwa auf halbem Wege zur polnischen Grenze. Das Gut gehörte Curt Pauly seit seiner Entlassung aus der Armee - genauer gesagt, aus der Kavallerie - am Ende des Ersten Weltkrieges. Schulte kannte Pauly seit Jahren. Politisch standen sie einander nahe - beide verabscheuten die Nazis -, aber sie verkehrten im allgemeinen nicht in denselben Kreisen. Pauly hatte sich jedoch bereit erklärt, Ruprecht Schulte einzustellen, der eine landwirtschaftliche Ausbildung absolvieren wollte. In Anbetracht dieses Umstands hatte Schulte die Einladung annehmen müssen.

Schulte schenkte Pauly eine Flasche Whisky, die er von seinem letzten London-Besuch mitgebracht hatte. Das war ein hochwillkommenes Mitbringsel, denn Whisky war in Deutschland praktisch nicht zu haben. Die Schultes wurden von einem sonnengebräunten Ruprecht begrüßt, der muskulöser und kräftiger wirkte als zuvor. Eduard stellte fest, daß die Landwirtschaft seinem Sohn offenbar gut tat; seine eigene Einstellung dazu war zwiespältig. Er legte sein Geld an, indem er Land kaufte, aber der Gedanke, viel Zeit auf die Nutzung dieses Landes zu verwenden, wäre ihm unerträglich erschienen.

Wolfgang, Schultes älterer Sohn, hatte nicht kommen können, und

Clara überbrachte seine Grüße und sein Bedauern. Er hatte unmittelbar vor seiner Entlassung aus dem Heer gestanden, und er hatte sogar schon Zivilkleidung bestellt und sich als Student der Rechte immatrikuliert. Dann war bekanntgegeben worden, daß die Sommermanöver in diesem Jahr länger dauern würden als je zuvor - sie fanden auch näher an der polnischen Grenze statt als sonst. Deshalb war Wolfgang, anstatt an dem Fest teilzunehmen und dann zu einer seit langem geplanten Reise in die Schweiz und nach Italien aufzubrechen, bevor er sein Jurastudium begann, befehlsgemäß seinem Regiment gefolgt.

Es war keine sehr große Veranstaltung - ein Abendessen für dreißig Personen -, aber es dauerte bis lange nach Mitternacht. Unter den Gästen befanden sich Nachbarn der Paulys, Freunde aus Breslau, einige sogar aus dem fernen Berlin. Wie es bei solchen Festen üblich war, trennten die Familien sich nach einer Weile, und es bildeten sich mehrere Gruppen - Männer, Frauen, die jüngere Generation. Die Männer sprachen, wie so oft, über die Lage der Welt. Schulte stand in einer Ecke des großen Saales zusammen mit Pauly und Frau Paulys Schwager Woldemar von Schwerin, der an diesem Abend mal nicht Uniform trug (er gehörte dem Generalstab des Heeres an), sondern einen Smoking.

Schulte hatte beide Männer geraume Zeit nicht mehr gesehen, und anstatt seine eigenen Ansichten zum besten zu geben, was er in aller Regel mit völliger Offenheit nur denjenigen gegenüber tat, die er wirklich gut kannte, horchte er die beiden anderen über ihre Meinung aus: Wie standen die Aussichten auf einen Krieg? Paulys Antwort kam ohne Zögern. Er habe beschlossen, seinen einzigen Sohn, den dreizehnjährigen Egbert, zu Freunden in die Schweiz zu schicken. Ob er noch deutlicher werden müsse? Er lege keinerlei Wert darauf, daß sein Sohn im nationalsozialistischen Geist erzogen werde. Wie jedermann wisse, sei er ein Hinterwäldler ohne gut informierte Verbindungen. Aber brauche man besondere Verbindungen, um zu wissen, daß Hitler Krieg wolle und daß er ihn früher oder später - wahrscheinlich früher - auch bekommen würde? Pauly war ein kompromißloser Gegner der Weimarer Republik gewesen, und er war noch immer überzeugt davon, daß der Versailler Vertrag, der Deutschland so große Gebietsverluste gebracht hatte, eine einzige schreiende Ungerechtigkeit war; aber er hatte keinerlei Vertrauen zu den derzeitigen Führern - in seinen Augen waren sie sowohl skrupellos als auch inkompetent, eine gefährliche Mischung.

Schulte hatte von Pauly zum ersten Mal zehn Jahre zuvor gehört, als dieser einen gewissen Ruhm als politischer Aktivist genoß, der während der Weltwirtschaftskrise Protestzüge von Bauern gegen Steuern und Zwangsversteigerungen von Höfen anführte. Pauly hatte seither einen langen Weg zurückgelegt, er war ein amüsanter und unternehmungslustiger Mann; politisch war er immer ein Querkopf gewesen. Doch nun hatte auch er begriffen, was los war.

Beide Männer wandten sich nun erwartungsvoll Woldemar von Schwerin zu, einem Junggesellen von etwa vierzig Jahren; er entstammte einer Familie, die Preußen viele Generale geschenkt hatte. Er diente in der Planungsabteilung des Generalstabes. Er war, genauer gesagt, in der Abteilung Fremde Heere West tätig, die militärische Informationen über den Ausbau der französischen und britischen Streitkräfte sammelte. Er gab den beiden zu verstehen, daß seiner Meinung nach der Krieg eine beschlossene Sache sei, auch wenn noch kein Datum für den »Fall Weiß«, den deutschen Angriff auf Polen, festgesetzt war.

Schwerin fügte hinzu, daß der Krieg, wenn er innerhalb weniger Wochen zu Ende gehe, wahrscheinlich zu einem deutschen Sieg führen werde. Dauerte er jedoch mehrere Jahre, so könne es zu einer Neuauflage des Krieges von 1914–1918 kommen. Schulte fragte ihn nach der Qualität der höheren militärischen Führung. Schwerin antwortete, daß die Generale recht kompetent seien, daß aber alle wichtigen Entscheidungen von der Reichskanzlei ausgingen (er vermied es absichtlich, Hitlers Namen zu nennen). Was die Qualität der dortigen Beamten angehe, so sei er nicht in der Lage, darüber zu urteilen. Aber die Art und Weise, in der er dies sagte, machte deutlich, daß er im Grunde nicht allzu viel von ihnen hielt.

Unterdessen hatten die jüngeren Gäste auf dem nahen Flüßchen gerudert, während die Damen über das Problem sprachen, angesichts der zahlreichen Versorgungsengpässe den Haushalt zu führen. Clara, die derlei Gespräche immer rasch als langweilig empfand, sagte, sie sei sehr froh, mal einen Abend auf dem Lande zu sein. Es sei ein so schöner warmer Sommerabend. Vor allem sei alles so friedlich. Dann wechselte sie das Thema und sagte, sie habe vor kurzem den neuen Erfolgsroman *Vom Winde verweht* gelesen. Ihrer Meinung nach sei das keine große Literatur, aber recht unterhaltsam, eine interessante Beschreibung des Verschwindens einer ganzen Lebensweise. Und sie erzählte den anderen Damen, die das Buch noch nicht gelesen hatten, von einer Szene, die ihr vor allem im Gedächtnis haften geblieben war – von dem großen Fest auf dem Gut, das gerade stattfand, als die Nachricht vom Ausbruch des Bürgerkrieges eintraf.

Das Gespräch fand ein Ende, als die Gastgeberin zum Essen bat. Nach dem Mahl wurden die großen Flügeltüren zur Tanzfläche geöffnet, jemand brachte ein Grammophon herbei, und die Jüngeren begannen zu »Tiger Rag« und »Lambeth Walk« zu tanzen. Die Älteren tranken einen Kaffee und ein Glas Cognac oder Likör. Für die meisten Teilnehmer dieses Festes war es für lange Zeit die letzte festliche Abendgesellschaft.

Wenige Tage nach dem Fest war Ruprecht eines Morgens draußen auf den Kartoffelfeldern, als er eine Stuka-Staffel nach der anderen in Richtung polnischer Grenze fliegen sah. Er wußte, daß der deutsche Angriff begonnen hatte. Wenige Stunden zuvor, um 4.45 Uhr in der Frühe des 1. Septembers, hatte die Wehrmacht entlang der gesamten polnisch-deutschen Grenze das Feuer eröffnet. Achtundfünfzig deutsche Divisionen fielen mit Tausenden von Panzern, gepanzerten Fahrzeugen und schweren Geschützen in Polen ein. Ohne formelle Kriegserklärung hatte der Zweite Weltkrieg begonnen. Zwei Tage später erklärten Großbritannien und Frankreich Deutschland den Krieg.

Im Gegensatz zu Ruprecht wußte Eduard Schulte schon von der deutschen Invasion, bevor sie tatsächlich begann. Möglicherweise hatte er seine Information von Hans Werner von Tümpling bekommen, einem bekannten Berliner Bankier. Tümpling, ein gebürtiger Breslauer, hatte im Ersten Weltkrieg als Major bei der Kavallerie gedient. Politisch war er immer konservativ gewesen; er hatte Verbindungen zum Stahlhelm, einem Verband ehemaliger Frontkämpfer, und zu Männern, die dem Feldmarschall und Reichspräsidenten von Hindenburg nahestanden. Aber er war einer jener Konservativen, die mit den Nazis nichts zu tun haben wollten, ein entschiedener Gegner Hitlers und seines Regimes. Ebenso wie Schulte war er überzeugt davon, daß die Nazis die ganze Welt gegen Deutschland aufbringen und eine totale Katastrophe heraufbeschwören würden. Tümpling hatte enge Verwandte, die als hohe Offiziere in der Wehrmacht dienten, und viele seiner Offizierskameraden aus dem Ersten Weltkrieg waren jetzt, im Jahre 1939, Oberste oder Generale.*

* Von Tümpling wurde kurz nach dem Attentat auf Hitler vom 20. Juli 1944 von der Gestapo verhaftet. Aber er war einer der wenigen, denen es gelang, wieder auf

Schulte behielt diese wertvolle Information nicht für sich. Ganz offenkundig war er im Konflikt zwischen Grundsätzen und Patriotismus zu einer Entscheidung gelangt, denn er gab die Nachricht von dem Invasionsplan sofort an mehrere ihm bekannte schweizerische Bankiers weiter.

Zu seinen engsten Kontakten in der Schweiz gehörte Alfred Schaefer, der Sohn eines Schweizer Architekten, der in Rom, Paris, Genf und Zürich Jura studiert hatte. Drei Jahre nach seinem Eintritt in die Schweizerische Bankgesellschaft war er einer ihrer Vizepräsidenten geworden. Im Alter von 34 Jahren wurde er Generaldirektor dieser damals zweitgrößten Bank des Landes. Er war ein leidenschaftlicher Reiter und Amateur-Historiker, vor allem aber war er wie Schulte ein sehr fähiger Geschäftsmann, ein Mann von Weitblick und voller neuer Ideen.

Im Jahre 1929 hatte die Schweizerische Bankgesellschaft Giesche einen größeren Kredit gewährt. Zwischen den hartgesottenen Generaldirektoren der beiden Gesellschaften entwickelte sich eine Freundschaft, die auf gegenseitigem Respekt, Vertrauen und Sympathie beruhte - auf einem Felde, das in der Regel wenig Raum läßt für derartige Emotionen. Vierzig Jahre später erinnerte sich Schaefer mit offenkundigem Vergnügen der Sprichworte, die Schulte zu zitieren pflegte und in denen seine Geschäftsphilosophie gipfelte: »Solange die Orgel spielt, ist die Kirche noch nicht aus« oder »Den letzten beißen die Hunde«, Redensarten von beträchtlicher Weisheit, die keiner weiteren Erläuterung bedurften.

Es konnte kaum überraschen, daß Schulte und Schaefer während der großen Weltkrise von 1938 auch über weltpolitische Angelegenheiten sprachen. Sie verbrachten geraume Zeit miteinander: Die Industrie der Schweiz war nicht nur auf die Einfuhr von Kohle und Eisen, sondern

freien Fuß zu kommen. Wie Schulte war er geradezu sicherheitsbesessen. Er war aufgrund einer Denunziation verhaftet worden, aber sein Name fand sich in keinem der damals von der Gestapo beschlagnahmten Dokumente. Von Tümpling machte seinen Kerkermeistern weis, daß irgend jemand sich für ihn ausgegeben haben müsse und daß er nur zu gern bereit sein würde, ihnen bei der Suche nach dem wahren Übeltäter zu helfen. Die Gestapo scheint die Geschichte geschluckt zu haben. Sie setzte ihn auf die Liste derjenigen, die streng zu überwachen waren. Aber er überlebte den Krieg um viele Jahre. Seine letzte Stellung war die des Generaldirektors der Handelsgesellschaft - jener führenden deutschen Bank, in der Schulte 1913 seine berufliche Laufbahn begonnen hatte.

auch von Nichteisenmetallen angewiesen und mindestens eines davon, nämlich Zink, konnte Giesche liefern. Schulte machte wie üblich kein Hehl aus seiner Verachtung für Hitler und aus seiner Sorge um die europäische Zivilisation.

Als der Krieg näherrückte und die Schweiz in Gefahr geriet, zu einem der Opfer Hitlers zu werden, begriff Schaefer, daß er seinem Lande helfen müsse. Schließlich traf ein schweizerischer Bankier sehr viele Besucher aus Deutschland und hatte dem militärischen Geheimdienst der Schweiz allerlei Informationen zu bieten. Aber es darf nicht vergessen werden, daß Schaefer nur einer unter den Schweizer Kontakten Schultes war. Schulte unterhielt auch enge Verbindungen zur Baseler Filiale des schweizerischen Geheimdienstes, die auf das Sammeln von Nachrichten aus Deutschland spezialisiert war und an deren Spitze damals ein Anwalt namens Häberli stand.

Am 27. August 1939 erfuhr der militärische Geheimdienst der Schweiz, daß Hitler einen neuen »Y-Tag« angeordnet habe; die Wehrmacht hatte den Befehl erhalten, Polen am 1. September anzugreifen.* Von wenigen Schweizer Bankiers abgesehen wußte niemand, daß diese Information von Eduard Schulte gekommen war. Ungeachtet der schweizerischen Neutralität unterhielt der eidgenössische Geheimdienst enge Kontakte zu den Franzosen, und so gelangte die Nachricht von dem bevorstehenden deutschen Angriff sehr rasch nach Paris und London.

Das war natürlich nicht die einzige Vorwarnung, die in den beiden Hauptstädten einging. Angesichts der Liste der Aggressionen Hitlers und der wüsten Beschimpfung Polens in der deutschen Presse mußte jeder auch nur einigermaßen aufmerksame Zeitungsleser zu dem Schluß gelangen, daß ein Krieg in Osteuropa durchaus wahrscheinlich war. Aber wenn der Kriegsausbruch auch erwartet wurde, so stand er doch nicht fest, und im Westen wußte man nicht, daß Hitler tatsächlich schon ein Datum für den Angriff festgesetzt, es verschoben und ein neues angesetzt hatte.

Ein guter Geheimdienst allein jedoch genügt nicht. Großbritannien und Frankreich verharrten an der Westfront praktisch unbeweglich, und die im Osten konzentrierte Wehrmacht zerschlug die polnischen Streit-

* Der ursprüngliche »Y-Tag« war der 26. August gewesen, aber nach einer Intervention Mussolinis und dem Abschluß eines britischen Verteidigungsvertrages mit Polen beschloß Hitler, die Invasion um einige Tage zu verschieben.

kräfte im Handstreich. Als die sowjetischen Truppen am 17. September von Osten her in Polen einfielen, war die Schlacht schon entschieden.

Ungeachtet von Schultes Abscheu gegen den Krieg war nicht zu bestreiten, daß Polens Niederlage Giesche fast unverzüglich Vorteile einbrachte. Am 26. August hatten polnische Militärbehörden Sonderbeauftragte zur Leitung von Giesche-Polen ernannt. Sie handelten nach einem geheimen Gesetz, das der Regierung für den Fall des Krieges oder der drohenden Kriegsgefahr außerordentliche Vollmachten verlieh. Die amerikanischen Direktoren wurden am 28. August gezwungen, das Land zu verlassen. Da der polnische Staat die polnischen Giesche-Werke von den Amerikanern übernommen hatte, beschlagnahmten die deutschen Militärbehörden sie, während die Wehrmacht durch Oberschlesien voranstürmte. Die Giesche-Werke fielen in die Kategorie der kriegswichtigen Betriebe (»W-Betriebe«), so daß keine Möglichkeit bestand, die amerikanische Betriebsleitung wiedereinzusetzen, obwohl die Vereinigten Staaten noch neutral waren: Keinem Ausländer war es erlaubt, einen W-Betrieb zu leiten. Schultes militärische Verbindungen kamen ihm jetzt sehr zustatten. Die deutschen Militärbehörden ernannten nahezu unverzüglich (am 3. September) Dr. Albrecht Jung zum Staatskommissar für beschlagnahmtes Eigentum in Oberschlesien mit uneingeschränkter Handlungsvollmacht. Jung galt gegenüber Schulte für diesen Posten als besser »qualifiziert«, da er seit Mai 1933 nominelles Parteimitglied war; Schulte gehörte der NSDAP natürlich nicht an. Aber Jung, Rechtsberater der deutschen Giesche-Werke, war Schulte gegenüber vollständig loyal. Das bedeutete, daß die beiden Giesche-Teile unter gemeinsamer Leitung wiedervereinigt wurden, auch wenn sie buchhalterisch getrennte Unternehmen blieben. Schulte teilte der Anaconda-Geschäftsführung sofort mit, daß er so gut wie irgend möglich die amerikanischen Interessen schützen werde. Seine Hauptschwierigkeit würde zweifellos darin bestehen, die Zahlungen für den von der Silesian-American Corporation gewährten Kredit aufrechtzuerhalten, denn die Reichsregierung stellte keine Devisen zur Verfügung.

Im Oktober ging die Verwaltung Oberschlesiens von militärischen auf zivile Dienststellen über, an deren Spitze niemand anders stand als Otto Fitzner, der zweite Mann in den deutschen Giesche-Werken. Fitzner war ein ganz anderer Typ als der korrekte und vertrauenswürdige Jung, aber Schulte konnte sich dennoch darauf verlassen, daß er die Giesche-Interessen wahren würde.

Drei Jahre älter als Schulte, war Otto Fitzner 1925 in die Firma eingetreten. Er war in Laurahütte geboren, in jenem Teil Oberschlesiens, der nach 1921 an Polen fiel. Wie viele deutsche Familien in den Grenzgebieten, waren sich auch die Fitzners ihres Deutschtums sehr bewußt. Auf der Universität (Breslau und Greifswald) schloß Fitzner sich der jungen Völkischen Bewegung an, einem ideologischen Vorläufer des Nationalsozialismus. Er heiratete eine Holländerin, die mit Deterding verwandt war, dem geheimnisumwitterten Gründer der Royal Dutch Shell, der späteren Shell Oil. Die Fitzners gaben ihren Söhnen die Namen von Helden aus nordischen Sagen, Ruthard und Amer – fremdartig klingende Namen, die seit vielen Jahrhunderten kein Deutscher mehr getragen hatte.

Otto Fitzner kehrte ruhmbedeckt aus dem Ersten Weltkrieg zurück. Er hatte zunächst in der Infanterie gedient und dann bei der Fliegerei. Bei Kriegsende war er ein hochdekorierter Oberst und Chef des 56. Geschwaders. Nach dem Kriege nahm er an Kämpfen gegen polnische Aufständische in Oberschlesien teil. Dann gründete er eine eigene Bergbaufirma, die 1925 von Giesche erworben wurde. Es gehörte zu den Bedingungen der Übernahme, daß Fitzner, gelernter Ingenieur und Chemiker, Produktionsdirektor bei Giesche wurde. Er war fleißig, forsch und gutaussehend – ein Mann der Tat, ein Optimist, einer, der das Risiko liebte.

Seine Position bei Giesche wurde nach 1933 durch den politischen Einfluß, den er besaß, nur noch gefestigt. Fitzner war schon 1931 in die NSDAP eingetreten, und er machte sehr rasch Karriere in der Partei und in der SA. Später wechselte er zu der standesgemäßeren SS über und erhielt einen weitgehend nominellen Posten in Himmlers Stab. Die Nazis litten unter einem Mangel an politisch zuverlässigen und fachlich kompetenten Leuten, und Fitzner war genau das, was sie suchten. So wurde ihm ein breites Sortiment an Regierungs- und Beraterposten übertragen. Er wurde Leiter der Abteilung Metallindustrie im Reichswirtschaftsministerium, Präsident der schlesischen Wirtschaftskommission, Vorsitzender der Breslauer Handelskammer und Mitglied mehrerer anderer wichtiger Ausschüsse. Das Kaiser-Wilhelm-Institut (das heutige Max-Planck-Institut) für Metallurgie wurde hauptsächlich auf seine Veranlassung hin aufgebaut.

Bei all diesen Aufgaben und Verpflichtungen hatte er bald nur noch wenig Zeit übrig für Giesche, aber er hatte keinerlei Lust, auf sein beträchtliches Gehalt dort zu verzichten. Schulte war von der ganzen Sache nicht begeistert, aber Fitzner gab ihm zu verstehen, daß es durchaus in Schultes eigenem Interesse liege, sich kooperativ zu zeigen; sollte seine Einstellung gegenüber den nationalsozialistischen Führern zur Kenntnis der Behörden gelangen, so würde das höchst unerfreuliche Folgen haben. Die Mißstimmung scheint von Clara Schulte überwunden worden zu sein. Sie machte einen Besuch auf Fitzners Gut, und das Resultat bestand darin, daß Fitzner weiterhin sein Gehalt bezog und der Firma gelegentlich zu Diensten stand, indem er UK-Stellungen für Giesche-Mitarbeiter erwirkte - UK bedeutete »unabkömmlich« für den Dienst bei der Wehrmacht - und Schulte über die Vorgänge innerhalb der NS-Führung unterrichtete. Durch Fitzner erfuhr Eduard Schulte Interna aus dem Dritten Reich.

Als neuer Verwaltungschef des Bezirks Kattowitz lernte Fitzner im Oktober 1939 einen SS-Funktionär aus Berlin namens Adolf Eichmann kennen, der in geheimem Auftrag nach Kattowitz gekommen war. Er hatte Befehl, die Deportation der Kattowitzer Juden in das eigentliche Polen zu beaufsichtigen. Die Stadt sollte von Juden geräumt, sie sollte »judenrein« werden. Fitzner hatte so bereits Kenntnis von einigen der heikelsten Angelegenheiten des Dritten Reiches, noch bevor sein guter Freund Karl Hanke 1941 Gauleiter in Niederschlesien wurde.

Während Schulte weiterhin von geheimsten Angelegenheiten erfuhr, sorgte er sich zunehmend, wie er diese Informationen am besten nutzen könnte. Die Ironie der Umstände wollte es, daß ihm ein polnischer Bekannter den sicheren Kanal verschaffte, den er brauchte, um seine wertvollen Informationen den Alliierten zuzuleiten. Anfang der dreißiger Jahre hatte Schulte einen Polen namens Sczesny Chojnacki in Breslau kennengelernt. Dieser, ein gewissenhafter Mann von großem Charme, Ende dreißig, war polnischer Vizekonsul in der schlesischen Hauptstadt, aber Schulte hatte ihn im Verdacht, auch für den polnischen Geheimdienst zu arbeiten. Er war ein Mann von militärischer Haltung, und er zeigte sich stark interessiert an Industriebetrieben von militärischer Bedeutung. Schulte fiel sein aristokratisches Gehabe auf, und er nannte ihn gern *von* Chojnacki. Er mochte den jungen Polen. Obwohl Schulte keineswegs sentimentale Vorlieben für alles Polnische hegte - das tat kaum ein Deutscher -, wußten beide Männer sich einig in ihrer Einschätzung Hitlers. Das war ein wichtiges Band zwischen ihnen.

Chojnacki wurde später von Breslau nach Leipzig versetzt, einem der

Hauptstützpunkte des polnischen Geheimdienstes im Dritten Reich. Danach diente er in Frankfurt und München und wurde im Laufe der Zeit zu einem der führenden polnischen Geheimdienstexperten für Deutschland. Vor dem Zweiten Weltkrieg war der polnische Geheimdienst einer der kompetentesten der Welt. Die Polen wußten, wie wichtig ein Frühwarnsystem für ihr von mächtigen Nachbarn im Osten und Westen bedrohtes Land war. Sie hatten in den dreißiger Jahren viel mehr in ihren Geheimdienst investiert als die Briten und die Amerikaner. Tatsächlich gelang es einer Gruppe hochbegabter junger polnischer Mathematiker, die deutsche Kodiermaschine Enigma zu rekonstruieren und einige der wichtigsten deutschen Geheimkodes zu knacken. Zum Glück gaben die Polen ihr Wissen und sogar Modelle von Enigma unmittelbar vor Kriegsausbruch an die Briten und Franzosen weiter, denn alles geheimdienstliche Wissen der Welt konnte Deutschland und die Sowjetunion nicht daran hindern, Polen binnen eines Monats zu erobern.

Chojnacki war ein leidenschaftlicher polnischer Patriot, und sein Dienst an seinem Vaterland endete nicht im September 1939. In der Stunde der Niederlage brauchte Polen ihn mehr denn je zuvor. Noch gab es eine polnische Exilregierung, anfangs in Frankreich, dann in London, und es gab polnische Diplomaten und Beamte in allen neutralen Ländern. Chojnacki gelang es, im September 1939 in die Schweiz zu entkommen und sich der polnischen Botschaft in Bern zur Verfügung zu stellen. Der polnische Geschäftsträger in Bern war nicht gerade begeistert über dieses Ansinnen, denn es war abzusehen, daß polnische Geheimdienstaktivitäten in der Schweiz zu Schwierigkeiten mit der Berner Regierung führen würden; es war schwierig genug, die Schweizer vom Widerruf ihrer Anerkennung der polnischen Exilregierung abzuhalten. Aber Geschäftsträger Komarnicki wurde bald abgelöst, und Chojnacki begann als Assistent des polnischen Militärattachés zu arbeiten – ein sehr bescheidener Posten. Die schweizerischen Behörden tolerierten ihn, so wie sie den tschechischen Geheimdienst tolerierten, unter der Bedingung, daß er sich unauffällig verhalte und Informationen von beiderseitigem Interesse mit ihnen teile.

Chojnacki wählte sich einen Decknamen, Jacek Lubiewa, und begann, ein Geheimdienstnetz aufzubauen. Sehr bald schon traf er Eduard Schulte in Zürich; das genaue Datum ihres Zusammentreffens ist nicht bekannt, aber es fand allem Anschein nach gegen Ende September 1939 statt. Als Chojnacki Schulte nach den allgemeinen Zuständen in Deutschland fragte, gab dieser ihm bereitwillig Auskunft, und die beiden beschlossen, sich während der häufigen Schweizbesuche Schultes zu treffen. Sie hielten auch über einen Baseler Bankier, dessen Identität nicht feststeht, Kontakt zueinander.

Schulte dachte nicht im Traum daran, um Gegenleistungen zu bitten. Er hatte so viel Geld, wie er brauchte, während Chojnacki mit einem sehr bescheidenen Budget auskommen mußte. Dank der Informationen, die ihm Schulte und andere verschafften, konnte Chojnacki einen nie versiegenden Strom von Nachrichten an das Zweite Büro des polnischen Generalstabs in London absetzen. Er schickte sie über diplomatische Kanäle, benutzte aber auch einen geheimen Sender, der anfangs in Saint Ursanne nahe der französisch-schweizerischen Grenze operierte und danach in der schweizerischen Stadt Locarno, und zwar im Hause des Bürgermeisters. (Es bereitete den örtlichen Behörden höchste Verlegenheit, als das Gerät schließlich entdeckt wurde.) Das Zweite Büro leitete sämtliche Informationen an die britische Regierung und einen Großteil auch an amerikanische Beamte in New York und Washington weiter. Die polnischen Beamten wollten nicht nur dazu beitragen, das Dritte Reich zu besiegen, sondern sie wollten auch Polens Zukunft in einer späteren Friedensregelung sichern. Chojnacki wurde während des Krieges Schultes bester Verbindungsmann zu den Alliierten.

Es gibt Grund zu der Annahme, daß Schulte sich 1939 und 1940 auch weiterhin mit Gero von Gaevernitz traf und ihm Informationen zukommen ließ. Kurz vor Weihnachten 1939 traf sich Gaevernitz mit einem Deutschen, den er lediglich als »den noch immer führenden Mann in einem der großen deutschen Industriebetriebe« bezeichnete. Dieser Industrielle ließ ihn wissen, daß Deutschland bald versuchen werde, die Niederlande und Belgien zu erobern und von den Küsten dieser Länder aus einen Angriff gegen England zu führen – genau die Strategie, die Hitler im Mai 1940 gegenüber den Chefs der Teilstreitkräfte umriß. Die Briten sollten zunächst durch unaufhörliche Bombenangriffe und durch den U-Boot-Krieg weichgemacht werden. Der Industrielle äußerte die Befürchtung, daß die britischen Rüstungsfabriken zerstört würden und die Vereinigten Staaten nicht bereit sein könnten, in die Bresche zu springen. Er drängte Gaevernitz, die deutschen Pläne in Washington bekanntzumachen. Der schrieb die Informationen nieder und leitete sie an seine amerikanischen Kontakte weiter.

Im März 1940 sagte derselbe Mann noch einmal zu Gaevernitz, daß die Vereinigten Staaten den Alliierten ohne weitere Verzögerung Hilfe leisten müßten. Er äußerte sich empört über amerikanische Geschäftsleute, die allen Ernstes glaubten, daß die USA mit einem von Nazi-Deutschland beherrschten Kontinent würden leben können. Eine amerikanische Politik des Abwartens, erklärte er, würde zu einer weiteren Konferenz nach Münchner Muster führen und zur Abtretung weiterer Gebiete an Deutschland. Er hoffe nur, daß entweder Hitler sterbe (eine Annahme, auf die man wirklich nicht bauen könne) oder daß es den Alliierten gelänge, den Sommer und den nächsten Winter durchzuhalten. Dann müßten die USA ihnen mit aller Kraft und Dringlichkeit Kriegsmaterial liefern, da er fest davon überzeugt sei, daß ein alliierter Sieg ohne die USA nicht möglich sei.

Immer und immer wieder beschwor der Informant Gaevernitz, nur nicht an die Möglichkeit eines Kompromisses mit den Nazis zu glauben - sie seien Gangster, und Hitler sei ein Wahnsinniger. Von der Propaganda irregeleitet und voller Zuversicht, daß Deutschland den Krieg gewinnen werde, folge das deutsche Volk beklagenswerterweise dem Regime.

Der Industrielle behielt nicht in jeder Einzelheit recht. Er war überzeugt davon, daß Deutschland in Kürze einen Angriff gegen Großbritannien führen werde, während Hitler möglicherweise Frankreich in der Erwartung verschonen würde, daß es rasch Frieden schließen werde, sobald erst einmal Großbritannien besiegt sei. In Wirklichkeit hatte Hitler beschlossen, in umgekehrter Reihenfolge vorzugehen. Einige Informationen nahmen sich so unglaubhaft aus, daß Gaevernitz sie nicht in seinen ersten Bericht aufnahm, weil er fürchten mußte, daß sie dessen Glaubwürdigkeit beeinträchtigen würden. So planten deutsche Truppen nach Angaben des Informanten, skandinavische Staatsoberhäupter mitten in der Nacht zu wecken, um sie davon in Kenntnis zu setzen, daß Deutschland die Kontrolle über ihre Länder übernommen habe.

In der ersten Märzhälfte 1940 hatte Hitler seine Weisung »Fall Weserübung« über die Invasion Dänemarks und Norwegens herausgegeben. Die Wehrmacht sollte die beiden Länder blitzschnell und gleichzeitig angreifen. Die Marine sollte die norwegischen Häfen in Besitz nehmen, während Fallschirmjäger die Flugplätze in ihre Gewalt brachten – es war der erste Einsatz von Luftlandetruppen in der Geschichte. Am 9. April wurde Dänemark überwältigt, und deutsche Truppen nahmen die wichtigsten norwegischen Häfen und Flugplätze in Besitz. Die britische Regierung, die noch damit beschäftigt war, Pläne für die Verteidigung Norwegens auszuarbeiten, wurde völlig überrascht.

Im Mai 1940 teilte derselbe Industrielle Gaevernitz mit, daß ein deutscher Angriff auf Belgien und Holland unmittelbar bevorstehe und daß Hitler hoffe, die Briten bis zum Herbst zum Friedensschluß zwingen zu können. Dann werde Deutschland sich gegen Rußland wenden und die Ukraine und Gebiete bis hin zum Ural an sich reißen. Danach werde es vielleicht einen Vorstoß gegen Südamerika geben. Die Alliierten hätten die Pflicht, diesen Gangstern das Handwerk zu legen, wiederholte er. Er schloß mit einer Zeile, die er im Lateinunterricht gelernt haben mußte: »Videant consules ne quid res publica detrimenti capiat« (Mögen die Konsuln Sorge tragen, daß die Republik keinen Schaden nimmt). Gaevernitz schrieb seinen amerikanischen diplomatischen Kontakten, daß er die Ansichten des Mannes teile.

Wenngleich die Vereinigten Staaten zu einer massiven Wirtschaftshilfe für die Briten und Franzosen übergingen, ist zu bezweifeln, daß die Gaevernitz-Berichte dabei eine entscheidende Rolle spielten. Gaevernitz kannte nur einen wichtigen Kontaktmann in Washington - George Messersmith, den ranghöchsten Beamten im US-Außenministerium, der über detaillierte Kenntnisse des nationalsozialistischen Deutschlands verfügte. Messersmith war von 1930 bis 1934 amerikanischer Generalkonsul in Berlin gewesen, von 1934 bis 1936 amerikanischer Geschäftsträger in Wien und von 1937 bis Anfang 1940 Staatssekretär im US-Außenministerium. Er hatte die Nazis von Anfang an verabscheut. Für Gaevernitz war es ein Schlag, als Messersmith Anfang 1940 Botschafter in Kuba wurde, was ihn von allen politischen Entscheidungen in Bezug auf Europa ausschloß. Gaevernitz legte seine Berichte amerikanischen Diplomaten in der Schweiz vor, die sie an Messersmith und nach Washington weiterreichten, aber es spricht einiges dafür, daß der amerikanische Botschafter in Bern, Leland Harrison, Gaevernitz nicht allzu ernst nahm. Deutsch-Amerikaner waren in den Kriegsjahren keineswegs über jeden Verdacht erhaben.

Während der ersten Kriegsmonate machte Schulte einen gewissen Wandel durch. Er wirkte angespannter, entschlossener, und war weniger zu Scherzen aufgelegt als früher. Regelmäßig hörte er ausländische Rundfunksendungen, insbesondere die BBC, was im Dritten Reich streng verboten war und schließlich zu einem todeswürdigen Verbrechen wurde.

Wolfgang Schulte machte den Polenfeldzug mit, wo er während der allerletzten Tage leicht verwundet wurde, als er Fernsprechkabel im Niemandsland zwischen der deutschen und der russischen Front verlegte. Als er auf Urlaub nach Hause kam, kritisierte er milde die Rundfunkgewohnheiten seines Vaters. Aber er wußte, daß er ihn nie würde ändern können, und da er selber kein Nazi war, sondern nur ein loyaler Staatsbürger, blieb seine Kritik ohne Nachdruck.

Nachrichten aus Deutschland

Das nationalsozialistische Deutschland war eine Festung des zwanzigsten Jahrhunderts unter dem Kommando eines fanatischen Diktators. Macht und Wissen waren in relativ wenigen Händen vereinigt, und die allgegenwärtige Gestapo sowie die Gegenspionage der »Abwehr«, des deutschen militärischen Geheimdienstes, wachten auf allen Gräben und Wällen, um zu verhindern, daß irgendwelche Informationen von Wert durch die Mauern hindurchsickerten und zu Deutschlands Feinden gelangten. Das war das imponierende Bild, das sich der Außenwelt bot.

Alles das stimmte auch, aber es war nur ein Teil der Wirklichkeit. Eduard Schulte wußte, daß das Sammeln von Nachrichten für jemanden in seiner Position eine relativ einfache Sache war. Über Wirtschaftsfragen war er gut informiert, weil er ein großes Unternehmen leitete, das ein wichtiges Rad in der Kriegsmaschinerie war. Aber selbst die Beschaffung von internen Informationen über politische und militärische Angelegenheiten war für ihn nicht allzu schwierig. Er traf Generale und Diplomaten in den Berliner Clubs, er besuchte sehr oft Regierungsstellen in Berlin, er hatte Bekannte in hohen Stellungen in der Hauptstadt und anderswo. Schulte galt als Mann, der über jeden Verdacht erhaben ist, und viele dieser Männer redeten gern, besonders dann, wenn sie einen aufgeschlossenen und intelligenten Menschen vor sich hatten. Für ihn gab es Informationen in Hülle und Fülle, beinahe im Übermaß. Ein bedeutendes Problem bestand darin, Tatsachen von Gerüchten zu unterscheiden, aber wenn Schulte den gleichen Bericht aus mehreren verschiedenen Quellen hörte, so kam das einer Bestätigung nahe.

Die Schwierigkeit bestand nicht im Sammeln von Informationen, sondern darin, sie ohne unangemessen großes Risiko weiterzugeben. Schultes häufige Dienstreisen in die Schweiz verringerten dieses Risiko. Niemand in Deutschland wußte, was er im Kopfe mit sich herumtrug. Die einzige Gefahr, daß etwas durchsickerte, bestand in der Schweiz selbst, und Schulte hielt dieses Risiko so gering wie irgend möglich, indem er sich seine Kontaktleute sehr sorgfältig aussuchte. Ende November 1940 überbrachte er diesen Kontaktleuten eine äußerst wichtige Information.

Am 12. November 1940 traf Wjatscheslaw Molotow, der sowjetische Außenminister und Stalins engster Vertrauter, zu Gesprächen mit Hitler und Joachim von Ribbentrop, dem Reichsaußenminister, in Berlin ein. Die letzte Begegnung der Vertreter des Dritten Reiches und der Sowjetunion vor mehr als einem Jahr hatte zum Abschluß eines Vertrages geführt, der Hitler freie Hand gab, Polen anzugreifen und den Zweiten Weltkrieg zu entfesseln. War das neue Berliner Treffen das Vorzeichen eines weiteren großen Angriffs?

Wie sich herausstellte, hatte Hitler diesmal nicht die Absicht, sich auf eine Debatte oder gar einen Dialog einzulassen. Er hielt seinem Gast eine leidenschaftliche und eindringliche Rede über die neue Weltordnung, die nach Deutschlands militärischem Sieg errichtet werden würde. Molotow hörte zum größten Teil in versteinertem Schweigen zu. Gelegentlich warf er sehr präzise Fragen ein, die nichts mit Hitlers Monolog zu tun hatten. Er wollte wissen, ob Hitler sowjetische Interessen in Bulgarien und der Türkei respektieren würde und warum die Deutschen Truppen in Finnland unterhielten, einem Land, das unbestreitbar in die sowjetische Einflußsphäre falle. Molotow erhielt keine Antwort auf diese Fragen. Ribbentrop schlug der Sowjetunion vor, dem Dreimächte-Pakt zwischen Deutschland, Italien und Japan beizutreten. Molotow war bereit, über die Bedingungen zu sprechen, unter denen das geschehen könnte, aber Ribbentrop hatte keinerlei Verhandlungsvollmachten, und Hitler befahl seinem Außenminister schließlich, den Gedanken fallenzulassen.

Keiner der drei Männer verstand es, amüsant über Alltäglichkeiten zu plaudern, keiner von ihnen hatte Sinn für Humor. Die einzige Unterbrechung der eisigen Atmosphäre kam, als ein britischer Luftangriff sie zwang, sich von der sowjetischen Botschaft zum nahegelegenen Luftschutzraum des Reichsaußenministeriums zu begeben, eine für die Deutschen zur Unzeit kommende Erinnerung daran, daß der Krieg noch nicht ganz vorüber war. Molotow fuhr mit leeren Händen nach Moskau zurück. Es war eine der bizarrsten Begegnungen in der Geschichte der Diplomatie.

Der Grund für dieses völlige Ausbleiben jedweden Dialogs war einfach. Vier Monate zuvor hatte Hitler beschlossen, daß die Sowjetunion das Ziel seines nächsten militärischen Feldzuges sein werde. Der Führer hatte keine schriftliche Weisung erteilt, aber die Frage mit der Wehrmachtführung besprochen, und einige Pläne waren schon ausgearbeitet. Die Besprechung mit Molotow im November war eine Scharade, wenn auch keine sehr gute, die wahrscheinlich darauf zielte, Stalin irrezuführen, und wohl auch, die weitere Lieferung sowjetischer Rohstoffe sicherzustellen, die von entscheidender Bedeutung für die deutsche Kriegswirtschaft waren.

Schulte erfuhr vom unproduktiven Verlauf der Begegnung Hitler-Molotow-Ribbentrop innerhalb einer Woche und unterrichtete während seines nächsten Besuchs in der Schweiz Chojnacki darüber. Dies war eine ungewöhnlich gute und frühzeitige Information. Nur wenige Menschen waren bei dem Treffen zugegen gewesen, und zumindest die deutschen Diplomaten verstanden es, den Mund zu halten. Ausländische Diplomaten und Korrespondenten in Berlin wußten von nichts. Aber ein junger Beamter im Reichsaußenministerium, ein Nazigegner namens Hasso von Etzdorf, der als Verbindungsmann zum Oberkommando der Wehrmacht fungierte, schrieb ein Resümee der Besprechung, das eine von Schultes Quellen gewesen zu sein scheint.

Die polnischen Verbindungen zum britischen Geheimdienst waren sehr eng, und Schultes Information gelangte über Chojnackis Funkanlage innerhalb kurzer Zeit nach London. Zu jener Zeit hatte das britische Kriegskabinett nicht die geringste Ahnung, was Hitlers nächster Schritt sein könnte. Im September 1940 hatte er das Unternehmen Seelöwe verschoben, die geplante Invasion in Großbritannien, aber es war denkbar, daß er den Plan 1941 wiederaufleben lassen würde. Andere Möglichkeiten waren deutsche Offensiven auf dem Balkan oder in Nordafrika, oder vielleicht sogar irgendeine gemeinsame deutsch-sowjetische Operation. Großbritannien hatte Interessen in der ganzen Welt, und seine Streitkräfte waren äußerst weit verstreut und bis zum Zerreißen angespannt. Daß die beiden Diktaturen zu keiner Einigung gelangt waren, daß die Begegnung derart ergebnislos verlaufen war, das war eine Nachricht von erheblichem Interesse für London.

Im April 1941 traf Schulte mit einer weit verblüffenderen Nachricht in Zürich ein: Deutschland stand im Begriff, die Sowjetunion anzugreifen. Er konnte sogar das genaue Datum nennen. Dieses Mal war seine Quelle weniger geheimnisvoll. An den deutschen Vorbereitungen für die massive Invasion waren Tausende von Menschen beteiligt. Führende Industrielle wurden mehr oder minder systematisch befragt, ob sie am Handel mit Rußland beteiligt waren - wenn ja, erhielten sie den Rat, ihre Lieferungen zu verlangsamen -, ob sie in der Lage waren, die Wehrmacht mit ausreichenden Rohstoffen für einen größeren Feldzug zu beliefern, und was sie über sowjetische Industrieanlagen, Gruben und Fabriken wußten. Alles in allem war klar, woher der Wind wehte. Es gab sogar gemischte Kommissionen - bestehend aus Vertretern von Industrie, Regierung und Wehrmacht -, die die Schaffung eines deutschen Besatzungsregimes in Rußland vorbereiten sollten. Das Angriffsdatum zu erfahren, war schon schwieriger, aber es überstieg Schultes Möglichkeiten nicht. Ursprünglich hatte das Unternehmen Barbarossa am 15. Mai beginnen sollen, aber am 30. April verschob Hitler den Termin auf den 22. Juni. Veranlaßt worden war er dazu durch die plötzlich für erforderlich gehaltene Entsendung deutscher Truppen nach Jugoslawien und Griechenland.

Diese Information bedeutete natürlich am meisten für die Russen selbst, aber Schulte hatte keine direkte Verbindung nach Moskau. Die polnische Exilregierung betrachtete Rußland als ihren Feind, und die Schweiz unterhielt keine diplomatischen Beziehungen zur Sowjetunion. Weder Chojnacki noch die Schweizer konnten irgend etwas tun, um Stalin zu warnen, selbst wenn sie es gewollt hätten. Das wog allerdings nicht sonderlich schwer: Stalin erhielt Warnungen vor dem deutschen Angriff aus Dutzenden von Quellen, darunter von seinen eigenen besten Agenten in Japan und Westeuropa. Aber er redete sich ein, daß alle diese Gerüchte nur Teil einer westlichen Verschwörung seien mit dem Ziel, Deutschland und die Sowjetunion aufeinanderzuhetzen. Hitler werde ihn niemals verraten.

Auch die Briten und Amerikaner hörten aus vielen verschiedenen Quellen von dem bevorstehenden deutschen Angriff. Schultes über die Polen geleitete Information stand also keineswegs allein da, aber sie war dennoch bedeutungsvoll. Denn trotz aller Berichte und sogar ungeachtet der beispiellosen britischen Erfolge beim Abhören deutscher militärischer Funksprüche bezweifelten die britischen Geheimdienstchefs im April 1941 noch immer, daß ein deutscher Angriff auf Rußland schon unwiderruflich beschlossen sei. Die deutschen militärischen Vorbereitungen im Osten waren nicht zu übersehen, aber viele Leute in London glaubten, daß Hitler nur seinen wirtschaftlichen Forderungen einigen

Nachdruck verleihen wolle. Noch am 12. Juni wurde im britischen Kriegskabinett die Frage erörtert, ob Hitler Krieg gegen die UdSSR zu führen beabsichtige oder nur mehr Öl aus dem Kaukasus, mehr Getreide aus der Ukraine und mehr Eisenerz verlangen wollte. Am nächsten Tag, nach dem Abfangen eines Telegramms vom japanischen Botschafter in Berlin, der gerade mit Hitler gesprochen hatte, gelangte das britische Kriegsministerium endgültig zu der Ansicht, daß der Angriff in der zweiten Junihälfte stattfinden werde. Paradoxerweise hätte Eduard Schultes Information mehr Durchschlagskraft in London haben können, wenn sie jetzt, im Juni, eingetroffen wäre und nicht schon im April.

Zwischen 3.00 und 3.30 Uhr am 22. Juni 1941 eröffneten, wie Schulte und andere es vorausgesagt hatten, drei Millionen deutsche Soldaten von der Ostsee bis ans Schwarze Meer das Feuer auf sowjetische Stellungen und überschritten die Grenze. Die Russen waren nicht vorbereitet, ihre Führung war unfähig. Die Deutschen marschierten schneller voran, zerstörten mehr Divisionen, fügten schwerere Verluste zu und machten mehr Gefangene als irgendeine Armee in der Geschichte. Aber es gab mehr und besser ausgerüstete sowjetische Armeen, als die Deutschen angenommen hatten. Der deutsche Vormarsch verlangsamte sich und stockte schließlich. Es hatte große deutsche Siege gegeben, aber das Hauptziel des Feldzuges war nicht erreicht worden.

Nach seiner anfänglichen Warnung vor der Invasion der Sowjetunion lieferte Schulte weitere sehr wertvolle Informationen über die Ostfront. Er erschloß wichtige neue Nachrichtenquellen. Im Frühjahr 1941, während einer seiner periodischen Reisen nach Berlin, traf er sich mit seinem Vetter Hermann und hörte unerwartete Neuigkeiten. Der im Ruhestand lebende Galeriebesitzer hatte beschlossen, in Regierungsdienste zu treten – und zwar handelte es sich keineswegs um irgendeinen beliebigen Beamtenposten. Hermann erklärte, daß Oberst (später Generalmajor) Hans Joachim Oster sich mit ihm in Verbindung gesetzt habe. Oster war der Stellvertreter von Admiral Canaris, Chef der Zentral-Abteilung (Z) der deutschen Abwehr und Seele des Widerstandes gegen das Nazi-Regime. Oster sagte zu Hermann, daß Leute wie er, alte Soldaten mit Auslandskenntnis aus erster Hand, in der Abwehr gebraucht würden. Noch wichtiger sei es, vernünftige Leute zu finden, nicht Fanatiker, die zwischen ihren eigenen Phantasien von Deutschlands Größe und den Realitäten der Weltpolitik nicht zu unterscheiden vermöchten. Hermann erhob schwachen Widerspruch, da er bereits auf die sechzig zugehe. Aber Oster wischte diesen Einwand beiseite; in Kriegszeiten habe jedermann eine besondere Pflicht, und es gebe zu wenige zuverlässige Leute, denen man wirklich vertrauen könne. Hermann verstand den Wink und trat in Osters Abteilung ein. Er wurde im April 1941 mit dem Range eines Rittmeisters wieder in den aktiven Dienst übernommen.

Eduard hätte sich nicht vorstellen können, daß sein stiller und unpolitischer Vetter sich auf einem Posten im deutschen militärischen Geheimdienst wiederfinden könnte, und noch dazu auf einem zentralen. Hermann Schulte war sieben Jahre älter als Eduard. Ihre Ähnlichkeit war unübersehbar. Hermann war groß und von eleganter Haltung; seine markante Stirn und die buschigen Augenbrauen waren eindeutig »Schulte«. Wie Eduard war er in Düsseldorf geboren. Nachdem er in Berlin und Bonn Jura und Kunstgeschichte studiert hatte, diente er in einem berühmten Kavallerie-Regiment, und einige der Freundschaften aus jenen Jahren hatten sein ganzes Leben Bestand. Wie es einem jungen Kunsthändler wohl anstand, ging er für ein Jahr nach Paris und für ein weiteres nach London, um moderne Kunst zu studieren, vor allem aber, um sich mit dem Beruf vertraut zu machen. Im Jahre 1910 wurde er als Teilhaber in die Familienfirma aufgenommen. Er diente im Ersten Weltkrieg als Rittmeister. Kurz nach dem Krieg heiratete er Carola Andreae, eine reizende Dame aus wohlhabender Familie. Ihr gehörte unter anderem das Trumpf-Haus, ein Bürogebäude im Westend, das jeder Berliner kannte. Sie hatten einen eigenen Sohn, Herbert, und ein Adoptivkind, Werner.

Vor dem Ersten Weltkrieg war die Galerie Schulte eine der führenden Kunstgalerien in der Reichshauptstadt gewesen und womöglich die bekannteste. Aber in den zwanziger Jahren verlor sie an Bedeutung, und Anfang der dreißiger Jahre beschlossen die Schultes, das Geschäft aufzulösen. Sie hatten in den Lagerräumen noch immer einige sehr schöne Bilder. Aus ihrer Steuererklärung für 1934 geht hervor, daß ein einziges Bild verkauft worden war, ein bedeutender Böcklin, für den ein Schweizer bereit gewesen war, eine namhafte Summe zu bezahlen.

Der Niedergang der Galerie hatte verschiedene Gründe. Der Geschmack änderte sich, künstlerische Moden kamen und gingen in rascher Folge, und die Schultes verspürten kein Verlangen danach, sich alle paar Jahre einem neuen »ismus« anzupassen, dem Neo-Romantizismus und dem Dadaismus, der Neuen Sachlichkeit und am Ende gar der neuen offiziellen nationalsozialistischen Kunst.

Hermann und Carola empfingen einen großen Kreis von Freunden in ihrem schönen Charlottenburger Heim. Sie konnten vielen Interessen nachgehen, ohne an eine tägliche Bürozeit gebunden zu sein. Hermann hatte Freunde und Bekannte in der Politik, unter seinen alten Militärkameraden, aber auch unter Künstlern und Geschäftsleuten. Eduard, das war sicher, stand ihm näher als die anderen. Das war nicht immer so gewesen. In ihrer Jugend war der Altersunterschied zu groß gewesen und hatte keine wirkliche Freundschaft aufkommen lassen. Erst im Ersten Weltkrieg waren sie zu engen Freunden geworden, als Eduard einen Regierungsposten in der Reichshauptstadt innehatte.

Im Gegensatz zu vielen seiner Bekannten trat Hermann Schulte nicht in die NSDAP ein. Er wurde lediglich Mitglied der SA-Reserve II, vermutlich in der Annahme, daß man von ihm im Alter von fünfzig Jahren nicht verlangen werde, in Uniform oder Zivil durch die Straßen Berlins zu marschieren, und daß die Mitgliedschaft daher rein nominell sein werde. Diese Annahme sollte sich als richtig erweisen.

Seine Einstellung gegenüber den neuen Machthabern war alles andere als begeistert, aber ein aktiver Oppositioneller war er nicht. Sein ganzes Leben lang hatte er sich nicht sonderlich für politische Angelegenheiten interessiert. Der Mann, für den er jetzt arbeitete, Oster, Reiter wie er, war ein ganz und gar anderer Typ. Die Abteilung Z der Abwehr war Osters Schöpfung gewesen. Ihre offizielle Hauptfunktion bestand darin, die Aktivitäten des deutschen militärischen Geheimdienstes zu registrieren und eine vollständige Liste seiner Angestellten und Agenten im In- und Ausland zu führen. Es war nicht vorgesehen, daß sie sich mit aktiver (»positiver«) Aufklärung befaßte, aber Oster ignorierte Anweisung vom ersten Tage an. Die Abteilung Z wurde zu einer Abwehr innerhalb der Abwehr mit eigenen Agenten, die Sonderaufträge erhielten. Viele dieser Aufträge hatten in Wahrheit nichts mit den Zielen von Hitlers Strategie zu tun; im Gegenteil, sie waren darauf angelegt, diese von innen heraus zu sabotieren. Die Abteilung Z war in acht Unterabteilungen gegliedert, die sich mit Finanzen, mit den rechtlichen Aspekten der Geheimdiensttätigkeit, mit dem Führen der Hauptarchive und so weiter befaßten. Hermann Schulte gehörte der Unterabteilung ZO an und leitete dort die Dienststelle ZO 1, die allem Anschein nach nur aus ihm selbst bestand.

Hermann war kein hohes Tier in der Abwehr. Offiziell waren »Offiziersangelegenheiten« sein Arbeitsbereich – Dinge, die sich auf die

Offiziere im Geheimdienst bezogen, womit alles oder nichts gemeint sein konnte. Es war ein gesellschaftlich akzeptabler Posten, auf dem er Freunden behilflich sein konnte. Hermann besaß einige der Talente, die man in dieser neuen Karriere brauchte, und ein Schutzengel scheint über seine Schritte gewacht zu haben. Er legte keinen unmäßigen Eifer an den Tag. Da es ihm gänzlich an Ehrgeiz fehlte, blieb er diskret im Hintergrund. Büro und sogar Telephon teilte er mit einem anderen, Dr. Behnke, einem Verwandten des Mannes, der einst der Chef von Canaris gewesen war - Admiral Behnke. Sein Status war mit anderen Worten nicht sehr bedeutend - und diese Tatsache sollte sich später als seine Rettung erweisen. Denn je länger der Krieg dauerte, um so mehr geriet die Abwehr unter Beschuß von der SS und von Hitler selbst. Am Ende wurde sie aufgelöst, und die meisten ihrer Funktionen übernahm Himmlers Reichssicherheits-Hauptamt, dem auch die Gestapo unterstand.

Von 1942 an hörte die Abwehr auf, effektiv zu sein. Einige alliierte Beobachter des deutschen Geheimdienstwesens führten das später auf Dummheit, fehlende Initiative und Korruption in ihrer Führung zurück. Der wahre Grund für den Niedergang der Abwehr ist aber ganz woanders zu suchen: Viele der höheren Mitarbeiter waren zu der Überzeugung gelangt, daß Hitler den Krieg nicht nur nicht gewinnen werde, sondern daß sein Sieg auch keineswegs wünschenswert sei. Einige wurden verschwörerisch tätig gegen das Regime, dem sie angeblich dienten; die einen arbeiteten halbherzig oder indirekt dagegen, die anderen ganz offen und ohne viel Rücksicht auf die damit verbundenen Risiken.

Als die Gestapo diese Dinge aufzudecken begann, liefen einige der im Ausland stationierten Agenten der Abwehr zu den Alliierten über. Als erster aus der Zentralen Abteilung der Abwehr wurde Hans von Dohnanyi verhaftet, laut Nazigesetz ein Teiljude, der enge Verbindung zu General Oster hatte. Wenige Monate später wurde Oster - der von Kriegsbeginn an den Alliierten deutsche Pläne zugespielt hatte - vom Dienst suspendiert, und am Ende, im Jahre 1944, wurde Admiral Canaris, der Chef der Abwehr, entfernt. Das Ausmaß ihres »Verrats«, wie die Nazis es sahen, wurde erst ganz allmählich bekannt. Nach dem nur knapp mißglückten Attentat auf Hitler vom 20. Juli 1944 wurden weitere Beweise für Verrat in der Abwehr entdeckt, und eine Anzahl ihrer führenden Mitarbeiter wurde hingerichtet.

Hermann Schulte aber hatte sich still im Hintergrund gehalten. Er hatte es sich zur Gewohnheit gemacht, niemandem etwas anzuvertrauen, abgesehen von zwei oder drei besonders engen Freunden, auf deren Loyalität er sich verlassen konnte. Von Anbeginn an kein Bewunderer der Nazis, wurde er als Folge dessen, was er während des Krieges in der Abwehr zu hören und zu sehen bekam, noch kritischer in seiner Einstellung. Seine Frau teilte seine Ansichten; sie verloren ihre beiden Söhne im Krieg, den einen unter besonders grausamen Umständen.

Hermann sah und hörte eine Menge. Es ist ein Irrtum, anzunehmen, daß nur die Chefs von Geheimdiensten die Hüter großer Geheimnisse sind. Eine derartige Abschottung ist vielleicht im Mittelalter einmal möglich gewesen. Aber in Bürokratien des zwanzigsten Jahrhunderts ist eine absolute Geheimhaltung ganz und gar unmöglich. Wichtige Informationen müssen von Sekretärinnen getippt, abgelegt, über Telephon oder Telegraphen weitergeleitet, entschlüsselt und analysiert werden. Sie müssen an eine Reihe privilegierter Empfänger verteilt werden. Geheimdienst besteht schließlich nicht im Sammeln von Informationen um des Sammelns willen oder zu Nutz und Frommen der Historiker. Geheimdiensterkenntnisse sollen als Anhaltspunkte für das eigene Handeln dienen. Dutzende von Menschen müssen unvermeidlich selbst in die strengsten Geheimnisse eingeweiht sein. Weil er sich zur rechten Zeit am strategisch richtigen Platz befand, gab es wenig, was der Aufmerksamkeit Hermann Schultes entging. Was auf offiziellem Wege nicht zu ihm gelangte, das erfuhr er in Gesprächen in der Abwehr-Kantine oder abends bei einem Glas Wein. Der stille Rittmeister, der in keiner der nach dem Kriege geschriebenen Geschichten des deutschen Geheimdienstes eine Rolle spielt, gehörte allein durch die Lage seines Büros zu den bestinformierten Menschen Deutschlands.

Er traf Eduard regelmäßig, und da er seinem Vetter ohne jede Einschränkung vertraute, enthielt er ihm kaum ein Geheimnis vor. Wußte er, welchen Gebrauch Eduard von den Informationen machen würde, die er ihm gab? Er muß es geahnt haben, aber es ist wenig wahrscheinlich, daß es ihm ausdrücklich mitgeteilt wurde. Hermann verabscheute die Nazis, aber nicht mit der gleichen brennenden Intensität wie Eduard. Er war kein Aktivist. Er geriet nie in Verdacht. Selbst als die Gestapo schon ahnte, daß es irgendwo bedeutende undichte Stellen gab, blieb er unverdächtig. Die Gestapo fahndete viel höheren Ortes nach Verrätern, und zwar in Hitlers unmittelbarer Umgebung. Angesichts der Art der Informationen, die nach außen gelangten, war man fest davon überzeugt, daß sie nur von »Spitzenleuten« stammen konnten.

Welcher Art waren die Informationen, die an die Alliierten weitergegeben worden waren? Gegen Ende des Jahres 1941, nach dem deutschen Rückzug aus den Stellungen vor Moskau, berichtete Schulte Chojnacki von bevorstehenden Veränderungen im Oberkommando der Wehrmacht. Kurz darauf trat General von Bock an die Stelle Rundstedts als Oberbefehlshaber der Heeresgruppe Süd, die Generale Guderian und Brauchitsch wurden entlassen, und es kam zu weiteren wichtigen Veränderungen. Im Januar 1942 überbrachte Schulte Informationen, denen die Briten nach ihrem Erhalt durch die Polen eine solche Bedeutung beimaßen, daß sie sie unverzüglich William Donovan in Washington zur Kenntnis brachten*. Schulte berichtete, daß die gewaltigen Operationen im Osten die deutschen Treibstoff-Vorräte dermaßen erschöpft hätten, daß die Wehrmacht nicht in der Lage sein werde, eine große Frühjahrsoffensive entlang der ganzen Ostfront zu führen. Die deutschen Strategen hätten deshalb beschlossen, einen Vernichtungsschlag nur am Südabschnitt der Front, über Rostow und die Krim, zu führen, um in einem einzigen Vorstoß den Kaukasus zu erobern und sich die dortigen Ölfelder zu sichern. Der Vorstoß werde beginnen, sobald die Witterung es zulasse.

Schulte befand sich in einer einzigartigen Position, um die Abhängigkeit der deutschen Industrie von Rohstoffen zu kennen. Das Land besaß genügend Kohle und Eisen, aber bei den meisten anderen Rohstoffen war es von Einfuhren abhängig. Bauxit für die Aluminiumherstellung wurde aus Frankreich, Italien und dem Balkan importiert, Nickel kam aus Finnland, Mangan aus der Ukraine, Wolfram aus Spanien und Portugal, Chrom aus der Türkei. Am wichtigsten aber war Treibstoff, und die Einfuhren von den rumänischen Ölfeldern reichten nicht aus. Deutschland stellte synthetische Treibstoffe her – im Jahre 1942 mehr als 7 Millionen Tonnen, von denen nahezu sechzig Prozent für militärische Operationen verbraucht wurden. Aber selbst das war unzureichend, und Hitlers Strategie der Blitzkriege beruhte auf der irrigen Annahme, daß der Krieg im Westen binnen weniger Wochen beendet sein und man die russischen Ölfelder kurz nach Beginn der Invasion der Sowjetunion besetzt haben werde. Ohne Treibstoff rührten sich die deutschen Panzer nicht von der Stelle, ohne Treibstoff blieb die Luftwaffe am Boden. Trotz

* William Donovan war damals Informations-Koordinator; 1942 wurde er Chef des neuen US-Geheimdienstes OSS (Office of Strategic Services).

der enormen Anfangssiege wußte Hitler spätestens Ende August 1941, daß der Krieg bis weit in das Jahr 1942 hinein fortdauern werde. Die Frage der Ölversorgung wurde entscheidend.

Hitler hätte liebend gern Moskau besetzt, nicht zuletzt deshalb, weil es das symbolische Herz Rußlands war. Aber der Mangel an Öl schrieb ihm seine Strategie vor, und das bedeutete eine Großoffensive allein an der Südfront.* Zu jener Zeit hatten die Alliierten keine Kenntnis von Hitlers Strategie an der Ostfront. Diesbezügliche Informationen waren daher von größter Bedeutung.

Schultes Bericht vom Januar 1942 an Chojnacki war eine weitgehend zutreffende Zusammenfassung von Hitlers Weisungen 41 (Fridericus) und Unternehmen Blau, die nicht vor Mai beginnen sollten. Die Alliierten erhielten diesen Bericht also vier Monate vor dem Ereignis, und der wesentliche Punkt war zutreffend dargestellt – daß sich die deutsche Angriffstätigkeit praktisch auf die russische Südfront beschränken werde. Derselbe Bericht enthielt auch Informationen, wonach Deutschland für den Fall eines Scheiterns der Offensive erwäge, die Türkei mit Hilfe Bulgariens anzugreifen. Dieser Plan wurde jedoch nicht ernsthaft ins Auge gefaßt, auch trat Bulgarien nicht in den Krieg gegen die Sowjetunion ein, wie Schultes Quelle vorhergesagt hatte. Schließlich befaßte sich der Bericht mit den Spannungen zwischen Hitler und seinen Generalen. Während dieser Teil in großen Zügen korrekt war, ging er nicht wesentlich über bereits Bekanntes hinaus und enthielt auch einige Ungenauigkeiten. Trotz dieser Fehler konnte kein Zweifel daran bestehen, daß die Botschaft nur von ranghohen deutschen Quellen stammen konnte.

Schulte fuhr während des ganzen Jahres 1942 und bis in das Jahr 1943 hinein fort, wichtige militärische Informationen zu liefern. So berichtete er zum Beispiel über die Details einer neuen Ausführung der Ju-52, des

* Der wichtigste Engpaß war nicht die *Produktion* des synthetischen Öls (sie stieg in Deutschland bis 1944 ständig weiter), sondern der Nachschub an die Front. Die deutschen Lokomotiven konnten nicht auf den russischen Schienen fahren. Die Straßen waren in schlechtem Zustand, die Nachschubfahrzeuge verbrauchten den größten Teil des transportierten Treibstoffs selbst. Am Ende wurde die Heeresgruppe Süd zum Teil auf dem Luftwege, zum Teil per Kamel versorgt. Es waren in erster Linie Nachschubprobleme, weshalb die vorgeschobenen deutschen Einheiten die Pässe im Kaukasus nicht nehmen konnten.

wichtigsten deutschen Transportflugzeuges. Er hielt die Alliierten hinsichtlich der Beziehungen Hitlers zu seinen Generalen auf dem laufenden. Gewiß gab es andere, die ähnliche Informationen lieferten, darunter mindestens einen weiteren Industriellen (der, nach seinen Berichten zu urteilen, ähnlich gute Quellen haben mußte). Aber Schultes Informationen waren im allgemeinen recht verläßlich.

Schulte war auch für den Geheimdienst der Schweiz eine wichtige Quelle. Es ist wahrscheinlich, daß er die Schweizer ebenso wie die Polen über den Fall Gelb informierte, den deutschen Plan, im Frühjahr 1940 Westeuropa anzugreifen. (Leider sind Dokumente, die es diesbezüglich vielleicht noch gibt, bisher nicht freigegeben worden.) Die deutsche Behandlung Dänemarks und der Niederlande erwies sich als eine äußerst nützliche Lehre für die schweizerischen Behörden. Beide Länder waren streng neutral gewesen, aber Dänemark wurde binnen weniger Stunden und Holland in wenigen Tagen besetzt. Schweden andererseits wurde nicht angegriffen. Der Grund dafür war die Tatsache, daß es besser vorbereitet war; ein deutsches Unternehmen gegen Schweden hätte zwanzig Divisionen erfordert, vielleicht sogar mehr, und die konnten nicht erübrigt werden.

Mehr als einmal hatte Hitler zu verstehen gegeben, daß er die Existenz kleiner Länder als ärgerlichen Anachronismus betrachte. Die Schweiz war nicht die Niederlande oder Dänemark. Sie war neutral, aber sie würde kämpfen, und während das Land viel kleiner war als Schweden, so war das Terrain ein wichtiger Pluspunkt für die Schweizer. Die Alpen sind kein Panzerland, und selbst Fallschirmjäger hätten es dort nicht leicht gehabt. Die Mobilisierung in der Schweiz war extensiver als in irgendeinem anderen Land. Einmal standen 850000 Mann unter Waffen, jeder sechste der Gesamtbevölkerung. Aber wenn die Schweizer alle wehrfähigen Männer in ständiger militärischer Alarmbereitschaft gehalten hätten, wäre ihre Wirtschaft binnen kürzester Zeit zusammengebrochen. Sie mußten daher unbedingt wissen, ob eine unmittelbare Invasionsgefahr bestand oder ob sie es sich leisten konnten, die Hälfte oder gar mehr als die Hälfte der Mobilisierten wieder zu entlassen. Sie wußten, daß Invasionspläne in Berlin ausgearbeitet worden waren, aber solche Pläne existierten für nahezu jeden vorstellbaren Fall. Sie mußten wissen, wie real die Gefahr war. Der schweizerische militärische Geheimdienst war daher an zuverlässigen deutschen Kontakten besonders interessiert.

Unter Oberstleutnant Roger Masson leistete der schweizerische Geheimdienst gute Arbeit. Masson ließ eine Dezentralisierung der Informationsbeschaffung zu. Er ließ seinen Mitarbeitern freiere Hand als irgendein anderer Geheimdienstchef des Zweiten Weltkriegs. Es war ihre Entscheidung, wenn sie ihm nichts über ihre Unternehmungen, Informationsnetze und Agenten sagen wollten; was ihn betraf, so interessierten ihn nur Resultate.

Die Schweiz hatte zahlreiche Freunde in Deutschland, die regelmäßig warnende Hinweise gaben. Da gab es zum Beispiel die »Viking«-Verbindung, die von Major Max Waibel aufgebaut worden war, Massons Stellvertreter, und die aus ehemaligen Kollegen in deutschen Militärakademien bestand, die Waibel früher besucht hatte – militärische Nazi-Gegner wie Hans Oster, Georg Thomas und Friedrich Olbricht, die inzwischen auf einflußreiche Posten in der Abwehr oder im deutschen Generalstab gelangt waren. Aber es gab auch andere, weniger auffällige Verbindungen, etwa Geschäftsleute wie Schulte, die während des Krieges regelmäßig die Schweiz besuchten.

Gegen Ende 1941 teilte Schulte seinen schweizerischen Gesprächspartnern mit, was sie so dringend wissen wollten. Gegenwärtig bestünde überhaupt keine Gefahr einer deutschen Invasion. Die Eisenbahnen der Schweiz waren ebenso wie ihre Industrie viel zu wichtig für Deutschland, als daß man ihre Beschädigung oder gar Zerstörung hätte riskieren können. Die Tatsache, daß das Gros der deutschen Wehrmacht zu jener Zeit in der Sowjetunion gebunden war, konnte an sich als keinerlei Garantie für irgend etwas angesehen werden. Hitler würde den Einmarsch in andere Länder in Erwägung ziehen, wenn die deutsche Kriegswirtschaft deren Rohstoffe brauchte und sie auf andere Weise nicht beschaffen konnte. Aber solange die Schweiz weiterhin wirtschaftlich mit Deutschland kooperierte, war sie sicher. Derartige Informationen, kombiniert mit ähnlichen Berichten aus anderen Quellen, erlaubten es den Schweizern, auf eine Gesamtmobilmachung zu verzichten. Sollte sich in Zukunft erneut die Gefahr einer Invasion ergeben, konnten sie erwarten, rechtzeitig eine Warnung von ihren deutschen Freunden zu erhalten.*

* Im März 1943 hat Schulte seine schweizerischen und polnischen Kontaktleute anscheinend gewarnt, daß die Schweiz in höchster Gefahr sein würde, falls Italien unter der Wucht einer alliierten Invasion zusammenbrechen würde; die deutsche Wehrmacht werde versuchen, einen möglichst großen Teil Italiens zu

Obwohl Schulte weiterhin viele Informationen von Tümpling und Vetter Hermann bekam, hatte er durch Otto Fitzner indirekt eine neue und äußerst wertvolle Quelle erhalten: Karl Hanke, den Gauleiter von Niederschlesien. Mehr als einmal hatte Adolf Hitler Karl Hanke als den »allerbesten unserer Gauleiter« bezeichnet. Hanke gehörte zu jener jungen Generation von NS-Führern, die für die Teilnahme am Ersten Weltkrieg nicht alt genug gewesen waren, diese versäumte Gelegenheit für alle Zeit danach beklagten und versuchten, sie durch aggressives militaristisches Gebaren zu kompensieren. Hanke war von ganz unten zu seinem einflußreichen Posten aufgestiegen. Sein Vater war Eisenbahner, und der Sohn hatte das Gymnasium nicht beenden können; statt dessen absolvierte er zuerst in einer Eisenbahnwerkstatt, später in Textilfabriken eine Lehre. In den zwanziger Jahren gelang es ihm irgendwie, die Aufmerksamkeit von Goebbels in Berlin zu erregen, der ihn förderte. Auch Hitler wurde auf ihn aufmerksam und hielt ihn für einen besonders vielversprechenden jungen Führer. Im Alter von 29 Jahren wurde er nationalsozialistischer Abgeordneter des deutschen Reichstages.

Im Jahre 1937 wurde Hanke Staatssekretär im Propagandaministerium. Im Gegensatz zu Goebbels war er kein begnadeter Redner, aber er war ein guter Organisator und ein ungeheuer fleißiger Mann, und er war immer zur Stelle, wenn man ihn brauchte. Obwohl seine Karriere ihm wichtiger war als alles andere, war er doch zu einer gelegentlichen guten Tat durchaus imstande. In dem langen Konflikt zwischen Goebbels und seiner Frau Magda, die sich scheiden lassen wollte, weil die außerehelichen Affären des kleinen Doktors zu einem öffentlichen Skandal geworden waren, schlug Hanke sich auf die Seite der Frau. Seine ritterliche Aktivität zugunsten der hilflosen und vernachlässigten Magda war allerdings wohl nicht völlig uneigennützig. Denn Frau Goebbels weckte nicht nur seine ritterlichen Instinkte; er hatte sich auch in sie verliebt und ihr sogar einen Heiratsantrag gemacht. Magda Goebbels verhielt sich hinhaltend, und Hitler wies auf das übergeordnete Interesse des Staates hin: Eine Ehescheidung kam nicht in Frage.

Das Jahr 1939 brachte eine Versöhnung im Hause Goebbels, und Hanke war seinen Posten los. Instinktiv oder wohlüberlegt tat er das

halten, und zu dem Zweck werde sie die schweizerischen Verbindungswege benötigen. Tatsächlich haben die Deutschen damals ernsthaft den Gedanken einer Invasion der Schweiz erwogen.

einzige, was seine Karriere retten konnte. Als einziger hoher ziviler NS-Führer meldete er sich freiwillig zur Wehrmacht und diente während des Polen- und des Frankreichfeldzugs als Leutnant in einem Panzerregiment. Physisch war er keineswegs kräftig, aber seine Energie, gepaart mit guten Nerven, ließen ihn die Strapazen des Soldatenlebens überstehen; er kehrte mit dem Eisernen Kreuz I. Klasse unter großem öffentlichen Aufsehen zurück. Er war nun bereit für eine neue Karriere, und im Januar 1941 ernannte Hitler ihn zum obersten Parteiführer für Niederschlesien - und auch zum Chef der staatlichen Verwaltung (Oberpräsidenten) dieser Provinz. Später wurde er zusätzlich oberster Verteidigungskommissar für das Gebiet.

Gelegentlich zeigte Hanke Schwächen, die sich für einen hohen NS-Führer nicht ziemten. In der »Nacht der langen Messer« vom Juni 1934 war er zwar noch einer der Kaltblütigsten gewesen, als viele der vertrauenswürdigsten SA-Führer massakriert wurden. Später aber, während des Krieges, warnte er seinen einstigen Protegé Albert Speer, den Architekten, der jetzt zu einem einflußreichen Minister geworden war, davor, jemals in die Nähe von Auschwitz zu gehen, denn dort ereigneten sich, wie er sich ausdrückte, einige »entsetzliche Dinge«.

Das also war der Mann, der in den späten Abendstunden bei einem Glas Wein mit Otto Fitzner, dem zweiten Mann bei Giesche, über einige Probleme zu sprechen pflegte, die ihm Sorgen machten, und ganz allgemein auch über die großen Streitfragen, vor die sich das Reich im Kriege gestellt sah. Es gab Dinge, die ein einfacher Gauleiter nicht wußte, oder von denen er nur indirekt und verspätet etwas erfuhr. Aber Hanke war kein einfacher Gauleiter wie jeder andere; er war immer an der Reihe, befördert zu werden, und tatsächlich wurde er in den letzten Tagen des Krieges Himmlers Nachfolger als Reichsführer SS. Staatsgeheimnisse, die anderen normalerweise nicht mitgeteilt wurden, erreichten ihn dennoch. In mehr als einer Hinsicht ähnelte die Struktur des Dritten Reiches derjenigen einer mittelalterlichen Ritterschaft (oder auch der Mafia). *Nul homme sans seigneur* (Kein Mann ohne Herrn), das war das hierarchische Prinzip gewesen, auf dem die mittelalterliche Gesellschaft beruhte. Im Dritten Reich waren trotz - oder wegen - der starren Anwendung des Führerprinzips Zehntausende von Menschen nur zwei Schritte von der höchsten Führung entfernt.

Hanke war Fitzners Patron, und wenn Hanke den Mund nicht halten konnte, so neigte Fitzner zur Angeberei. Immer wenn seine Kollegen, die leitenden Angestellten von Giesche, über Politik sprachen, gab Fitzner ihnen zu verstehen, daß sie ja überhaupt keine Ahnung hätten, wovon sie eigentlich redeten. Wenn sie wüßten, was *er* gerade eben erfahren habe ...

Fitzner war ein etwas aufgeblasener, gänzlich humorloser Mensch, der nicht einmal merkte, wenn Schulte ihn herausforderte: »Aber Herr Doktor, so genau kann man das doch gar nicht wissen, oder ...?« Woraufhin Otto jedesmal prompt den Köder schluckte und den Beweis erbrachte, daß er es tatsächlich wußte, um alsdann seine Kollegen zu absoluter Geheimhaltung zu vergattern. Manchmal dauerte es nur einen Tag oder zwei, manchmal einen ganzen Monat, aber es gab kaum ein Geheimnis, das nicht seinen Weg fand vom wohlinformierten Gauleiter zum Chef von Giesche.

Es ist unmöglich, eine vollständige Liste all jener aufzustellen, von denen Eduard Schulte Informationen erhielt. Es steht fest, daß von Tümpling, Hermann Schulte und Fitzner seine besten und am häufigsten angezapften Quellen waren. Ein weiterer nützlicher Kontaktmann war Jakob Werlin, der einen leitenden Posten im Automobilkonzern Daimler-Benz bekleidete. Werlin war im Dezember 1932 in die NSDAP eingetreten, unmittelbar vor Hitlers Machtübernahme. In der Folgezeit traf er mehrfach mit Hitler zusammen, was sich als vorteilhaft für einige andere leitende Männer des Konzerns erwies, deren Frauen jüdischer Herkunft waren. Es gelang Werlin, seine Kollegen selbst gegen Himmlers Protest auf wichtigen Posten zu halten. Im Januar 1942 verlieh Hitler Werlin das neugeschaffene Regierungsamt eines Generalinspekteurs für das Kraftfahrzeugwesen, und gelegentlich besuchte er in dieser Funktion das Führerhauptquartier. Werlin und Schulte kannten einander und trafen sich von Zeit zu Zeit in Deutschland und in der Schweiz.

Von wie großer Bedeutung waren Schultes Informationen für die alliierte Kriegführung? Diese Frage kann gegenwärtig nicht mit Gewißheit beantwortet werden, und es ist nicht sicher, ob es jemals eine endgültige Bewertung wird geben können. Der Umfang der von den Alliierten empfangenen Informationen war gewaltig, aber die Qualität schwankte, und der Ursprung war oft unbekannt und manchmal dubios. Selbst eine zuverlässige Quelle gab manchmal einen falschen oder ungenauen Bericht weiter; Schulte, der als zuverlässige Quelle galt, mußte sich hauptsächlich auf andere Informanten verlassen, die vielleicht von irgendeinem Projekt im Planungsstadium gehört hatten, aber nicht erfuhren, wenn es im späteren Verlauf gestrichen wurde. Es gab viele Gerüchte im Kriege, und es gab auch bewußte Desinformation – sogar auf höchster Ebene. Bis 1943 gab Schulte seine Informationen an die Polen und die Schweizer, und es ist eine bekannte Tatsache, daß die Amerikaner und Briten ihren eigenen Geheimdiensten mehr vertrauten als denjenigen ihrer Verbündeten oder als neutralen Quellen. Schlimmer noch, obwohl eine Information absolut stichhaltig, rechtzeitig und von entscheidender Bedeutung sein konnte, waren die Empfänger in London und Washington dennoch imstande, sie zu ignorieren, weil sie nicht zu ihren vorgefaßten Meinungen paßte. Eduard Schulte sollte das in einer beklagenswerten und tragischen Episode im Sommer 1942 erfahren.

Der geheimnisvolle Bote

Gegen Mittag an einem der letzten Julitage 1942 fuhr der Zug, in dem Eduard Schulte saß, in einen Bahnhof ein; Schulte blickte von den Zeitungen, über denen er eingenickt war, auf und sah, daß es sich um Stuttgart handelte. Die Zeitungen enthielten die üblichen Berichte des Oberkommandos der Wehrmacht. Das OKW hatte bekanntgegeben, daß sich die Russen hinter den Don zurückzogen. Auch in Nordafrika war die Lage gespannt. Immer häufiger wurde ein obskurer Ort namens El Alamein erwähnt. Im Frieden pflegte Schulte den Börsenteil der Zeitungen zu überfliegen, aber in Kriegszeiten haben diese Seiten wenig Interessantes zu bieten.

Der Zug setzte seine Reise nach Süden fort. Schulte war diese Strecke schon oft gefahren. Vom Fenster seines Abteils 1. Klasse aus konnte er eine schöne und friedliche Landschaft sehen. Niemand hätte erraten können, daß Deutschland sich in dem größten und schicksalsschwersten Krieg seiner Geschichte befand, daß es, glaubte man Hitler, kurz vor dem totalen Sieg stand. Die Namen von Bahnhöfen glitten vorüber: Böblingen, Ehningen, Herrenberg, und dann ging die Fahrt durch einen Wald. Es schien eine Ewigkeit her zu sein, daß er zum letzten Mal in einem solchen Wald auf die Jagd gegangen war. Wiesen, Dörfer und kleine Städte, alte Schlösser und Kirchen mit Zwiebeltürmen zogen vorüber. Bondorf – Eutingen – Horb – Dettingen – der Zug fuhr jetzt parallel zu einer Straße, aber es herrschte kaum Verkehr. Dann ging es viele Kilometer weit neben dem Neckar her. Wo früher Kühe und Schafe weideten, waren jetzt viele kleine Betriebe und Fabriken zu sehen.

Die Großindustrie hatte diese Gegend vernachlässigt, was vielleicht nur gut war angesichts dessen, was jetzt kommen sollte. Schulte hatte gerade von alliierten Luftangriffen auf so ferne Städte wie Danzig und Königsberg gelesen. Bislang war nicht viel Schaden angerichtet worden, aber eines Tages, vielleicht schon bald, würden diese Angriffe an Heftigkeit zunehmen. Vor zwei Monaten hatten tausend britische Flugzeuge vom Bomber Command Köln angegriffen. Ein Freund hatte die Verwüstungen kurz danach gesehen und Schulte eine anschauliche Schilderung gegeben. Sulz glitt vorüber mit seinen reizenden kleinen überdachten Holzbrücken über den Neckar, und dann, eine flüchtige Sekunde lang, war ein großes, graues Gebäude zu sehen, an das sich Schulte schwach von einem Besuch vor dem Krieg erinnerte. Es waren die Mauser-Werke, wo die berühmten Revolver und Karabiner hergestellt wurden und jetzt, im Krieg, vermutlich auch größere und wirksamere Waffen.

Wieviel Aufmerksamkeit schenkte Schulte der hübschen schwäbischen Landschaft, während der Zug seinen Weg durch die kleinen Dörfer und romantischen Städtchen nahm? Wieder, wie schon im Breslauer Bahnhof, verriet seine Miene nichts von seiner Stimmung und seinen Gefühlen – es war die gleiche Zurückhaltung, die zweifellos auch der Grund dafür war, daß er nie ein Tagebuch geführt hatte.* Es ist nicht anders möglich: Er muß starke Anspannung und Beklemmung verspürt

* Mit der Ausnahme eines Jagd-Tagebuchs, aus dem wir erfahren, daß der Sommer 1942 für den leidenschaftlichen Jäger eine gute Saison gewesen sein muß. Ende Juni war es ihm gelungen, von seinem Büro wegzukommen, und eine Woche lang war er auf seinem Gut Klein-Woldikow jeden Morgen mit dem Förster Müller losgezogen. Sie waren selten mit leeren Händen zurückgekommen. Mit einer Ausnahme: Am letzten Tag seines Aufenthalts, genau vier Wochen vor seiner Reise nach Zürich, hatte Schulte morgens um viertel vor sieben mitten im Wald auf einer blühenden Lupinenlichtung den kapitalsten Hirsch ausgemacht, der ihm je vor die Augen gekommen war. Er schoß sogleich, verfehlte aber in seiner Aufregung das Tier um fünf bis sechs Meter. »Es lebe die Enthaltsamkeit...« schrieb er in sein Tagebuch. Wie friedvoll war es dort im tiefen Pommern gewesen – für Stunden hatte er den verhaßten Krieg vergessen können.

Über das Jagen und über die Politik diskutierte Schulte regelmäßig mit Ewald von Kleist-Schmenzin, dem Besitzer des Nachbargutes und einem der unerbittlichsten Gegner des Hitler-Regimes. Dieser war kurz vor Kriegsausbruch nach London gereist, um Churchill und andere führende Politiker Großbritanniens vor Hitlers Absichten zu warnen. Kleist stand in unmittelbarem Kontakt mit Canaris; sein Schwager bekleidete in der Abwehr eine führende Position.

Im Jahre 1942 entzog die Gestapo Kleist den Jagdschein, da er für politisch unzuverlässig galt. Doch es sollte noch viel schlimmer kommen. Kleist gelang es nicht, rechtzeitig zu fliehen.

haben. Schulte war kein von Selbstzweifeln geplagter Mann; hatte er einmal eine Entscheidung getroffen, warf er keinen Blick mehr zurück. Aber er war sich auch der Risiken bewußt, die er eingegangen war – der Tatsache, daß es Leiden und Ruin nicht nur für ihn, sondern für seine ganze Familie bedeuten würde, wenn man ihn, aus welchem Grunde auch immer, fangen sollte. Er war kein alter Mann, auch war er weder arm noch bei schlechter Gesundheit – wenn es in Deutschland jemanden gab, der etwas zu verlieren hatte, dann war es Eduard Schulte. Seit dem Tage des Kriegsausbruchs hatte er der Gefahr ins Auge gesehen, jede Reise ins Ausland, jeder Kontakt mit ausländischen Geheimdiensten hatte große Risiken bedeutet. Aber der Auftrag, den er sich selbst auferlegte, als er von Hitlers Befehl erfuhr, die Juden Europas auszurotten, war von anderer Art als alle vorhergehenden Reisen. Bei zwei oder drei früheren Gelegenheiten war er der Überbringer wichtiger Informationen gewesen, was den weiteren Kriegsverlauf anbetraf. Aber sie hatten zu tun gehabt mit Soldaten und Diplomaten, nicht mit der systematischen Ermordung eines ganzen Volkes durch Giftgas, ein Ereignis, das jenseits aller menschlichen Vorstellungskraft lag. Und es gab keinen Zweifel daran, daß Hitler mit seiner Absicht durchkommen würde, wie er in der Vergangenheit immer wieder die ganze Welt überrascht und ihr die Stirn geboten hatte. Es war ein Wettlauf gegen die Zeit und gegen die Gleichgültigkeit, und viele trübe und traurige Gedanken müssen Schulte auf dieser Reise heimgesucht haben.

In Anbetracht seiner heroischen Bemühungen könnte man nach Schultes Einstellung zu den Juden fragen. Sie unterschied sich nicht von seiner Einstellung zu anderen Menschen. Er hatte geschäftlich zu tun gehabt mit Juden in Deutschland, Großbritannien und in der Schweiz. Einige hatte er schätzen gelernt, ein paar waren im Laufe der Jahre zu seinen Freunden geworden. Es gab andere, aus denen er sich nicht allzuviel machte.

Er hatte sich Sorgen gemacht um das Schicksal der Juden von Breslau. Einst hatte es dort eine blühende jüdische Gemeinde gegeben, reiche Kaufleute waren darunter gewesen, Ärzte und Wissenschaftler von hohem nationalen und internationalen Ansehen. Die meisten jedoch waren weder reich noch berühmt und verdienten nicht ohne Schwierigkeiten einen kargen Lebensunterhalt für sich und ihre Angehörigen. Ihr Beitrag zum wirtschaftlichen und kulturellen Leben der Stadt stand in überhaupt keiner Relation zu ihrer Zahl.

Dann kam Hitler, und im Laufe von sechs Jahren schrumpfte ihre Zahl von 20000 auf 10000. Viele wanderten aus, einige begingen Selbstmord. Sogar während des ersten Kriegsjahres gelang es einigen, hinauszukommen, und zwar über Italien oder die Sowjetunion, die damals beide noch neutral waren. Ende 1941 waren nur noch gut 8000 Breslauer Juden übrig; wie viele es genau waren, wußte nur die Gestapo.

Dann begannen auch sie zu verschwinden, still, ohne jedes Aufsehen. Zunächst wurden sie in gewissen Straßen und Gebäuden konzentriert und dann, nach wenigen Monaten, wurden sie in einige Dörfer in der Umgebung von Breslau »evakuiert«. Zeitweilig brachte man sie in Gebäuden unter, die einst den Zisterziensermönchen gehört hatten, aber wenige Wochen später wurden sie wieder abtransportiert, dieses Mal mit unbestimmtem Ziel. Gerüchtweise verlautete, sie würden nach Polen »umgesiedelt«, eine Darstellung, die Schulte nicht hatte glauben können. Denn seine Firma arbeitete auch in Polen und hatte dort ein weites Netz von Informanten; ganz sicherlich wären ihm Einzelheiten zu Ohren gekommen, wenn eine solche Umsiedlung tatsächlich stattgefunden hätte. Nun wußte er, was »Umsiedlung« hieß.

Der Schaffner rief Singen aus und gab bekannt, daß alle Passagiere zur Grenzkontrolle auszusteigen hatten. In Vorkriegszeiten stiegen die Paß- und Zollbeamten in den Zug ein, damit die Reisenden es bequemer hatten. Aber nun gab es nur ein paar Reisende, und deren Bequemlichkeit nahm keinen herausragenden Platz auf der Liste der Prioritäten ein. Gleichwohl war die Kontrolle im Grunde gar nicht so streng. Die Passagiere wurden in einen Raum des Bahnhofsgebäudes geführt. Zwei Männer in Polizeiuniform und ein Zivilist prüften ihre Pässe. Sie zogen eine lange Liste zu Rate, aber jedermanns Papiere schienen völlig in Ordnung zu sein, und die anschließende Zollkontrolle war eher oberflächlich. Es gab nicht allzu vieles von Wert, was man in Kriegszeiten aus Deutschland hätte hinausschmuggeln können.

Nach zwanzig Minuten saßen alle wieder im Zug. Schulte sah die Schweizer Flagge an einem kleinen Holzhaus flattern – ein Akt der Auflehnung, oder schon wieder ein Grenzübergang? Er erhaschte einen flüchtigen Blick auf den Rhein, der jetzt, nachdem sich der Himmel mit Wolken bezogen hatte, nicht besonders reizvoll aussah. Dann Schaffhausen. Er mußte den Ort hundertmal passiert haben, und dennoch hatte er nie den Rheinfall zu sehen bekommen, eines der Wunder Europas. Es war eben nie genug Zeit vorhanden gewesen, nie Gelegenheit, den Zug zu verlassen, wenn auch nur für ein paar Stunden. Er kannte von Schaffhausen nicht mehr als die Häuser mit den braunen Dächern, die man vom Fenster des Zuges aus sehen konnte. Wenigstens einmal hätte er die Wasserfälle besuchen sollen, die Springbrunnen und die Denkmäler, aber er hatte eigentlich nie ein besonderes Interesse dafür empfunden. Es war immer irgendein dringender Geschäftstermin einzuhalten gewesen; ein vielbeschäftigter Unternehmensleiter hatte keine Zeit übrig für solche unwichtigen Dinge. Nach dem Krieg würde er reichlich Zeit haben für Besichtigungen (oder vielleicht auch nicht, falls der Krieg so ausginge, wie er es befürchtete).

Dann endlich, Zürich Hauptbahnhof. Die letzten Minuten fuhr der Zug im Schrittempo, dann kam er zum Stillstand. Schultes Büro hatte dem Hotel telegraphiert, in dem er immer abstieg; ein Gepäckträger vom Baur-au-Lac wartete schon auf dem Bahnsteig. Er trug das Gepäck zu einer großen Limousine, die draußen vor dem Bahnhof wartete. Zürich machte einen sonderbar verlassenen Eindruck, und das zu einer Zeit, die einst als Hochsaison galt; es fehlten die Touristen, und viele Männer trugen Uniform.

Sie fuhren durch die Bahnhofstraße, Zürichs Hauptstraße, Sitz der großen Banken. Hier befanden sich die teuersten Geschäfte der Stadt. Ein Polizist am Paradeplatz hielt den Verkehr an. Rechts lag Jelmoli, das größte Kaufhaus. Hier in der Nähe arbeitete Doris. Die Fassade des Gebäudes war mit Schweizer Flaggen geschmückt, und auf einem großen Plakat wurde mitgeteilt, daß man in diesem Geschäft Schweizer Flaggen jeder Größe wohlfeil und ohne Textil-Coupons kaufen könne. Dann, nach wenigen hundert Metern, verlangsamte der Wagen seine Fahrt und bog rechts ab. Sie waren angekommen.

Schulte war im Hotel Baur-au-Lac schon immer zuvorkommendst behandelt worden, wie es einem ausgezeichneten Kunden zukommt. Dieses Mal - zweifellos wegen der extremen Geschäftsflaute - war der Empfang noch freundlicher als gewöhnlich; der Portier hatte ein breites Lächeln aufgesetzt, und innerhalb von Sekunden erschien der Direktor, um seiner tiefen Genugtuung über die Ankunft eines so alten und hochgeschätzten Freundes des Hauses Ausdruck zu verleihen. Wie stets, werde man sein Äußerstes tun, um seinen Aufenthalt möglichst angenehm zu machen. Im Baur-au-Lac hatte man ein Gedächtnis für die Vorlieben der Gäste, und so führte man Schulte in seine Lieblings-Suite mit Blick über den See. Es herrsche jetzt Rationierung, sagte der Direktor mit einer bedauernden Geste, aber in Anbetracht der Umstände sei er zuversichtlich, daß Herr Dr. Schulte keinen Anlaß zur Klage finden werde. Die Qualität der Weine des Hauses habe sich ganz gewiß nicht verringert. Schulte gab zu verstehen, daß er wahrscheinlich nur kurze Zeit bleiben werde, aber hoffe, zu einem längeren Besuch zurückzukehren. Der Direktor zog sich unter erneuerten Beteuerungen seiner Wertschätzung zurück. Schulte erblickte Blumen auf dem Tisch und eine Flasche seines Lieblings-Rotweins - eine Willkommensgabe der Direktion.

Schulte liebte Grand Hotels, und das Baur-au-Lac gehörte zu denen, die er am meisten schätzte. Von außen sah es mit seiner grauen Biedermeier-Fassade und den etwas deplaciert wirkenden ionischen Säulen am Eingang der Seeseite nicht besonders einladend aus. Aber eine Fassade macht noch kein Grand Hotel, und was seine Lage, den Blick, den kleinen hoteleigenen Park und vor allem den diskreten und tüchtigen Service anging, so brauchte das Baur keinen Vergleich zu scheuen. Schulte fühlte sich zu Hause in den Repräsentationsräumen mit ihren großen Kaminen, der Tudor-Täfelung und den Gobelins. Der Direktor hatte erwähnt, daß das Hotel im Jahre 1944 seinen 100. Geburtstag feiern werde. Aber 1944 schien weit entfernt zu sein.

Es war jetzt mitten am Nachmittag; Doris würde noch bei der Arbeit sein. Schulte rief sie an; sie war überrascht und freute sich. Es war keine Zeit gewesen, ihr diesen Besuch anzukündigen. Schulte erklärte ihr, daß es plötzlich eingetretene Ereignisse gegeben hatte, die die Reise erforderlich machten. Er werde am Abend in ihre Wohnung kommen, aber möglicherweise werde es ein bißchen später als gewöhnlich. Er müsse erst noch einiges erledigen.

Es war zwecklos für ihn, Chojnacki anzurufen oder Schaefer, seinen Vertrauten bei der Schweizerischen Bankgesellschaft. Beide waren Männer von Diskretion und hatten beste Verbindungen in der Welt der Nachrichtendienste, aber Schulte erwartete nicht, daß Geheimdienststellen auf die Art von Nachricht reagierten, die er zu übermitteln hatte. Die Polen und die Schweizer waren immer bereit gewesen, ihm zuzuhören, aber er wußte, daß sie ihre eigenen Sorgen hatten, und das Schicksal der Juden stand auf der Rangliste dieser Sorgen nicht obenan. Bei früheren Gelegenheiten hatte er mit Jacques Rosenstein gesprochen, den er in den dreißiger Jahren in Berlin kennengelernt hatte, einen engen Geschäftsfreund, der oft Informationen an Leland Harrison weiterleitete, den amerikanischen Geschäftsträger in der Schweiz. Aber Rosenstein war jetzt in New York.

Schulte war sich darüber klargeworden, daß seine Information über die drohende Tragödie an die führenden jüdischen Institutionen in Amerika weitergeleitet werden mußte. Nur sie hatten genügend Einfluß, um die Sturmglocke zu läuten und die amerikanische und die britische Regierung zum Handeln zu veranlassen. (Schulte neigte wie viele Nicht-Juden dazu, den Einfluß des »Weltjudentums« zu überschätzen.) Wer aber kam in Frage, diese verzweifelt wichtige Information weiterzuleiten, dabei diskret zu sein und gleichzeitig in der Lage, der Sache den erforderlichen Nachdruck zu verleihen? Schulte ging ans Telephon und bat um eine Verbindung mit der IKAP in Basel.

Die Person, die Eduard Schulte so dringend bei der IKAP (Internationale Kapital-Anlage Gesellschaft) zu sprechen wünschte, war Isidor Koppelmann, die rechte Hand von Jacques Rosenstein, sein Sancho Pansa, wie Lästerer sagten. Rosenstein hatte die brillanten, hochfliegenden Ideen, und Koppelmanns Aufgabe war es dann, sie nach bestem Können in die Tat umzusetzen. Der 1887 geborene Koppelmann stammte aus dem östlichsten Winkel Österreich-Ungarns. Nach einer Banklehre erhielt er eine Anstellung in einer führenden Wiener Bank, wo Rosenstein ihn Ende der 1920er Jahre erstmals traf. Rosenstein war beeindruckt von seiner Gewissenhaftigkeit und Kompetenz, vor allem aber von seiner äußersten Diskretion, und übernahm ihn als Leiter seines Berliner Büros. Dort waren sich Koppelmann und Schulte zum ersten Mal begegnet. Nach Hitlers Machtergreifung schickte Rosenstein Koppelmann nach Basel, damit er dort seine sich ausweitenden Geschäftsinteressen wahrnehme.

Die Funktion der IKAP war die Anlageberatung, und sie war mit einer bekannten Baseler Privatbank, La Roche, verbunden. Da zu ihren Kunden einige bedeutende Firmen wie Giesche und auch Schulte persönlich gehörten, hatte das Baseler Bank-Establishment, das sich in der Regel nicht sehr bereit zeigte, Außenseiter in die eigenen Reihen aufzunehmen, Koppelmann mehr oder weniger akzeptiert. Rosenstein war bei aller Brillanz und unternehmerischen Begabung für den Geschmack einiger Baseler Bankiers zu wagemutig, und dieser Umstand wirkte sich auch auf Koppelmanns Stellung aus.

Koppelmann und seine Frau, eine Nichtjüdin, die er in Wien kennengelernt und geheiratet hatte, waren ein geselliges und lebensfrohes Paar. Sie hatten keine Kinder und luden oft Leute in ihr Baseler Haus ein. Noch viele Jahre später erinnerte sich Dr. Friedmann, Koppelmanns Freund, Nachbar und Arzt, mit einiger Wehmut an die vielen interessanten Menschen aus den verschiedensten Ländern, denen er in diesem gastlichen Haus begegnet war. Koppelmann war ein Mann mit vielseitigen Interessen, zu denen die Politik jedoch nicht gehörte. Er war ein extrovertierter Mann und ein großartiger Geschichtenerzähler.*

Koppelmann hatte sein Büro in Basel schon verlassen, als Schulte anrief, aber wenige Minuten später war er zu Hause und rief zurück; als er hörte, daß es dringende Angelegenheiten zu besprechen gab, sagte er sogleich zu, den ersten Frühzug nach Zürich zu nehmen.

Es war schon beinahe dunkel, als Schulte das Hotel verließ und seine Schritte zum Seeufer lenkte. Ein kleiner Dampfer namens »Helvetia« war im Begriff, vom Steg abzulegen, und einige Möwen schlugen träge mit den Flügeln. An einer Holztafel waren Ankündigungen bevorstehender örtlicher Ereignisse angeschlagen: Die alljährliche Schweizer Messe auf der anderen Seite des Sees, die Musikwoche in Luzern, die Tennismeisterschaft in St. Moritz und der Engadin-Golfwettkampf. In dem nur wenige Schritte entfernten Bellevue-Kino zeigten sie wieder »Sous les toits de Paris» von René Clair. Es war einer der wenigen Filme, die Schulte vor dem Krieg gesehen und gemocht hatte. Anderswo wurde »Kaiserwalzer« mit Martha Eggert in der Hauptrolle gezeigt; auch einen Lustspielfilm mit Mickey Rooney gab es und einen anderen Film mit James Cagney und Ann Sheridan. Die Schweiz war in charakteristischer Weise unparteilich in kulturellen Angelegenheiten: Auch eine Le Corbusier-Ausstellung gab es. Was das Schweizer Publikum vom Kriege wußte, erfuhr es aus den Cinebref-Wochenschauen, die die deutsche Version der Schlachten von Sewastopol und Marsa Matruh zeigten. Wie lange würde diese Idylle noch so weitergehen?

* Über ein Thema allerdings sprach er niemals, nämlich über seine Kontakte zu den schweizerischen, amerikanischen und britischen Geheimdiensten. Erst viele Jahre später, nach dem Krieg, ließ er unter engen Freunden hin und wieder eine Bemerkung darüber fallen, wie er sich mit Allen Dulles in einer verdunkelten Züricher Straße getroffen hatte. Oder er erwähnte ganz nebenbei, daß seine Freunde vom Schweizer Geheimdienst ihm damals dringend geraten hatten, niemals allein in einem leeren Eisenbahnabteil nach Zürich zu fahren – offenbar hatte da irgend jemand eine Warnung gegeben . . .

Wenig später läutete Schulte an einer Wohnungstür in der Alfred-Escher-Straße, wenige hundert Meter vom Hotel entfernt. Doris öffnete lächelnd: »Was für eine schöne Überraschung.« Sie umarmten sich, nicht leidenschaftlich, sondern wie alte, sehr enge Bekannte. Sie hatten sich nicht lange vor dem Krieg kennengelernt. Schulte war damals siebenundvierzig, Doris Anfang dreißig. Sie war eine attraktive, lebhafte Frau; einige ihrer Bekannten sagten, daß sie wie eine Schwester (ein wenig fülliger vielleicht) von Gene Tierney aussähe, der Filmschauspielerin, die zufällig auch in der Schweiz zur Schule gegangen war. Doris war in Zürich als Kind osteuropäischer jüdischer Eltern geboren worden. Sie war ungebunden, und es schmeichelte ihr sehr, daß dieser bedeutende Industrielle ihr seine Aufmerksamkeit schenkte. Allmählich begann sie ihn zu lieben. Schulte war nie ein Frauenheld gewesen, und er war auch nicht mehr in dem Alter, in dem man leicht romantische Bindungen eingeht. Doch er verliebte sich in diese junge Frau, die ihrer Herkunft nach so sehr verschieden war von ihm. Vielleicht fühlte er sich angezogen von ihrer Unbefangenheit, die sich so sehr von seinem Charakter unterschied; vielleicht war es ihre Herzlichkeit, vielleicht auch die Tatsache, daß sie im Gegensatz zu seiner Frau keine Intellektuelle war und keinerlei Ehrgeiz in dieser Richtung zeigte. Es ist nicht leicht, das menschliche Herz auszuloten; wir wissen nur, daß dies Schultes einzige ernsthafte Affäre war und daß sie zu einer dauerhaften Beziehung werden sollte. Noch schwieriger zu ermessen ist, in welchem Grade seine Liebe zu Doris ein Antrieb für ihn war, sich mitten im Kriege auf diese Rettungsmission einzulassen. Ganz gewiß war es ein wichtiger Faktor in seiner Entscheidung, aber nach allem, was wir über Schulte wissen, kann der entscheidende Impuls davon nicht ausgegangen sein.

Doris sagte, daß er sorgenvoll aussehe. Schulte antwortete, daß es Probleme gebe, aber diesmal habe es nichts mit seinen Geschäften zu tun. Doris war diskret; sie bohrte nicht weiter nach. Sie setzten sich zu einem späten Abendessen.

Als Schulte und Koppelmann sich am nächsten Morgen in Zürich trafen, kam der Industrielle sofort zur Sache. Er sei in den Besitz einiger Informationen gelangt, die unglaublich klängen, aber absolut authentisch seien. Es gehe um das Schicksal der Juden Europas, nicht nur einiger, sondern aller. Diese Informationen müßten sofort an die führenden jüdischen Organisationen in Amerika weitergeleitet werden. Würden nicht sofort Maßnahmen getroffen, um den teuflischen Plan der Nazis zu durchkreuzen, werde es Ende des Jahres in Europa wenn überhaupt, dann nur noch sehr wenige Juden geben. Schulte faßte Koppelmann die wichtigsten Punkte seiner Information zusammen und wiederholte noch einmal, daß sie absolut verläßlich sei. Ihre Stichhaltigkeit könne nicht im geringsten bezweifelt werden, und das solle Koppelmann seinen Kontaktleuten eindringlich klarmachen.

Koppelmann saß schweigend da. Er kannte Schulte als nüchternen Geschäftsmann, das Gegenteil eines Mannes, der zur Panikmache neigt. Bei vielen Gelegenheiten hatte sich gezeigt, daß er recht gehabt hatte. Auch war es kein Geheimnis, daß in Osteuropa schon viele Juden getötet worden waren, einige bei Pogromen, andere hatte man in den Ghettos verhungern lassen. Erst vor wenigen Wochen hatte Koppelmann schreckliche Nachrichten von einem Anwalt aus der rumänischen Hauptstadt Bukarest erhalten. Seine geliebte einzige Schwester war nach Transnistrien deportiert worden, was mit nahezu absoluter Gewißheit ihren Tod bedeutete. Ihr letzter verzweifelter Hilferuf war gewesen: »Beschafft mir ein Visum irgendwohin ins Ausland.« Es gab eine schwache Hoffnung, daß ein Paß oder gar ein Visum von irgendeiner lateinamerikanischen Republik sie und ihre Familie aus der Hölle von Transnistrien herausholen würden. Koppelmann hatte zwar gehört, daß solche Dokumente nutzlos waren, wenn die Deportation erst einmal stattgefunden hatte, aber die Juden klammerten sich an jeden Strohhalm, und wer konnte ihnen das verübeln. Koppelmann hatte das Palästina-Büro in Genf angerufen, aber sein Freund Scheps hatte ihm gesagt, daß sie keine »Zertifikate« hätten, wie die Einwanderungserlaubnis für Palästina damals genannt wurde, und selbst wenn sie welche hätten, so würden sie nicht nach Rumänien gegeben, da es Feindgebiet sei.

Koppelmann stimmte Schulte zu, daß seine Informationen von höchster Wichtigkeit waren. Leider kannte er die führenden Schweizer Juden und die diplomatischen Emissäre nicht sehr gut – er bewegte sich gewöhnlich nicht in diesen Kreisen. Schulte bat ihn, noch einmal genau nachzudenken. Koppelmann fiel Sagalowitz ein.

Schulte erinnerte sich an den Mann; er hatte ihn einige Male in Rosensteins Haus getroffen – ein angenehmer Mann, Journalist von Beruf. Aber besaß er wirklich die richtigen Verbindungen? Und vor allem, konnte man ihm vertrauen? Koppelmann sagte, daß Sagalowitz jedermann von Einfluß und Bedeutung kenne, daß er einer der führenden Experten für NS-Deutschland in der Schweiz sei und daß Leute in maßgeblicher Position ihn sehr ernst nähmen. Bevor Rosenstein nach Amerika abgereist war, hatte er mit aller Eindringlichkeit zu Koppelmann gesagt, er möge sich für den Fall, daß er einmal politischen Rat in jüdischen Angelegenheiten benötige, unbedingt an seinen früheren Klassenkameraden Sagalowitz wenden, nicht an die Schwätzer an der Spitze der jüdischen Gemeinde. Es herrschte keine große Liebe zwischen Rosenstein und den führenden Juden am Orte.

Koppelmann beschloß, auf der Stelle Sagalowitz anzurufen. Eine weibliche Stimme meldete sich; es war die Gefährtin von Sagalowitz. Nein, er sei nicht in der Stadt. Er sei in Lausanne und nähme dort an der jährlichen Schweizer Schachmeisterschaft teil. Er werde in fünf oder sechs Tagen zurück sein. Koppelmann rief das Beau Rivage in Lausanne an. Sagalowitz war nicht dort. Er versuchte es im Hotel du Château. Ja, bestätigte der Mann von der Vermittlung, der Herr Doktor gehöre zu den Gästen des Hauses. Aber die Meisterschaft sei noch im Gange, und er habe strenge Anweisung, keinen der Spieler ausrufen zu lassen – sie dürften auf keinen Fall gestört werden. Koppelmann hinterließ eine dringende Nachricht.

Binnen einer Stunde rief Sagalowitz zurück. Koppelmann erklärte ihm, daß sich eine Angelegenheit von ernstester Bedeutung ergeben habe. Nur Sagalowitz sei in der Lage, ihr gerecht zu werden – ob es möglich wäre, daß er für einen Tag nach Zürich komme? Sagalowitz hielt das für ausgeschlossen. Es handele sich um das erste größere Schachturnier seit Ausbruch des Krieges. Schach war seine große Leidenschaft; er war stellvertretender Vorsitzender seines Schachclubs in Zürich, und eine Zeitlang hatte er mit dem großen Emanuel Lasker korrespondiert. Verließe er jetzt das Turnier, und sei es auch nur für einen Tag, würde er in die allergrößten Schwierigkeiten kommen; seine Chancen für ein gutes Abschneiden wären dahin. Sicherlich würde doch eine Verzögerung von einigen Tagen nicht allzuviel ausmachen. Koppelmann sagte, er hätte die Bitte gar nicht erst geäußert, wenn es in der Sache nicht um Leben und Tod ginge.

Sagalowitz wollte weitere Einzelheiten wissen, bevor er sich entschied. Koppelmann gab ihm andeutungsweise zu verstehen, daß ein Besucher aus dem Ausland eingetroffen sei, der Informationen von höchster Bedeutung mitgebracht habe. Aber er nannte keinen Namen und erwähnte auch nichts vom Inhalt der Nachricht. Der einigermaßen ratlose Sagalowitz klagte, daß ausgerechnet ihm jedes nur erdenkliche

Unglück passieren müsse. Er hatte sich lange auf das Turnier gefreut. Anfang Juli hatte er sich einer Leistenbruch-Operation unterziehen müssen, und eine Zeitlang war es fraglich gewesen, ob er in der Lage sein werde, in Lausanne teilzunehmen. Aber er war rechtzeitig genesen, und er war nach Lausanne gefahren, wo er viele alte Freunde und Rivalen aus der ganzen Schweiz getroffen hatte. Seine Chance, an der Spitze seiner Gruppe abzuschließen, war nicht gut. Dennoch hielt er es für eine Zumutung, von ihm zu verlangen, mitten während des Turniers, wo es so viel Interessantes zu sehen, so viel zu lernen gab, nach Zürich zu fahren.

Warum diese Eile? Es klang sehr mysteriös und nicht gänzlich überzeugend. Aber Sagalowitz hatte sich noch nie einer Bitte um Hilfe verschlossen. Und deshalb erklärte er sich nach kurzer Überlegung bereit, am nächsten Tag einen Zug nach Zürich zu nehmen. Bevor er abreiste, sprach er mit dem obersten Schiedsrichter des Turniers, der Sagalowitz zusagte, daß er seine Partie für einen anderen Abend ansetzen werde.

Koppelmann fragte nun Schulte, ob er Sagalowitz persönlich sehen wolle. Schulte zog es vor, ihn nicht zu treffen, jedenfalls jetzt noch nicht. Später werde es zweifellos mehr Informationen geben und eine andere Gelegenheit, mit ihm zusammenzutreffen. Aber er habe in zwei Tagen eine wichtige Besprechung in Berlin, die er auf keinen Fall versäumen dürfe. Sagalowitz wußte schon von Schulte; das genügte. Für andere hätte Schultes Name überhaupt nichts bedeutet.

Koppelmann verließ das Hotel. Etwas später meldete Schulte sich ab und kehrte nach Deutschland zurück.

Sagalowitz schlief unruhig, stand früh auf und nahm den ersten Zug nach Zürich. Er ging zu Fuß vom Bahnhof zu seiner Wohnung in der Nüschelerstraße, einer nicht sehr ansehnlichen Straße wenige Meter von dem rot-weißen Sandsteingebäude der Zentralsynagoge entfernt. Diese war ebenso wie viele andere nicht-orthodoxe Synagogen um die Jahrhundertwende in einem Stil erbaut worden, den man für maurisch hielt. Die Nähe der Wohnung von Sagalowitz zur Synagoge war jedoch von keiner großen symbolischen Bedeutung, denn Sagalowitz war, wiewohl als »guter Jude« geltend, ein Freidenker, und man sah ihn nicht oft in jenem Gotteshaus.

Benjamin Sagalowitz, der Mann, der in der sich jetzt entfaltenden Geschichte eine bedeutende Rolle spielen sollte, war damals einundvierzig Jahre alt. Er war ein angenehmer und freundlicher Mann, ein wahrhaft guter Mensch, der wahrscheinlich keinen einzigen Feind auf der Welt hatte. Er war überdurchschnittlich groß, sein Gesicht war eher länglich, seine Ohren waren nicht leicht zu übersehen. Er lächelte oft und war gewöhnlich rasch mit einem Scherz, mit einer Anekdote oder einem aufmunternden Wort zur Stelle, ganz gleich, wie trübe und hoffnungslos die Situation auch war. Er besaß die Gabe, Vertrauen zu wecken und Freunde zu gewinnen, ohne daß ihn das besondere Mühe kostete. Er war ein Mann von großem natürlichen Taktgefühl, er war ein wirklicher Altruist, und er war hochgebildet. Vielleicht war er ein wenig zu weich und zu verwundbar für das rauhe Klima dieser Welt, und deshalb entsprach seine Karriere nicht seinen vielen Talenten.

Sagalowitz war ein gebürtiger Russe. Sein Vater, Hersch, war ein reicher Kaufmann in Witebsk gewesen, dem Geburtsort Chagalls. Aber Benno, wie seine Freunde ihn nannten, konnte sich kaum an Rußland erinnern; er war vier Jahre alt gewesen, als die Familie nach den Pogromen von 1905 das Land verließ. Sein Vater, seine Mutter Jetta und die fünf Söhne, unter denen Benno der vierte war, ließen sich zunächst in Berlin und später in Wiesbaden nieder. Sie waren recht wohlhabend; monatliche Überweisungen aus Rußland trafen weiterhin ein. Trotz der vielen traurigen Erlebnisse in Rußland fühlten sie sich ihrer Heimat weiterhin sehr verbunden; als der Erste Weltkrieg ausbrach, siedelten sie in die neutrale Schweiz über. Sie wohnten zunächst im Waldhaus auf dem Dolder oberhalb von Zürich, einem großen Hotel am Rande eines Waldes, das man mit einer Drahtseilbahn erreichen konnte. Benno war schon in jungen Jahren ein Individualist; für seinen Weg in die Schule in der Raemistraße bevorzugte er den Kitzel einer Schlittenabfahrt, selbst wenn das bedeutete, den Schlitten auf dem Heimweg wieder hinaufziehen zu müssen.

Im Literargymnasium lernte Benno Sagalowitz dann einige der Jungen kennen, die später seine Freunde werden sollten. Einer von ihnen war Jacques Rosenstein. Jetta war nicht allzu begeistert; die Familie Rosenstein besaß ein Etablissement im Zürcher Vergnügungsviertel, eine absolut harmlose Angelegenheit, aber eben nicht ganz standesgemäß, wenn man die strengen Maßstäbe der Zeit anlegte. Benno jedenfalls ließ sich von Überlegungen dieser Art gewiß nicht abschrecken. In der Schule gab es hitzige Diskussionen über den Krieg. Die Schweiz war neutral, aber das hinderte die Leute nicht daran, Partei für die eine oder andere Seite zu ergreifen. In Zürich hofften die meisten auf einen deutsch-österreichischen Sieg. Es gab schließlich eine enge kulturelle Affinität mit Deutschland; und der »Entente« gehörte nicht nur das republikanische Frankreich an, sondern auch das despotische Rußland. Benno gehörte zu der Minderheit, die nicht auf einen deutschen Sieg hoffte. Gab es in ihm noch eine Spur von russischem Patriotismus, Empfindungen für ein Rußland, das er kaum kennengelernt hatte? Oder war es, weil Benno, der Sozialist, fest damit rechnete, daß das Rußland der Zukunft frei und demokratisch sein werde?

Die Familie Sagalowitz war anders als die typische russisch-jüdische Familie, wie sie im Jahrzehnt vor dem Krieg in Westeuropa eintraf. Bennos Familie hatte Geld, sie war kultiviert, und sie verspürte keinerlei Wunsch, nach Amerika auszuwandern. Ihr Haus war ein Treffpunkt für junge jüdische Intellektuelle aus Osteuropa - arme Studenten, aber auch Männer und Frauen darunter, die es schon zu etwas gebracht hatten in der Welt, führende Zionisten, aber auch revolutionäre Sozialisten. Von den leidenschaftlichen Debatten daheim bezog Benno mindestens ebensoviel Inspiration wie von den Unterrichtsstunden in der Schule.

Irgendwie brachte er es fertig, sein Jura-Studium in Zürich zu beenden. Er war ein Lieblingsschüler von Professor Hafter, einem der führenden Juristen seiner Zeit. Seine Dissertation (summa cum laude) behandelte gewisse Aspekte des Journalistenrechts. Aber im Gegensatz zu Rosenstein, der zusammen mit ihm Jura studiert hatte, fand er nicht sogleich Anstellung bei der Zürcher Staatsanwaltschaft: Er war nämlich kein Schweizer Staatsbürger. Er war nicht eingebürgert worden, weil die Behörden zu der Überzeugung gelangt waren, daß dieser junge Ausländer mit allen seinen Begabungen und ungeachtet der Tatsache, daß er sich zweifellos dem Leben der Stadt eingefügt hatte, doch irgendwie ein recht liederliches Leben führte.*

Sagalowitz, daran allerdings bestand überhaupt kein Zweifel, war ein Mann von höchsten ethischen Maßstäben - vielleicht sogar zu hohen, meinten seine Freunde. Aber er hatte eine große Schwäche - Frauen fanden ihn äußerst attraktiv, und ihm fiel es schwer, ihnen zu widerstehen. Überdies gehörten die betreffenden Damen nicht der Halbwelt an,

* Sagalowitz wurde in den fünfziger Jahren Schweizer Staatsbürger, vierzig Jahre nach seiner Ankunft in diesem Lande. Er lebte noch immer mit einer Frau zusammen, die ihm nicht angetraut war. Aber die Behörden zeigten sich am Ende nachgiebig.

sondern sie kamen ganz im Gegenteil aus guter Familie; einige waren sogar verheiratet. Und das machte, in den Augen der Behörden, alles nur noch viel schlimmer.

Da die fehlende Staatsbürgerschaft eine juristische Karriere unmöglich machte, war Sagalowitz freiberuflicher Journalist geworden. Aber für einen Freiberuflichen war das Leben in einem kleinen Land nicht leicht. Immer bereit, anderen zu helfen, hatte Sagalowitz oft feststellen müssen, daß er kein Geld für sich selbst mehr hatte. Als der Zweite Weltkrieg ausbrach, meldete er sich freiwillig zur schweizerischen Armee, wurde aber, wie alle »Ausländer«, abgewiesen.

Er fand seine erste feste Anstellung kurz vor Ausbruch des Zweiten Weltkriegs; der Verband der schweizerischen jüdischen Gemeinden machte ihn zum Chef seines Informationsbüros (JÜNA oder Jüdische Nachrichtenstelle). Es hatte zuvor keine Einrichtung dieser Art gegeben, denn die meisten schweizerischen Juden waren darauf bedacht, sich so unauffällig wie möglich zu verhalten. Das Land war gut zu ihnen gewesen, und wenn es auch keine Juden auf hohen Regierungs- oder Armeeposten gab, so traf es auch zu, daß wenige Juden derartige Posten angestrebt hatten. Selbst im Jahre 1938, als Sagalowitz seine Stelle antrat, zweifelten viele an der Notwendigkeit einer Forschungs- und Pressestelle, wie klein sie auch angelegt sein mochte. (Sie bestand aus Sagalowitz und einer Sekretärin.) Aber einige andere Mitglieder der Gemeinde hatten sich gegen die hinterwäldlerische Vogel-Strauß-Politik ihrer Glaubensgenossen gewandt, die wider alle Vernunft glaubten, daß die große Woge des Antisemitismus irgendwie im Sande verlaufen oder doch zumindest an ihnen vorübergehen würde und man sie deshalb ruhig ignorieren dürfe. Eine schweizerische faschistische Bewegung, die »Fronten«, hatte einiges von ihrem Einfluß eingebüßt, aber die Nazi-Propaganda ging auf vielfältige Weise weiter. Es gab politische Skandale, wie zum Beispiel den Prozeß um die Weisen von Zion*, der in der ganzen Welt Aufmerksamkeit erregte. Und es gab niemanden, der besser qualifiziert gewesen wäre als Sagalowitz, um all dies Material zu sammeln, zu analysieren und die unheilvollen Entwicklungen zu kom-

* Die »Protokolle der Weisen von Zion«, die berühmteste antisemitische Fälschung der Moderne, wurden von den Nazis und anderen antijüdischen Bewegungen weit verbreitet. Jüdische Organisationen gingen 1934 in Bern vor Gericht, um zu beweisen, daß es sich um eine Fälschung handelte.

mentieren. Das also war Benno Sagalowitz im Jahre 1942 – ein zutiefst anständiger Mann in den besten Jahren, ein wenig schwerfällig, milde und sehr verletzlich.

Im Frühsommer hatte ihn die Nachricht erreicht, daß Valia (einer seiner Brüder, ein Maler) als Staatenloser in Vichy-Frankreich in Gefahr sei. Valia hatte gemeint, seine alten Eltern nicht verlassen zu dürfen, die nach Frankreich weitergezogen waren, nachdem Hitler in Deutschland an die Macht gekommen war. Jetzt saßen sie alle in der Falle. Im Juni 1942 schien es keine Möglichkeit zu geben, einem Staatenlosen die Einreise in die Schweiz zu ermöglichen – Minister Eduard von Steiger und Heinrich Rothmund, der für ausländische Staatsangehörige zuständige Polizeichef, hatten verkündet: »Das Boot ist voll.« Diejenigen, denen es gelang, illegal in die Schweiz zu kommen, wurden zurückgeschickt.

Es gab einen Schweizer Bürger, der entschlossen war, Valia zu retten. Es war eine Geschichte, die sich für einen Hollywood-Film eignen würde. Als die Familie Sagalowitz in Zürich lebte, war sie befreundet gewesen mit einer nicht-jüdischen Schweizer Familie mit einer hübschen kleinen Tochter von acht oder neun Jahren. Die fünf Sagalowitz-Jungen sahen alle gut aus, benahmen sich einigermaßen gut und schienen die besten Aussichten zu haben; sie waren der Stolz ihrer Mutter. Eines Tages hatte Jetta im Scherz Lucie, die Tochter ihrer Freundin, gefragt: »Und welchen von meinen Jungen willst du haben?« Lucie hatte sofort auf Valia gezeigt.

Valia war erst nach Berlin gegangen, später nach Paris. Er und Lucie hatten anfangs gelegentlich Briefe ausgetauscht, aber dann den Kontakt zueinander verloren. Eines Tages im Jahre 1942 traf Lucie Benno auf der Straße und hörte von ihm, daß Valia in ernster Gefahr sei. Von diesem Augenblick an verschrieb sie sich der Aufgabe, ihn herauszuholen. Im Berner Polizeipräsidium machte sie einen hohen Beamten ausfindig, den sie von Kindesbeinen an gekannt hatte. In den dreißiger Jahren hatte er törichterweise mit den Faschisten sympathisiert, und Lucie drang jetzt in ihn, tätige Reue für seine Sünden zu üben, indem er ihr half, ihren Verlobten zu retten. Und der Mann half tatsächlich. Valia kam illegal in die Schweiz, aber im Gegensatz zu vielen Staatenlosen jener Zeit wurde er nicht wieder dahin zurückgeschickt, wo er hergekommen war. Statt dessen steckte man ihn in ein Schweizer Gefängnis. Für einen Juden war das im Jahre 1942 der Unterschied zwischen Leben und Tod.

Wenig später wurde Lucie in einer schlichten Trauungsfeier zu Frau Sagal - Valia hatte aus beruflichen Gründen seinen Namen verkürzt.

An einem Nachmittag Ende Juli mußte nun Benno Sagalowitz seiner eigenen Krise ins Auge sehen - nicht einer persönlichen Krise, sondern der eines ganzen Volkes. Koppelmann traf einige Minuten zu früh ein. Er sagte, der deutsche Industrielle, von dem Sagalowitz von Rosenstein gehört habe, sei in der Stadt gewesen, um ihm, Sagalowitz, eine dringende Botschaft zu überbringen. Er zog ein Stück Papier aus der Tasche, auf dem er sich Notizen gemacht hatte, und begann vorzulesen: »Von absolut vertrauenswürdiger Seite habe ich die Information erhalten, daß im Führerhauptquartier ein Plan erörtert wird, alle noch verbliebenen europäischen Juden zu töten.« Es gehe nicht mehr um ein paar tausend Juden hier oder dort; die Nazis redeten jetzt von drei bis vier Millionen, die nach Osten transportiert und mit Blausäure vergast werden sollten. Ein riesiges Krematorium sei gebaut worden. Hinsichtlich des Termins dieses Unternehmens sei der Industrielle ein wenig ungenau gewesen: Es sei nicht klar, ob sich der Plan im letzten Vorbereitungsstadium befinde oder ob der Massenmord schon begonnen habe.

Die ganze Angelegenheit werde von den Nazis mit strengster Geheimhaltung umgeben. Aber selbst wenn die Massentötungen noch nicht begonnen hätten, so könne das nur eine Frage von Tagen oder Wochen sein. Wenn die Alliierten nicht sofort etwas unternähmen, würde es zu spät sein. Der Industrielle habe auch keinen Zweifel daran gelassen, daß er nicht nur an Proteste oder Warnungen dachte, wenn er von einer Aktion der Alliierten sprach. Ende der Botschaft. Koppelmann sagte auch, der Mann sei der Meinung, daß er, Sagalowitz, die am besten geeignete Person sei, um diese Botschaft an die jüdischen Institutionen in aller Welt und an die Alliierten weiterzuleiten. Sagalowitz dachte einige Augenblicke lang nach. »Hat er seine Quelle genannt?«

»Er wollte sie mir nicht sagen.«

»Darf ich mich auf ihn berufen, wenn ich die Nachricht weiterleite?«

»Unter keinen Umständen; er wollte sogar Ihr Ehrenwort, daß sein Name aus der Sache herausgehalten wird.« Koppelmann fügte hinzu, daß der Mann persönlich keine Angst habe, daß aber andere beteiligt seien und er seine Familie schützen müsse. Der Industrielle habe auch gesagt, daß er in wenigen Wochen wieder in Zürich sein werde, sehr wahrscheinlich mit weiteren Informationen. Aber sie sollten nicht auf seinen nächsten Besuch warten. Sagalowitz sagte, daß er selbst, was die

Nazi-Führer angehe, zwar beinahe alles für möglich halte, daß andere aber handfestere Beweise verlangen würden. Er neige dazu, der Quelle zu vertrauen, aber andere würden das Gesagte als bloßes Gerücht zurückweisen; es gebe allzu viele Gerüchte in Kriegszeiten.

Koppelmann ging. Er wollte einen späten Zug zurück nach Basel nehmen. Sagalowitz machte einen Spaziergang. Er brauchte etwas frische Luft. Es war in der Schweiz in diesem Juli für die Jahreszeit zu kalt gewesen, aber in den letzten Tagen des Monats war der Sommer mit aller Kraft gekommen. Sagalowitz ging in Richtung Limmat-Brücke, überquerte den Fluß und fand in einer Ecke seines Lieblings-Cafés, des Odeon, noch einen freien Platz. Eine Gruppe von Schachspielern begrüßte ihn; sie waren sehr überrascht, ihn in Zürich zu sehen. Sie wußten natürlich von seiner Teilnahme an dem Turnier in Lausanne. Sagalowitz setzte sich für einige Minuten zu ihnen und erzählte ihnen, daß er zu seinem größten Bedauern plötzlich nach Zürich habe zurückkehren müssen. Es sei ein guter Wettkampf, und man sei in Lausanne großartig empfangen worden. Dann entschuldigte er sich – er müsse einen dringenden Brief schreiben. Man hatte Verständnis und ließ ihn in Frieden.

Sehr viele Briefe waren schon im Odeon geschrieben worden, außerdem Gedichte, Schauspiele, Romane, politische Manifeste und sogar wissenschaftliche Vorlesungen. Das Odeon war eine Institution; es war ein literarisches Café von der Art, wie sie in Wien floriert hatte und in Paris, und wie sie nun in Berlin so gut wie verschwunden war. Seit es im Jahre 1911 eröffnet worden war, kam jeder hierher, der einen Namen hatte. Natürlich trug das dazu bei, die Menschen in großer Zahl anzuziehen – jüngere, noch ganz unbekannte Leute, ältere, die es nie geschafft hatten, Exzentriker und ganz normale Bürger, Nazi-Anhänger und Sympathisanten der Kommunisten, Künstler, denen die ganze Politik gestohlen bleiben konnte. Hier fanden mehr als zweihundert Menschen Platz, nicht gerechnet das Cabaret im ersten Stock, und in friedlicheren Zeiten war es zu jeder Tageszeit schwierig gewesen, noch einen Platz zu ergattern.

Aber jetzt war Krieg. Beinahe alles war rationiert in der Schweiz; es gab jede Woche drei fleischlose Tage, und wer in einem Restaurant essen wollte, brauchte Lebensmittelmarken. Es herrschte totale Verdunkelung, und nur wenigen privaten Kraftfahrzeug-Besitzern wurde eine Benzinzuteilung bewilligt. Hoteliers klagten darüber, daß nur zehn Prozent ihrer Räume belegt seien, und das während der Hauptsaison. Wie sollten sie das überstehen? Viele der kleineren Geschäfte waren geschlossen. Und es war nicht mehr schwierig, einen freien Platz im Odeon zu finden, nicht einmal während der geschäftigen Stunden.

Sagalowitz war seit vielen Jahren schon nicht mehr in Deutschland gewesen, aber er hatte die dortigen Ereignisse sehr aufmerksam verfolgt. Und was er an gerade benötigten Informationen nicht im Kopf hatte, das fand er binnen weniger Minuten im Presse-Archiv in seinem Büro. Er war ein fanatischer Zeitungsleser. Immer, wenn er einen interessanten Beitrag fand, und das konnte ein Dutzend mal am Tag geschehen, schnitt er ihn aus, kritzelte einen Buchstaben oder eine Zahl an den Rand und legte ihn seiner Sekretärin hin, damit sie ihn in seine große, nach allen Seiten sich ausdehnende, für Uneingeweihte absolut konfus wirkende Sammlung einordne.

Vor einer Woche hatte er einen Bericht von überdurchschnittlichem Interesse aus der *Neuen Zürcher Zeitung* ausgeschnitten. Es ging um eine Botschaft von Winston Churchill an eine Massenversammlung amerikanischer Juden im New Yorker Madison Square Garden: Die Juden, sagte Churchill, gehörten zu den ersten Opfern des Nazismus; mehr als eine Million sei bereits getötet worden. Hitler werde anscheinend erst zufrieden sein, wenn die Städte Europas, in denen Juden leben, in riesige Friedhöfe verwandelt seien. Aber das jüdische Volk werde sich der Entscheidung zu seiner Ausrottung nicht beugen.

Sagalowitz hatte diese aufschlußreichen Zeilen, die auf Seite zwei gestanden hatten, sehr sorgfältig studiert. Gewöhnlich wurden Nachrichten über Massenpogrome und über die Tötung von Tausenden von Juden in Osteuropa von der Schweizer Zensur unterdrückt. Die Chefredakteure und einige Journalisten kannten zwar entsprechende Meldungen von ausländischen Agenturen, und natürlich hatte es auch etliche Informationen aus Schweizer Quellen gegeben. Hierbei handele es sich jedoch, sagten die Zensoren in ihren vertraulichen Richtlinien für Chefredakteure, um »Greuelpropaganda«, wie es sie im Ersten Weltkrieg so viel gegeben habe; es gebe keinerlei zuverlässige Beweise. Die Berichte verärgerten auch die Deutschen sehr. Alle paar Wochen wurde Otto Köcher, der deutsche Botschafter in Bern, mit einem Protest über die feindselige Haltung der schweizerischen Presse vorstellig. Und manchmal gab es mehr als nur einen Protest: Goebbels selbst hatte gerade erst gedroht, er werde, wenn die Zeit gekommen sei, unbelehrbare, widerspenstige Schweizer Journalisten nach Sibirien schicken.

Wenn die Zeitungen jetzt Churchills Botschaft veröffentlichten, dann hieß das nur, daß die offizielle Erklärung eines prominenten alliierten Führers bevorzugt behandelt wurde; in diesem Falle würde es keinen Ärger mit den Zensoren geben. Und bestätigte die Botschaft Churchills nicht die Information, die er soeben von Schulte erhalten hatte? Denn Churchill hatte nicht nur von einer Million Juden gesprochen, die schon getötet worden sei. Er hatte eine Entscheidung erwähnt, sie alle auszurotten. War das nur Rhetorik, eine dramatische Überspitzung?

Natürlich galt es für Sagalowitz, zu handeln, aber welche Optionen standen ihm offen? Nicht zum erstenmal war er gebeten worden, Informationen weiterzuleiten, die politisches Handeln erforderten. Jeder Journalist fand sich irgendwann einmal in einer solchen Lage. Aber dies war keine gewöhnliche Botschaft. Was, wenn Churchills Satz buchstäblich der Wahrheit entsprach? Wenn Sagalowitz in den vergangenen drei Jahren irgend etwas gelernt hatte, dann war es dies, daß nahezu jedermann Hitler unterschätzt hatte. Die äußerste Konsequenz seiner Politik, das totale Fehlen von Skrupeln und humanitären Rücksichten, seine radikalen Maßnahmen, seine plötzlichen, massiven Angriffe, das alles hatte die Welt immer und immer wieder überrascht. Selbst Sagalowitz hatte ihn falsch beurteilt. Hitler stand jetzt auf dem Gipfel seiner Macht. Sein Herrschaftsbereich erstreckte sich vom Ärmelkanal bis an den Kaukasus, von Nordnorwegen bis nach Nordafrika. Wenn er zu dem Schluß gelangt war, daß die Zeit reif sei für die »Endlösung« der Judenfrage, wer sollte ihn zurückhalten?

Sollte Sagalowitz seine Vorgesetzten alarmieren, die Vorsitzenden der jüdischen Gemeinde in der Schweiz? Natürlich würde man es ihnen sagen müssen, so oder so. Aber diese kleinmütigen, ängstlichen, provinziellen Leute, die Erfolg im Geschäftsleben gehabt hatten und so zu einflußreichen Stellungen in der Gemeinde aufgestiegen waren, würden schwerlich wissen, wie man die alliierten Führer erreichen und die öffentliche Meinung im Ausland würde mobilisieren können. In ihren Augen war Sagalowitz viel zu sehr Kosmopolit. Warum mußte er sich immer um Dinge kümmern, die nicht unmittelbar etwas mit dem Schicksal des Schweizer Judentums zu tun hatten? Sagalowitz empfand wenig Sympathie für die ultra-orthodoxen Juden, von denen es nicht wenige im Lande gab. Einige von ihnen waren sehr aktiv in Rettungsmissionen, aber ihre Sorge und ihr Mitleid waren doch im wesentlichen auf Juden ihrer eigenen Art begrenzt.

Die Führer der schweizerischen Juden hatten nur wenig Verbindung zu den jüdischen Organisationen in London und New York. Eine von Schweizer Juden abgegebene Erklärung würde nicht viel Gewicht haben. Wahrscheinlich würden die Schweizer Juden überhaupt viel zu ängstlich sein, um eine kraftvolle Erklärung abzugeben. Denn die Schweiz war ein neutrales Land, und die Juden hatten kein Verlangen danach, sich dem Vorwurf auszusetzen, sie gefährdeten diese Neutralität. Wie oft hatte er Argumente dieser Art gehört? Und es verbarg sich natürlich ein Körnchen Wahrheit in ihnen, wie das bei derartigen Argumenten immer der Fall ist. Es war leichter, die Deutschen aus einer sicheren Entfernung anzugreifen und ihnen von dort aus die Stirn zu bieten. Die Schweiz war umgeben von den Achsenmächten, und kein Mensch konnte mit Sicherheit behaupten, daß die nationalsozialistischen Führer diese Insel relativer Freiheit auf ewig in Frieden lassen würden. Im Jahre 1940 hatte eine deutsche Invasion als sehr wahrscheinlich gegolten. Der Alarm war vorübergegangen, aber die Gefahr war keineswegs gebannt. War es nicht nur natürlich, daß die schweizerische Regierung sich dafür entschieden hatte, sich möglichst unauffällig zu verhalten, daß sie versuchte, ihren mächtigen Nachbarn nicht zu provozieren?

Nein, das war kein Auftrag für das Schweizer Judentum. Die Botschaft sollte Roosevelt so schnell wie möglich erreichen. Wer hatte das Ohr des US-Präsidenten? Die amerikanischen Diplomaten in der Schweiz hatten andere, vermeintlich wichtigere Sorgen. Und für die ausländischen Journalisten würde dies eine Story wie jede andere auch sein. Sagalowitz dachte an Richard Lichtheim, den Genfer Repräsentanten der Jewish Agency für Palästina, den er seit Jahren kannte. Sie waren nicht gerade politische Verbündete, aber sie respektierten und vertrauten einander. Es gab einige andere Vertreter jüdischer Organisationen in der Schweiz, aber keiner von Erfahrung und Format. Einige waren nur deshalb ernannt worden, weil sie bei Kriegsausbruch gerade an Ort und Stelle waren, weil sie die richtigen familiären Verbindungen oder auch nützliche berufliche Interessen hatten. Im Gegensatz zur landläufigen Meinung waren alle jüdischen Institutionen recht arm; ihre Repräsentanten führten keineswegs das Leben von Diplomaten. Manchmal bedeutete sogar eine zusätzliche Reise von Genf nach Zürich oder ein Ferngespräch ein Problem, weil derartige Extravaganzen in ihren Etats nicht vorgesehen waren.

Sagalowitz dachte an Gerhart Riegner in Genf, einen zwar jungen, aber gewissenhaften und zuverlässigen Mann. Er berichtete direkt den Führern des Jüdischen Weltkongresses in New York. Schon der Name »Jüdischer Weltkongreß« klang eindrucksvoll, ungefähr wie eine moderne Ausgabe der Weisen von Zion, wie eine reiche und mächtige Organisation mit einem Netz von Repräsentanten in der ganzen Welt, mit exzellenten Verbindungen und enormem Lobbyisten-Einfluß. Seine Verfassung bezeichnete ihn als einen »freiwilligen Zusammenschluß von Vertretern jüdischer Gemeinden in der ganzen Welt zur Sicherung des Fortbestandes und zur Förderung der Einheit des jüdischen Volkes«.

Sagalowitz wußte besser als die meisten anderen, was der Jüdische Weltkongreß in Wirklichkeit war. Er hatte seiner Gründung im Jahre 1936 in Genf beigewohnt. Der Weltkongreß hatte keine Macht, keinen Apparat, keinen nennenswerten eigenen Etat; er verfügte über kleine Büros in New York und London und über ein paar Korrespondenten in verschiedenen anderen Zentren. Sein eigentliches Zentrum war das jeweilige Hotelzimmer, in dem sich Nahum Goldmann, sein vielreisender Generalsekretär, gerade aufhielt. Goldmann war zugleich mit einem Dutzend anderer Unternehmungen befaßt. Das Ziel des Jüdischen Weltkongresses war es, die Nazis zu bekämpfen und die Rechte der jüdischen Gemeinden in Osteuropa zu schützen. Seine Schwäche entsprach ziemlich genau der Schwäche des Weltjudentums - ein Mangel an Zusammenhalt und Zusammenarbeit. Zahlreiche jüdische Organisationen lehnten es ab, irgend etwas mit dem Kongreß zu tun zu haben. Aber bei allen seinen Mängeln verfügte er doch über einen direkten Kanal von der Schweiz nach Amerika. Durch seinen Präsidenten, Rabbi Stephen Wise, einen Mann von hohem Ansehen in der jüdischen Welt und inoffiziellen Sprecher der Juden für alle Nichtjuden, war er in der Lage, seine Stimme in New York und Washington hörbar zu machen. Also gelangte Sagalowitz zu dem Schluß, daß Riegner noch die beste Chance bot.

Kurz vor Toresschluß verließ Sagalowitz das Odeon, nicht ohne sich noch einmal bei seinen Mit-Enthusiasten am Schachtisch zu entschuldigen. Die Hitze hatte kaum nachgelassen, die Straßen waren praktisch verlassen; ein paar Uniformierte strebten eilig dem Bahnhof zu, um den letzten Zug nicht zu verpassen. Das Café Select, die Konkurrenz des Odeon, hatte schon geschlossen.

»Du warst lange weg, ich habe mir Sorgen gemacht«, sagte Annette, als Benno die Wohnung betrat. Er sagte, es täte ihm leid, gab ihr einen

Kuß und ging zu Bett. Von dort aus rief er Riegner in Genf an, bat wegen der späten Stunde um Entschuldigung und sagte, es habe sich plötzlich eine äußerst dringende Angelegenheit ergeben. Ob sie sich am nächsten Tag in Lausanne treffen könnten? Riegner erklärte sich ohne Zögern einverstanden.

Am Samstag, dem 1. August, traf Sagalowitz mit dem ersten Zug aus Zürich auf dem Bahnhof Lausanne ein. Als er Anfang der Woche das erste Mal nach Lausanne gefahren war, hatte er sich auf seinen Aufenthalt in der Stadt gefreut und ihn als eine Art Urlaub nach seiner kürzlichen Operation betrachtet. Er war bester Laune gewesen; auf dem Empfang, den die Stadt zu Ehren der Schachmeister gegeben hatte, war er, wie so oft, die Seele der Party gewesen, er hatte gescherzt und großzügig dem Dezaley zugesprochen, dem ausgezeichneten einheimischen Wein. Nur wenige Tage waren seither vergangen, aber jetzt hatte ihn eine große Niedergeschlagenheit überkommen.

Anstatt die Drahtseilbahn zu nehmen, die steil hinabführt zum Ufer des Sees, entschied er sich für einen kurzen Umweg durch den Park. Riegner würde frühestens in einer Stunde da sein. Sagalowitz betrat den großen Saal des Beau Rivage; er fühlte sich zu dem zentralen Schachtisch hingezogen, wo jetzt, in den letzten Stunden des Turniers, die Entscheidung unmittelbar bevorstand. Er hatte der laufenden Partie noch nicht lange zugeschaut, als ein Liftboy ihm mitteilte, daß jemand an der Rezeption auf ihn warte. Sagalowitz verließ den Saal, begrüßte Riegner, und die beiden gingen ins nahe Hotel du Château, wo sie auf der Terrasse Platz nahmen.

Gerhart Riegner, ein eher kleiner Mann, war damals dreißig Jahre alt. Ohne Adolf Hitler hätte er sich jetzt auf dem Wege zu einer akademischen Laufbahn befunden. Sein Vater war Anwalt, und auch Gerharts Interesse gehörte der Jurisprudenz, mit dem Akzent auf der Rechtsphilosophie. Die Familie war tief verwurzelt in der deutschen Kultur. Hermann Cohen, der große Kantianer, war Gerharts Onkel. Einige Riegners hatten auch im öffentlichen Leben gestanden. Gerharts Mutter war Vorstandsmitglied der Deutschen Demokratischen Partei gewesen. Aber auch die jüdische Tradition war in der Familie lebendig: Lewandowski, der führende Komponist von Synagogenmusik im 19. Jahrhundert, war ein naher Verwandter.

Die Riegners hatten unter angenehmen Umständen in Berlin-Charlottenburg gelebt. Dann kam der 1. April 1933, der Tag des Nazi-Boykotts der jüdischen Geschäfte, gefolgt von einer langen Reihe offizieller Beschränkungen der Zahl von Juden im Staatsdienst und in den akademischen Berufen. Riegners Vater verlor seine Zulassung als Anwalt. Seine ältere Schwester durfte nicht mehr als Lehrerin arbeiten, seine jüngere Schwester mußte ihre Schule verlassen, und Riegner, Gerichtsreferendar im Berliner Arbeiterviertel Wedding, fand sich als Arbeitsloser wieder.

Wie es damals üblich war, hatte Riegner an verschiedenen Universitäten studiert - Berlin, Heidelberg, Freiburg; er war Mitglied der Republikanischen Front gewesen, einer links von der Mitte angesiedelten studentischen Gruppe. Diese Gruppe hatte es nicht leicht gehabt, denn die Nazis hatten die deutschen Universitäten erobert, lange bevor sie zur stärksten Fraktion im Reichstag wurden. Studentische Debatten gab es nicht sehr viele, dafür umso mehr studentische Gewalt. Einmal hatten er und seine Freunde aus dem Fenster eines Hörsaals springen müssen, um einem SA-Angriff zu entgehen. Es klang komisch, wenn er viele Jahre später von solchen Zwischenfällen erzählte, aber zur Zeit des Geschehens fand es niemand sehr amüsant, und eine beträchtliche Anzahl von Menschen kam tatsächlich in den Straßenschlachten der späten Weimarer Jahre ums Leben, viele weitere wurden verletzt. Der Fanatismus, auf den Riegner bei nicht wenigen seiner Altersgenossen gestoßen war, hatte ihn sehr erschreckt. Er hatte ihm zugleich geholfen, den Ernst dieses neuen politischen Phänomens zu erkennen, das für viele andere sonderbar und rätselhaft blieb.

Riegner dachte an eine Auswanderung nach Palästina. In seinem letzten Jahr an der Universität war er in den Umkreis der zionistischen Studentenorganisation geraten. Aber er hatte noch immer den Wunsch, sein Studium fortzusetzen; also schrieb er sich nach Hitlers Machtübernahme an der Sorbonne ein, anstatt in einen Kibbuz einzutreten und landwirtschaftlich zu arbeiten. Dann kam ein neuer Rückschlag. Nachdem Riegner sein zweites juristisches Examen in Paris bestanden hatte, wurde in Frankreich ein Gesetz verabschiedet, nach dem Ausländer frühestens zehn Jahre nach ihrer Einbürgerung als Anwalt praktizieren durften. Wieder hatte sich eine Tür geschlossen. Riegners Entmutigung endete, als der international bekannte Staatsrechtler Hans Kelsen eine Reihe von Gastvorlesungen in Paris hielt. Riegner bewunderte Kelsen mehr als irgendeinen anderen zeitgenössischen Denker auf diesem Gebiet. Er sprach den Wissenschaftler an und bat ihn um Rat. Kelsen schlug ihm vor, nach Genf zu gehen, wo die Möglichkeit bestehe, daß er in nicht allzu ferner Zukunft ein Stipendium erhalte.

Das Graduierten-Institut in Genf war damals ein Zentrum für das Studium der internationalen Beziehungen. Auf rechtswissenschaftlichem Gebiet hatte es William Rappard (früher Harvard), Paul Guggenheim und Kelsen als Glanzlichter. Internationales Recht war eigentlich nicht das Gebiet, dem Riegner sich hatte zuwenden wollen, aber dies war schwerlich die Zeit, wählerisch zu sein, und so fand er sich 1936 in Genf wieder. Sein Stipendium kam tatsächlich zustande.

Genf war natürlich auch Sitz des Völkerbundes. Nicht zufällig war der Jüdische Weltkongreß hier gegründet worden. Zu den Aufgaben des Völkerbundes gehörte die Überwachung der Minderheitenrechte, die in den nach dem Ersten Weltkrieg geschlossenen Verträgen garantiert worden waren, vor allem in den Ländern Osteuropas. Während die tatsächliche Macht des Völkerbundes eng begrenzt war, stellte er doch eines der wenigen Foren dar, auf denen die jüdischen Organisationen ihre Klagen gegen offen antisemitische Maßnahmen in Ländern wie Rumänien und Polen vorbringen konnten.

Nahum Goldmann, Vorsitzender des Verwaltungsausschusses des Jüdischen Weltkongresses, suchte einen jungen Anwalt, der den Kongreß beim Völkerbund vertreten konnte. Goldmann bat die drei führenden Genfer Rechtsprofessoren, ihm jemanden zu empfehlen, der Erfahrungen im internationalen Recht hatte und der die alltägliche Arbeit in Genf übernehmen könne. Sie empfahlen Riegner, der sehr überrascht war, als ihm dieser Posten angeboten wurde. Es gab zu der Zeit nicht viele interessante Stellungen für junge, emigrierte Anwälte (auch für ihre berühmteren älteren Kollegen nicht), und vor allem hatte Riegner das Gefühl, sich einer Zusammenarbeit im Kampf gegen Hitler nicht verweigern zu dürfen.

Die folgenden fünf Jahre führte er die Geschäfte des Weltkongresses von seinem kleinen Büro aus, das sich anfangs in der Rue de Lausanne, später in der Rue de Paquis, schließlich am Quai de Wilson, im Gebäude des ehemaligen Hotels Bellevue befand. Richard Lichtheim von der Jewish Agency hatte sein Büro im selben Stockwerk. Vor ihnen breitete sich eines der schönsten Panoramen der ganzen Stadt aus: zu ihrer Linken der Genfer See, mit den vielen kleinen Booten, davor Springbrunnen und der Parc Mon Repos; zu ihrer Rechten der Parc de la Grange mit den edelsten Rosen im Lande, und jenseits davon, bei gutem

Wetter, die Berge Mole, Salève und der schneebedeckte Mont Blanc. Viele Jahre später pflegte Riegner zu sagen: »Ich hatte eine der schönsten Landschaften vor Augen, und ich wußte, daß überall in ganz Europa die schrecklichsten Dinge geschahen.«

Während die Kriegswolken sich zusammenballten, beschränkte sich Riegners Arbeit in Genf nicht mehr darauf, dem Völkerbund, der praktisch aufgehört hatte zu existieren, Denkschriften vorzulegen. Genf wurde plötzlich zu einem der wichtigsten Horchposten in dem von den Deutschen besetzten Europa. Schließlich war Genf der Sitz des Roten Kreuzes, der einzigen Organisation, die noch irgendeine Verbindung unter den Kriegführenden aufrechterhielt. Riegner fand sich mit Problemen konfrontiert, auf die er in vieler Hinsicht nicht vorbereitet war; aber niemand war auf sie vorbereitet.

Beim Mittagessen berichtete Sagalowitz Riegner von seinem Treffen mit Koppelmann. Riegner wollte mehr über Koppelmann wissen, von dem er gehört, den er aber nie kennengelernt hatte. Insbesondere wollte er mehr über Koppelmanns Quelle wissen. Wie zuverlässig war der Industrielle; warum durfte sein Name nicht erwähnt werden, nicht einmal streng vertraulich? Sagalowitz sagte, daß er nicht das Recht habe, den Namen preiszugeben. Er kenne den Mann seit einer Reihe von Jahren, wenn auch nicht sehr genau. Kennengelernt habe er ihn durch einen gemeinsamen Freund. Er kenne ihn als einen absolut zuverlässigen Menschen; viel mehr könne er nicht sagen.

Sie sprachen länger als fünf Stunden und gingen die gleichen Fragen immer wieder von vorn durch. Nach dem Essen gingen sie am Quai de Belgique und am Quai d'Ouchy spazieren; sie sahen zu, wie die kleinen Dampfer anlegten und wieder abfuhren; sie blieben eine Weile auf der Landungsbrücke stehen und warfen einen Blick auf die tropischen Pflanzen, die das Ufer schmückten. Nachdem sie sich auf einer Bank ausgeruht hatten, gingen sie, immer ins Gespräch vertieft, den Weg zurück und setzten sich ins nächste Café.

Lausanne ist eine reizende Stadt. Rilke hat einmal geschrieben, daß seine Atmosphäre ihn an den Montmartre erinnere. Niemand kann bestreiten, daß die Ufer des Genfer Sees mit dem schönsten Teil der Riviera verglichen werden können. Es liegt etwas Mediterranes in der Luft, und es ist kein Zufall, daß diese Gegend so viele berühmte Schriftsteller aus dem Norden angezogen hat, Gibbon, Shelley und Byron unter ihnen, und in jüngerer Zeit T. S. Eliot. Zu jeder anderen Zeit hätten

Riegner und Sagalowitz die Farben genossen, die Düfte und die ganze Szenerie. An diesem Tag aber waren sie blind für die Schönheiten der Natur. Sie fragten einander nur immer wieder das gleiche: Konnte es wahr sein? Oder handelte es sich um einen Fall von Desinformation, oder gar um eine Provokation? Paßte die Information, die sie gerade erreicht hatte, in das allgemeine Bild?

Sie konnten sehen, daß sich die Situation der Juden in den von den Nazis besetzten Ländern sehr rasch verschlechtert hatte. In Polen waren Hunderte, vielleicht Tausende von Juden während der deutschen Invasion und in den folgenden Monaten getötet worden. Man hatte sie in jeder nur erdenklichen Weise verfolgt; sie wurden in Ghettos zusammengetrieben und zur Zwangsarbeit verschleppt. Sie verloren alle bürgerlichen und gesetzlichen Rechte, und Tausende starben an Hunger und Krankheit; auch Selbstmorde hatte es gegeben. Aber in der Zeit vor Juni 1941 hatte es keine systematischen Massentötungen gegeben, und Hitlers Prophezeiung in seiner Rede vom 30. Januar 1939 vor dem Reichstag, daß die jüdische Rasse in Europa in einem neuen Weltkrieg vernichtet werden würde, war noch nicht Wirklichkeit geworden. Die Juden hatten Furchtbares erlitten, aber die große Mehrheit von ihnen war noch am Leben.

Dann, im Gefolge des deutschen Überfalls auf die Sowjetunion, waren besondere NS-Mordkommandos in Aktion getreten. Bis Ende 1941 waren rund 500000 Juden in den von den Deutschen besetzten sowjetischen Gebieten ermordet worden. Aber das Erschießen erwies sich als zu langsam und zu umständlich, und im Januar 1942 berief Reinhard Heydrich in dem Berliner Vorort Wannsee eine Konferenz ein, um die sogenannte »Endlösung« der Judenfrage vorzubereiten und zu koordinieren. In der ersten Hälfte des Jahres 1942 wurden die meisten der Todeslager in Polen gebaut. Aber Osteuropa war weitgehend vom Rest des Kontinents abgeriegelt, und während ein schwacher Widerhall der dortigen Vorgänge an die Außenwelt drang und einige wenige Menschen ahnten, daß etwas Furchtbares vor sich gehen mußte, gab es vor April 1942, als Massenfestnahmen und Deportationen in zahlreichen europäischen Ländern einsetzten, kaum Einzelheiten oder gar Beweise. Es gab einige Berichte über fahrbare Vergasungsanlagen in geschlossenen Lastwagen, aber noch kein Wort über Gaskammern. Die Wannsee-Konferenz war noch ein wohlgehütetes Geheimnis. Es gab keine Gewißheiten, aber man hatte allen Grund, das Schlimmste zu befürchten. Im Oktober 1941 hatte Riegner an Goldmann in New York geschrieben, daß niemand wisse, wie viele Juden überleben würden, wenn die Verfolgungen durch die Nazis im gleichen Ausmaß weitergingen – falls es überhaupt Überlebende geben würde.

Riegner war nicht die einzige Kassandra in der Schweiz. Richard Lichtheim war einer der begabtesten und erfahrensten zionistischen Diplomaten seiner Generation. Doch wegen seines Nonkonformismus gehörte er bei Kriegsausbruch weder in Jerusalem, noch in London oder New York der Leitung der Jewish Agency an. Er saß in Genf, das als unwichtiger Vorposten galt. Seine Ernennung war mehr oder weniger zufällig erfolgt. Er hatte im August 1939 am Jüdischen Weltkongreß in Genf teilgenommen und war gebeten worden, als Leiter des neuen Büros der Zionistischen Welt-Organisation dort zu bleiben, um Verbindung zu halten mit zionistischen Organisationen in beiden politischen Lagern. Dann erlangte Genf, bisher als totes Gleis angesehen, durch den Krieg plötzlich höchste Bedeutung. Im Ersten Weltkrieg hatten die Zionisten von Kopenhagen und Amsterdam aus gearbeitet, aber diese Städte befanden sich jetzt in der Hand der Nazis. Nur die Schweiz war als Stützpunkt für die zionistische Arbeit in Europa geblieben.

Lichtheim verbrachte ebenso wie Riegner in den ersten Jahren des Krieges einen großen Teil seiner Zeit in Genf damit, die verläßlichsten Informationen über die Verfolgung der Juden durch die Nazis zu sammeln und Möglichkeiten zur Rettung von Menschenleben ausfindig zu machen. Im November 1941 berichtete er dem Vorstand der Jewish Agency in Jerusalem: »In bezug auf Deutschland, Österreich und das Protektorat [die Tschechoslowakei] muß gesagt werden, daß das Schicksal der Juden jetzt besiegelt ist. Ganz allgemein gesagt, trägt dieses ganze Kapitel die Überschrift ›Zu spät‹.« Und in einem anderen Brief, der an den Leiter des Emergency Committee in New York geschrieben wurde, berichtete Lichtheim Anfang 1942: »Die Zahl unserer Toten nach dem Krieg wird nicht in Tausenden anzugeben sein und nicht in Hunderttausenden, sondern in mehreren Millionen ...«

Kurz vor dem Treffen in Lausanne hatten Riegner und Lichtheim beim Päpstlichen Nuntius in Bern, Filippo Bernardini, eine Denkschrift überreicht, in der sie die Intervention des Heiligen Stuhls zur Rettung der Juden in katholischen Ländern wie Kroatien und der Slowakei erbaten. Sie waren bereits davon überzeugt – und sprachen es auch aus – daß die Maßnahmen der Nazis auf die physische Ausrottung der Juden hinwiesen. Aber wiederum gab es keine greifbaren Belege dafür, daß ein ausdrücklicher Befehl ergangen sei. Im Juni 1942 trafen dann Berichte ein, nach denen immer mehr Regionen »judenrein« gemacht werden sollten. Massendeportationen aus Frankreich, Belgien, Holland, Deutschland, Österreich und anderen Ländern begannen. Aber da auch Polen »judenrein« gemacht werden sollte, ergab sich die Frage, wo man alle diese Juden denn ansiedeln wollte. Vielleicht in den besetzten Gebieten der Sowjetunion? Schwerlich; es gab keine Juden mehr in der Ukraine, in Weißrußland und den ehemaligen Baltenrepubliken. Entweder waren sie gen Osten geflohen, oder sie waren ermordet worden. Denjenigen, die deportiert wurden, erzählte man aber, daß sie nach Polen »umgesiedelt« werden sollten. Hier gab es einen offensichtlichen Widerspruch, und die einzig plausible Erklärung lautete, daß die mit der »Evakuierung« Beauftragten damit rechneten, daß die Juden an dem Ort, zu dem sie deportiert wurden, nicht lange überleben würden. Mit anderen Worten, die Deportationen beruhten auf der Annahme, daß die Juden verschwinden würden, und nur die Frage, wie ihr Tod herbeigeführt werden sollte, schien noch offen zu sein. Aber gut funktionierende Bürokratien lassen keine wesentlichen Fragen offen. Es hätte also klar gewesen sein müssen, daß es hinsichtlich des Schicksals der deportierten Juden nur eine einzige logische Schlußfolgerung gab.

Es liegt in der menschlichen Natur begründet, daß man auf der Suche nach beruhigenden Annahmen oft vor logischen Schlußfolgerungen zurückschreckt. Schließlich befand man sich in Europa, und zwar in der Mitte des zwanzigsten Jahrhunderts. Hunger, Entbehrung und unmenschliche Bedingungen, das alles konnte man sich vorstellen, aber die Ermordung von Millionen unschuldiger Zivilisten durch Giftgas in Todesfabriken schien absolut unmöglich. Auch die meisten Juden weigerten sich, die entsetzliche Wahrheit zur Kenntnis zu nehmen – und das galt für die osteuropäischen Juden in vielleicht noch stärkerem Maße als für die Juden aus Deutschland. Im Ersten Weltkrieg hatten einige Juden die Deutschen als Befreier betrachtet, als Kulturträger, die die Juden von oben herab betrachten mochten, die aber doch alles in allem weniger antisemitisch waren als der durchschnittliche Pole oder Russe. Mit Deutschen könne man sich einigen, glaubten viele Juden. Manche erinnerten sich auch an die falsche Greuelpropaganda des Ersten Weltkrieges. Damals hatte es Geschichten von deutschen Soldaten gegeben, die belgische Babies lebendigen Leibes verschlangen.

Sagalowitz hatte den Lauf der Ereignisse in Deutschland aufmerksam verfolgt – und Riegner hatte ihn selbst miterlebt. Sie wußten beide, daß es einen gewaltigen Unterschied gab zwischen dem kaiserlichen Deutschland und dem Dritten Reich. Aber die alten Vorstellungen sterben schwer. Riegner erinnerte sich an private Begegnungen in Genf, bei denen ihm erbittert Panikmache vorgeworfen worden war von Leuten, die im vorigen Krieg deutsche Soldaten in Kiew und Warschau erlebt hatten. »Sie sind ein junger Mensch«, hatte mehr als einer zu ihm gesagt, »unsere Erfahrungen mit Deutschen reichen weiter zurück als die Ihrigen: Es gibt nichts Neues unter der Sonne . . .« Die jüdischen Führer in New York, Jerusalem und London neigten ebenfalls dazu, die Berichte, die sie von Riegner und Lichtheim erhalten hatten, als übertrieben abzutun. Es hatte größere Pogrome gegeben, aber bislang keine Informationen darüber, daß in naher Zukunft alle Juden getötet werden sollten.

Riegner und Sagalowitz hegten bei ihrer Zusammenkunft an jenem Nachmittag auch derartige Zweifel. Einige Aspekte im Bericht des Industriellen wirkten unwahrscheinlich. Aber sie wußten, daß es nicht ihres Amtes sein konnte, ein Urteil abzugeben, denn sie hatten ja keinerlei Möglichkeit, den Bericht nachzuprüfen. Die Frage, vor der sie standen, lautete, ob es überhaupt *möglich* sei, daß die Nazis den Massenmord am europäischen Judentum vorbereiteten.

Sie konnten warten, bis weitere Informationen aus anderen Quellen verfügbar wurden: Das wäre gewiß der sicherste Kurs. Mord in so gigantischem Ausmaß konnte unmöglich lange verborgen bleiben. Vielleicht sollten sie abwarten; wenn sie sofort handelten, würden sie Kritik geradezu herausfordern. Man könnte ihnen die Verbreitung aller möglichen wilden Gerüchte vorwerfen.

Aber während sie den Kai entlanggingen, kamen sie zu dem Schluß, daß sie dieses Risiko auf sich nehmen müßten; denn was wäre, wenn dieser Bericht auf Wahrheit beruhte? In diesem Falle kam es auf jeden Tag an, denn selbst die Nazis könnten vielleicht zögern, ihren Plan in die Tat umzusetzen, wenn er erst überall bekannt würde. Riegner erkannte, daß eine ungeheure Verantwortung auf ihm ruhte, und gemeinsam mit Sagalowitz entschied er sich für ein ganz bestimmtes Vorgehen. Sie würden Koppelmann – den Riegner nicht kannte – eingehend befragen, und dann würde Riegner den Rat von Professor Guggenheim erbitten. Es war schon fast Zeit zum Abendessen, als sie sich trennten, nachdem sie sich darauf geeinigt hatten, daß sie sich, sofern nichts Unvorhergesehenes geschah, am Montag in Zürich wiedersehen wollten. Riegner verbrachte ein Wochenende der Sorge und der Angst in einem sonnigen, halb verlassenen Genf.

Das Riegner-Telegramm

Wieder daheim in Breslau, befaßte Schulte sich mit Produktionsplänen, mit der Beschaffung von Rohstoffen und mit der Vorbereitung seines nächsten Besuchs bei den Ministerien in Berlin. Es gab Schwierigkeiten mit dem Rüstungsministerium: Die Rüstungssachverständigen bestanden auf der Lieferung von reinem, nicht legierten Zink für die Munitionsherstellung. Aber es war ein schwieriges technisches Problem, absolute Reinheit zu erzielen.

Zwischen Verabredungen und Besprechungen versuchte Schulte, weitere Informationen über den Plan zur Ausrottung des europäischen Judentums zu erlangen. Das war nicht leicht. Ein derartiges Thema konnte nicht mehr oder minder beiläufig im Laufe einer Unterhaltung angeschnitten werden; beharrliches Nachfragen war erforderlich, und das mußte Verdacht erregen. Schulte hoffte, daß seine Kontaktleute in der Schweiz jetzt, wo er ihnen den entscheidenden Wink gegeben hatte, mehr würden herausfinden können.

Nach seinem ruhelosen Wochenende in Genf fuhr Riegner nach Zürich, wo er sich mit Sagalowitz und Koppelmann verabredet hatte. Am Montag, dem 3. August, trafen die Männer sich im Büro von Rosensteins Firma. Ein paar Minuten Unterhaltung genügten Riegner, um Koppelmann als einen extrovertierten Menschen zu erkennen; er war breitschultrig, untersetzt, offensichtlich kein Intellektueller, aber ein praktisch veranlagter Mann, wahrscheinlich ein guter Menschenkenner. Sagalowitz machte gleich zu Beginn klar, daß er und Riegner den niederschmetternden Bericht keineswegs für ein Phantasieprodukt hielten. Sie hätten lediglich die Absicht, festzustellen, ob es in dem, was der Industrielle Koppelmann mitgeteilt hatte, noch irgend etwas anderes gäbe, und sei es noch so unbedeutend, das vielleicht geeignet sei, die Sache ein wenig zu erhellen.

Koppelmann dachte angestrengt nach und sagte dann, es gäbe nichts, was er vergessen hätte mitzuteilen. Aber er hatte inzwischen ähnliche Informationen aus anderen Quellen erhalten. Deutsche in hohen Positionen besuchten häufig Basel, und wenn ihre Berichte auch ziemlich vage waren, so liefen sie doch alle im wesentlichen auf das gleiche hinaus. Irgendeine große, bisher nicht dagewesene Aktion gegen die Juden war im Gange, und es ging dabei um mehr als nur um ihre Deportation nach dem Osten.

Nach einer Weile fügte Koppelmann noch hinzu: »Der Mann, mit dem ich vor ein paar Tagen gesprochen habe, war der Meinung, daß sofortige Gegenmaßnahmen unbedingt erforderlich seien. Wenn den Nazis nicht eine spürbare und folgenschwere Maßnahme angedroht würde, wie zum Beispiel die Verhaftung Hunderttausender in Amerika lebender Deutscher, würden sie sich durch nichts beeindrucken lassen. Mein deutscher Gast meinte auch«, fügte er hinzu, »daß eher der Erzbischof von Canterbury als irgendein Politiker der erste sein sollte, der die ganze Sache an die Öffentlichkeit bringt.«

Riegner sagte, daß es schwierig sein werde, auch nur die eigenen Leute zu überzeugen, wenn er außerstande wäre, die Quelle zu erwähnen. Wenn er schon den Namen nicht bekommen könne, dann brauche er zumindest einige Angaben, um zeigen zu können, daß der Industrielle ein Mann mit den richtigen Verbindungen sei.

Koppelmann dachte einen Augenblick lang nach; dann meinte er, Riegner könne, ohne irgend jemanden zu gefährden, sagen, daß es sich bei der Quelle um einen der größten Industriellen Deutschlands handele, um jemanden, der mehr als 30000 Menschen beschäftige. Er habe glänzende Verbindungen zu höchsten politischen und militärischen Kreisen in Berlin; sogar zum Führerhauptquartier habe er Zugang. Diese Angaben dürften allerdings nicht veröffentlicht werden; sie seien streng vertraulich zu behandeln und dürften nur einem kleinsten Kreis zugänglich gemacht werden.

Riegner wünschte mehr zu erfahren über die politischen Ansichten des Industriellen und über seine Zuverlässigkeit bei früheren Gelegenheiten. Koppelmann sagte, er habe in beiden Punkten nicht die geringsten Bedenken. Der Mann sei ein entschiedener Anti-Nazi; er sei überzeugt davon, daß das verbrecherische Abenteuer, auf das Hitler und seine Gefolgsleute sich eingelassen hätten, zur totalen Katastrophe führen werde. Ja, seine Informationen hätten sich bei früheren Gelegenheiten als richtig erwiesen. Nach dem Besuch des sowjetischen Außenministers Molotow in Berlin im November 1940 habe der Industrielle sofort gemeldet, daß keinerlei Übereinkunft zwischen dem Russen und seinen deutschen Gastgebern erzielt worden sei, was in völligem Gegensatz zu den offiziellen Kommuniqués gestanden habe. Später, im April 1941 – aber auch dies sei absolut geheimzuhalten –, habe er das für den deutschen Einmarsch in Rußland festgesetzte Datum gekannt. Es habe noch weitere solcher Beispiele gegeben. Welches Interesse könne der Mann wohl daran haben, falsche Informationen über das Schicksal der Juden weiterzugeben? Ginge es um militärische Informationen, könnte man vielleicht Grund haben, seine Angaben anzuzweifeln. Aber welchen Nutzen könnten die Nazis sich wohl davon versprechen, ihre eigenen Verbrechen bekanntzumachen?

Riegner nahm den Nachtzug zurück nach Genf. Früh am nächsten Morgen schrieb er Professor Guggenheim, der, wie viele Genfer im August, irgendwo in den Bergen Urlaub machte, einen Brief. Guggenheim war einer von Riegners Förderern an der Universität gewesen. Er war außerdem Rechtsberater des Jüdischen Weltkongresses; deshalb war es nur natürlich, daß Riegner sich an ihn wandte. Überdies hatte Guggenheim allerbeste Beziehungen. Carl Burckhardt, der »Außenminister« des Roten Kreuzes, war ein ehemaliger Kollege von ihm, und Guggenheim kannte auch den amerikanischen Konsul in Genf, Paul Squire, recht gut. Das amerikanische Konsulat befand sich in der Rue Mont Blanc in einem Gebäude, das einer Versicherungsgesellschaft gehörte, für die Guggenheim als Berater tätig war.

Paul Guggenheim gehörte einer der führenden jüdischen Familien der Schweiz an. Er stammte aus einem der beiden Dörfer, auf die die schweizerischen Juden vor dem neunzehnten Jahrhundert mehr oder weniger beschränkt waren. Sein Vater war Mitbegründer der Vereinigung der Schweizer jüdischen Gemeinden gewesen, deren Präsident der Sohn in späteren Jahren werden sollte. Paul Guggenheim kannte auch Deutschland gut. Er hatte internationales Recht an der Kieler Universität gelehrt, zu einer Zeit, als die Nazis in jener nördlichsten deutschen Provinz zur stärksten Partei aufstiegen.

»Lieber Herr Professor«, begann Riegner seinen Brief, »ich war gestern mit Sagal in Zürich und wollte unverzüglich berichten, da dies eine sehr ernste Angelegenheit betrifft und ich ohne Ihr Wissen nicht handeln möchte.« Dann faßte er zusammen, was er von Sagalowitz und

Koppelmann erfahren hatte, und fügte seine eigene Interpretation an: »Auf den ersten Blick klingt die ganze Sache völlig phantastisch. Aber man darf die Möglichkeit nicht ausschließen, daß diese Maßnahmen in der inneren Logik des Regimes wurzeln und daß diese Leute überhaupt keine Skrupel haben.« Riegner zitierte Hitlers Rede vom 30. Januar 1939, in der er prophezeit hatte, daß das europäische Judentum in dem bevorstehenden Krieg vernichtet werde, und er erwähnte die Nachrichten von den Deportationen, die im zurückliegenden Monat eingetroffen waren. Die Quelle des Berichts über die Endlösung sei absolut zuverlässig. Was könne, was müsse man tun? Er beabsichtige, sich an den amerikanischen und den britischen Konsul zu wenden und sie zu bitten, erstens ihre Regierungen zu unterrichten, und zweitens verschlüsselte Botschaften an Rabbi Stephen Wise in New York und an Sidney Silverman zu senden, einen jüdischen Labour-Abgeordneten des Unterhauses in London, der zugleich der britischen Sektion des Jüdischen Weltkongresses vorsaß. Ihre Sache werde es dann sein, den Plan der Nazis in ihren Ländern bekanntzumachen.

Riegner hob hervor, daß höchste Eile geboten sei angesichts der Tatsache, daß der Massenmord im Herbst stattfinden solle. Wise und Silverman sollten sich auch mit ihren Regierungen über mögliche Gegenmaßnahmen beraten. Riegner hielte es nicht für ratsam, in dieser Sache von Genf aus Kontakt zu den anderen alliierten (Exil-)Regierungen aufzunehmen; dies könne am besten in New York oder London geschehen. Auch habe er niemanden sonst informiert, nicht einmal Lichtheim. Denn dies sei offensichtlich eine Sache, mit der sich der Jüdische Weltkongreß befassen müsse.

Am nächsten Tag rief Guggenheim Riegner an, erörterte mit ihm die Informationen, die Riegner erhalten hatte, und schickte ihm dann eine kurze Mitteilung in französischer Sprache, die Riegner als Empfehlungsschreiben bei Paul Squire verwenden sollte, dem amerikanischen Konsul, einem Mann, der laut Guggenheim höchstes Vertrauen verdiente. Guggenheim empfahl Riegner auch, die Botschaft möglichst nüchtern abzufassen. Es sei besser, den Hinweis auf ein riesiges Krematorium wegzulassen, und es sollte ein Satz des Inhalts eingefügt werden, daß die Information über den Plan der Nazis mit Vorbehalt weitergeleitet werde, da ihre Stichhaltigkeit von Genf aus nicht nachgeprüft werden könne. Eine derartige Sprache paßte besser zu einem juristischen Dokument als zu einem politischen Bericht, denn es lag auf der Hand, daß man in Genf nicht in der Lage war, Entscheidungen zu bestätigen, die in Hitlers Führerhauptquartier oder während geheimer Vorbereitungen in Polen getroffen worden waren.

Warum riet Guggenheim zur Vorsicht? Weise Zurückhaltung war dem hochverdienten Rechtsgelehrten, der besser als andere Sterbliche die entscheidende Bedeutung eindeutiger Beweismittel kannte, zur zweiten Natur geworden. Aber dies war leider kein juristischer Fall, und die Beweise mußten notwendigerweise unvollständig und mangelhaft sein. Guggenheim schloß die Möglichkeit nicht aus, daß die Nazis irgendeinen finsteren, gegen die Juden gerichteten Plan verfolgten, und er versprach, weitere Nachforschungen anzustellen. Vor allem wollte er Carl Burckhardt fragen, den Beauftragten des Roten Kreuzes. Obwohl die Quellen des Roten Kreuzes begrenzt waren, mußte man dort unbedingt etwas gehört haben, wenn Schultes Bericht auf Wahrheit beruhte.

Riegner meldete sich bei Beamten des britischen und des amerikanischen Konsulats in Genf an. Nachdem er Guggenheims Brief erhalten hatte, machte er sich am Morgen des 8. August auf, um seine Sache vorzutragen. Sicherer hätte er sich gefühlt, wenn er den Namen des Industriellen gekannt hätte, aber es hatte keinen Sinn, jetzt auf diesem Punkt zu beharren. Sagalowitz hatte dem Mann sein Wort gegeben; Riegner mußte sehen, was er erreichen konnte, ohne die Quelle zu nennen. Livingston, der britische Konsul, befand sich im Urlaub, und Riegner wurde von einem Vizekonsul namens Armstrong empfangen. Riegner trug die von dem Industriellen überbrachten Informationen »mit allen gebotenen Vorbehalten« vor. Er ersuchte Armstrong, das Foreign Office in London zu informieren und die Botschaft an Silverman zu übermitteln. Binnen einer Stunde wurde ihm mitgeteilt, daß das Telegramm nach London abgesetzt worden sei. So weit, so gut. In einem Brief, den er am Nachmittag jenes Tages schrieb, teilte Riegner Guggenheim mit, daß die Dinge bei den Briten einen guten Verlauf genommen hätten. Dann ging er hinüber zum amerikanischen Konsulat. Er hatte ein Empfehlungsschreiben; die Aussichten schienen gut zu sein.

Paul Chapin Squire, zweiundfünfzig Jahre alt, war seit 1919 Karrierebeamter im amerikanischen Auswärtigen Dienst und sprach gut Französisch und Deutsch. Seit Ausbruch des Krieges in Europa hatte er sich bei seinen Vorgesetzten in Bern einen Ruf als kenntnisreicher Analytiker politischer und wirtschaftlicher Nachrichten erworben. Aber am 8. August befand sich Squire im Urlaub in den Südschweizer Alpen, in dem hübschen kleinen Städtchen Crans-sur-Sierre, von dem aus man einen herrlichen Blick über das Rhônetal hat. Riegner betrat das Konsulat und wurde von einem hochgewachsenen, angenehmen jungen Mann namens Howard Elting Jr., empfangen, der, wie er erfuhr, Squires Untergebener war.

Riegner hatte in diesen letzten Tagen unter erheblicher Anspannung gestanden: Je mehr er darüber nachdachte, umso wahrscheinlicher erschien ihm der Bericht des Industriellen. Riegner war normalerweise ein ruhiger, reservierter, eher gleichmütiger Mann. Doch Elting fand ihn in seinem Bericht über das Treffen »in großer Erregung«. Auch erinnerte Elting sich nicht an »alle gebotenen Vorbehalte«. Als er Riegner sagte, daß der Plan, einen Massenmord mittels Blausäure zu begehen, phantastisch erscheine, erwiderte Riegner, daß er zunächst ebenso reagiert habe. Doch inzwischen werde die Information durch Berichte über Deportationen in ganz Europa gestützt.

Riegners Ernsthaftigkeit und Beharrlichkeit zerstreuten schließlich Eltings Zweifel und überzeugten ihn von der Notwendigkeit, zu handeln. Er sagte zu, die Angaben an die amerikanische Mission in Bern weiterzuleiten. Er warnte Riegner jedoch und sagte, er könne keine Resultate garantieren: Die Verantwortlichen in Bern könnten durchaus den Bericht ignorieren, weil er aus unbekannter Quelle stamme, und die Bitte ablehnen, ihn an Rabbi Wise weiterzuleiten. Riegner beschwor ihn, aber Elting wußte, wovon er redete: Das State Department sah es nicht gern, wenn Privatleute diplomatische Nachrichtenverbindungen benutzten. Elting war sich auch deutlich der Tatsache bewußt, daß er ein sehr junger Vizekonsul war und auf der untersten Rangstufe in der Hierarchie des Auswärtigen Dienstes stand. Maß die Vertretung Riegners Informationen keine Bedeutung bei, würde Eltings eigene Meinung sehr wenig ausrichten. Riegner tröstete sich mit dem Gedanken, daß *wenigstens* die Briten Silverman unterrichten würden.

Sieben Tage waren unterdessen vergangen, seit Riegner, Sagalowitz und Koppelmann sich in Lausanne getroffen hatten, und zehn Tage, seit Schulte in Zürich eingetroffen war. Der »geheime Bote« war wieder nach Deutschland zurückgekehrt, aber in Gedanken wird er in der Schweiz, in Washington und London gewesen sein und bei der Frage, was dort wohl aufgrund der schrecklichen Informationen, zu deren Überbringer ihn das Schicksal auserkoren hatte, unternommen werden würde. Was ihm auch durch den Kopf gehen mochte, er wußte nicht, daß die Todesfabriken in Belzec, Sobibor und Treblinka schon in Betrieb waren, daß in Auschwitz mit der Verwendung von Blausäure begonnen worden war, und daß die Räumung und Auflösung des riesigen Warschauer Gettos in vollem Gange war.

Unverzüglich schickte Elting sein eigenes Memorandum und das von Riegner vorgeschlagene Telegramm an Stephen Wise an die amerikanische Mission in Bern. Er ging in seiner Unterstützung Riegners so weit er nur konnte und schrieb: »Meine persönliche Meinung ist, daß Riegner ein seriöser und ausgeglichener Mensch ist und daß er sich niemals an das Konsulat gewandt hätte, wenn er der Zuverlässigkeit seines Informanten mißtraut hätte und nicht ernsthaft der Meinung gewesen wäre, daß der Bericht durchaus ein Element der Wahrheit enthalten könnte. Auch bin ich der Meinung, daß der Bericht zur weiteren Beurteilung an das Außenministerium weitergeleitet werden sollte.«

Legationsrat Jerome Klahr Huddle wies Elting sofort an, einen formellen Bericht aufzusetzen, der nach Washington telegraphiert werden solle. In seinem an den Außenminister gerichteten Begleitschreiben vom 10. August wiederholte Elting gewissenhaft seine »Überzeugung von der äußersten Seriosität meines Informanten [Riegner].«

Aber Huddle und der amerikanische Geschäftsträger Leland Harrison waren der Meinung, daß die Situation mehr erfordere als die übliche diplomatische Vorsicht. In einer Mitteilung, die zugleich mit Eltings Memorandum auf den Weg gebracht wurde, bezeichnete Harrison Riegners Bericht als »Kriegsgerüchte, entstanden aus Furcht und aus der nach allgemeiner Ansicht tatsächlich sehr elenden Verfassung dieser Flüchtlinge, die der Dezimierung infolge physischer Mißhandlung, Verfolgung und kaum noch erträglicher Entbehrungen, Unterernährung und Krankheit entgegensehen«. Harrison und Huddle glaubten allem Anschein nach, daß viele Juden starben, nicht aber, daß die Nazis beschlossen hätten, sie alle zu töten.

In einem Resümee, das dem Office of Strategic Services übermittelt wurde, bezeichneten Beamte des US-Außenministeriums in Washington die Mitteilung der Legation als »wildes, von jüdischen Ängsten inspiriertes Gerücht«. Selbst Harrisons Eingeständnis, daß in der Tat viele Juden starben, wurde weggelassen. Das US-Außenministerium mußte jetzt entscheiden, ob Riegners Informationen an Rabbi Stephen Wise in New York übermittelt werden sollten.

Die amerikanischen Juden, die durch unterschiedliche Glaubensauslegung, durch nationale Herkunft, Sprache und bis zu einem gewissen Grad auch durch ihre politische Haltung gespalten waren, hatten keinen allseits anerkannten Führer, aber sie hatten in ihrer Mehrzahl schon einmal von Stephen Wise gehört. Seine deutschsprachigen Eltern waren mit dem einjährigen Stephen im Jahre 1875 von Ungarn nach New York gekommen. Später hatte Stephen sein Examen an der Columbia University abgelegt. Er wurde in Wien als Reform-Rabbi ordiniert und gründete später die New Yorker Freie Synagoge, eine ganz ungewöhnliche Gemeinde, die sich durch freiwillige Spenden der Mitglieder finanzierte und die ihrem Rabbi völlige Freiheit gab, zu predigen, wie er es für richtig hielt.

Seine Kraft und seine rhetorische Begabung bewirkten, daß seine Botschaft innerhalb und außerhalb der jüdischen Gemeinschaft weithin verbreitet wurde. Ganz gleich, welche Maßstäbe man anlegte – er war eine imposante Erscheinung. Ein Zeitgenosse hat ihn als einen Mann mit großer, gewölbter Stirn, Adlernase, vorspringendem Kinn und kantigen Backenknochen beschrieben, was alles zusammen den Eindruck enormer Dynamik und eines unbeugsamen Willens vermittelte. Wallendes dunkles Haar fiel ihm in die Stirn; seine hohe schlanke Gestalt und seine aristokratische Haltung verstärkten die Wirkung seiner Erscheinung. Im gleichen Maße, wie seine Ausstrahlungskraft und seine Anhängerschaft innerhalb des liberalen New Yorker Establishments wuchsen, verstärkte sich die Zuversicht des Rabbi Wise, auch politischen Einfluß zu gewinnen.

Als junger Mann hatte er in Europa den Begründer des Zionismus, Theodor Herzl, kennengelernt und war zu einem der ersten amerikanischen Zionisten geworden. Im Jahre 1942 war er die führende Persönlichkeit zweier pro-zionistischer Organisationen, des Amerikanischen Jüdischen Kongresses und des Jüdischen Weltkongresses. Wise verband seinen Judaismus mit einem sozialen Engagement, das ihn auf den linken Flügel der Demokratischen Partei führte und gelegentlich noch darüber hinaus. Trotz seiner rednerischen Begabung war jedoch das Temperament des Rabbi nicht unbedingt ideal für die Politik. Er neigte dazu, die Welt in diejenigen einzuteilen, die für das Richtige eintraten, und die anderen, die es bekämpften; oft übersah er diejenigen, die sich nicht engagierten oder die sich gleichgültig verhielten. Seine Menschenkenntnis war bestenfalls unzulänglich.

Nachdem er es 1932 abgelehnt hatte, Franklin Roosevelt zu unterstützen, ließ Wise sich schließlich vom New Deal und vom Charme des Präsidenten gewinnen. Selbst ein gefeierter Redner, bewunderte Wise die Meisterschaft, die FDR in dieser Kunst an den Tag legte. Er festigte seine Verbindungen zur Roosevelt-Administration durch persönliche Kontakte zu prominenten Beratern und Mitarbeitern des Präsidenten wie Felix Frankfurter, Henry Morgenthau Jr., David Niles, Frances Perkins und Harold Ickes. Weniger günstiges Terrain bot das US-Außenministerium, wo die Freunde des New Deal dünner gesät waren. Als Mitglied der Präsidentenkommission für Politische Flüchtlinge war Wise oft beim Außenministerium vorstellig geworden, um Sondervisa für europäische Rabbiner und andere von den Nazis Bedrohte zu erwirken. Schon geraume Zeit vor 1942 galt er daher bei mehreren Beamten des State Departments als persona non grata. Grob gesagt, Wise sei ein verdammt lästiger Kerl, meinten einige Bürokraten des Außenministeriums. Doch besaß er zuviel Einfluß und kannte zu viele wichtige Leute, als daß man ihn einfach vor die Tür hätte setzen können.

Es stimmte natürlich, daß diejenigen, die im Begriff standen, in die Gaskammern geschickt zu werden, in aller Regel nicht Inhaber eines amerikanischen Passes waren, und daß insofern in der Tat keine explizit »amerikanischen Interessen« tangiert waren. Wenn Eduard Schulte in Breslau seine »Interessen« ähnlich ausgelegt hätte, dann wäre er nicht auf den Gedanken gekommen, Kopf und Kragen zu riskieren, um seine Informationen in die Schweiz zu schaffen. Und das US-Außenministerium war bislang noch nicht gebeten worden, irgend etwas Riskanteres zu tun, als ein Telegramm an einen führenden amerikanischen Juden weiterzuleiten.

Paul Culbertson von der Abteilung für Europäische Angelegenheiten im State Department gab zu bedenken, daß Rabbi Wise großen Ärger machen könnte, wenn er erführe, daß das Außenministerium Riegners Nachricht aufgehalten hatte. Aber sein Kollege Elbridge Durbrow legte ohne Umschweife in einer für den internen Dienstgebrauch bestimmten Aktennotiz dar, was dafür sprach, die Nachricht zu den Akten zu legen: »Es erscheint angesichts der Anmerkungen der Legation, der phantastischen Natur der Behauptung und der Unmöglichkeit, daß wir bei Ergreifen derartiger Maßnahmen irgendwelche Hilfe leisten könnten, als nicht ratsam, die Informationen, wie vorgeschlagen, an Dr. Stephen Wise weiterzuleiten.«

In dem Entwurf einer Anweisung an Harrison hieß es dann:

> Das Ministerium ist der Meinung, daß es unfair gegenüber der amerikanischen Öffentlichkeit wäre, wenn Berichten dieser Art Publizität gegeben würde, ohne daß zuvor von unserem im Ausland stationierten Personal sorgfältige Bemühungen unternommen worden wären, Material zu beschaffen, das zumindest der Tendenz nach eine Bestätigung enthält. Es wird deshalb angeregt, daß die Legation es künftig ablehnen möge, Informationen dieser Art für eine mögliche Übermittlung an Dritte entgegenzunehmen, sofern nicht nach gründlichster Nachforschung Grund zu der Annahme besteht, daß ein derart phantastischer Bericht nach Meinung der Legation eine gewisse Grundlage besitzt, oder sofern der Bericht nicht definitive amerikanische Interessen tangiert.

Geringfügig gemäßigtere Empfindungen setzten sich am Ende in den langen marmornen Korridoren Washingtons durch. Auf dem langen Dienstweg durch das Außenministerium wurde die Ohrfeige für Harrison gelöscht. In dem Telegramm, das schließlich an Harrison abging, hieß es, daß das Ministerium es nicht für angezeigt gehalten habe, ein unbestätigtes Gerücht an eine Privatperson weiterzuleiten. Huddle teilte dies am 21. August schriftlich Elting mit, verbunden mit dem Hinweis, daß das Ministerium zu einer Überprüfung bereit sein würde, falls es Riegner gelänge, zusätzliche bestätigende Informationen zu beschaffen. Riegner akzeptierte die Entscheidung mit soviel Haltung, wie es unter den gegebenen Umständen möglich war.

An just demselben Tage, an dem Huddle Elting über die Entscheidung des US-Außenministeriums unterrichtete, hielt Franklin D. Roosevelt eine Pressekonferenz ab. Der Präsident faßte gegenüber den beim Weißen Haus akkreditierten Journalisten ein Dokument zusammen, das er vor kurzem von den Exilregierungen der Niederlande, Jugoslawiens und Luxemburgs über barbarische Besatzungsmethoden der Deutschen in Europa erhalten hatte, Methoden, die »sogar zur Ausrottung bestimmter Bevölkerungen führen könnten«. Er umschrieb dann seine eigene offizielle Position:

> Unsere Regierung hat ständig ergänzende Informationen aus zuverlässigen Quellen erhalten, und sie begrüßt Berichte von jeder

vertrauenswürdigen Seite, die dazu beitragen, unsere Regierung – unseren wachsenden Fundus von Informationen und Beweisen auf dem laufenden und zuverlässig zu erhalten. Mit anderen Worten, wir wollen Nachrichten – aus jeder Quelle, die verläßlich ist – über die Fortsetzung der Greueltaten.

Wie bittere Ironie wirkt die Tatsache, daß die Nachricht über die Endlösung schon aus vertrauenswürdiger Quelle eingetroffen, aber zurückgewiesen worden war, und daß man den Präsidenten darüber nicht einmal informiert hatte.

Mehr Glück hatte Riegner bei den Briten, aber nicht, weil London scharfsichtiger oder mitfühlender gewesen wäre. Riegner hatte die Chancen richtig kalkuliert. Rabbi Wise war ein Privatmann; das State Department hatte vielleicht keinerlei Verlangen gespürt, ihm irgendeinen Gefallen zu tun. Der britische Vertreter des Jüdischen Weltkongresses jedoch, Sidney Silverman, war Abgeordneter des Unterhauses und ein sehr bekannter Anwalt dazu. Für einen Bürokraten des Foreign Office wäre das Zurückhalten einer wichtigen Botschaft gegenüber einem Parlamentsmitglied eine Mißachtung bewährter politischer Regeln gewesen – und zwar auch in Kriegszeiten.

Aber in London waren die außenpolitischen Experten ebenso wie in Washington skeptisch und nicht geneigt, zu handeln. Der Staatssekretär im Außenministerium, Richard Law, forderte Informationen über Riegner an, aber die Abteilung für Flüchtlinge wußte nichts über ihn. Am 15. August schrieb ein junger Diplomat namens Frank Roberts, nach dem Krieg einer der führenden Botschafter Großbritanniens: »Ich sehe keine Möglichkeit, diese Botschaft noch sehr viel länger zurückzuhalten, obwohl ich befürchte, daß sie unangenehme Auswirkungen haben könnte. Natürlich verfügen wir über keinerlei Informationen in bezug auf diese Geschichte.« Zwei Tage später erhielt Silverman das Telegramm von Riegner. Er schickte das Kabel über die Western Union weiter an Wise, wie Riegner es erbeten hatte. Im Kriege genossen private Telegramme nur geringe Priorität und wurden außerdem über das Zensurbüro geleitet. Erst am 28. August erfuhr Wise endlich, was Riegner ihm drei Wochen früher mitzuteilen versucht hatte.

Der 28. August, der Tag, an dem das Riegner-Silverman-Telegramm in New York eintraf, war ein Freitag. Rabbi Wise bereitete sich auf die

Sabbat-Gottesdienste vor. Während des Wochenendes und zu Beginn der folgenden Woche konferierte er mit Funktionären des Amerikanischen Jüdischen Kongresses und des Jüdischen Weltkongresses. Wie er später berichtete, waren alle »konsterniert und niedergeschlagen«. Sie kannten Riegner als zuverlässigen Mann, zurückhaltend im Urteil, einen Gelehrten, der sich nicht leicht von Gerüchten würde beeinflussen lassen. Aber es genügte nicht, daß sie Riegner glaubten. Es galt, die Regierung zu überzeugen und zum Handeln zu veranlassen.

Staatssekretär Sumner Welles, an den Wise sich am 2. September wandte, war der beste Mann, wenn es galt, zu FDR vorzudringen. Der wohlhabende und elegante Staatssekretär, die Inkarnation des Diplomaten alter Schule, war ein persönlicher Freund des Präsidenten. Überdies war er fähiger und energischer als sein Vorgesetzter, Außenminister Cordell Hull, ein ehemaliger Senator aus Tennessee. Jahrelang hatte es im Außenministerium eine Konfrontation zwischen Welles und Hull gegeben – und Welles hatte schließlich den Kampf um die Gunst FDRs gewonnen.

Für Wise war das nur gut. Trotz der Tatsache, daß Hull mit einer Jüdin verheiratet war, hatte der Minister es stets abgelehnt, sich »Sonderinteressen« zu beugen, und sich statt dessen allgemeinen Fragen der Außenpolitik, besonders dem Gebiet der wirtschaftlichen Beziehungen, gewidmet. Vielleicht wußte er nur zu gut, was viele Kongreß-Abgeordnete aus den Südstaaten davon hielten, Juden die Einreise in die Vereinigten Staaten zu gestatten. Welles jedoch hatte starke humanitäre Neigungen und war mit Eleanor Roosevelt befreundet, die seit langem ihre Besorgnis über die Verfolgung der Juden durch die Nazis zum Ausdruck gebracht hatte. Welles würde vielleicht nicht alles tun, was Wise wollte, aber ganz gewiß würde er den Rabbi nicht ignorieren.

Aber auch Welles mußte sich hinsichtlich seiner Informationen auf Experten des Außenministeriums stützen. Ray Atherton, Chef der Europa-Abteilung, wies ihn darauf hin, daß es keine Beweise dafür gebe, wie viele Juden nach Osten deportiert worden seien, geschweige denn dafür, daß sie »ausgerottet« würden. Soweit das US-Außenministerium wisse, sollten die deportierten Juden wie die Polen und die russischen Kriegsgefangenen zur Arbeit in der deutschen Kriegswirtschaft gezwungen werden. Welles teilte Wise diese Information am 3. September telephonisch mit und bat ihn, das Riegner-Telegramm nicht öffentlich bekanntzumachen, bis sein Inhalt bestätigt werden könne. Wise erklärte sich einverstanden. Er hatte wahrscheinlich keine Vorstellung davon, wie langsam sich die Räder der Bürokratie drehten.

Unterdessen trafen weitere Informationen aus der Schweiz ein. Koppelmann hatte Sagalowitz und Riegner angerufen und ihnen mitgeteilt, daß er soeben einen weiteren Bericht erhalten habe, nach dem der Befehl, die europäischen Juden auszurotten, von Herbert Backe ausgegangen sei, dem Reichsernährungsminister, der ein amtliches Interesse daran hatte, knappe Nahrungsmittelvorräte zu schützen; Hans Frank jedoch, der NS-Gouverneur für Polen, habe eingewandt, er brauche die Juden als Arbeiter für die Kriegswirtschaft. Wer auch immer die Quelle dieses Berichts gewesen sein mochte, es war gewiß nicht Schulte oder irgendein anderer, der mit der höchsten Nazi-Führung vertraut war. Backe war kein alter Kämpfer und gehörte Hitlers innerstem Kreis nicht an; er wäre in Angelegenheiten der großen Politik einfach nicht gefragt worden. Er war nichts weiter als ein Landwirtschaftsexperte.*

Koppelmann hatte viele Informanten: Geschäftsfreunde Rosensteins, ortsansässige Baseler Anwälte und Bankiers mit Verbindungen zu Deutschland, ein paar Emigranten, die noch einen Draht nach Berlin hatten. (Einer dieser Baseler Emigranten hatte im Ersten Weltkrieg zusammen mit Göring in der deutschen Luftwaffe gedient.) Koppelmann war jedoch kein gelernter Auswerter von Geheimdienstinformationen, mit dem Resultat, daß er bei der Zusammenstellung der verschiedenen Informationsfragmente, die bei ihm eingegangen waren, mitunter unbeabsichtigt Tatsachen, Halbwahrheiten und unbestätigtes oder sogar falsches Material in einen Topf warf.

Aber wenn es auch unvermeidliche Fehler in Detailfragen gab, so war das allgemeine Bild, das aus der Schweiz kam, in allen wesentlichen Punkten, wie wir heute wissen, richtig: Die Juden wurden tatsächlich ausgerottet. Ja, dies ging sogar schneller vonstatten, als aus den Berichten hervorging. Bedurfte es noch zusätzlicher Informationen, so kamen sie von dem Mann, dessen Qualifikation schwerlich angezweifelt werden konnte. In einer Rede, die er am 30. September 1942 im Berliner

* Backe war auch einer der wenigen NS-Führer, die nach dem Krieg Schuld- und Schamgefühle zum Ausdruck brachten. Obwohl er bestritt, von Auschwitz gewußt zu haben, gestand er eine indirekte Verantwortung ein: »Meine seelischen Qualen sind unermeßlich.« Wenige Tage, nachdem er dies gesagt hatte, beging er Selbstmord.

Sportpalast hielt, erinnerte Hitler seine Zuhörer an seine vor dem Krieg ausgesprochene Warnung, daß für den Fall der Anzettelung eines neuen Weltkrieges durch das Judentum (das war natürlich seine Formulierung) nicht die arischen Völker ausgerottet werden würden, sondern das Judentum. Jetzt verkündete er: »Und ich werde auch mit diesen Prophezeiungen recht behalten.«

Amerika stand nun schon fast ein Jahr im Krieg. Aber wie fern war die Realität des Krieges den Amerikanern, wie weit waren sie davon entfernt, diesen Krieg zu verstehen! In den Schlagzeilen der Zeitungen ging es um die Verhaftung von fünfundsiebzig Glücksspielern bei einer Razzia in New Jersey, um einen Streik der Zeitungsverkäufer in New York, um Versäumnis-Vorwürfe gegen Bürgermeister Fiorello La Guardia. In den Medien tobte eine Debatte darüber, ob Kraftfahrern eine jährliche Höchst-Fahrstrecke von 7700 Meilen (12300 Kilometer) oder nur 5000 Meilen (8000 Kilometer) zugestanden werden solle.

Der Präsident befaßte sich mit Problemen wie dem Gesetz über die Preiskontrolle, der Einrichtung eines Ausschusses zur Prüfung der Ansprüche amerikanischer Staatsbürger gegenüber Mexiko und dem Start einer großen Spendenaktion zugunsten des Roten Kreuzes.

Am 10. September fuhr Stephen Wise nach Washington, wo er Beamte des US-Außenministeriums, Vizepräsident Henry Wallace und andere aufsuchte, um ihnen Riegners Telegramm und einen weiteren Bericht über Massentötungen in Polen aus orthodox-jüdischer Quelle in der Schweiz zu zeigen. Vom Botschafter der polnischen Exilregierung vernahm er, daß Hitler möglicherweise Europas Juden vernichten wolle, daß sie aber im Augenblick an die russisch-polnische Grenze geschickt würden, um dort Befestigungsanlagen zu bauen. Es gab einige konstruktive Vorschläge in Washington. So meinte Oscar Cox, Staatssekretär im Justizministerium, die beiden Telegramme könnten durchaus den letzten Anstoß zur Bildung eines Ausschusses der Vereinten Nationen für Kriegsverbrechen geben.

FDR und Welles hatten Myron Taylor, den persönlichen Beauftragten des US-Präsidenten, schon angewiesen, Konsultationen mit dem Vatikan über Massentötungen durch die Nazis aufzunehmen. Taylor, ein früherer Direktor von U.S. Steel, sprach am 25. September mit Staatssekretär Kardinal Luigi Maglione und bat bei dieser Gelegenheit, daß der Papst öffentlich seine Stimme gegen die unmenschliche Behandlung von Flüchtlingen und Geiseln – insbesondere von Juden – in den von den Deutschen besetzten Gebieten erheben möge. Maglione wies darauf hin, was der Vatikan und Beauftragte der Kirche schon getan hätten. Der Papst habe die Warnung ausgesprochen, daß Gott die Herrschenden segnen oder verurteilen werde, je nachdem, wie sie die ihnen anvertrauten Menschen behandelten. Der Kardinal erklärte Taylor, daß der Papst nicht weiter habe gehen können, ohne sich »auf Einzelheiten einzulassen«, was einen riskanten politischen Schritt darstellen würde, der beglaubigter Beweise bedürfe.

Am nächsten Tag erhielt Taylor auf Umwegen weitere Informationen über Naziverbrechen von Richard Lichtheim, der Kontakt hatte zu zwei Männern, die vor kurzem aus Polen eingetroffen waren. (Lichtheims Depesche ging über Kanäle des US-Außenministeriums an Stephen Wise, der sie an Staatssekretär Welles weiterleitete. Welles kabelte sie, mit Dreifach-Priorität ausgestattet, nach Bern, von wo sie mit diplomatischer Post an Taylor in Rom ging.) Diese Depesche enthielt die Nachricht, daß die Warschauer Juden aus dem Ghetto abtransportiert und in Sonderlagern getötet würden; eines davon sei als Belzec identifiziert worden. Aus Deutschland, Belgien, Holland, Frankreich und der Slowakei deportierte Juden erwarte das gleiche Schicksal. Lichtheims Informanten wußten nichts von den Gaskammern, aber nach ihren Informationen wurden nach dem Osten verschickte Nicht-Juden als Arbeiter eingesetzt, während die meisten Juden ein anderes Schicksal erlitten.

Sumner Welles wünschte, daß Taylor sich mit dem Vatikan über mögliche Maßnahmen abstimme. Aber Taylors neuerliche Nachfrage in Rom erbrachte nur das Eingeständnis, daß auch der Vatikan nicht verifizierte Berichte über »harte Maßnahmen gegen Nicht-Arier« erhalten habe. Der Heilige Stuhl habe keine praktischen Vorschläge zu machen; nur physische Gewalt von außen könne der Nazi-Barbarei ein Ende setzen. Mehrere Monate später sagte Papst Pius XII. gegenüber einem anderen amerikanischen Diplomaten, er könne die Nazigreuel nicht öffentlich verurteilen, ohne nicht auch ausdrücklich die »Bolschewiken« zu verdammen.

Eine mit Dreifach-Priorität ausgestattete Botschaft vom State Department über die Tötung von Juden durch die Nazis zu empfangen, muß Leland Harrison, den US-Geschäftsträger in der Schweiz, alarmiert haben, denn die Europa-Abteilung hatte sich zuvor nicht besonders an der Frage interessiert gezeigt. Anfang Oktober ließ Welles eine persönliche

Botschaft an Harrison folgen, in der er ihn bat, sich mit Riegner oder Lichtheim zu treffen und in Erfahrung zu bringen, welche zusätzlichen Hinweise sie hätten. Wise hatte kurz zuvor Welles darauf hingewiesen, daß die beiden jüdischen Beauftragten wahrscheinlich Bedenken hätten, derartige Informationen als gewöhnliche Postsache zu schicken.

Leland Harrison war weder träge noch inkompetent. Er genoß die angenehme Seite des Diplomatenlebens in Bern - die offiziellen Abendessen, die edlen Weine und Cognacs, das Golfspiel mit Freunden. Vor dem Krieg hatte er eine Bitte des Präsidenten, sich befördern zu lassen und Botschafter in Kanada zu werden, ausgeschlagen, weil er und seine Frau sich so gut in Europa eingelebt hätten. Aber die Hinweise auf die Tötung von Millionen Menschen in Augenschein zu nehmen – das gehörte nicht zu seinen angenehmeren Aufgaben.

Doch das beharrliche Interesse, das Welles an den Tag legte, sprengte schließlich alle Hemmnisse in Bern und Washington. Wie Harrison Welles schon am nächsten Tag wissen ließ, deuteten zahlreiche Berichte aus jüdischen und nichtjüdischen Quellen, ergänzt durch Informationen von Paul Squire in Genf, darauf hin, daß die Nazis in der Tat Juden aus Westeuropa nach Osten transportierten, einem ungewissen Schicksal entgegen. Polnische Diplomaten hätten bestätigt, daß das Warschauer Ghetto geräumt werde. Harrison war jetzt bereit, Riegner und Lichtheim zu helfen, und er ließ Squire wissen, daß die beiden in der Botschaft willkommen sein würden. Legationsrat Huddle fügte gegenüber Squire sogar hinzu, daß die Angelegenheit dringend sei. Unterdessen zeigte Welles dem Rabbi Wise das unheilverkündende Telegramm von Harrison.

Am 7. Oktober veröffentlichte das Weiße Haus eine Pressemitteilung, aus der hervorging, daß die Nazis ihre Kriegsverbrechen fortsetzten. FDR erklärte, daß Kriegsverbrecher bei Kriegsende bestraft werden würden, und daß die USA, Großbritannien und andere Regierungen zu diesem Zweck eine Kommission der Vereinten Nationen für die Untersuchung von Kriegsverbrechen ins Leben rufen würden. Das war wenig genug, aber immerhin war es ein kleiner Schritt voran. Es war außerdem ein Zeichen dafür, daß das Weiße Haus einige der aus der Schweiz eingetroffenen Informationen über die Endlösung zur Kenntnis genommen hatte.

Riegner und Lichtheim kamen am 22. Oktober in die Botschaft in Bern und überreichten Harrison eine Dokumentation über die Ausrottungspolitik der Nazis. Sie waren Zeuge, wie Harrison das Deckblatt umschlug und auf der ersten Seite las:

> Vier Millionen Juden stehen am Rande der vollständigen Vernichtung durch eine vorsätzliche Politik der Aushungerung, des Ghettosystems der Sklavenarbeit, der Deportation unter unmenschlichen Bedingungen sowie des organisierten Massenmordes durch Erschießung, Vergiftung und andere Methoden. Diese Politik der totalen Vernichtung ist zu wiederholten Malen von Hitler proklamiert worden. Jetzt wird sie ausgeführt.

Der Riegner-Lichtheim-Bericht forderte die Sammlung von Material über die für die Tötung Verantwortlichen sowie die Bestrafung der Schuldigen. Wichtiger noch war die Forderung, den stärksten nur möglichen Druck auf die partiell unabhängigen Regierungen von Italien, Ungarn, Rumänien, Bulgarien und Vichy-Frankreich auszuüben, nicht bei den Deportationen zu kooperieren. Hier könne der Vatikan gute Dienste leisten. Es folgte eine nach Ländern unterteilte Aufstellung der geschätzten Todesrate bei den Juden. Harrison hatte gewisse Zweifel hinsichtlich der hier zusammengestellten Zahlen und setzte später Fragezeichen an den Rand.

Dann kam der entscheidende Teil – der Abschnitt über eine zuverlässige deutsche Quelle, die behauptet hatte, daß Hitlers Führerhauptquartier einen Plan für die Ausrottung von dreieinhalb bis vier Millionen Juden in Betracht gezogen und angenommen habe. Riegner und Lichtheim schonten das US-Außenministerium nicht. In ihrem Bericht faßten sie zusammen, wie sie diese Information am 8. August dem amerikanischen Konsulat in Genf vorgelegt hätten und wie ihnen später mitgeteilt worden sei, daß das US-Außenministerium es abgelehnt habe, sie an Stephen Wise weiterzuleiten, weil sie unbewiesen sei.

Harrison las den letzten Teil des nahezu dreißigseitigen Berichts zu Ende – darunter einige Briefe aus Polen, die man über die Sternbuchs empfangen hatte (eine schweizerisch-jüdische Familie, die sich sehr aktiv an Rettungsunternehmungen beteiligte), sowie einen Augenzeugenbericht über Massentötungen von Juden in Lettland. Obwohl er schon zwanzig Minuten lang in Anwesenheit seiner Gäste gelesen hatte, nahm er sich einige Abschnitte noch einmal vor. Dann begann er, mit beinahe ausdruckslosem Gesicht, Fragen zu stellen.

Harrison wollte die Quellen jedes der Dokumente wissen, die Riegner und Lichtheim ihrem Bericht angefügt hatten. Er wollte insbesondere den Namen des Deutschen wissen, der die Information über die Erörterung der Endlösung im Führerhauptquartier geliefert hatte. Riegner und Lichtheim hatten zwar den Industriellen nicht getroffen, doch hatten sie inzwischen den Namen des Mannes erfahren – widerstrebend hatte ihn Sagalowitz ihnen in einem verschlossenen Umschlag gegeben. Lichtheim hatte den Umschlag geöffnet, und jetzt standen sie vor einem moralischen Dilemma. Schultes Namen zu enthüllen, könnte ihn das Leben kosten, denn die Deutschen waren durchaus fähig, amerikanische diplomatische Funksprüche abzufangen und zu dechiffrieren. Den Namen nicht zu enthüllen, bedeutete, daß Harrison und das US-Außenministerium weniger bereit sein würden, ihren Informationen zu glauben. Noch mehr Zeit würde verloren gehen.

Am Ende gaben sie nach. Auf dem Zettel in dem Umschlag standen die Worte: »Generaldirektor Dr. Schulte, Montanindustrie (Bergbau). In engem oder engstem Kontakt mit den maßgebenden Wehrwirtschaftskreisen.« Sie beschworen Harrison, den Namen nicht nach Washington zu übermitteln. Riegner berichtete Harrison sodann von einer neuen, unabhängigen Bestätigung für den Befehl über die Durchführung der Endlösung, die er vor kurzem von Paul Guggenheim erhalten hatte, der sie seinerseits von einem hohen Beauftragten des Internationalen Komitees vom Roten Kreuz bekommen habe. Harrison wünschte mehr Einzelheiten, und zwar so bald wie möglich. Die beiden jüdischen Beauftragten versprachen, Beweise und weitere Einzelheiten zu beschaffen.

Harrison rief dann Paul Squire, in Genf an und bat ihn, am nächsten Tag in die Botschaft zu kommen. Er brauchte Squires Meinung bezüglich der Beweise, und telephonisch konnten sie dieses Problem nicht eingehend erörtern. Squire teilte seinem Vorgesetzten offensichtlich mit, daß er vom Wahrheitsgehalt des Riegner-Lichtheim Berichts überzeugt sei – tatsächlich hatte er schon vorher einen großen Teil davon gesehen. Harrison beauftragte Squire, eidesstattliche Erklärungen von denjenigen Personen in der Schweiz zu beschaffen, die Riegner und Lichtheim die Informationen geliefert hatten.

Am 24. Oktober richtete Harrison einen persönlichen Brief an Staatssekretär Welles, in dem er seine Begegnung mit Riegner und Lichtheim schilderte. Er teilte Welles mit, daß er den Namen des deutschen Industriellen kenne. Er erklärte auch, daß der von Riegner und Lichtheim erwähnte Beauftragte des Internationalen Komitees vom Roten Kreuz wahrscheinlich Carl Jacob Burckhardt sei. Bei einem Mittagessen hatte Harrison mitgehört, wie Burckhardt mit Professor Guggenheim einen Befehl über die Endlösung erörterte. Harrison versprach, eidesstattliche Erklärungen nachzureichen, sobald sie vorlägen.

Fünf Tage später gelang es Squire, Professor Guggenheim zur Niederschrift und Unterzeichnung einer detaillierten Erklärung zu bewegen; Guggenheim hatte sich nur ausbedungen, daß Burckhardts Name nicht genannt werde. Er habe von einem »Bürger der Schweiz« erfahren, daß Hitler angeblich einen Befehl zur Ausrottung aller Juden in den von den Deutschen beherrschten Gebieten erteilt habe. Hans Frank und sogar Heinrich Himmler hätten sich wegen der damit verbundenen praktischen Schwierigkeiten gegen den Plan ausgesprochen, aber Hitler habe seinen Befehl im September 1942 wiederholt. Die Information über den Befehl stamme vermutlich aus zwei unabhängigen Quellen: Von einem Beamten des Reichsaußenministeriums in Berlin und von einem Beamten des Reichskriegsministeriums. Darüber hinaus hätten andere Quellen Informationen geliefert, die zu dem Plan über die Endlösung paßten. Inzwischen hatte Squire auch eine eidesstattliche Erklärung über die Hinrichtung der Rigaer Juden von einem lettischen Juden bekommen, dem die Flucht in die Schweiz gelungen war. Harrison leitete beide eidesstattliche Erklärungen an Welles weiter, wobei er ihn dringend ersuchte, die Namen geheimzuhalten. Er versprach, auch eine Erklärung von Burckhardt selbst zu schicken, falls es gelänge, sie zu beschaffen.

Das US-Außenministerium mußte gewußt haben, daß Burckhardt kein gewöhnlicher Schweizer Staatsbürger war, sondern einer der führenden Intellektuellen Europas und zugleich ein internationaler Funktionsträger von hohem Ruf. Nach dem Studium an verschiedenen schweizerischen und deutschen Universitäten war der Patrizier Burckhardt in den diplomatischen Dienst der Schweiz eingetreten und dann in die akademische Welt übergewechselt. Während seiner Zeit als Geschichtsprofessor in Genf verfaßte er zahlreiche Bücher und Schriften zur europäischen Geschichte, die höchstes Lob fanden. Aber er blieb auch Diplomat und Mann der Tat. Von 1937 bis 1939 diente er als Völkerbundskommissar für die Freistadt Danzig, auf die Deutschland wie Polen begehrliche Blicke warfen. Später sollte er ein Buch über dieses Erlebnis schreiben.

Im August 1939 suchte Burckhardt Adolf Hitler persönlich auf, aber sein Versuch, die Konflikte um den Polnischen Korridor und Danzig beizulegen, blieb ergebnislos. Es war ein böses Erwachen für ihn; der Führer legte überhaupt keinen Wert auf eine friedliche Regelung und drohte damit, Polen von der Landkarte zu löschen. Hitler sagte Burckhardt ins Gesicht, daß Deutschland im Osten in den Krieg zu ziehen wünsche, um gewaltige Landmassen an sich zu bringen. Wenn aber die westlichen Nationen darauf beharrten, ihm den Krieg zu erklären, um Polen zu verteidigen, dann werde Deutschland zunächst sie schlagen und Rußland später angreifen. Über seine aus erster Hand stammenden Hitler-Kenntnisse hinaus besaß Burckhardt enge Kontakte zu vielen anderen ranghohen Deutschen, von denen er einige schon seit seinen Studientagen kannte. Auch seine Rote-Kreuz-Organisation verfügte über Quellen in Deutschland. Es würde nicht leicht sein, über das hinwegzugehen, was Burckhardt über die Tötung von Juden durch die Nazis zu Protokoll geben würde.

Am 7. November sprach Squire direkt mit Burckhardt. Dieser bestätigte vertraulich, was er zuvor gegenüber Guggenheim gesagt hatte, gab aber zu, daß er den Befehl nicht selbst gesehen habe. Auf die Frage von Squire, ob in dem Befehl ausdrücklich das Wort »Ausrottung« gebraucht werde, antwortete Burckhardt, daß dort gefordert worden sei, bestimmte Gebiete »judenfrei« zu machen. Aber da es für die Juden keine Ausweichgebiete gebe, sei klar, wie das Resultat aussehen werde.

Burckhardt teilte Squire mit, daß er versucht habe, das Internationale Komitee vom Roten Kreuz zu bewegen, in der Frage der Juden und Geiseln im nationalsozialistischen Deutschland einen Appell an die Weltöffentlichkeit zu richten. Die IKRK-Exekutive habe den Gedanken jedoch am 14. Oktober 1942 mit der Begründung abgelehnt, daß mit einem solchen Schritt nichts erreicht werden könne, sondern daß er die Lage eher noch erschweren und möglicherweise die Arbeit des Roten Kreuzes zugunsten von Kriegsgefangenen und Zivilinternierten – »die eigentliche Aufgabe des Roten Kreuzes« – gefährden werde. Die Nazis betrachteten die Juden als ihre politischen Feinde, aber keine andere Regierung erachtete sie eines besonderen Schutzes für würdig. Sie waren keine Kriegsgefangenen, keine Zivilisten, keine Amerikaner, keine Briten. Nur die Exilregierungen der von Deutschland eroberten Länder intervenierten für ihre jüdischen Bürger, sie aber besaßen nur geringen Einfluß. Burckhardts Information wurde am 9. November an Harrison geschickt; sie bestätigte Schultes ursprünglichen Bericht.

Nachdem die neue Information am 23. November an Washington abgegangen war, konnte Welles sich nicht länger eines Urteils enthalten. Am nächsten Tag rief er Stephen Wise nach Washington und erklärte dem Rabbi, daß er zu seinem Bedauern die tiefsten Befürchtungen, die Wise geäußert habe, bestätigen müsse. Aber Welles scheint es nicht für ratsam gehalten zu haben, seinem von Fraktionskämpfen zerrissenen Ministerium mitzuteilen, was er zu Wise gesagt hatte. Er fertigte kein offizielles Memorandum über sein Gespräch mit Wise an. Und trotz der vielen Zeit und Mühe, die darauf verwendet worden waren, Schultes ursprünglichen Bericht zu bestätigen, bestritt eine Anzahl von Beamten des US-Außenministeriums weiterhin die Existenz einer »Endlösung«.

Wise jedoch war nicht müßig geblieben, während er auf Welles wartete. Am 28. September, ungefähr einen Monat, nachdem er das Riegner-Telegramm über London erhalten hatte, sprach er auf einer Versammlung gegen Nazi-Greueltaten im Madison Square Garden. Aber die Regierung und die amerikanische Öffentlichkeit im allgemeinen schenkten der Sache wenig Aufmerksamkeit. Nachdem er die Bestätigung von Welles erhalten hatte, setzte Wise am 24. November Pressekonferenzen in Washington und New York an und gab öffentlich bekannt, was er wußte. Die Nachrichtenagentur *Associated Press* verbreitete einen Bericht darüber, der in der *New York Herald Tribune* unter der Überschrift erschien: »Wise sagt, Hitler habe 1942 die Ermordung von 4000000 Juden befohlen.« Damit war an Publizität alles zuvor Erreichte weit übertroffen worden.

Das Resultat der Bemühungen von Wise bestand, wie sich ein Beamter des US-Außenministerium bald beklagen sollte, in »einer Flut von Post an den Präsidenten und das Außenministerium mit dem Ziel, 1.) eine gemeinsame Erklärung der Vereinigten Staaten und Großbritanniens zu erreichen, in der die Barbarei verurteilt und Vergeltung zugesichert werden; 2.) Palästina für die Juden zu öffnen; 3.) alle gegen die Einwanderung jüdischer Kinder errichteten Barrieren zu beseitigen; und 4.) Juden im besetzten Europa gegen internierte Staatsangehörige der Achsenmächte auszutauschen«. Zur weiteren Verärgerung von Beamten in der Europa-Abteilung des State Department enthüllte Wise, daß er die Informationen über die Endlösung auf Wegen erhalten habe, die ihm vom Außenministerium zur Verfügung gestellt worden seien, und er spielte auch auf eine Bestätigung seiner Informationen durch das Außenministerium an. Aber die Beamten des Außenministeriums lehnten jede Stellungnahme zu den Informationen ab und verwiesen alle Anfragen an Wise.

Wise gelang es auch, einen Termin für sich und vier andere führende Mitglieder der jüdischen Gemeinde am 8. Dezember im Weißen Haus zu bekommen. Die jüdischen Sprecher überreichten dem Präsidenten ein Memorandum mit dem Titel »Ausrottungsplan«, das auf den Informationen aus dem Riegner-Lichtheim-Memorandum an Harrison und auf anderen Quellen beruhte. Das Papier enthielt einen besonderen Abschnitt über Hitlers Ausrottungsbefehl, in dem Teile aus Riegners Telegramm zitiert und die ungenauen Informationen über Herbert Backe, Hans Frank und Heinrich Himmler wiederholt wurden. Aber der Bericht nannte den entscheidenden Punkt beim Namen: Für die meisten Juden war Deportation nur ein Euphemismus für Tod.

Glaubte Roosevelt dem Bericht? Es gibt keine Aufzeichnungen über seine Gedanken in dieser Angelegenheit, wir müssen uns also mit Vermutungen aufgrund der bekanntgewordenen Indizien begnügen. Im September oder Oktober 1942 mag er den Schulte-Riegner-Bericht möglicherweise für dubios gehalten haben. Wenn Felix Frankfurter anfangs die Realität einer Fließband-Unternehmung zur Vernichtung von Millionen seiner Glaubensbrüder nicht akzeptieren konnte, mag Franklin Roosevelt ähnlich reagiert haben. Aber gegen Ende November waren die Beweise überwältigend.

Anfang November hatte FDR den US-Kongreß um die Bewilligung eines Dritten Gesetzes über Kriegsvollmachten ersucht, das es dem Präsidenten ermöglichen sollte, Gesetze zeitweilig außer Kraft zu setzen, welche den freien Strom von Personen, Gütern und Informationen in die Vereinigten Staaten und aus ihnen heraus behinderten. Der stellvertretende Außenminister Breckinridge Long meinte, daß Roosevelt nicht beabsichtigt habe, mit Hilfe dieser Vollmacht mehr Flüchtlinge aus Europa in die Vereinigten Staaten hineinzulassen. Einige Konservative im Kongreß und in der Presse waren jedoch anderer Meinung. Sie mögen recht gehabt haben.

Zwei Tage nach den Pressekonferenzen von Stephen Wise hielt Franklin Roosevelt eine Besprechung mit Vizepräsident Henry Wallace und Sam Rayburn, dem Sprecher des Repräsentantenhauses, ab. Nach Darstellung von Wallace sprach der Präsident hauptsächlich über die Notwendigkeit von Gesetzen zur Lockerung der Einwanderungs- und Einfuhrbeschränkungen. Rayburn jedoch wies darauf hin, daß es im Kongreß starken Widerstand gegen solche Schritte gäbe, insbesondere im Vermittlungsausschuß. Roosevelt schien daraufhin den Rückzug anzutreten; er erklärte, es liege in der Verantwortung des Kongresses, hier zu entscheiden. Hatten die Bemühungen des Präsidenten etwas mit dem Riegner-Telegramm zu tun? Er war Meister in der Kunst, seine wahren Absichten zu verbergen.

Wie dem auch sei, konservative Kräfte im Vermittlungsausschuß löschten zunächst einmal das Wort »Personen« in dem Gesetzentwurf und hielten dann die gesamte Kriegsvollmachten-Vorlage so lange auf, bis sie verschied. Eine feindselige Haltung gegenüber einer gesteigerten jüdischen Einwanderung trug wesentlich zur Niederlage des Präsidenten bei. Es überrascht daher nicht, daß FDR nicht besonders erpicht darauf war, eine größere politische Schlacht um die verzweifelte Not der europäischen Juden zu schlagen.

Roosevelt war kein gefühlloser Mann, aber er trug die Bürde der Welt auf seinen Schultern. Er war vom Beginn des Krieges an der Überzeugung, daß der beste Weg, dem vielfältigen Leiden ein Ende zu setzen, darin bestünde, den Krieg so schnell wie möglich zu einem erfolgreichen Ende zu führen. Gäbe er den immer neuen Bitten um spezielle Hilfe nach, würden sie nie ein Ende finden.

Wise appellierte am 8. Dezember an FDR, der Welt das Ausrottungsprogramm zur Kenntnis zu geben und Anstrengungen zu seiner Unterbindung zu unternehmen. Roosevelt erwiderte, der Regierung seien die meisten der Tatsachen bekannt, doch es sei schwer, geeignete Gegenmaßnahmen zu finden. Die Alliierten könnten nicht den Eindruck erwecken, als bestehe das gesamte deutsche Volk aus Mördern oder stimme mit Hitlers Tun überein. Er erklärte sich aber bereit, in einer weiteren Erklärung die Massentötungen anzuprangern.

Man könnte verschiedene mildernde Umstände für die Untätigkeit des Präsidenten und die Weigerung des US-Außenministeriums finden, das tragische Schicksal der europäischen Juden bekanntzumachen. Die Berater des Präsidenten erklärten ihm wahrscheinlich, daß zu viele Leute an zu vielen Orten Einwände gegen die Bekundung alliierter Besorgnis über das Schicksal der Juden erheben würden. Irgendwelche Maßnahmen zur Bekanntmachung des Massenmords, zu seiner Behinderung oder Beendigung galten als politisch oder militärisch inopportun: Sie würden die Kriegsanstrengungen beeinträchtigen.

Und doch waren diese Argumente alles in allem wenig überzeugend.

Roosevelt war ein sehr beschäftigter Mann, aber ein Blick auf seinen Terminkalender im Herbst 1942 zeigt, daß nicht jede Minute seiner Zeit auf lebenswichtige und dringende Angelegenheiten der hohen Politik verwendet wurde. Er hielt eine Rede am 16. September, als er einer norwegischen Prinzessin einen U-Boot-Jäger übergab, er hielt Reden vor der internationalen Studentenversammlung, vor Ärzten, Anwälten, Fabrikarbeitern. Er sprach in Krankenhäusern, Büros, Ballsälen, Universitäten und Hotels. Hätte er nicht eine halbe Stunde erübrigen können, um eine seiner berühmten, machtvollen Reden über das furchtbare Schicksal der Juden zu halten, eine Rede, die Widerhall rund um den Erdball gefunden hätte? Glaubte er, daß selbst eine solche Geste schon ein zu großes politisches Risiko darstellen würde?

Am Ende blieb es dann den Briten überlassen, die Initiative zu ergreifen. Das britische Kabinett billigte den Text einer Erklärung, die bestätigte, daß Hitler das jüdische Volk auszurotten beabsichtige, die den kaltblütigen Mord verurteilte und versprach, für die Bestrafung der Verantwortlichen zu sorgen. Außenminister Anthony Eden verlas die Kabinettserklärung im Unterhaus, das sich als Zeichen des Respekts für die Opfer zu einer Schweigeminute erhob. Das US-Außenministerium hielt sich bis zum letzten Augenblick bedeckt, aber am Ende schlossen sich die Vereinigten Staaten und elf andere Nationen Mitte Dezember der britischen Regierung an und verabschiedeten eine gemeinsame Erklärung zur Ermordung von Juden durch die Nazis.

Rabbi Wise verkündete, daß diese historische Erklärung »den jüdischen Menschen in der ganzen Welt Trost und Ermutigung bringen wird als neue Bekräftigung der Entschlossenheit der freien Völker, zu verhindern, daß die Mörder der Achse ... irgendeine Rasse oder einen Glauben vernichten können«.

Es waren nun viereinhalb Monate vergangen, seit Eduard Schulte die entsetzliche Nachricht von der Endlösung nach Zürich gebracht hatte, und dreieinhalb Monate, seit Wise Riegners Telegramm erhalten hatte. Schulte hatte darauf gedrängt, daß die Alliierten die Todeslager angreifen; statt dessen gaben sie nach langem Zögern eine Erklärung ab, in der die Nazi-Morde verurteilt wurden. Schulte mußte bis zur Bildung der US-Flüchtlingsbehörde (United States War Refugee Board) im Januar 1944 warten, um zu sehen, daß seine Botschaft nicht völlig vergebens gewesen war. Zu diesem Zeitpunkt aber waren die meisten Juden Europas tot.

Mr. Dulles tritt auf

Eduard Schultes Schweiz bestand aus einem rund zwei Quadratkilometer großen Stück Zürich, nämlich dem Gebiet beiderseits der Bahnhofstraße zwischen Bahnhof und Seeufer. Auch der Limmatquai gehörte dazu und die schattige Promenade am Seeufer, wo er seine Spaziergänge zu machen pflegte. Seine Arbeit fand in der »City« statt - an der Börse, in den wichtigsten Banken und in einigen Geschäftszentralen, die er frequentierte. Gewöhnlich ging es um Geschäfte mit den Züricher Banken im Zusammenhang mit Zinkverkäufen Giesches an die Schweiz. Das geschah mit Erlaubnis der Reichsregierung als Teil umfangreicher Handelsvereinbarungen zwischen den beiden Ländern. Ob Schultes häufige Reisen nach Zürich aus geschäftlichen Gründen absolut erforderlich waren, ist zu bezweifeln, aber als ein Mann von großer Überzeugungskraft setzte er sich mit seinen Reisewünschen durch.

Andere Gründe, nach Zürich zu fahren, waren entscheidender für ihn. Er brauchte die Reisen, um Informationen und Warnungen an die Alliierten weiterzuleiten, und er wollte wenigstens für kurze Zeit dem riesigen Gefängnis entrinnen, zu dem die Nazis Deutschland gemacht hatten, und die freie Luft eines neutralen Landes atmen. Er genoß es, daß man in Zürich frei reden konnte, zumindest unter Freunden, und daß es dort Zeitungen und Bücher gab, aus denen etwas anderes sprach als die allgegenwärtige, verlogene Propaganda der Nazis.

Schulte wohnte gern in einem guten Hotel mit zuvorkommender und unaufdringlicher Bedienung. Natürlich wollte er auch Doris besuchen. Er schlenderte gern durch die Bahnhofstraße, um die Schaufenster zu betrachten, und er liebte es, an einem der Quais spazieren zu gehen. Aber seine Schweiz war nicht die von St. Moritz, Davos oder Pontresina, die Schweiz des Wintersports, der Sommer-Kurorte und der schönen Gebirgslandschaften. Er kam nach Zürich vor allem deshalb, weil er einen Auftrag hatte. Ihm war bewußt, daß dieser selbstgestellte Auftrag enorme Risiken barg, daß jede Reise seine letzte sein konnte. Die geringste Unaufmerksamkeit, irgendein kleiner Zufall konnten die Katastrophe bedeuten. Aber er war ein tapferer Mann und überzeugt von seiner Pflicht, also reiste er weiterhin alle ein bis zwei Monate nach Zürich.

Bis gegen Ende 1942 wäre es für Eduard Schulte schwierig - und höchst gefährlich - gewesen, in der Schweiz Kontakte zu Amerikanern zu pflegen. Amerikanische Diplomaten waren weder in Geheimdienstarbeit ausgebildet, noch wurden sie von ihren Vorgesetzten dazu ermutigt, sich auf derartige Dinge einzulassen. Da auch die britischen Geheimdienste in der Schweiz eher schwach vertreten waren, hatten die Alliierten sich dort im wesentlichen auf Informationen von Polen und Tschechen sowie auf einige Brosamen aus Schweizer Quellen verlassen. Es war beinahe eine Wiederholung dessen, was sich im Ersten Weltkrieg zugetragen hatte: Auch damals waren die Alliierten erst ziemlich spät gewahr geworden, wie wichtig die Schweiz war.

Im November 1942 traf Allen Dulles in Bern ein. Er kam mit dem letzten Zug aus Vichy-Frankreich, einen Tag nach der alliierten Landung in Nordafrika und nur Stunden, bevor die Deutschen Südfrankreich besetzten und die Eisenbahnverbindungen unterbrachen. Offiziell trat Dulles einen Posten als Assistent des amerikanischen Geschäftsträgers in Bern an. Seine wirkliche Aufgabe aber war es, das Office of Strategic Services (OSS) in der Schweiz zu organisieren, mit anderen Worten, einen professionellen amerikanischen Geheimdienst-Vorposten an Deutschlands Grenze zu errichten.

Allen Dulles konnte auf eine eindrucksvolle Karriere zurückblicken: Er hatte einen Princeton-Abschluß, war Teilhaber einer bedeutenden Anwaltskanzlei in der Wall Street, war Neffe des ehemaligen Außenministers Robert Lansing und hatte eine Zeitlang die Nahost-Abteilung des US-Außenministeriums geleitet. Sein bisher letztes Amt war das des Direktors des New Yorker OSS-Büros gewesen. Als Chefspion war Dulles ein Autodidakt, aber er lernte rasch und war ein »zutiefst engagierter Fürsprecher« (wie er selbst einmal sagte) der Rolle des Geheimdienstwesens. Er hielt nichts von konspirativen Methoden um jeden Preis. In späteren Jahren erinnerte er sich daran, wie bei seiner Ankunft in Bern, im November 1942,

...einer der führenden Schweizer Journalisten in einem Artikel schrieb, daß ich als geheimer und besonderer Beauftragter Präsident Franklin D. Roosevelts gekommen sei. Auf den ersten Blick hätte man meinen sollen, daß diese unverlangte Reklame sich hinderlich auf meine Arbeit ausgewirkt hätte. Das genaue Gegenteil war der Fall. Trotz meines bescheidenen, aber der Wahrheit entsprechenden Dementis glaubte man dem Artikel im wesentlichen. Das hatte zur Folge, daß sich meinem Netz Informanten in Scharen zur Verfügung stellten, darunter etliche Aufschneider, das ist wahr, aber auch einige äußerst wertvolle Leute. Wenn ich nicht in der Lage gewesen wäre, mit einiger Treffsicherheit den Weizen von der Spreu zu trennen, dann wäre ich ungeeignet für meine Arbeit gewesen, denn Urteilsfähigkeit ist eine der wichtigsten Eigenschaften eines Geheimdienstlers.

Vom Tage seiner Ankunft an hielt Dulles Ausschau nach zuverlässigen Helfern und Informanten über Deutschland. Sehr bald hatte er Gero von Gaevernitz rekrutiert, den naturalisierten amerikanischen Staatsbürger, der in Ascona lebte und hervorragende Kontakte in Deutschland besaß. Er wurde zu seiner rechten Hand und zu seinem Chefberater für deutsche Politik. Gaevernitz zog in das Haus Herrengasse 23 in Bern ein, in dem Dulles sein Büro hatte und auch wohnte.

Nicht jedermann in seinem Schweizer Haushalt war vertrauenswürdig. Die Sicherheitsmaßnahmen, die Dulles traf, erstreckten sich merkwürdigerweise nicht auf seine Köchin, die im Solde der deutschen Botschaft stand. Noch größere Sicherheitsprobleme hatte die amerikanische Botschaft: General Barnwell Legge, der US-Militärattaché, beschäftigte in seinem Büro, ohne es zu ahnen, einen Spion der Nazis. Die Geheimcodes der Legation wurden regelmäßig von den Deutschen und von den Abhördiensten kleiner Nationen wie Finnland geknackt. Das war verhängnisvoll, denn der Personalmangel, unter dem Dulles litt, bedeutete, daß er einige seiner Berichte über die Botschaft absetzen mußte. Als er Anfang 1943 von seinen deutschen Verbindungsleuten von den Lücken im Sicherheitssystem der Botschaft erfuhr, überredete er den amerikanischen Geschäftsträger Leland Harrison dazu, die geknackten Codes beizubehalten und wahre Informationen mit falschen Berichten zu würzen, um die Deutschen irrezuführen. Die wirklich wichtigen Botschaften wurden von nun an nach neuen Codes verschlüsselt.

Dulles bekam viele streng geheime Informationen ausgerechnet von den Leuten, die man ausgesandt hatte, um ihn zu beobachten – von Männern der Abwehr, des deutschen militärischen Geheimdienstes. Die Abwehr war schon vor dem Krieg in der Schweiz äußerst aktiv gewesen. Ihr war mehr oder weniger alles bekannt, was es über die Stationierung und die Verteidigungsplanung der eidgenössischen Armee zu wissen gab, und sie hatte ein ziemlich genaues Bild davon, was der britische Geheimdienst in der Schweiz trieb. Sie fand unter Schweizer Bürgern nicht wenige Mitarbeiter. Aber im Jahre 1942 begannen die Quellen der Abwehr zu versiegen, teils, weil die Schweizer Gegenspionage besser geworden war, teils, weil die alliierten Dienste aktiver geworden waren.

Inzwischen hatten die Regimegegner innerhalb der Abwehr, geführt von ihrem stellvertretenden Leiter Hans Oster, ihre Tätigkeit intensiviert. Einige beteiligten sich an verschiedenen Komplotten mit dem Ziel, gegen Hitler zu putschen; andere arbeiteten sogar mit den Alliierten zusammen. Während des ganzen Jahres 1943 war die beste Quelle von Allen Dulles ein führendes Mitglied der Abwehr in Zürich, und eben dieser Mann sollte bald eine entscheidende Rolle im Leben Eduard Schultes spielen.

Hans Bernd Gisevius war ein »Sonderführer« der Abwehr – ein Rang, der für an die Wehrmacht überstellte Zivilisten geschaffen worden war. Er war im Oktober 1940 nach Zürich versetzt worden. Sein amtlicher Titel war der eines Vizekonsuls, aber man sah ihn öfter im Büro der Abwehr in Bern als im Züricher Generalkonsulat. Da er vor dem Krieg dem diplomatischen Dienst nicht angehört hatte, lag es auf der Hand, daß es sich bei Gisevius nicht um einen gewöhnlichen Diplomaten handelte. Er machte kein Hehl aus seinem wirklichen Auftrag: Erst informierte er die Schweizer darüber, dann die Briten und später auch die Amerikaner. Und er teilte ihnen weiterhin mit, daß er innerhalb der Abwehr die kleine, aber entschlossene Opposition gegen das Hitler-Regime repräsentiere. Gisevius wirkte genauso steif wie der Kragen, den er trug. Der baumlange Mann sah aus wie die Karikatur eines hohen preußischen Beamten. Er war in Habitus und Benehmen so auffällig, daß es anfangs viele gab, die nicht glauben wollten, daß dieser Sonderling ein hauptamtlicher Geheimagent sein sollte. Einige hielten ihn für einen Hanswurst, andere für einen Hochstapler, der aller Welt ein kompliziertes Possenstück vorspielte. Viele glaubten, er sei ein eingefleischter

Eduard Schultes Eltern
Eduard und Erna Schulte,
fotografiert um 1890.

Das Haus Klosterstraße 18
in Düsseldorf, in dem
Eduard Schulte aufwuchs.

Eduards Mutter
Erna Schulte,
geb. Berger.

Eduard (links) und
sein Bruder Oskar (rechts),
aufgenommen etwa 1900
und 1905.

Das Landhaus der Schultes in der Nähe von Düsseldorf. Hier verbrachte Eduard als Jugendlicher meist seine Ferien.

Eduard Schulte um 1930.

Schultes erste Frau Clara mit den beiden Söhnen Wolfgang (links) und Ruprecht (rechts).

Schultes Landhaus auf seinem Gut Klein-Woldikow in der Nähe von Belgard, Pommern, von wo aus er zumeist auf Jagd ging.

Schulte mit einer kapitalen Jagdtrophäe.

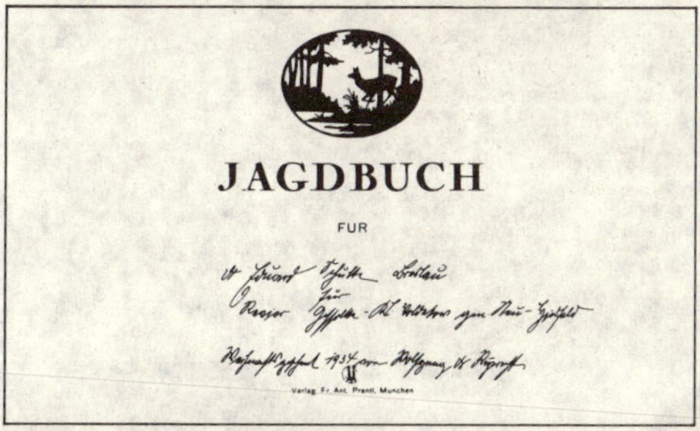

Schultes Jagdbuch 1935–1943, das ihm seine Söhne 1934 zu Weihnachten schenkten.

Im Jägergewand auf Gut Klein-Woldikow, von links nach rechts: Schultes Chauffeur Wilhelm Eichner, Sohn Ruprecht, Vater Eduard.

Otto Fitzner, zweiter Mann bei Giesche und fanatischer Nazi.

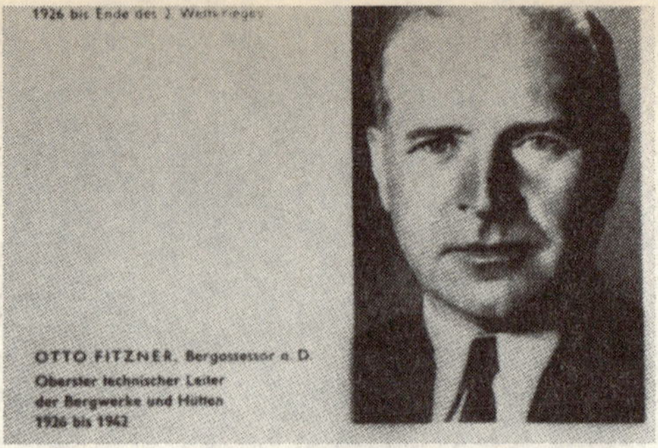

Das Zink- und Bleiwerk Giesche in Beuthen, auf der deutschen Seite der deutsch-polnischen Grenze.

Der Berliner Alexanderplatz 1929, eines der Zentren der Reichshauptstadt.

Das Reichstagsgebäude vor dem Brand vom 27. Februar 1933.

Der ehemalige Hauptsitz von Georg von Giesches Erben in Breslau. Hier befand sich Schultes Büro. (Das Foto wurde 1985 im heutigen Wroclaw, Polen, aufgenommen.)

Der Bankier und Finanzexperte Dr. Hjalmar Horace Greeley Schacht.

Eduard Schulte um 1942.

Die Bahnhofstraße in Zürich, Zentrum des Bankenviertels, wo Schulte sich häufig aufhielt.

Diese Villa und das dazugehörige Landgut (fotografiert 1985), als »Giesche-wald« bekannt, hatte der Eigentümer, Georg von Giesches Erben, dem NS-Gauleiter Fritz Bracht zur Verfügung gestellt, der hier am 17. Juli 1942 Heinrich Himmler empfing.

Karl Hanke, Gauleiter von Niederschlesien.

Der Haupteingang des Vernichtungslagers Auschwitz.

SS-Chef Heinrich Himmler (rechts) und ein Mitarbeiter der I.G. Farben am 17. Juli 1942 in Auschwitz.

Der Breslauer Hauptbahnhof in den zwanziger Jahren. Von hier aus reiste Schulte am 29. Juli 1942 mit der Nachricht von Hitlers »Endlösung« ab.

Dr. Benjamin Sagalowitz

Tanztee im Garten des Hotels Baur-au-Lac in Zürich, in dem Schulte abzusteigen pflegte.

Dr. Gerhart M. Riegner, der Vertreter des jüdischen Weltkongresses in der Schweiz.

Copy

DR. STEPHEN WISE PRESIDENT AMERICAN JEWISH CONGRESS
330 WEST 42ND STREET ROOM 809
NEW YORK

RECEIVED ALARMING REPORT STATING THAT IN FUEHRERS HEADQUARTERS A PLAN HAS BEEN DISCUSSED AND BEING UNDER CONSIDERATION ACCORDING WHICH TOTAL OF JEWS IN COUNTRIES OCCUPIED CONTROLLED BY GERMANY NUMBERING THREEANDHALF TO FOUR MILLIONS SHOULD AFTER DEPORTATION AND CONCENTRATED IN EAST BE AT ONE BLOW EXTERMINATED IN ORDER RESOLVE ONCE FOR ALL JEWISH QUESTION IN EUROPE STOP ACTION IS REPORTED TO BE PLANNED FOR AUTUMN WAYS OF EXECUTION STILL DISCUSSED STOP IT HAS BEEN SPOKEN OF PRUSSIC ACID STOP IN TRANSMITTING INFORMATION WITH ALL NECESSARY RESERVATION AS EXACTITUDE CANNOT BE CONTROLLED BY US BEG TO STATE THAT INFORMER IS REPORTED HAVE CLOSE CONNECTIONS WITH HIGHEST GERMAN AUTHORITIES AND HIS REPORTS TO BE GENERALLY RELIABLE

WORLD JEWISH CONGRESS
GERARD RIEGNER

Das Telegramm, mit dem Riegner den New Yorker Rabbi Stephen Wise über die Pläne zur »Endlösung« informierte.

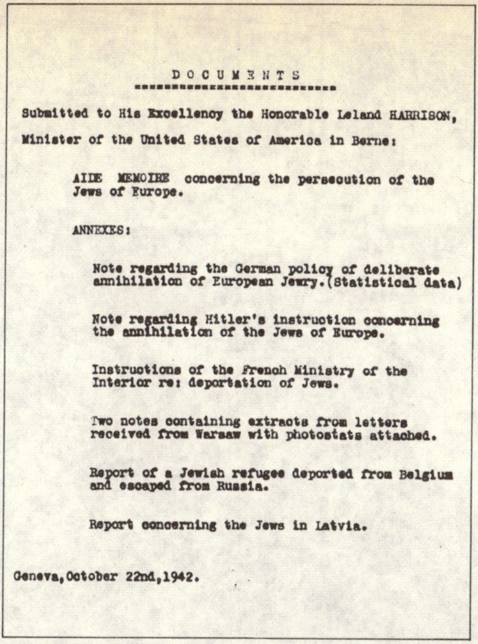

D O C U M E N T S

Submitted to His Excellency the Honorable Leland HARRISON,

Minister of the United States of America in Berne:

AIDE MEMOIRE concerning the persecution of the Jews of Europe.

ANNEXES:

Note regarding the German policy of deliberate annihilation of European Jewry.(Statistical data)

Note regarding Hitler's instruction concerning the annihilation of the Jews of Europe.

Instructions of the French Ministry of the Interior re: deportation of Jews.

Two notes containing extracts from letters received from Warsaw with photostats attached.

Report of a Jewish refugee deported from Belgium and escaped from Russia.

Report concerning the Jews in Latvia.

Geneva, October 22nd, 1942.

Deckblatt des Memorandums über die Judenverfolgungen, das Riegner und Lichtheim dem amerikanischen Gesandten Harrison in Bern übergaben und in dem sie Schulte als Quelle der Nachricht über die »Endlösung« nennen.

Der amerikanische Vizekonsul Howard Elting, Jr.

Der amerikanische Gesandte in der Schweiz, Leland Harrison.

Der Gelehrte, Völkerbundkommissar und Repräsentant des Internationalen Roten Kreuzes, Carl J. Burckhardt (links).

Rabbi Stephen Wise
auf einer Massenversammlung
im New Yorker Madison
Square Garden.

US-Außenminister Cordell
Hull (links) und Staats-
sekretär Sumner Welles vor
dem Weißen Haus in
Washington.

Präsident Franklin D. Roosevelt

Wilhelm Canaris, Chef der Abwehr.

General Hans Oster, stellvertretender Chef der Abwehr und einer der Führer des Widerstands gegen Hitler.

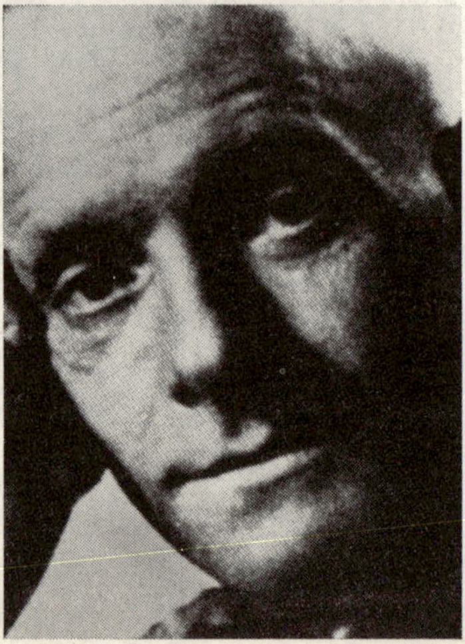

Dr. Eduard Waetjen

Gero von Gaevernitz

Hans Bernd Gisevius

Allen Welsh Dulles, Leiter der amerikanischen Nachrichtendienste in der Schweiz.

Berlin, 1945

Deutsche V-2 Rakete in einem Waldversteck.

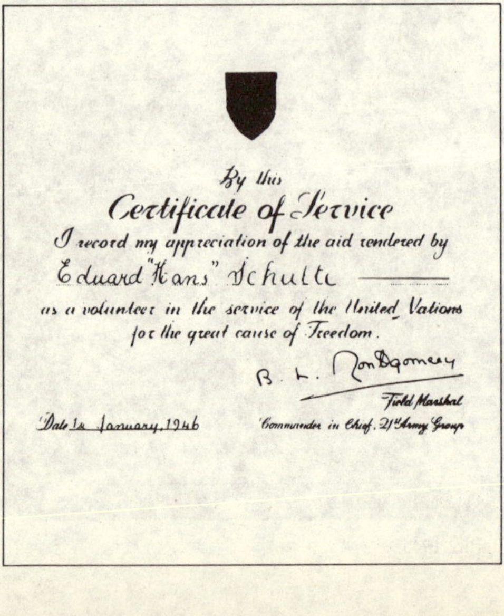

By this

Certificate of Service

I record my appreciation of the aid rendered by

Eduard "Hans" Schulte

as a volunteer in the service of the United Nations for the great cause of Freedom.

B. L. Montgomery

Field Marshal

Date 1st January, 1946

Commander in Chief, 21st Army Group

Anerkennungsschreiben der britischen Regierung für die von Eduard Schulte geleisteten Dienste, unterzeichnet von Feldmarschall Bernard Montgomery.

OFFICE OF STRATEGIC SERVICES
MISSION FOR GERMANY
BERLIN

APO 742
27 September 1945.

TO WHOM IT MAY CONCERN

This is to confirm that

Dr. Eduard SCHULTE, born 4 January 1891, at Duesseldorf, who was Director General of the Bergwerksgesellschaft Georg von Giesche's Erben, Breslau, and who is bearer of German Passport Sch 12-43, delivered at Breslau 10 May 1943,

cooperated with me throughout a large part of 1943 and 1944, when I was in charge of the OSS Mission in Switzerland.

Dr. Schulte at great personal risk, as for a part of this time he was still resident in Breslau, rendered most valuable services to the cause of the United Nations, motivated solely by his hatred of the Nazi system and his desire to see it overthrown as thoroughly and promptly as possible.

Dr. Schulte, throughout my acquaintance with him for over two years, has uniformily stood for the ideals and principles of liberty and democracy and has always made himself available to promote those principles in his own country, Germany. I consider he deserves any consideration from representatives of the United Nations.

Allen W. Dulles
Chief,
OSS Mission for Germany.

Empfehlungsschreiben von Allen Dulles für Schulte.

Eduard Schulte mit seiner zweiten Frau Doris, um 1960.

Auschwitz, 1985

Nazi, der die Schweizer und die Alliierten zu täuschen versuchte. Es war ja einfach nicht vorstellbar, daß jemand, der noch bei Vernunft war, so offen über geheimste Dinge redete.

Auch die Vergangenheit von Gisevius warf viele Fragen auf. Seine Tätigkeit als Studentenführer vor 1933 war äußerst dubios. Er hatte in der deutschen Jugendbewegung den Flügel repräsentiert, der auf der Seite der Nazis stand. Als Hitler 1933 an die Macht kam, war Gisevius 29 Jahre alt, ein junger Rechtsberater beim preußischen Innenministerium, der zur preußischen Polizei abgestellt worden war. Aber dieser auf der Rangleiter ganz unten stehende junge Beamte scheute keine Mühe, um sich bei führenden Konservativen Liebkind zu machen. Er gewann viele einflußreiche Freunde, darunter Graf Wolf Heinrich von Helldorf, den Berliner Polizeipräsidenten, und Arthur Nebe, der dann Chef der Kriminalpolizei wurde. Er war dabei, als die politische Polizei zur Gestapo umgewandelt wurde. Es gab Grund zu der Annahme, daß der junge Karrieremacher sehr bald zu den führenden Männern des SS- und Gestapo-Reiches gehören würde. Aber Gisevius trat nicht in die NSDAP ein, und die Nazis haben ihm nie so ganz getraut. Als Himmler zum Chef der gesamten deutschen Polizei wurde, versetzte man Gisevius von Berlin weg auf irgendeinen unwichtigen Verwaltungsposten in der Provinz. Das Mißtrauen der Nazis war berechtigt. Gisevius war keiner von ihnen. Zwar hatte er dazu beigetragen, Hitler den Weg zu ebnen. Aber er war auch einer der ersten, die ihren Fehler erkannten und zur Opposition übergingen. Er wurde eines ihrer aktivsten Mitglieder.

In einem Memorandum, das er nach dem Kriege schrieb, behauptete Gisevius, daß er und seine Freunde alles ihnen Mögliche getan hätten, um Großbritannien und Frankreich vor Hitlers Kriegsabsichten zu warnen. Nach Kriegsausbruch hätten sie präzise und rechtzeitige Warnungen an die von Hitlers Invasionen bedrohten Länder wie Norwegen, Holland, Belgien, Jugoslawien, ja sogar die Sowjetunion weitergeleitet. Nach den Invasionen habe er weitere Informationen geliefert, um Hitlers Pläne zur Unterwerfung Europas und zur Verlängerung des Krieges zu vereiteln. In mehreren Fällen, in denen Deutsche und Ausländer in Gefahr waren, als Spione verhaftet zu werden, hätten er und seine Freunde »die Spuren verwischt und viele Deutsche und andere geschützt«. Sie hätten sich an vielen Rettungsoperationen beteiligt und vielen Menschen geholfen – unter anderem dem polnischen Militärattaché Antoni Szymanski und einer Gruppe deutscher Juden.

Gisevius war kein Mann von auffallender Bescheidenheit und Zurückhaltung in Handlung, Rede und Schrift; doch was er von sich selbst und seinen Gefährten behauptete, war im wesentlichen richtig. Er hatte manche Eigenheiten, die viele seiner Mitarbeiter gegen ihn aufbrachten. Ein Freund bezeichnete ihn als einen Gangster, der für eine gute Sache kämpfte, als »ungeschlachte Scarlet Pimpernel«. Er war ein Egozentriker. Eine starke Neigung zum Verschwörerischen führte ihn dazu, Komplotte nicht nur gegen die Nazis zu schmieden, sondern manchmal auch gegen seine eigene Seite. Er war äußerst ehrgeizig; dennoch schadete er seiner unmittelbaren Karriere, indem er überall verkündete, daß er Polizeichef in einer Nazi-Nachfolgeregierung zu werden gedenke. Er war ein Mann von starken religiösen Überzeugungen und mutig bis zur Tollkühnheit. Alles in allem tat Gisevius mehr gegen das Nazi-Regime als manche viel bekanntere Persönlichkeit des deutschen Widerstandes. Er hatte für die Abwehr gewisse Aufgaben zu erfüllen; so betrieb er eine »Geldwaschanlage« in der Schweiz, damit die Geheimdienst-Operationen finanziert werden konnten. Aber diese Tätigkeit hatte keine Bedeutung für die deutschen Kriegsanstrengungen. Gisevius hätte schon zu Anfang des Krieges Gelegenheit gehabt, die Fronten zu wechseln, was ihm fortan ein reines Gewissen und einen tadellosen Ruf eingetragen hätte. Aber für einen Aktivisten wie ihn war das ganz undenkbar. Er hätte dem Widerstand keine Hilfe mehr leisten können.

Als er diesem außergewöhnlichen Charakter, der Hitlers Zurechnungsfähigkeit und die seiner »Lakaien und Spießgesellen« in Frage stellte, zum erstenmal begegnete, wußte Eduard Schulte nicht so recht, was er von ihm halten sollte. Er beschloß, auf der Hut zu sein, und erst Monate später, nachdem er von einem engen Freund beruhigt worden war, nahm er Kontakt zu Gisevius auf. Dieser Abwehrmann, so schien es, pflegte vertrauten Umgang mit Hjalmar Schacht, General Ludwig Beck und vor allem mit den Abwehrchefs Canaris und Oster. Schulte und Gisevius wurden nie Freunde, aber sie betrachteten einander als Gefährten in einem gemeinsamen Kampf.

Gisevius stellte eher als der vorsichtigere Schulte Verbindung zu Dulles her. Im Februar 1943 ließ er Gaevernitz wissen, daß die Codes der amerikanischen Botschaft nicht sicher seien, wodurch er sich die Dankbarkeit von Dulles erwarb. Drei Monate später, veranlaßt zum Teil durch OSS-Beamte in den Vereinigten Staaten, die Schulte persönlich kannten, nahm Dulles Kontakt zu ihm auf, wobei Chojnacki und Gero von

Gaevernitz als Verbindungsmänner dienten. Es erwies sich, daß Dulles und Schulte einander schon einmal begegnet waren. Fast fünfzehn Jahre vorher hatten beide an einer geschäftlichen Besprechung in den Räumlichkeiten von Sullivan and Cromwell teilgenommen, der Anwaltskanzlei von Dulles, die manchmal für den Giesche-Partner Anaconda Copper auftrat.

Die beiden Männer trafen einander in den nun folgenden Monaten mehrere Male. Schulte hielt den Amerikaner sogar auf dem laufenden darüber, wann er wahrscheinlich wieder in der Schweiz sein werde. Dulles war in Schultes Augen anders als die durchschnittlichen amerikanischen Geschäftsleute, die er kennengelernt hatte: Gebildet, höflich, politisch informiert, ein guter Zuhörer. Dulles seinerseits war von Schulte beeindruckt - hier war ein wirklicher Großindustrieller, ein Mann von imponierender Präsenz, kenntnisreich und sogar mit einem Sinn für Humor. Dulles hatte Deutsche aller Art kennengelernt, an deren Gegnerschaft zu den Nazis nicht zu zweifeln war. Aber es waren zumeist politische Emigranten, die gewöhnlich als diplomatische (oder halbdiplomatische) Zwischenträger fungierten, gewiß nützliche und brauchbare Leute, aber nicht Männer von Schultes Qualitäten. Für eine kurze Anfangszeit vertraute Dulles ihm nicht vollständig und begegnete ihm mit der gleichen Vorsicht, die er jedem entgegenbrachte, der neu auf der Szene erschien. Später waren Sprachschwierigkeiten die einzige wirkliche Barriere zwischen den beiden; zwar sprach Dulles ein wenig Deutsch, aber seine grauenhafte Aussprache machte es Schulte nahezu unmöglich, ihn zu verstehen. Schultes Englisch aber war noch miserabler als Dulles' Deutsch. Doch irgendwie gelang es beiden, außerordentlich gut miteinander auszukommen, und wenn es gar zu schwierig wurde, fungierte Gaevernitz als Dolmetscher.

Schon bei ihrer ersten Begegnung bat Dulles Schulte, ein detailliertes Memorandum über die augenblickliche Lage in Deutschland abzufassen und darin auch seine Empfehlungen für den Wiederaufbau des Landes nach dem Kriege aufzunehmen; das Memorandum sollte übersetzt und den einflußreichsten Leuten in Washington zugeleitet werden. Schulte entsprach der Bitte, und seine Aufzeichnungen wurden prompt auf den Weg gebracht. Dulles drang in Washington auf eine rasche Erwiderung, damit er die amerikanische Reaktion Schulte bei dessen nächstem Besuch in der Schweiz zuleiten könne. Dulles war sehr daran gelegen, die guten Beziehungen zu Schulte zu fördern. Unter Verwendung von Schultes Code-Nummer anstelle seines Namens teilte der OSS-Beamte Washington mit: »643 wird für eine überaus wertvolle Quelle gehalten ... Es handelt sich bei ihm um einen prominenten Geschäftsmann, von dem unserer Meinung nach erwartet werden kann, daß er nach G's [Deutschlands] Zusammenbruch mit uns zusammenarbeiten wird.«

Washington war viel daran gelegen, über Männer wie Schulte Informationen zu erhalten. Die OSS-Zentrale hatte ihre im Ausland stationierten Beamten angewiesen, eine Liste von Deutschen aufzustellen, die im Falle der plötzlichen Kapitulation oder des Zusammenbruchs Hitler-Deutschlands beim Wiederaufbau eines neuen Deutschlands helfen könnten. Dulles setzte Schulte auf einen der ersten Plätze seiner Liste. Er wollte den Industriellen sowohl wegen seiner aktuellen Nützlichkeit als auch wegen seines Potentials für die Zukunft kultivieren. Schulte hatte begonnen, die Amerikaner mit sehr brauchbaren Informationen zu beliefern. Die alliierte Führung war äußerst gut über bestimmte Aspekte der deutschen militärischen Planung informiert. Die Tatsache, daß die Briten einige der kompliziertesten deutschen Geheimcodes geknackt hatten, war das bestgehütete Geheimnis des Zweiten Weltkriegs; sie ermöglichte ihnen Einblicke in die erstaunlichsten Einzelheiten der deutschen Operationen. Aber dieser sogenannten Aktion Ultra waren enge Grenzen gesetzt; sie konnte nur zum Abfangen von Funksprüchen verwendet werden. Deutsche Befehle, die per Kurier oder Fernsprecher übermittelt wurden, blieben immun gegen alliierte Abhörversuche, und das schloß so gut wie alles ein, was innerhalb Deutschlands selbst geschah.

Am 25. August 1943 schickte die OSS-Geheimdienstzentrale in Washington Dulles eine mit Vorrang ausgestattete Anfrage. Die Elite-Panzerdivision der SS »Adolf Hitler« wurde, wie man erfahren hatte, aus Rußland abgezogen, um an anderer Stelle eingesetzt zu werden, und Washington war »dringend daran interessiert«, den neuen Standort dieser Division zu erfahren. Konnten Dulles' Quellen hier behilflich sein?

Am 9. September kabelte Dulles aufgrund von Informationen, die er von Schulte erhalten hatte, daß fünfzehn deutsche Divisionen, einschließlich zweier berühmter Panzer-Divisionen (»Das Reich« und »Adolf Hitler«), in Italien oder an der italienischen Grenze konzentriert seien. Normalerweise wäre eine solche Information vielleicht nicht mit der höchsten Vorrangstufe ausgestattet worden, aber zu jenem Zeitpunkt sagte sie der alliierten Führung, wonach sie ganz speziell gefragt hatte. Mussolini war gerade abgesetzt worden, und einen Tag zuvor hatte Marschall Badoglio einen Waffenstillstand mit den Alliierten unterzeichnet. Die Konzentration deutscher Truppen in Italien zeigte deutlich, daß Hitler nicht die Absicht hatte, seinen alten Verbündeten im Stich zu lassen. Drei Tage später wurde der Duce aus seiner Internierung befreit, und die deutsche Eroberung Mittel- und Norditaliens begann.

Es gab nicht viele andere Quellen, die den Alliierten derartige direkte Einblicke in Hitlers Gedanken ermöglichen konnten. Am 1. Oktober 1943 faßte Dulles für Washington den Inhalt eines anderen Gesprächs mit Schulte zusammen:

> Vor kurzem aus dem Norden heruntergekommen, sagte 643, sehr kompetent und gut informiert, in einem Gespräch, daß Ostfront-Entwicklungen nicht mehr Hitlers persönliches Interesse finden. Sie bleiben dem Generalstab, Mannstein [*sic*], von Kluge usw. überlassen, während Hitler ein direktes persönliches Interesse an den Balkan- und Italienfeldzügen nimmt. Obwohl Rommel nach Angaben unseres Informanten persönlich nicht übereinstimmt mit Hitlers Programm zur Verteidigung von Vorposten in Italien und auf dem Balkan, geben Hitlers Befehle hier dennoch den Ausschlag. Hitlers Beharren auf der Verteidigung jedes Fußbreits an Boden, der überhaupt gehalten werden kann, stimmt nicht mit Rommels Überzeugung überein, daß man sich auf Linien zurückziehen sollte, die leichter zu verteidigen sind.

Die Information, daß Hitler die törichte Strategie der Verteidigung jeder erreichten Stellung verfolgte, erwies sich als absolut stichhaltig.

Im Laufe des Jahres 1943 begann ein Problem die alliierten Geheimdienste mehr als alles andere zu beschäftigen – die »Geheim-« oder »Wunderwaffen«, die die Deutschen angeblich entwickelten. Hitler selbst hatte die ersten Hinweise gegeben, indem er dunkle Andeutungen machte über furchtbare neue Waffen, die sich schon bald entscheidend auf den Kriegsverlauf auswirken würden. Und bereits in einer früheren Kriegsphase war ein Dokument in den Briefkasten des britischen Marine-Attachés in Oslo geworfen worden, das eine recht genaue und vollständige Liste der neuen Waffen enthielt, die in Deutschland entwickelt wurden.*

Im Jahre 1940 erreichten mehrere Berichte die Alliierten (einschließlich eines aus einer der Abwehr nahestehenden Quelle), daß die Deutschen im pommerischen Peenemünde mit einem Geschütz von extremer Reichweite experimentierten. Der Ort der Versuche war richtig genannt, nicht aber die Waffe. Schon vor dem Krieg wußten die Alliierten, daß die deutsche geheime Raketenforschung in Peenemünde auf der Ostsee-Insel Usedom konzentriert war, aber diese Information war von begrenztem Wert, weil weder die Briten noch die Amerikaner damals viel Ahnung von Raketen hatten. Deutschland hatte Pionierarbeit auf dem Gebiet der Raketentechnik geleistet und war allen anderen darin um Jahre voraus.

In den Jahren 1941 und 1942 neigte die alliierte Führung dazu, die Bedeutung deutscher Geheimwaffen zu bagatellisieren. Das war nicht ganz falsch, denn in den ersten Kriegsjahren erlitten die Peenemünder Raketenzauberer mehrere demütigende Rückschläge. Hitler war von ihrer Arbeit nicht beeindruckt; er hatte einen Traum gehabt, daß die Raketen niemals England erreichen würden. Die Forschung wurde nicht eingestellt, aber die Projekte genossen keine Priorität. Gegen Ende 1942 hörten London und Washington, daß die Deutschen einige der größten technischen Hindernisse überwunden hätten und daß Hitler die Raketen nun nicht mehr so skeptisch beurteilte. Diese Information stammte aus mehreren Quellen: Ein Ingenieur aus einem neutralen Land hatte in einem Berliner Restaurant eine Unterhaltung zwischen zwei deutschen Wissenschaftlern belauscht; es wurde mitgehört, als zwei deutsche kriegsgefangene Generale die neuen Waffen erörterten; eine Gruppe von Arbeitern in Luxemburg, die bei Bauarbeiten in Peenemünde eingesetzt gewesen waren, hatten einige technische Daten herausgeschmug-

* Die Identität des Autors dieses erstaunlichsten Geheimdienst-Dokuments des Zweiten Weltkriegs ist noch immer ein Geheimnis. Einige Historiker meinen, daß es Hans Heinrich Kummerow gewesen sei, ein Chemie-Ingenieur aus Berlin; aber Professor R. V. Jones, der im Zweiten Weltkrieg den britischen wissenschaftlichen Geheimdienst leitete, schrieb den Verfassern, Kummerow sei nicht der Mann. Die Familie des Verfassers des Osloer Dokuments hat es bisher abgelehnt, seinen Namen veröffentlichen zu lassen, aber wahrscheinlich wird seine Identität bald bekannt werden.

gelt, die recht plausibel klangen. Trotz anfänglicher Ungläubigkeit in den westlichen Hauptstädten wurden die Hinweise bis zum April 1943 so deutlich, daß Churchill beschloß, der Sammlung und Auswertung von Berichten über die neuen Waffen höchste Priorität einzuräumen. Sein Schwiegersohn Duncan Sandys wurde mit der Leitung eines Sonder-Untersuchungsausschusses betraut, der den Decknamen »Body Line« erhielt. Gleichzeitig verlieh auch Washington diesem Gegenstand nun höhere Priorität. Allen Dulles erhielt den Auftrag, Informationen über die Raketen zu sammeln, und er führte diese Aufgabe so glänzend aus, daß ihm bei Kriegsende die Auszeichnung einer besonderen Erwähnung durch den Präsidenten zuteil wurde.*

Ein Teil dieser Informationen über deutsche Raketen stammte von Eduard Schulte. Sie wurden zum Teil direkt an Dulles gegeben, bei anderen Gelegenheiten aber scheinen sie ihren Weg über Chojnacki oder Gisevius genommen zu haben. Einige von Schultes Informationen waren überraschend genau. Als er am 9. September 1943 berichtete, daß die beiden jüngsten alliierten Bombenangriffe auf Peenemünde (am 4. und 25. August) die Produktion um zwei Monate zurückgeworfen hätten, entsprach das genau der Schätzung von General Walter Dornberger, Direktor des Raketenlaboratoriums. Schultes Bericht ist auch zu entnehmen, daß er wußte, daß ein Teil der Hauptlaboratorien in Peenemünde unterirdisch war und daß nicht alle oberirdischen Anlagen zerstört worden waren. Er drängte zu weiteren Bombenangriffen und warnte Dulles davor, den Ernst der Raketengefahr zu unterschätzen. Er berichtete auch, daß es den Wissenschaftlern gelungen sei, die Zielgenauigkeit der Raketen bis auf Abweichungen von nur noch etwa tausend Metern zu erhöhen, was weitgehend dem tatsächlichen damals erreichten technischen Stand entsprach.

Gisevius wies Dulles verschiedentlich darauf hin, daß deutsche militärische Stellen hinsichtlich der Wirksamkeit der neuen Rakete, speziell bei der Bombardierung Londons, sehr zuversichtlich seien. Er leitete

* In diesem Lob für die von Dulles geleistete Geheimdienstarbeit wurden »die ersten Berichte über das deutsche Versuchslaboratorium in Peenemünde zur Erprobung der Raketenbombe« besonders hervorgehoben. Es waren nicht die ersten; die Alliierten hatten schon vor 1939 über das Laboratorium in Peenemünde Bescheid gewußt. Dennoch waren die von Dulles beschafften Informationen von sehr großer Bedeutung.

auch eine Liste von Fabriken weiter, die mit der Fertigung von Einzelteilen für die Rakete befaßt waren, wobei er zutreffend den Namen des Raketenprogramms (A-4) und den Namen seines chemischen Direktors (Dr. Otto Ambros von I.G. Farben) anführte.

Bei anderen Gelegenheiten waren Informationen, die den Alliierten zugingen, widersprüchlich oder irrig, aber das galt für alle Berichte über Peenemünde. Nur ein sehr begabter Ingenieur, der sich auf ballistische Raketen spezialisiert hatte, wäre imstande gewesen, zu beurteilen, welche Teile aus der Masse von Informationen aus Deutschland Sinn ergaben. Lange Zeit bestand keine Klarheit darüber, ob die Deutschen eine einzige »Wunderwaffe« oder mehrere produzierten, ob es sich um eine Rakete handelte, um ein unbemanntes Flugzeug oder um ein gigantisches Geschütz, welche Art von Treibstoff verwendet wurde, und so weiter. Einige Berichte gehörten in das Reich der Phantasie; zum Beispiel die Mitteilung, daß ein überschweres Geschütz von rund 40 Metern Länge gebaut worden sei, oder daß umfangreiche Experimente im besetzten sowjetischen Gebiet ausgeführt worden seien.

Dulles bemerkte bei einer Gelegenheit (im Mai 1943), daß er zögere, Material dieser Art weiterzuleiten, weil es in sich widersprüchlich sei. Aber weil das Interesse Washingtons an diesem Thema ständig größer wurde, und weil die Informationen aus zuverlässigen Quellen stammten wie »512« (Gisevius), »643« (Schulte), »513« (eine polnische Quelle) und »680«*, fühlte er sich verpflichtet, die Informationen weiterhin zu übermitteln und dafür zu sorgen, daß auch die Briten sie erhielten.

Welches Bild machten sich die alliierten Geheimdienststäbe aus den – wahren, halbwahren und falschen – Informationen, die sie im Juli, August und September 1943 in zunehmender Menge erreichten? Sie mußten sich klar darüber werden, ob es sich bei den Waffen um »Flüssigluft-Bomben nach dem Raketenprinzip« handelte, wie einige behaupteten, und ob sie Gas oder Krankheitserreger transportierten. Sie mußten Schätzungen hinsichtlich ihrer Reichweite und ihrer Zielgenauigkeit ausarbeiten und zu beurteilen versuchen, wie groß die Kluft war, die noch zwischen Erprobung und Einsatzbereitschaft klaffte. Einige briti-

* »680« kann nicht mit absoluter Gewißheit identifiziert werden. Aber es gibt Grund zu der Annahme, daß es sich dabei um einen Verwandten von Helmuth James von Moltke handelte (einen der Führer des deutschen Widerstandes), der für einen der größten deutschen Konzerne arbeitete.

sche Wissenschaftler glaubten noch immer, daß die ganze Angelegenheit nichts anderes sei als ein geschicktes Täuschungsmanöver. Im Spätsommer 1943 war jedoch die Mehrheit zu dem Schluß gelangt, daß eine Rakete mit einer Reichweite von 210 Kilometern - ausreichend, um London vom Kontinent aus zu erreichen - technisch möglich sei. Im September 1943 waren die meisten Auswerter der Berichte überzeugt, daß die Deutschen nicht an einer, sondern an zwei »fliegenden Bomben« arbeiteten, wie sie damals genannt wurden - an der V1, einem recht primitiven Gerät, einem langsam und niedrig fliegenden unbemannten Flugzeug, und an der V2, einer viel weiter entwickelten und komplizierten Rakete, die in großer Höhe flog und eine Geschwindigkeit von 5700 Kilometer pro Stunde erreichte.

Diese Schätzungen lösten in London beträchtliche Besorgnis aus. Die Angelegenheit wurde auf höchster Ebene ausführlich mit Washington erörtert, und man einigte sich darauf, systematisch alle gemeinsamen Geheimdiensterkenntnisse zusammenzufassen. Als die Wehrmacht die V1 am 13. Juni 1944, sieben Tage nach der alliierten Landung in der Normandie, gegen London einzusetzen begann, war die neue Waffe daher keine Überraschung. Die V2 wurde im September 1944 zuerst eingesetzt. Ihre militärische Wirkung war sehr gering, und die Verluste unter der Bevölkerung waren, wiewohl erheblich, doch nicht im entferntesten so schwer, wie man befürchtet hatte.

Was aber wäre geschehen, wenn die Geschosse sechs Monate früher fertig gewesen wären? Was, wenn sie auf die alliierten Invasionsbasen in Südengland gezielt worden wären? General Eisenhower, der Oberbefehlshaber der alliierten Streitkräfte, stellte diese Fragen in seinen Memoiren. Er glaubte, daß das Resultat in der Tat sehr ernst gewesen wäre. Es war also für die Alliierten eine segensreiche Sache, daß die Bombenangriffe die Fertigstellung der V2 verzögerten.

Es stimmt auch, daß General Dornberger, der Kommandeur der Peenemünder Anlagen, einen alliierten Angriff fast von dem Augenblick im Oktober 1942 an erwartete, als es seinen Wissenschaftlern gelang, Versuchs-Fernraketen zu starten. Seinen Befürchtungen lag die Überlegung zugrunde, daß es leicht gewesen war, die Arbeiten innerhalb der Mauern des Laboratoriums zu verbergen, daß man aber Raketen, die weite Entfernungen zurücklegten, schlechterdings nicht würde verstekken können. In seinen Erinnerungen schrieb er, daß er überrascht gewesen sei darüber, daß die Alliierten so viele Monate benötigten, um die verschiedenen Informationsfragmente zusammenzusetzen, bis sie endlich wußten, wo und was sie angreifen sollten. Angesichts der alliierten Luftüberlegenheit und des in Deutschland herrschenden Mangels an bestimmten Rohstoffen war es ziemlich sicher, daß die V2 auch dann keine entscheidende Waffe hätte sein können, wenn Hitler ihr höhere Priorität eingeräumt hätte. Es ist jedoch sicherlich wahr, daß der Krieg ohne die rechtzeitig eingetroffenen Geheimdienstmeldungen über deutsche Raketen länger gedauert und noch schwerere Opfer an Menschenleben und Material gefordert hätte. Schulte, Gisevius und andere hatten hier einen bedeutenden Beitrag geleistet.

Eines Tages, Anfang September 1943, brachte Gisevius Schulte mit Eduard Waetjen zusammen, einem jungen Anwalt, der Zürich im Auftrag einer großen deutschen Firma besuchte. Schulte empfand den jungen Mann als angenehm. Da Gisevius ganz offen mit Waetjen redete, schloß Schulte, daß der Anwalt ebenfalls in irgendeiner Weise mit der Abwehr in Verbindung stehen und ebenso wie Gisevius ein Gegner der Nazis sein müsse. Schulte traf sehr viele Leute auf seinen Geschäftsreisen, und unter normalen Umständen hätte er Waetjen wahrscheinlich bald wieder vergessen. Er konnte an jenem Septembermorgen nicht wissen, daß er binnen weniger Monate dem rechtzeitigen und entschlossenen Eingreifen von Waetjen und Gisevius sein Leben verdanken würde.

Flucht

Am Morgen des 2. Dezember 1943 fuhren Schulte und drei seiner engsten Kollegen bei Giesche, Albrecht Jung, Lothar Siemon und Günter von Poseck, von Kattowitz nach dem nahen Gleiwitz zu einer Sitzung des schlesischen Kohlesyndikats – der Kohlebergbau war ein wichtiger Nebenzweig der Giesche-Werke. Jung war, wie schon erwähnt, der Rechtsberater der Firma; Siemon war Schultes rechte Hand und außerdem ein persönlicher Freund. Der kettenrauchende von Poseck, der an der Spitze der Kattowitzer Betriebe stand, teilte Schultes Jagdleidenschaft. Sie hatten zum Frühstück die Zeitung gelesen, und die vier erörterten nun die Kriegslage. Die Russen hatten Kiew genommen, deutsche Truppen waren in Italien auf dem Rückzug, die alliierte Bomberoffensive gegen wichtige deutsche Städte ging weiter. Hamburg war in einem Feuersturm in Schutt und Asche gesunken; nun war Berlin an der Reihe. Schwere Angriffe wurden fast in jeder Nacht gemeldet, einige Ministerien waren getroffen worden, andere waren aus der Reichshauptstadt evakuiert worden. Die Nachrichtenverbindungen waren unterbrochen. Zum ersten Mal war das Wirtschaftsleben in Deutschland direkt von der alliierten Bomberoffensive betroffen.

Schulte, sonst gesprächig im Umgang mit diesen drei Männern, war während der ganzen Fahrt recht schweigsam. Was er so lange schon vorhergesagt hatte, trat jetzt ein. Oft hatte er seinen engsten Mitarbeitern gegenüber gesagt, daß eines schönen Tages die Russen Schlesien erreichen würden, »und dann bekommen wir unsere Marschbefehle«. Sie hatten ihm nicht widersprochen, aber sie hatten sich daran gewöhnt, ihn als einen Exzentriker und Pessimisten zu betrachten. Nun nicht mehr. Aber er war nicht froh darüber und spürte keinerlei Verlangen, zu seinen Kollegen zu sagen: »Ich habe es Ihnen ja gesagt.« Welch einen Preis, so wird er sich gefragt haben, begann Deutschland jetzt für den Wahnsinn seiner Führer und für den blinden Gehorsam seines Volkes zu zahlen?

Die Sitzung begann pünktlich. Nach einer Stunde kam eine Sekretärin herein und flüsterte Schulte ins Ohr: »Herr Generaldirektor, es ist jemand aus Berlin am Apparat. Er sagt, es wäre sehr dringend. Soll ich ihn bitten, später wieder anzurufen?« Schulte ging ans Telephon im Nebenzimmer.

»Schulte hier.«

»Hier spricht Eduard.«

»Welcher Eduard?«

»Sie erinnern sich bestimmt an mich, wir haben uns vor ein paar Monaten in Zürich kennengelernt und zusammen zu Mittag gegessen ...« Blitzartig fiel es ihm ein – Eduard Waetjen, der bei Schultes letztem Treffen mit Gisevius dabeigewesen war.

»Ja, ich erinnere mich.«

»Ich hatte gerade einen Anruf von unserem gemeinsamen Freund. Er glaubt, und ich bin auch der Meinung, daß Ihre Anwesenheit in Zürich dringend erforderlich ist. Die Verhandlungen haben einen kritischen Punkt erreicht, und Ihre Anwesenheit ist erforderlich.«

»Welchen kritischen Punkt denn?«

»Es würde zu lange dauern, das zu erklären.«

»Gut, ich komme nächste Woche.«

»Nächste Woche kann es zu spät sein. Sie sollten jetzt kommen, sofort.«

Schulte zögerte einen Augenblick lang. »Ich verstehe. Ich komme sofort.«

Er kehrte in das Konferenzzimmer zurück. Man wollte gerade eine Kaffeepause einlegen. Er winkte Jung, Siemon und von Poseck heran, die sich in einer Ecke des Raumes zu ihm gesellten: »Ich muß sofort in die Schweiz reisen. Es läuft ein Haftbefehl gegen mich. Sagen Sie ihnen, daß ich plötzlich hätte ins Ausland reisen müssen.«

»Aber Sie haben kein Gepäck«, sagte Siemon.

»Stimmt«, entgegnete Schulte, »aber ich habe meinen Paß; bitte geben Sie mir Ihren Koffer.« Siemon hatte Gepäck bei sich, weil er auf dem Weg nach Breslau und Berlin war. Schulte bat einen seiner Kollegen, seine Frau anzurufen und sie zu beruhigen; er möge ihr sagen, daß es sich wahrscheinlich um ein Mißverständnis im Zusammenhang mit einer komplizierten geschäftlichen Transaktion handele. In wenigen Tagen werde die Sache geregelt sein. Aber es wäre sicherer, das Ende des Sturms im Ausland abzuwarten. »Ich rufe Sie gleich nach meiner Ankunft an«, sagte er beim Abschied. Es war bezeichnend für Schulte; er hatte keinen Zweifel daran, daß ihm nichts passieren werde.

Siemon, Jung und von Poseck sollten Schulte erst geraume Zeit nach Kriegsende wiedersehen. Seine plötzliche Abreise kam überraschend für sie, aber allzu beunruhigt waren sie nicht. Giesche hatte mit neutralen Staaten Geschäfte abgewickelt. Dabei war es zwar im allgemeinen korrekt zugegangen, aber es gab doch so viele im Krieg erlassene Sondervorschriften, daß man leicht gegen etliche von ihnen verstoßen konnte. Sie hatten sich an plötzliche Überprüfungen und an Haftandrohungen längst gewöhnt. Die Gestapo hatte sich früher schon einmal für Giesches komplizierte Geschäfte interessiert. Und Schulte, der dazu neigte, die Regierung offen und laut zu kritisieren, bot sich als Ziel geradezu an. Er hatte seine Kritik zwar immer nur in dem kleinen Kreis seiner Freunde und Kollegen geäußert, aber vielleicht hatte jemand eine unbedachte Äußerung fallenlassen. Schulte war jedoch ein für die Kriegswirtschaft unentbehrlicher Mann. Selbst wenn man ihn tatsächlich verhaftete, würde ein Anruf bei irgendeinem Minister genügen, um ihn wieder herauszuholen, meinten die drei Männer.

Schulte nahm vom Bahnhof Gleiwitz den Zug nach Breslau. Viel zu langsam für ihn glitten die Wagen durch die fruchtbaren Ebenen Schlesiens, die in jenem Herbst eine gute Ernte hervorgebracht hatten. Er war von der plötzlichen Wendung der Ereignisse nicht überrascht; er hatte es alles kommen sehen. Die einzige Überraschung bestand vielleicht darin, daß seine Freunde noch die Zeit gehabt hatten, ihn zu warnen, so daß er eine Chance besaß, zu entkommen.

An einem Abend vor gar nicht langer Zeit hatte Schulte mit seinem Vetter Hermann in dessen Heim in Berlin über die Überwachung der Grenzkontrollen gesprochen, eine der Funktionen von Hermanns Abwehr-Abteilung. Hermann hatte beiläufig erwähnt, daß die Polizei-Bürokratie keineswegs so schnell und leistungsfähig arbeitete, wie die Öffentlichkeit annahm. Jeder Haftbefehl mußte von mehreren Büros bearbeitet und bestätigt werden, und dann dauerte es in aller Regel noch ein, zwei Tage, bis die Grenzpolizei ihre Anweisungen erhielt. Handelte es sich um kleinere Grenzübergänge, konnte es durchaus eine Woche oder noch länger dauern.

In Breslau stieg Schulte um. Er versuchte Clara anzurufen, aber sie war nicht zu Hause. Er studierte den kleinen, schon recht abgenutzten Fahrplan, den er immer bei sich trug. Er war jetzt im Krieg wegen der vielen Streckenunterbrechungen und Streichungen von Zügen nur von begrenztem Nutzen. Dann kam ihm plötzlich der Gedanke, daß er erst nach Berlin fahren sollte, um sich mit seinen Freunden zu besprechen. Vielleicht sollte er diese Warnung überhaupt nicht so ernst nehmen. Deutschland überstürzt zu verlassen, könnte als Schuldeingeständnis gelten; jeder Rückweg würde ihm dann verschlossen sein. Selbst wenn seine Berliner Freunde ihm zur Flucht rieten, bedeutete der Umweg über die Hauptstadt nur einen Verlust von wenigen Stunden. Und wenn die Gestapo schon nach ihm Ausschau hielt, war er in Berlin genauso sicher wie irgendwo anders.

Mittlerweile war es Abend geworden, und der Berliner Zug war fast leer. Ende 1943 verließen viele Menschen Berlin; dorthin fuhren nur wenige, nur solche, die dringende Geschäfte hatten. Als der Zug in die Stadt einfuhr, sah Schulte, warum dies so war.

Er war während des Krieges immer wieder für längere Perioden in Berlin gewesen, und er hatte die furchtbaren Verwüstungen gesehen, die der bislang schwerste Luftangriff vom 23. August 1943 angerichtet hatte, als große Teile der Friedrichstraße und der Wilhelmstraße in Schutt und Asche fielen, einschließlich einiger Ministerien, Hotels, Kaufhäuser und anderer Wahrzeichen der Stadt. Dann waren die Bombardierungen abgeflaut, aber am 18. November waren die Angriffe wiederaufgenommen worden. Seither hatte es kaum eine ruhige Nacht gegeben. Schulte war auf die Zerstörungen, die von diesen jüngsten Luftangriffen verursacht worden waren, nicht vorbereitet. Er hatte keine Ahnung, ob sein Hotel, der Coburger Hof, noch stand, und er wollte es auch gar nicht wissen. Er beschloß, bei Freunden in Charlottenburg zu wohnen. Aber es dauerte lange, bis er ein Taxi gefunden hatte, und noch länger, bis das Taxi den Berliner Westen erreichte. Immer wieder gab es Umleitungen. Schulte sah, daß einige der elegantesten Gegenden, zum Beispiel die Tauentzienstraße, in Trümmern lagen.

Er rief seinen Vetter an, und sie verabredeten sich für den nächsten Nachmittag. Als Hermann von der Warnung hörte, war er sehr beunruhigt. Er wollte versuchen, mehr in Erfahrung zu bringen, aber es würde nicht leicht sein. Er hatte keinen direkten Draht zur Gestapo, und wegen des allgemeinen Durcheinanders, das die Bomben angerichtet hatten, konnte es Tage dauern, bis er etwas herausfand. Und auch dann wäre es keineswegs sicher, ob er eine eindeutige Antwort bekommen würde. Unter diesen Umständen hielt er es für besser, wenn Eduard auf jeden

Fall eine Geschäftsreise in die Schweiz machte. In wenigen Tagen würde man womöglich mehr wissen.

Es war jetzt zu spät, um weiterzureisen, und Eduard Schulte war sehr müde. Bevor die Vettern ihr Gespräch beendeten, versprach Hermann, General Erich Fellgiebel aufzusuchen, der für die Heeres-Nachrichtenverbindungen zuständig war. Fellgiebel war ein vorsichtiger, zurückhaltender Mensch, aber wer ihm nahestand, wußte auch, daß er einer der am besten informierten Männer im Lande war und ein erbitterter Gegner des Regimes.

Schulte kehrte zu den Freunden zurück, bei denen er Aufnahme gefunden hatte, und aß mit ihnen zu Abend. Dann heulten die Luftschutz-Sirenen los. Nach wenigen Minuten konnte man hören, wie die Bomber sich näherten, und dann fielen die Bomben. Als ungefähr zwei Stunden später Entwarnung gegeben wurde und sie den Keller wieder verließen, war Schulte sehr niedergeschlagener Stimmung. Es war der erste schwere Luftangriff, den er erlebt hatte. Nicht die Angst vor den Bomben machte ihm zu schaffen; es war vielmehr das Gefühl, in der Falle zu sitzen, nun nicht mehr fliehen zu können.

Früh am nächsten Morgen, dem 4. Dezember, kam Hermann vorbei. Er hatte versucht, anzurufen, aber die Leitungen waren zerstört, und auch die Stromversorgung war unterbrochen. General Fellgiebel war nicht in Berlin; es war sinnlos, noch länger zu warten. Die amtlichen Frühnachrichten klangen nicht gut: Die anglo-amerikanischen Luftangriffe würden weiterhin die Zivilbevölkerung terrorisieren; zwar seien 53 Maschinen abgeschossen worden, doch seien Krankenhäuser, Kirchen, Schulen und Baudenkmäler getroffen worden. Es war unwahrscheinlich, daß der Eisenbahnverkehr vor Ablauf von ein, zwei Tagen wiederaufgenommen werden würde. Aber Schulte wollte es auf jeden Fall versuchen. Es gelang ihnen, einen Privatwagen zu beschaffen, der ihn zum Anhalter Bahnhof brachte. Er hatte Glück; es war eines der wenigen Kraftfahrzeuge, die an diesem Morgen in Berlin verkehrten.

Nachdem er mehrere Stunden in der Morgenkälte gewartet hatte, fand er einen Platz in einem Zug, der nach Leipzig oder Dresden abfuhr. Es kam im Grunde gar nicht darauf an. Hatte er erst einmal Berlin verlassen, würde er schon irgendwie nach Süddeutschland kommen.

Schulte hatte inmitten einer Menschenmenge vor dem Anhalter Bahnhof gestanden, als Hitler dort dreieinhalb Jahre zuvor nach seinem größten Sieg eintraf. Hitler hatte der begeisterten Menge mehr als einmal gesagt, daß sie die Reichshauptstadt in zehn Jahren nicht mehr wiedererkennen würde. Diese Prophezeiung traf früher ein, als irgend jemand erwartet hatte. Wie schnell war doch der Überschwang von 1940 der Niedergeschlagenheit gewichen, die Ende 1943 herrschte. Schulte kaufte sich ein belegtes Brot am Kiosk; die Tage der Luxuswaggons und der Speisewagen waren längst vorbei. Es hatte mehrere Polizeikontrollen gegeben, aber für ihn schien sich niemand zu interessieren. Ein Mann mittleren Alters mit einem lahmen Bein geriet nicht so leicht in Verdacht, ein Wehrmachtsdeserteur zu sein. Sein Paß und seine anderen Papiere waren in bester Ordnung, und er war Wehrwirtschaftsführer. Sollte er einen kleinen, unbedeutenden Grenzübergang wählen? Er dachte darüber nach, ließ den Gedanken aber dann fallen. Es würde nur Aufmerksamkeit erregen, wenn jemand wie er sein Glück versuchte an einem Übergang, der nur für den kleinen Grenzverkehr gedacht war. In einem kleinen, weltabgeschiedenen Dorf kannte die Polizei alle Einheimischen; ein Fremder wäre sofort verdächtig. Nein, es mußte entweder der Zug nach Zürich über Konstanz oder nach Basel über Freiburg sein. Früher hatte Schulte meistens den Zug über Konstanz genommen. Dieses Mal entschied er sich für die längere Strecke nach Basel. Vielleicht glaubte er, daß die Gestapo, in Kenntnis seiner Gewohnheiten, in Konstanz auf ihn warten würde.

Bei Nacht ging die Fahrt durch Sachsen. Es gab lange Aufenthalte, wahrscheinlich wegen eines schweren Bombenangriffs auf Leipzig; Teile der Stadt waren zerstört. In den frühen Morgenstunden erreichte der Zug Hof, das Tor nach Bayern, überquerte dann das Fichtelgebirge und hielt in Marktredwitz, dem großen Eisenbahnknotenpunkt.

Schulte hatte einen nicht unbeträchtlichen Teil seines Lebens in Zügen verbracht. Gewöhnlich hatte er ein Buch dabei oder Geschäftskorrespondenz, die er in Vorbereitung einer Konferenz studierte. Dieses Mal hatte er nichts zu lesen, abgesehen von einigen Illustrierten, die er in Berlin auf dem Bahnhof gekauft hatte, aber es wäre ihm ohnehin schwergefallen, sich zu konzentrieren. Nachdem er flüchtig die Illustrierten durchgeblättert hatte, zog er seine Brieftaschen heraus und zählte sein Geld. Es reichte für eine Woche in der Schweiz oder gar für zwei, und er hatte ein Konto bei einer Schweizer Bank. Er prüfte seinen Paß; es traf sich gut, daß sein Schweizer Visum gerade erneuert worden war.

Er entfaltete einen Brief, den er immer bei sich trug und den er schon viele Male gelesen hatte. Er war von seinem älteren Sohn, Wolfgang. Er hatte ihn an der Ostfront geschrieben, und er trug das Datum des 12. Januar 1943.

Lieber Papa!

Ich habe bei Dr. Siemon diesen Brief hinterlegt, für den Fall, daß Du durch amtliche Nachricht erfahren solltest, daß mir etwas zugestoßen ist. Du sollst dann die Gewißheit haben, daß ich, wie immer der Bescheid auch lauten möge, nicht mehr lebe, denn bei diesem Gegner kommt nichts anderes in Frage; eine Patrone bleibt einem ja immer. Da ich nur einen Brief dieser Art zu schreiben beabsichtige, bitte ich Dich, Marie-Luise Weber zu benachrichtigen. Ich wollte mich beim nächsten Urlaub mit ihr verloben.

Meine Markensammlung soll einmal ein Junge von Rupchen bekommen, wenn er alt genug ist und Verständnis dafür zeigt. Alles andere geht in Rupchens Besitz über. Ich habe mein Schicksal mit Ruhe und der Überzeugung erwartet, daß es notwendig war, sich bis zum Letzten einzusetzen. Du wirst Mama mehr denn je stützen müssen, damit sie darüber hinwegkommt und an Rupchen und hoffentlich seinen Kindern wieder einen Halt findet. Meine letzten Gedanken werden bei Euch und Marlies (Marie-Luise) sein.

Dein Sohn Wolfgang.

Der Brief war ursprünglich in Lothar Siemons Obhut gegeben worden, wie Wolfgang es beabsichtigt hatte, aber wie er in Siemons Hände gelangt ist, darüber gibt es nur Vermutungen. Am wahrscheinlichsten ist wohl, daß »Wölfchen«, wie er in der Familie und von seinen Freunden genannt wurde, ihn einem verwundeten Offizierskameraden mitgegeben hat, bevor er aus Stalingrad ausgeflogen wurde. Wolfgang überlebte die Schlacht nicht; keine drei Wochen, nachdem der Brief geschrieben wurde, kapitulierten die deutschen Truppen unter Feldmarschall Friedrich von Paulus. Die amtliche Mitteilung, daß sein Sohn im Felde vermißt werde, erreichte Schulte im Februar 1943 in Breslau. Wolfgangs Brief, den Siemon ihm bald darauf gab, muß es ihm ein wenig erleichtert haben, den Schlag zu verwinden.*

* Wolfgang Schulte ist nicht im Kampf gefallen. Er starb in Betekowka, einem Kriegsgefangenenlager. Aber das wurde erst Jahre nach Kriegsende bekannt, als deutsche Kriegsgefangene aus der Sowjetunion heimkehrten.

Es war in der Tat ein schwerer Schlag für Schulte gewesen, und Clara überwand ihren Schmerz viele Monate lang nicht. Sie wurde nie wieder ganz so wie früher; sie hatte ihrem älteren Sohn besonders nahegestanden. Wolfgang hätte Jura in Deutschland und im Ausland studieren sollen, er hätte fremde Länder sehen und sein Leben genießen sollen. Statt dessen war er 1937 im Alter von achtzehn Jahren zum Heer eingezogen worden, und der Krieg war im Sommer 1939 ausgebrochen, gerade als er nach Ablauf seiner Wehrdienstzeit entlassen werden sollte. Er hatte praktisch ohne Unterbrechung vom Polenfeldzug an in einer Fernmeldeeinheit gedient. Seit Beginn des Rußland-Feldzugs war er nur wenige Male zu Hause gewesen.

Wolfgang hatte den Krieg hingenommen, ohne viel Aufhebens davon zu machen. Wie die meisten Kinder hatte er der Hitlerjugend angehört, aber er war nie ein fanatischer Nazi gewesen. Den Kampf betrachtete er als etwas Unvermeidliches, einer Naturkatastrophe gleich. Aber nach dem Juni 1941 schien er bei jedem Heimatbesuch pessimistischer zu sein, was den Ausgang des Krieges anbetraf und seine eigenen Chancen, ihn zu überleben.

Ruprecht wurde nach dem Polenfeldzug eingezogen. Er diente zunächst in einer Fernmeldeeinheit und später in einer Panzerdivision. Er wurde mehrfach verwundet und erhielt Auszeichnungen. Einige Male trafen sich die beiden Brüder an der Ostfront: Wolfgang hatte ein Motorrad und besuchte Ruprecht, wenn ihre Einheiten nicht allzuweit voneinander entfernt lagen.

Eduard Schulte verabscheute das Nazi-Regime, war aber doch stolz darauf, daß seine Söhne als Offiziere dienten. Sie hatten erreicht, was ihm wegen seiner schweren Beinverletzung versagt geblieben war. Er hatte immer gewußt, daß das Dritte Reich unsägliches Leid heraufbeschwören würde, hatte sich aber seltsamerweise nie vorstellen können, daß er selbst und seine Familie davon betroffen werden könnten. Er war sicher gewesen, daß seine Söhne das sinnlose Gemetzel überleben würden. Wenige Menschen haben die Kraft, die Gewißheit des Todes zu akzeptieren; es ist nur natürlich, sie so lange wie möglich zu ignorieren. Schulte war ein großer Realist, aber was das Leben und den Tod derjenigen betraf, die ihm nahestanden, benahm er sich genauso wie die meisten anderen Menschen auch.

Wie in so vielen anderen deutschen Familien war das Jahr 1943 auch im Hause Schulte kein glückliches Jahr gewesen. Eduard hatte seine

Arbeit, die ihn ablenkte, aber für seine Frau gab es diesen Fluchtweg nicht. Claras Depressionen wurden immer häufiger. Schulte konnte ihr nur geringen Trost bieten.

Schulte wandte sich wieder seinem akuten Dilemma zu: Was, wenn er an der Grenze oder sogar schon vorher verhaftet würde? Er war kein ängstlicher Mensch, aber die Möglichkeit, der Gestapo in die Hände zu fallen, war, gelinde gesagt, beunruhigend. Jedermann wußte, daß ihr Möglichkeiten zu Gebote standen, um Geständnisse zu erpressen. Die meisten Gestapo-Typen, die er kennengelernt hatte, waren ziemlich dumm; vielleicht gelang es ihm, sich aus der Sache herauszureden? Aber eine solche Chance hatte er nur, wenn er wußte, welche Beweise sie gegen ihn hatten. Schulte war ein Mann von beträchtlichem Erfindungsreichtum und großem Selbstvertrauen. Er war der festen Überzeugung, daß es aus nahezu jeder Schwierigkeit einen Ausweg gab. Als sein Haupthindernis sah er die Tatsache an, daß er gegen einen unsichtbaren Feind kämpfen mußte.

Der Zug überquerte die Hügel der Schwäbischen Alb. Es wurde schon dunkel, als es ins Neckartal hinabging. In Stuttgart stieg Schulte um; kurz vor Freiburg blieb der neue Zug stehen. Ein Grund wurde nicht bekanntgegeben. Jemand meinte, daß es vielleicht einen Fliegerangriff gegeben habe und die Gleise einen Treffer abbekommen hätten. Das würde einen langen Aufenthalt hier mitten im Wald bedeuten. Schulte war schon mehr als vierundzwanzig Stunden unterwegs, und bis zu diesem Aufenthalt war alles glatt verlaufen. Er war der Schweizer Grenze schon sehr nahe. Welch eine Ironie des Schicksals, wenn seine Flucht wegen irgendeines dummen Zufalls, den niemand hätte voraussehen können, doch noch scheitern sollte. Zum erstenmal während seiner langen Reise suchten ihn Zweifel heim: Sollte er einfach aussteigen, sich zur nächsten Ortschaft durchschlagen, dort ein Auto mieten und in Richtung Schweizer Grenze fahren? Eduard wies den Gedanken von sich: Er hatte keine Ahnung, wie weit es bis zum nächsten Ort war, einen Wagen zu mieten würde so gut wie unmöglich sein, und selbst wenn es ihm gelingen sollte, mußte die Sache gefährliches Aufsehen erregen. Eine volle Stunde sollte vergehen, bevor das Warten ein Ende fand.

Schulte war auch in seinen besseren Augenblicken kein geduldiger Mensch; auch neigte er nicht sehr zu Sorge oder Angst. Jetzt aber wuchs die Gefahr mit jeder Minute, die verstrich. In späteren Jahren sollte

Schulte seinen Freunden erzählen, daß diese Stunde im stehenden Zug kurz vor der Schweizer Grenze - so nah und doch so fern - eine der zermürbendsten war, die er je erlebt hatte. Aber dann, plötzlich, setzte sich der Zug wieder in Bewegung. Die Grenzkontrolle fand in einem Ort namens Müllheim statt. Er zeigte seinen Paß, der erst vor wenigen Monaten in Breslau verlängert worden war. Er hatte ein gültiges Schweizer Visum. Er war ein »Generaldirektor«. An den vielen Stempeln in seinem Paß konnten die Beamten ablesen, daß er oft in der Schweiz gewesen war und jeweils für längere Zeit. Flüchtig blickten sie in ihre Fahndungsliste, Herr Generaldirektor Dr. Eduard Schulte gehörte nicht zu den gesuchten Personen. Sie wünschten ihm eine gute Nacht. Schulte ging in sein Abteil zurück, und der Zug setzte sich wieder in Bewegung. Er war in Sicherheit. Die Reise ging noch einige Minuten durch deutsches Territorium. Es gab mehrere Tunnel, und dann sah er in der Dunkelheit den Rhein. Nach ein paar weiteren Minuten kamen Basel und die Schweizer Grenzkontrolle. Als auch die Schweizer Beamten seinem Paß entnahmen, daß er ein häufiger Besucher ihres Landes war, verloren sie jedes Interesse an ihm.

Schulte ging zu Fuß zu einem Hotel in der Nähe des Hauptbahnhofs. Es entsprach nicht ganz dem Standard, den er gewöhnt war, aber er war sehr müde. Man musterte ihn mißtrauisch, weil er so wenig Gepäck hatte; aber das störte ihn nicht. Auch bedauerte er keineswegs, daß es für eine Mahlzeit zu spät war, zu spät sogar, um Freunde anzurufen. Er war in Sicherheit.

»Willkommen«, sagte Gisevius, als Schulte ihn früh am nächsten Morgen anrief, und fügte hinzu, daß er Glück gehabt habe, noch rechtzeitig herausgekommen zu sein. Sie vereinbarten, daß Schulte am Abend nach Zürich kommen und Gisevius in dessen Hotel besuchen sollte.

Schulte nahm einen frühen Zug nach Zürich und begab sich ins Baur-au-Lac. Dort war man freundlich wie stets, sorgte dafür, daß er ein gutes Zimmer bekam, und beschaffte ihm binnen einer Stunde ein neues Hemd und einen Pyjama. Er aß seine erste richtige Mahlzeit seit drei Tagen und ging dann hinüber zu Gisevius, der in einem kleinen Hotel in der Nüschelerstraße wohnte.

Gisevius erwartete ihn in bester Laune, offenkundig mit sich selbst zufrieden: »Sie sollten Ihre Schweizer Sekretärin rausschmeißen«, sagte er. »Oder noch besser, erwürgen oder vergiften. Aber das geht leider nicht, jedenfalls vorläufig nicht.«

Schulte bat ihn, von vorn anzufangen. Gisevius fragte nun, wann Schulte Allen Dulles zum erstenmal gesehen habe. Schulte erwiderte, er habe ihn im Mai in Gesellschaft Chojnackis kennengelernt. Zu später Stunde hätten sie Dulles in seiner Wohnung in der Herrengasse besucht. Dulles habe ihn, Schulte, gebeten, ein detailliertes Memorandum über die Situation in Deutschland und über seine Vorschläge für die Zukunft zu schreiben. Er habe seinen Text einer Sekretärin diktiert, die ihm als absolut zuverlässig empfohlen worden sei.

Gisevius teilte dem sprachlosen Schulte mit, daß nicht alle Kohlebögen vernichtet worden seien und daß eine andere Stenotypistin, die in demselben Büro arbeitete, einen Durchschlag aus dem Papierkorb gefischt und mit nach Hause genommen habe. Sie habe ihn ihrem deutschen Geliebten gezeigt, der zufällig ein am deutschen Generalkonsulat in Zürich tätiger SS-Mann gewesen sei.

Der SS-Mann wußte offenbar nicht, was er mit dem Material anfangen sollte. Er hätte es dem Sturmbannführer Hans-Christian Daufeldt übergeben sollen, dem am Orte höchsten Vertreter des SD, des Sicherheitsdienstes der SS. Aber die deutschen Diplomaten in der Schweiz hatten Außenseiter nicht besonders gern in ihren Botschaften; sie verursachten immer alle möglichen Probleme mit dem Gastland. Nur widerstrebend hatten sie 1940 Vertretern der Abwehr den diplomatischen Status verschafft. Sie hatten es sogar abgelehnt, Gisevius einen Schreibtisch zu geben, als er neu in Zürich eintraf. Nachdem er starken Druck ausgeübt hatte, war es dem SD endlich gelungen, durchzusetzen, daß Daufeldt in die Schweiz versetzt und dem Generalkonsulat attachiert wurde, aber der Geschäftsträger hatte ihn rasch kaltgestellt. Daufeldt wurde nach Lausanne geschickt, wo er, wie man meinte, am wenigsten Schaden würde anrichten können. Weil es nun also keinen höheren SD-Mann in Zürich gab, hatte der SS-Mann die Durchschläge ins Konsulat getragen, und sie waren auf dem Schreibtisch von Gisevius gelandet. Dessen Büro befand sich im ersten Stockwerk des Konsulats in der Kirchgasse 48, einem historischen alten Bauwerk mit einem kleinen mittelalterlichen Eingang und mehreren Erkerfenstern. (Nebenan hatten einst Zwingli, Gottfried Keller und andere namhafte Bürger Zürichs gelebt.)

Gisevius, ein Mann von beträchtlicher Kaltblütigkeit, hatte den SS-Mann wegen seines Fundes gelobt. Er hatte ihm erklärt, daß es sich hier um eine Angelegenheit von derartiger Bedeutung handele, daß vorläufig niemand davon erfahren dürfe. Aber es gab noch einen weiteren Grund, die Entdeckung wirklich geheimzuhalten; denn Köcher, der deutsche Geschäftsträger in Bern, hatte soeben der Schweizer Regierung feierlich versichert, daß es keine gegen schweizerische Interessen gerichtete oder schweizerische Staatsbürger involvierende geheimdienstliche Tätigkeit auf schweizerischem Boden mehr geben werde. Die Schweizer waren in den zurückliegenden Monaten immer ungehaltener geworden, und viele deutsche Agenten waren verhaftet worden. Gisevius setzte dem SS-Mann auseinander, wie ernst die Lage sei: Wenn es bekannt würde, daß eine schweizerische Sekretärin, angestellt in einem schweizerischen Büro, Geheiminformationen an die Deutschen weitergegeben habe, so werde das ganz gewiß zu ihrer Verhaftung und zur Ausweisung ihres Geliebten führen. Der SS-Mann hatte nicht an die Möglichkeit gedacht, daß die Erfüllung seiner patriotischen Pflicht ihn seine Freundin und seine komfortable Wohnung im wohlhabenden und friedlichen Zürich kosten könnte. Man könnte ihn womöglich auffordern, seine Vaterlandsliebe auch bei der kämpfenden Truppe an der Ostfront unter Beweis zu stellen. Hastig versicherte er Gisevius, daß er sich verhalten werde, wie ihm aufgetragen worden sei, und seine Freundin auch.

Aber Gisevius traute dem SS-Mann nicht. Er informierte Allen Dulles, der ihn anwies, Schulte vor der großen Gefahr zu warnen, in der er sich befand.* Als nächstes setzte Gisevius Balsiger von der Sache in Kenntnis, den ruhigen, aber mächtigen Chef der Schweizer Polizei, und Heinrich Rothmund, den gefürchteten Chef der Ausländerpolizei. Mit beiden war er recht gut befreundet. Balsiger und Rothmund dachten über die Affäre Schulte nach und erklärten Gisevius dann, daß es in jedermanns Interesse sei, die Angelegenheit vorläufig zu ignorieren. Seine eigene Position an der Botschaft werde gefährdet, falls die Schweizer die Sekretärin und den SS-Mann verhafteten. Es wäre deshalb am besten, die beiden vorerst in Frieden zu lassen. Aber man werde sie unter Beobachtung halten. Nach dem Krieg werde man sie vor Gericht mit den Beweisen

* Es gibt Diskrepanzen in der Darstellung dieser Episode durch Allen Dulles und durch Gisevius und Waetjen. Nach Dulles wurde der Bericht des SS-Mannes abgefangen, *bevor* er die Gestapo erreichte. Nach Gisevius war die Gestapo schon informiert worden, und er habe »Unterschlagung und gefälschte Berichte« ins Spiel bringen müssen, um Schulte zu retten. Es gibt Grund zu der Annahme, daß die Gisevius-Version die richtige ist; Dulles hatte nur aus zweiter Hand Kenntnis von der Sache.

konfrontieren, und wenn das Gericht sie für schuldig befinde, würden sie ihre verdiente Strafe erhalten.*

Balsiger sagte zu Gisevius, daß er sich verpflichtet fühle, Herrn von Steiger zu konsultieren, den Schweizer Justiz- und Polizeiminister. Denn sollte es bei der Handhabung der Kohlebogen-Affäre durch die Polizei zu irgendwelchen Pannen kommen, könnte dies als Strafvereitelung ausgelegt werden.

Eduard von Steiger, Sprößling einer alten Berner Familie, war während des Krieges ein führender Schweizer Politiker, und ein überaus geschickter dazu. Der von ihm in den ersten Kriegsjahren eingeschlagene Kurs war, gelinde gesagt, dubios. Die Parole »Das Boot ist voll« stammte von ihm, und er war die treibende Kraft hinter der Entscheidung gewesen, illegale jüdische Einwanderer, die 1942 schon Schweizer Gebiet erreicht hatten, wieder hinauszuwerfen. Er war auch für eine strenge Zensur eingetreten, um die Deutschen nicht zu verärgern. Als aber nach dem Krieg eine Autopsie der Schweizer Politik veranstaltet wurde, stellte sich heraus, daß Steiger anscheinend wenige Spuren hinterlassen hatte. Fehlentscheidungen, zu denen es gekommen war, wurden zumeist auf Kollegen wie Marcel Pilet, den Chef der Politischen Abteilung, oder auf untergeordnete Beamte wie Rothmund abgewälzt, der, nicht völlig ohne Grund, zum hauptsächlichen Sündenbock wurde. Rothmund wurde nach 1945 degradiert; Steiger wurde Präsident der Schweizer Eidgenossenschaft.

Im Fall Schulte war Steiger bereit, sieben gerade sein zu lassen. Es bestand ein schweizerisches Interesse an diesem deutschen Industriellen, der den Schweizern in der Vergangenheit sehr geholfen hatte. Da ihm kein klarer Nachweis einer Straftat vorgelegt worden war, stimmte

* Die Gerechtigkeit holte am Ende die Sekretärin und den SS-Mann ein. Der Prozeß, den die Schweizer für die beiden aufgespart hatten, fand im Juni 1945 statt. Schulte war als Zeuge geladen. Die beiden wurden schuldig befunden und zu einer relativ kurzen Gefängnisstrafe verurteilt. Anscheinend stieß der SS-Mann während des Prozesses gewalttätige Drohungen gegen Schulte aus. Die Prozeß-Protokolle sind noch immer geheim. Erst wenn sie zugänglich gemacht werden, kann mit Sicherheit gesagt werden, ob die Sekretärin und der SS-Mann nur über das Memorandum an Dulles »gestolpert« sind, oder ob Schulte schon von den deutschen Sicherheitsdiensten observiert wurde.

Steiger dem Chef der Polizei darin zu, daß der SS-Mann und seine Freundin vorläufig nicht angeklagt werden sollten.

Aber es gab weitere Komplikationen. Der SS-Mann hielt sein Wort nicht. Gisevius erfuhr, daß er zumindest gegenüber einer Person im deutschen Geheimdienst geredet hatte, möglicherweise noch gegenüber weiteren. Gisevius war nicht sicher, ob der SS-Mann sich an Hans Meisner gewandt hatte, den Leiter der Abwehr in Bern, oder an Major von Pescatore, der für die Gegenspionage zuständig war. Irgendein Bericht war nach Berlin geschickt worden und hatte die Gestapo erreicht. Er war schlecht abgefaßt und steckte voller Widersprüche. Das Resultat waren Anfragen aus Berlin in Zürich. Auf diese Weise erfuhr Gisevius, daß es eine Panne gegeben hatte.

Nicht umsonst hatte Gisevius einst für die Polizei gearbeitet. Er wandte alle Tricks an, die es unter Bürokraten gibt. Er zögerte seine Antwort hinaus; er versäumte es, angeforderte Dokumente vorzulegen, die sich auf den Fall bezogen; er resümierte andere in einer solchen Weise, daß sich noch größere Konfusion ausbreitete; und er lieferte Berge von irrelevantem Material. Er erwähnte die Möglichkeit, daß der Hintergrund der Affäre in Anbetracht der Tatsache, daß Allen Dulles im wesentlichen in wirtschaftlichem Auftrag entsandt worden sei, und unter Berücksichtigung der Tatsache, daß Giesche jahrelang mit amerikanischen Firmen verhandelt hatte, dem Charakter nach vielleicht wirtschaftlich und nicht politisch sei. Er sei der Meinung, daß in jedem Falle weitere Nachforschungen erforderlich seien.* Aber Gisevius wußte natürlich, daß er mit derartigen Manövern bestenfalls eine Verzögerung weiterer Maßnahmen durch die Gestapo erreichen konnte. Hatte erst einmal eine größere Nachforschung begonnen, konnte nichts sie mehr aufhalten.

Er beschloß deshalb, die Angelegenheit bei seiner nächsten Reise nach Berlin Canaris vorzutragen. Im Herbst 1943 war die Abwehr schon damit beschäftigt, um ihr Überleben zu kämpfen, und sie war im Begriff, in diesem Kampf zu unterliegen. Der unerbittliche Anti-Nazi Hans Oster war schon entfernt worden; gegen andere liefen Untersuchungen,

* Lange Zeit fand die Tatsache, daß Allen Dulles die OSS in der Schweiz vertrat, in Berlin keinen Glauben; man vermutete vielmehr, daß der Auftrag dieses Wall-Street-Anwalts darin bestünde, Wirtschaftskrieg gegen Deutschland zu führen oder eine wirtschaftliche Nachkriegsplanung einzuleiten.

in einigen Fällen wegen »hochverräterischer Umtriebe«, gegen andere nur wegen Inkompetenz. Canaris war in Lethargie versunken und ganz und gar unfähig, seinerseits den Kampf aufzunehmen. Gisevius hatte allen Grund, überhaupt nicht mehr nach Deutschland zurückzukehren. Bei seinem letzten Besuch hatte ihm ein Untersuchungsrichter mit Verhaftung gedroht. Wäre seine Verbindung zu Allen Dulles ans Licht gekommen, hätte man ihn auf der Stelle verhaftet. Aber Gisevius wußte auch, daß er sich, wenn er nicht zurückginge, vom Widerstand abschneiden würde, von jenen ranghohen Männern, die, in der Kunst der Verschwörung unerfahren, seiner festen Überzeugung nach ohne ständige Ermutigung und Unterstützung durch Leute wie Oster und ihn selbst nie und nimmer zur Tat schreiten würden.

Im Abwehrstab hatte man dringendere Sorgen als die Schulte-Affäre. Dennoch gelang es Gisevius, mit Canaris zu sprechen. Zwischen den Erörterungen zweier anderer Themen erwähnte er Schulte. Im Gegensatz zu Oster war Canaris kein Bewunderer von Gisevius. Er sah ihn als ewigen Verschwörer und Intriganten, ohne Sinn für politische Realitäten, kurz, als Abenteurer. Aber er wußte auch, daß Gisevius seine Qualitäten hatte, und als er den Namen Schulte hörte, schien er sich an etwas zu erinnern und sagte, man müsse Schulte helfen, aus seinen Schwierigkeiten herauszukommen. Er schlug vor, daß Gisevius sich in der Sache an Bentivegni wenden solle, einen der drei Abteilungsleiter der Abwehr. Canaris war die Unverbindlichkeit selbst; Gisevius wußte, daß seine kryptische Bemerkung bedeutete, es sollte unverzüglich etwas unternommen werden, weil die Sache der Abwehr weiteren Schaden zufügen könnte. Sie bedeutete auch, daß Canaris nicht in die Sache hineingezogen werden wollte.

Oberst Egbert von Bentivegni war Chef von Abwehr III, der mit Gegenspionage befaßten Abteilung. Er stammte aus einer alten Offiziersfamilie. Sein Vater war im Ersten Weltkrieg gefallen. Der dunkelhäutige, kleinwüchsige Mann trug ein Monokel und legte eine aggressiv preußische Manier an den Tag, möglicherweise als Kompensation für den italienischen Ursprung der Familie. Er kannte Gisevius und empfing ihn höflich. Aber seine Abteilung war das Hauptziel der SS-Kampagne; er konnte wenig für andere tun. Tatsächlich war er einige Monate zuvor entlassen worden; Canaris hatte ihn nur wieder holen können, weil sein Nachfolger einen schweren Unfall erlitten hatte und ausgefallen war.

Als Gisevius den Namen Schulte erwähnte, sagte Bentivegni, daß er zwar über Details nicht informiert sei, jedoch wisse, daß der SD diesen Mann stark im Verdacht habe; allerdings mangele es noch an handfesten Beweisen. Gisevius versuchte dann in Erfahrung zu bringen, ob die Gestapo Schultes Telephongespräche abhörte. Anscheinend war das der Fall. Daraufhin bat Gisevius Waetjen, Schulte von irgendeinem neutralen Ort aus anzurufen und ihn zu warnen.

Als Gisevius dies alles Schulte erzählt hatte, wandte er sich der aktuellen Situation zu. An Schultes Stelle würde er das Kriegsende in der Schweiz abwarten; auf jeden Fall aber sollte er warten, bis er absolut sicher sein konnte, daß die Gestapo nichts gegen ihn vorliegen hatte.

Schulte hatte ohne Zweifel Glück gehabt, aus Deutschland herausgekommen zu sein. Jetzt hatte er viele Entscheidungen zu treffen. Er war noch in Gefahr, aber so weit sich in Erfahrung bringen ließ, hatte die Gestapo widersprüchliche Angaben über ihn erhalten. Unter den gegebenen Umständen war es am besten, bei der Version zu bleiben, daß es sich hier um eine ganz gewöhnliche, kurzfristig angesetzte Geschäftsreise handele. Wie sollte er die Verzögerung seiner Rückkehr plausibel machen? Bei verschiedenen früheren Anlässen war er mehrere Monate lang fort gewesen. Wer ihn kannte, hatte sich an seine ausgedehnten Abwesenheiten gewöhnt. Aber es hatte früher jedesmal einleuchtende Argumente gegeben, so zum Beispiel die Notwendigkeit, mit Anaconda zu verhandeln; aber das galt im Dezember 1943 nicht mehr. Man mußte neue Argumente finden, um jeden Verdacht zu zerstreuen. Denn er wollte, daß Clara zu ihm in die Schweiz kam, und er wollte auf jeden Fall vermeiden, Ruprecht zu schaden, der noch in der Wehrmacht diente. Auch seinen Freunden und der Firma wollte er nicht schaden.

Eduard Schulte war kein unbekannter Mann. Er konnte nicht plötzlich spurlos verschwinden. Ein vorgetäuschter Tod vielleicht? So etwas kam in Kriminalromanen vor, nicht im wirklichen Leben. Vielleicht konnte er plötzlich so schwer erkranken, daß eine baldige Heimkehr unmöglich war? Unbegrenzt konnte das nicht geschehen, aber es würde ihm eine Atempause von einigen Wochen, vielleicht sogar Monaten verschaffen, und dann konnte man weitersehen.

Später am Abend sagte er zu Doris, daß er Deutschland in aller Eile habe verlassen müssen und daß es zweifelhaft sei, ob er vor Kriegsende würde zurückkehren können. Er verriet ihr keine Einzelheiten seiner Flucht, und er beschwor sie, die ganze Sache unbedingt für sich zu behalten. Er habe sich abgesetzt, aber es dürfe nicht bekannt werden, daß er nicht zurückkehren würde. Er sei auf regulärer Geschäftsreise in die Schweiz gekommen und plötzlich erkrankt. Ob sie einen Arzt kenne, dem man vertrauen könne und der ihm helfen würde? Schulte erfreute sich guter Gesundheit. Seine Beinprothese mußte von Zeit zu Zeit neu angepaßt werden, und hinsichtlich seiner Zähne war er ein bißchen neurotisch. Aber in all den Jahren in Zürich hatte er nie einen Arzt gebraucht, von irgendwelchen Kleinigkeiten abgesehen. Doris kannte einen Arzt osteuropäischer Herkunft, Dr. Semyon Polishuk, der in der Schweiz studiert und sich dann in Zürich niedergelassen hatte. Wie alle im Ausland geborenen Ärzte durfte Polishuk in der Schweiz keine private Praxis eröffnen, aber Doris hielt ihn für einen vertrauenswürdigen Mann, der Schulte, wenn nötig, an einen Schweizer Kollegen überweisen würde.

Sie riefen Polishuk an und erklärten ihm, daß es sich um einen Notfall handele. Man vereinbarte einen Termin für den nächsten Morgen. Schulte erkannte, daß er ein Risiko eingehen mußte, und sagte dem Arzt weitgehend die Wahrheit. Polishuk machte sich ein paar Notizen und untersuchte dann den »Patienten«. Er fühlte den Puls, maß den Blutdruck, hörte mit dem Stethoskop Herz und Lunge ab und prüfte die Reflexe. Das dauerte etwa eine halbe Stunde; zusammenfassend sagte er dann, daß Schulte für einen Mann seines Alters und seines Zustands – er zeigte auf die Prothese – in guter Verfassung sei. Gewiß, er habe Übergewicht, was immer ein Risikofaktor sei, und wenn man genau hinhöre, gebe es leichte Herzgeräusche. Daran werde Schulte nicht sterben, aber das Herz sei das unberechenbarste aller Organe. Ob er gelegentlich außer Atem gewesen sei, ob der Herzschlag schon einmal ausgesetzt habe, ob er in der linken Schulter gelegentlich einen Schmerz verspüre? Schulte sagte, er habe tatsächlich alles das und ähnliches mehr erlebt, wenn auch selten, woraufhin Polishuk meinte, daß eine Angina pectoris keineswegs völlig auszuschließen sei. Aber dennoch sei eine Diagnose durch einen führenden Kardiologen erforderlich. Es sei ein ungewöhnlicher Fall, die Sache werde teuer sein; wahrscheinlich werde er eine Zeitlang zur Beobachtung im Krankenhaus bleiben müssen. Schulte sagte, er könne sich die Kosten der Behandlung leisten; es gehe hier tatsächlich um Leben und Tod. Er war ein tätiger Mensch, und der Gedanke, in einem kleinen Zimmer ans Bett gefesselt zu sein, war ihm abscheulich. Aber widerstrebend fand er sich damit ab, daß er sich an die

Spielregeln würde halten müssen, damit seine Geschichte glaubwürdig erscheine. Polishuk sagte, er werde den Fall mit einem angesehenen Kollegen besprechen, und Schulte brauche sich keine Sorgen zu machen – er werde in besten Händen sein.

Später bekam Schulte einen Anruf der Sekretärin von Dr. Haemmerli-Schindler. Er wurde gebeten, in die Sprechstunde des Arztes in der Hohenbuhlstraße zu kommen. Was dort geschah, ist unbekannt. Wahrscheinlich fand eine weitere Untersuchung statt. Als Schulte das Sprechzimmer des Arztes verließ, hatte er einen Brief in der Tasche, der besagte, daß Herr Dr. Eduard Schulte, Generaldirektor von Giesche, derzeit wohnhaft im Hotel Baur-au-Lac, bei einer früheren Gelegenheit im Juli 1943 wegen Angina pectoris behandelt worden sei. Der Patient habe heute (am 10. Dezember) einen weiteren akuten Anfall erlitten und müsse stationär in der Hirslanden-Klinik behandelt werden. Dort müsse er sich einer Serie von Injektionen unterziehen, die aller Wahrscheinlichkeit nach mehrere Wochen in Anspruch nehmen werde. Inzwischen sei es ausgeschlossen, daß er reise. Der Arzt schlug den zuständigen Schweizer Behörden vor, die Aufenthaltsgenehmigung für Schulte zu verlängern, damit er sich einer umfassenden klinischen Behandlung unterziehen könne. Haemmerli-Schindler war nicht nur der führende Kardiologe seiner Zeit; er gehörte auch zweien der führenden Zürcher Familien an. Ein von ihm abgegebenes ärztliches Gutachten konnte nicht ohne weiteres übergangen werden.

Schulte ging dann einkaufen; er erstand noch einen Pyjama, ein paar Hausschuhe und einige andere Bedarfsgegenstände sowie Briefpapier und ein paar Bücher. Am nächsten Morgen begab er sich zur Behandlung in die Hirslanden-Klinik, die bekannteste und größte Privatklinik in Zürich. Man gab ihm ein Einzelzimmer, wo er ganz ungestört war. Einmal am Tag kam Doris zu Besuch, ebenso Trentini, der Giesche-Repräsentant am Orte. Im übrigen hatte er nur wenig Besuch. Man gab ihm einige Spritzen, irgendwelche Vitamine oder sonstige harmlose Substanzen, um sein allgemeines Wohlbefinden zu steigern.

Trotz der ruhigen Atmosphäre in dieser wohlgeordneten Klinik gab es eine Menge Grund zur Sorge. Früher oder später würde die Gestapo entdecken, was es mit ihm auf sich hatte, und dann würden seine Familie, seine Freunde und er selbst in akuter Gefahr sein. Was war zu tun, um dem vorzubeugen? Vor allem galt es, seinen Status in der Schweiz zu regeln.

Bevor er sich in die Klinik begab, hatte er die Zentrale der Bankgesellschaft aufgesucht und sich dort mit seinem alten Freund Dr. Schaefer besprochen. Er hatte ihm erklärt, daß es sich dieses Mal nicht um einen gewöhnlichen Besuch handele, sondern daß er sich zur Flucht aus Deutschland gezwungen gesehen habe und daß diese Tatsache nicht bekanntwerden dürfe; fürs erste sei er »sehr krank«. Ob Schaefer mit seinen Kontaktleuten in der Regierung reden könne? Schaefer versprach, zu helfen; die Tatsache, daß Schulte früher den Schweizer Behörden behilflich gewesen sei, würde sicherlich zu seinen Gunsten berücksichtigt werden. Aber es würde seine Zeit dauern. Inzwischen wäre es wohl ratsam, einige Abschriften des ärztlichen Attests anzufertigen. Wie sich dann herausstellte, wurde dem Ersuchen Schultes um politisches Asyl sehr rasch entsprochen. Mehr noch, die Schweizer erklärten sich bereit, Schultes Bitte zu entsprechen und die Tatsache, daß er Asyl erhalten hatte, geheimzuhalten; sie blieb ein Geheimnis fast bis zum Ende des Krieges.

Schulte blieb zwei Wochen lang in der Klinik. Sie befand sich in einem neuen, recht unpersönlich wirkenden Gebäude wenige hundert Meter südlich des Sees, in einer sehr ruhigen Gegend. Die Ärzte waren entgegenkommend; die Krankenschwestern verwöhnten ihn. Immer wieder las er alte Geschäftsbriefe und diktierte einer Sekretärin seine Korrespondenz. Es dauerte nicht lange, daß er sich schrecklich langweilte und wieder von seiner alten Rastlosigkeit gepackt wurde. Er dachte daran, das Hotel Baur-au-Lac aufzugeben, so gern er es auch mochte. Er war keineswegs ein armer Mann, aber er mußte doch einigermaßen vorsichtig wirtschaften, zumindest bis der Krieg zu Ende war. Er kannte das Eden-au-Lac und das Bellerive, etwas kleinere Hotels, nebeneinander am Ufer des Sees gelegen. Er bat sein Zürcher Büro, ihm für die Zeit nach seiner Entlassung aus der Klinik ein Zimmer in einem der beiden zu reservieren.

Am Tag der Beendigung seiner »Behandlung« begab sich Schulte zum Büro der Erzag, eines gemeinschaftlichen Unternehmens von Giesche und La Roche, mitten im Zürcher Bankenviertel gelegen, nicht weit vom Hauptbahnhof. Er rief in Kattowitz an und erreichte Albrecht Jung.

»Schön, Ihre Stimme zu hören«, sagte Jung. »Geht es Ihnen ein bißchen besser? Dürfen Sie schon aufstehen?«

»Keine Sorge, mir geht's gut«, sagte Schulte, sehr zu Jungs Bestürzung, denn er wußte, daß Auslandsgespräche abgehört wurden. Sie plauderten einige Minuten, und dann sagte Schulte: »Übrigens, könnten Sie Jeschke nach Zürich schicken? Es gibt da einige dringende Geschäftsangelegenheiten, um die wir uns kümmern müssen.« Ein wenig verblüfft sagte Jung, daß sie es versuchen wollten.

Jeschke war ein angenehmer Mann in den Vierzigern, ein gelernter Buchhalter, der seit Jahren mit einigem Erfolg versucht hatte, Ordnung in die komplizierten Devisengeschäfte der Firma zu bringen. Er gehörte zu den Giesche-Angestellten, die als ganz besonders vertrauenswürdig galten, auch wenn er nicht der Führungsspitze angehörte. Er war ein unerschütterlich ruhiger, absolut zuverlässiger Mensch. Schon seine ganze Erscheinung strahlte Ruhe und Zuverlässigkeit aus.

Jeschke hatte keinen gültigen Paß, aber bei Giesche ließ man einige Verbindungen spielen, wies auf die Bedeutung der Firma für die Kriegswirtschaft hin, und nach wenigen Tagen war er auf dem Weg nach Zürich. Schulte bedeutete Jeschke bei dessen Ankunft, daß es sich für ihn als erforderlich erwiesen habe, noch in Zürich zu bleiben, möglicherweise für längere Zeit. Der diskrete Jeschke verzichtete darauf, Fragen zu stellen. Schulte fuhr fort und sagte, daß seine Frau bei sehr angegriffener Gesundheit sei; ihr älterer Sohn sei im Felde vermißt. Er möge sie in dieser Zeit nur ungern allein lassen; es wäre am besten, wenn sie zu ihm käme. Es war in Kriegszeiten nicht leicht, die Erlaubnis zu bekommen, aber Schulte meinte, es werde sich schon regeln lassen. Clara hatte 1941 Typhus gehabt und war sehr krank gewesen, und sie hatte damals zur Genesung einige Wochen in dem Schweizer Alpenkurort Pontresina verbringen dürfen; es gab also einen Präzedenzfall. Jeschke erhielt den Auftrag, nach Berlin zu fahren und Vetter Hermann aufzusuchen, der über allerlei nützliche Verbindungen bei Regierungsstellen verfügte.

Jeschke reiste also nach Berlin und tätigte dort gewisse Telephonanrufe. Einige Geldscheine und mehrere Kisten edler Zigarren scheinen den Besitzer gewechselt zu haben. Das alles war natürlich äußerst irregulär, es lag überhaupt nicht in der deutschen Tradition. Aber nach so vielen Kriegsjahren war das Niveau der Beamtenschaft auch nicht mehr das, was es einmal gewesen war. Nachdem sie einen deutschen Paß und ein Visum für die Schweiz bekommen hatte, traf Clara Schulte am 7. Januar 1944 in Zürich ein. Ihr Mann holte sie vom Bahnhof ab und führte sie in ihr neues Heim im Hotel Bellerive-au-Lac.*

* Der Beamte, der ihr den Paß ausgestellt hatte, wurde später entlassen. Jeschke

Ein paar Tage später schrieb Clara eine Postkarte an Ruprecht; sie gab ihm zu verstehen, daß es Eduard den Umständen entsprechend gut gehe. Ruprecht hatte Heimaturlaub bekommen, als er von der plötzlichen schweren Erkrankung seines Vaters erfuhr. Seine Eltern hatten praktisch keine Sachen mit in die Schweiz nehmen können. Er stieg hinab in den wohlgefüllten Weinkeller, der hauptsächlich dem Wohle der Gäste diente. Je länger er in dem verlassenen Haus blieb, umso deutlicher wurde es ihm, daß dies durchaus sein letzter Besuch sein könnte, daß dieser Abschnitt des Familienlebens der Schultes vorüber war. Und so schloß er die Haustür ab, ließ die Schlüssel bei Dr. Siemon, dem Freund der Familie, und kehrte zu seinem Bataillon zurück.

Eduard Schulte führte weiterhin das Leben eines deutschen Geschäftsmannes in der Schweiz. Er blieb in Kontakt mit Gaevernitz und auch mit Gisevius. Als er Waetjen traf, dessen Anruf ihm das Leben gerettet hatte, umarmte er ihn voller Herzlichkeit. Er traf sich mit Allen Dulles, der ihn bat, seine Gedanken über den Wiederaufbau eines demokratischen Nachkriegsdeutschlands in einem ausführlichen Papier niederzulegen. Aber das alles geschah unter größter Geheimhaltung. Theoretisch war er noch immer ein deutscher Staatsbürger von bestem Ruf, und er wollte den Anschein so lange wie möglich aufrecht erhalten, um seinen Sohn nicht in Gefahr zu bringen.

Eines Tages im Frühjahr 1944 erhielt Schulte die Mitteilung, daß ihm das Kriegsverdienstkreuz verliehen worden sei, eine hohe Auszeichnung, die an Zivilisten verliehen wurde, die sich um die deutsche Kriegsführung verdient gemacht hatten. Bei den NS-Behörden stand er also allem Anschein nach noch in bestem Ansehen; man wußte die Verdienste zu schätzen, die er sich in der Vergangenheit erworben hatte.

Konnte es sein, daß Waetjens Warnung ein falscher Alarm gewesen war, daß man den Schuldbeweis vergessen hatte, den die Durchschläge von seinem Memorandum an Dulles darstellten? Die Auszeichnung bewies, daß nichts Belastendes gegen ihn vorlag; und als der Frühling in den Zürcher Sommer überging, muß Schulte oft das Verlangen gespürt

fuhr auch zu Oskar, Schultes jüngerem Bruder, der damals als Förster in einem kleinen Ort in Westfalen arbeitete. Er teilte ihm mit, daß Eduard geflohen sei, aber der Grund, den er nannte, war nicht die ganze Wahrheit: Schulte, sagte er, habe die NS-Führung auf einer öffentlichen Versammlung kritisiert, und deshalb sei die Gestapo hinter ihm her.

haben, nach Deutschland zurückzukehren. Aber sein Instinkt riet ihm ab. Ein ungutes Gefühl hielt ihn zurück. Es sagte ihm, daß nicht alles in Ordnung sei, daß die Uhr für ihn bei den Nazis abgelaufen sei.

Und er hatte recht. Der Alarm, der in Zürich ausgelöst worden war, erwies sich als seine Rettung. Wäre er in Deutschland geblieben, man hätte ihn mit allergrößter Wahrscheinlichkeit verhaftet und hingerichtet. Einen Teil der Geschichte sollte er während der letzten Kriegsmonate von den Amerikanern erfahren; das meiste wurde erst Jahre später bekannt.

Seit 1940 schon hatten deutsche Geheimdienst-Abhörstellen polnische Funksprüche von Bern nach London aufgefangen, aber es war nicht gelungen, den Geheimcode zu knacken. Im Juni 1943 gab es im Zusammenhang mit der Verhaftung eines polnischen Hauptmanns im französischen Toulouse durch die Gestapo einen Durchbruch. Der Mann hatte in der Stadt ein Spionagenetz geleitet.* Zum erstenmal konnten jetzt die deutschen Behörden die gesammelten Botschaften lesen, die Chojnacki und seine Helfer abgeschickt hatten. Schritt um Schritt stellte sich heraus, daß dieses Netz über nicht weniger als 200 Informanten in Frankreich und Belgien verfügte und daß es sich wahrscheinlich um das

* Toulouse war eines der Zentren der alliierten Spionage. Das dortige polnische Netz, das von Hauptmann Gustav Firla geleitet wurde, hatte allem Anschein nach Schwierigkeiten, alle seine Informationen nach London zu übermitteln. Die geologischen Bedingungen und atmosphärische Störungen behinderten die Funksendungen. Vor allem aber war zu beachten, daß es, je länger der polnische Funker sendete, für die getarnten Peilwagen der Gestapo umso leichter war, den Standort des Senders festzustellen und den Funker zu verhaften. Deshalb hielt die Gruppe in Toulouse Verbindung mit polnischen Agenten an weniger exponierten Standorten, etwa in Spanien oder der Schweiz, von wo aus die Funksprüche leichter abgesetzt werden konnten.

Im Juni 1943 wurde Firla von der Gestapo verhaftet. Diese Verhaftung und das beschlagnahmte polnische Code-Material scheint den deutschen Kryptographen ausreichend Information an die Hand gegeben zu haben, um den polnischen Code zu brechen. Der Zusammenhang zwischen den Ereignissen von Toulouse und der Entschlüsselung von Chojnackis Codes wurde nach dem Krieg in einer eidesstattlichen Erklärung eines höheren Gestapo-Beamten, Walter Huppenkothen, hergestellt.

damals größte antideutsche Agentennetz auf dem europäischen Festland handelte. Sein Deckname lautete »Jerzy«.

Das Material, das man gesammelt und aufbewahrt hatte und das jetzt entschlüsselt wurde, behandelte Konzentrationen des deutschen Heeres, der Kriegsmarine und der Luftwaffe, Land- und Seetransporte, Inventarlisten von Munitionslagern, Lage und Beschaffenheit von Küstenbefestigungen vor allem in Frankreich, die Auswahl von Zielen für Luftangriffe und so weiter. Der polnische Untergrund beobachtete den Schienenverkehr in Trier, Aachen, Saarbrücken, Straßburg und im Ruhrgebiet; er observierte die Rheinübergänge bei Duisburg, Köln, Düsseldorf, Mannheim und Ludwigshafen. Später gab es auch Informationen über die Entwicklung deutscher Geheimwaffen. Nach Angaben eines deutschen Beamten, der an den Ermittlungen beteiligt gewesen war, hatte das Chojnacki-Netz im Frühjahr 1943 den vollständigen deutschen Operationsplan für die Schlacht von Kursk nach London geschickt – eine der größten Schlachten des Zweiten Weltkrieges –, und zwar drei Monate vor Beginn des Angriffs. Diese spezielle Angabe ist von anderer Seite nicht bestätigt worden; angesichts des Zustandes der sowjetisch-polnischen Beziehungen muß auch bezweifelt werden, daß die Polen die Russen informiert hätten. Außerdem verfügten die Sowjets ohnehin schon über Vorausinformationen über diese kritische Schlacht, geliefert von kommunistischen Quellen und von ihrer eigenen Luftaufklärung, von ihrer Funküberwachung und von deutschen Überläufern.

Aber es steht fest, daß »Jerzy« Nachrichten von außergewöhnlicher Bedeutung lieferte, zum Beispiel eine Liste deutscher Öl- und Gummiwerke. In einer nach dem Krieg erarbeiteten deutschen Analyse heißt es, daß der polnische Geheimdienst »den britischen Secret Service so überstrahlte wie die Sonne den Mond«. Als die polnischen Funksprüche, die von Bern hinausgegangen waren, entschlüsselt in Berlin eintrafen, waren die zuständigen deutschen Stellen wie vom Donner gerührt.

Aus den Funksprüchen ging hervor, daß wertvolles Material von »509« geliefert worden war, der von Chojnacki am höchsten eingeschätzten Quelle, der er in seinen Funksprüchen Zugang zum Führerhauptquartier zuschrieb. Wer war dieser geheimnisvolle »509«? Hitler und Himmler gaben persönlich Befehl, der Suche nach ihm höchste Priorität einzuräumen.

In den ersten Kriegsjahren war die Gestapo-Kontrolle in Deutschland und den meisten besetzten Gebieten nahezu lückenlos gewesen, aber das war 1943 nicht mehr der Fall, und noch weniger im darauffolgenden Jahr. Als das Kriegsglück umschlug, wurde die Opposition innerhalb und außerhalb Deutschlands stärker, und mit zunehmender Wucht der alliierten Luftangriffe und immer neuen Unterbrechungen der Verbindungen wurde es sehr schwierig, die Kontrolle aufrechtzuerhalten.

Die normale Reaktion einer bürokratischen Ordnung besteht unter solchen Umständen darin, Angelegenheiten von geringerer Wichtigkeit an untergeordnete Stellen abzuschieben. Josef Häusler wurde zum Leiter eines Sonderkommandos für diesen Fall ernannt, sein Assistent war Obersturmführer Karl Heller. Sobald die Angelegenheit erst einmal bei den mittleren Rängen der Gestapo angelangt war, wuchs die Wahrscheinlichkeit, daß die Nachforschungen kaum Fortschritte machen würden.

Die Personen, die sich jetzt mit »509« befaßten, waren weder fanatische Nazis noch besonders gut informiert. Die meisten von ihnen hatten in der Polizei der Weimarer Republik gedient, die weniger von Nazis durchsetzt war als die Justiz, oder in anderen Zweigen der Staatsbürokratie. Häusler zum Beispiel war ein praktizierender Katholik aus Bayern, der (ebenso wie sein Chef Friedrich Panziger) erst 1937 in die NSDAP eingetreten war, als durch ein neues Gesetz die Parteimitgliedschaft für jeden Staatsbeamten obligatorisch wurde. Es handelte sich bei ihnen um gewissenhafte Polizeibeamte, bereit, jedem politischen System zu dienen. In einer Demokratie hätten sie sich wahrscheinlich anständig verhalten; im Dienste einer Diktatur, wie sie im Dritten Reich bestand, waren sie nahezu jeder Grausamkeit fähig.

Aber die ganze Affäre überstieg doch einigermaßen ihren Horizont. Sie entstammten kleinen Verhältnissen, waren ohne höhere Bildung, hatten von der Welt nicht viel zu sehen bekommen, verfügten über keine Fremdsprachenkenntnisse und wußten wenig von den Verhältnissen außerhalb Deutschlands. Ihre Ausbildung und ihre Erfahrungen hatten sie darauf vorbereitet, mit kommunistischen Agitatoren im eigenen Lande fertig zu werden. Aber es fehlte ihnen jede Voraussetzung dafür, sich mit auswärtigen Angelegenheiten zu befassen (die bis 1942 Sache der Abwehr gewesen waren), geschweige denn mit der Welt der internationalen Wirtschaft und Finanzen. Die beiden Chefs des Sonderkommandos waren farblose Gestalten, die in Gegenspionage-Einheiten in Osteuropa gedient hatten und die dann – zweifellos sehr zu ihrer Erleichterung – nach Berlin zurückversetzt worden waren. In Häuslers Personalakte hieß es, daß er »stets von der Bedeutung und den Resultaten seiner Arbeit überzeugt« gewesen war, was wahrscheinlich heißen sollte, daß er sehr von sich selbst und seiner eigenen Wichtigkeit eingenommen war.

Was konnten diese Leute mit »Jerzy« anfangen und vor allem mit »509«? Mit Hilfe der deutschen Sicherheitskräfte in Frankreich verhafteten sie nach zwölfmonatiger systematischer Arbeit die meisten Personen, die mit diesem Netz in Verbindung standen, ungefähr 300 an der Zahl. Aber der Verhaftungsbefehl wurde erst am 30. Juni 1944 erteilt, und die Verhaftungen wurden erst am 13. Juli vorgenommen, also ziemlich lange nach der alliierten Landung in Frankreich und nur sechs Wochen vor der Befreiung von Paris. Diese Verhaftungen, bei denen Klaus Barbie, der Schlächter von Lyon, eine Rolle spielte, waren tragisch, aber sie kamen zu spät, um noch die geringste Auswirkung auf den Verlauf des Krieges zu haben.

Schulte mußte unweigerlich in der Gestapo-Liste der verdächtigen Deutschen auftauchen, einfach deshalb, weil er so oft in Zürich war, aber das waren andere deutsche Reisende auch. Die Tatsache, daß die Informationen dieses »509« aus verschiedenen deutschen Quellen zu kommen schienen, eine in Süddeutschland, eine andere in Oberitalien, hatte zu weiterer Konfusion bei der Gestapo geführt. Es paßte nicht auf Schulte.

Irgendwann im Jahre 1943 scheinen die Gestapo-Fahnder eine Verbindung zwischen Chojnacki und gewissen Personen in Basel hergestellt zu haben, wo ein großer Teil der wichtigen Geheiminformationen über Deutschland seinen Ursprung hatte, und das führte sie zu Koppelmann. Es war nicht schwer, dahinterzukommen, daß Schulte in enger Geschäftsverbindung zu Koppelmann stand. So gelangte die Gestapo in den Besitz immer neuen Materials gegen Schulte, das vielleicht nicht immer schlüssig war, das aber ausreichte, um ihn einem eingehenden und harten Verhör zu unterziehen. Man zögerte lediglich, weil man - nicht ohne Grund - annahm, daß Schultes Verhaftung ein Signal für seine Quellen sein würde.

Im September 1943 erhielten die Deutschen weiteres belastendes Material gegen Schulte. Als Dulles Washington mit Informationen von »643« (d. h. Schulte) belieferte, fügte er hinzu, daß »643« auch mit Agent »497« zusammengetroffen sei, einem Nicht-Amerikaner. Aller Wahrscheinlichkeit nach war »497« entweder ein französischer oder ein polnischer Agent. Dulles wollte Washington lediglich darauf hinweisen, daß es die gleichen Informationen wahrscheinlich auch über einen anderen Kanal erhalten werde. Es ist unwahrscheinlich, daß die Deutschen diese Botschaft entziffert haben oder daß sie »643« zu identifizieren vermochten. Aber die Kanäle zwischen »497« und London waren nicht sicher. Als »497« törichterweise Schultes wirklichen Namen nach London funkte, fingen die Deutschen den Spruch auf. Jetzt hatten sie handfestes Material gegen Schulte.

Geduld ist die wichtigste Tugend eines Polizisten, aber die Gestapo wartete zu lange. Als sie die Gegenspionage der Abwehr informierte, unterrichtete diese durch Gisevius und Waetjen das anvisierte Opfer.

Aber selbst nach Schultes Flucht im Dezember 1943 scheint die Gestapo nicht sicher gewesen zu sein, ob er tatsächlich der gesuchte Mann und, wenn ja, ob er der einzige Übeltäter war. Wie wäre sonst die Tatsache zu erklären, daß keine Benachrichtigung an die Polizei herausging, daß seine Frau die Erlaubnis erhielt, zu ihm nach Zürich zu fahren, und daß keine Maßnahmen gegen Freunde und Verwandte eingeleitet wurden, die ihn möglicherweise mit Informationen versorgt hatten? Und wie war es zu erklären, daß ihm nicht, wie es in solchen Fällen üblich war, die Staatsbürgerschaft aberkannt wurde, sondern daß ihm im Gegenteil sechs Monate, nachdem er das Land verlassen hatte, das Kriegsverdienstkreuz Erster Klasse verliehen wurde?

Es gibt mehrere mögliche Erklärungen. Die Tatsache, daß das Sonderkommando der Gestapo über Schulte Bescheid wußte oder ihn doch zumindest in schwerem Verdacht hatte, bedeutet noch nicht, daß auch diejenigen, die seiner Frau die Ausreisegenehmigung erteilten, oder diejenige Stelle, die ihm das Kriegsverdienstkreuz verlieh, informiert waren. Andererseits ist es möglich, daß die Gestapo ihn nach Deutschland zurücklocken wollte, indem sie ihm weiszumachen versuchte, daß es keine belastenden Beweise gegen ihn gab; jede überstürzte Maßnahme von ihrer Seite hätte ihn natürlich verschreckt. Schulte selbst schrieb nach dem Krieg, daß ihm das Kriegsverdienstkreuz seiner Meinung nach genau in dieser Absicht verliehen worden sei, und sein Verdacht mag wohlbegründet gewesen sein. Aus geheimen deutschen Polizeiakten, die nach dem Krieg entdeckt wurden, geht hervor, daß die Gestapo genau zu jener Zeit einen Abwehr-Angestellten namens Bobinger, der in der Schweiz stationiert war, zurückzulocken versuchte. Er stand im Verdacht, Informationen an die Briten gegeben zu haben.

Und schließlich ist es möglich, daß sich die Gestapo bis zuletzt des vollen Ausmaßes der Rolle Schultes nicht bewußt war. Sein Name war in ein, zwei feindlichen Funksprüchen aufgetaucht, aber das bedeutete nicht unbedingt, daß er aktiv an der Spionage beteiligt war. Viele deutsche Industrielle besuchten die Schweiz und führten unbedachte Reden, und ihre Äußerungen wurden, ohne daß sie es wußten, von den Alliierten aufgegriffen. Der Gestapo waren viele derartige Indiskretionen bekannt. Schulte war schließlich alles andere als der typische Regimegegner. Er war ein Mann ohne NS-feindliche Vergangenheit, jedenfalls war nichts dergleichen bekannt, und er hatte keine offenkundigen Kontakte, die es ihm ermöglicht hätten, Zugang zu Staatsgeheimnissen zu erlangen, abgesehen vielleicht vom wirtschaftlichen Bereich.

Viele haben den Scharfsinn und die Leistungsfähigkeit der Gestapo beharrlich überschätzt. Die Gestapo hatte nicht die geringste Ahnung von dem äußerst dilettantischen Offizierskomplott gegen Hitler vom Juli 1944, an dem Hunderte von Verschwörern beteiligt waren und das seit Jahren vorbereitet worden war. Die Gestapo war weder allwissend noch allmächtig; ist es da überraschend, daß ein einzelner, der mit äußerster Umsicht zu Werke ging, ihr entkommen konnte? In den letzten beiden Kriegsjahren war die Gestapo vollauf damit beschäftigt, den »inneren Feind« aufzuspüren und dingfest zu machen. Ihre Mittel waren bis zum Zerreißen angespannt. Bei den alliierten Luftangriffen waren auch regionale Gestapo-Stellen getroffen, Nachrichtenverbindungen unterbrochen, Archive vernichtet worden. Karl Heller, einer der Leiter des Sonderkommandos, wurde bei einem der schweren Angriffe auf Berlin ausgebombt und mußte seine Familie aufs Land bringen. Ein anderes Mitglied des Sonderkommandos mußte neben seinen amtlichen Aufgaben gegenüber der höheren SS-Führung auch noch erklären, warum seine junge Frau (er hatte am Anfang des Krieges eine damals 21 Jahre alte Sekretärin geheiratet) noch immer nicht in anderen Umständen war und was er dagegen zu unternehmen gedenke. Kurz und gut, die Gestapo war noch nie so beschäftigt gewesen wie im Jahre 1944.

Was auch immer in den Köpfen der Gestapo vorgegangen sein mochte, Allen Dulles zweifelte nicht daran, daß Schulte sich in Gefahr befand. Kurz nachdem Schulte sich in die Schweiz abgesetzt hatte, kabelte Dulles nach Washington, daß Schultes Kontakte mit Agent »497« und möglicherweise auch mit Dulles selbst aufgedeckt worden seien. Schulte, teilte Dulles mit, sei »knapp vor Jerry [den Deutschen]« in der Schweiz eingetroffen. Es erscheine »nicht als ausgeschlossen, daß das BKRZLC [nicht dechiffrierbares Codewort]-Nachrichtensystem an diesem Ende beschädigt sein könnte«.

Wie wir gesehen haben, hat Schulte ernsthaft befürchtet, daß die Gestapo ihn aufspüren, töten oder entführen könnte, selbst in seinem Schweizer Versteck. Aber sie ging merkwürdig lethargisch vor. Man unterstellte ihn der Postzensur, man löste das Sonderkommando auf und übergab die Schulte-Akte einer anderen Abteilung der RSHA. Es wurden jedoch keine neuen Initiativen ergriffen, während einige der höchsten SS-Führer schon mit dem Gedanken zu spielen begannen, sich bei den Alliierten Liebkind zu machen, um ihre Haut zu retten.

Und so kam es, daß die Akte der Nazis über Schulte nie geschlossen wurde. Schulte hätte seine Spaziergänge am Seeufer in Zürich in relativer Gelassenheit unternehmen können, nur konnte er das leider nicht wissen.

Warten im Exil

Während des letzten Kriegsjahres bestand für Schulte das Leben in Zürich in einer einzigen langen Qual des Wartens. Mit unerträglicher Langsamkeit schlichen die Wochen und Monate dahin, als der Herbst in den Winter und der Winter in den Frühling überging. Anfang Juni 1944 nahmen die Alliierten Rom; zwei Tage später landeten sie in Frankreich. Am 25. August kehrte Charles de Gaulle nach Paris zurück. Im September unterzeichneten Finnland und Rumänien den Waffenstillstand mit der Sowjetunion. Und bei alledem kämpften die deutschen Armeen weiter, obwohl die Luftwaffe praktisch zu bestehen aufgehört hatte und deutsche Städte bei den alliierten Luftangriffen in Schutt und Asche gelegt wurden. Im Reich selbst waren die Kräfte, die den Krieg endlich beenden wollten, nicht stark genug, um das Naziregime zu stürzen. Die Offiziersverschwörung gegen Hitler scheiterte am 20. Juli 1944, und der Krieg sollte weitergehen bis zum bitteren Ende.

Es war schwer für Schulte, den letzten Akt der Tragödie vom Ausland aus beobachten zu müssen. Er wußte, daß sich mit jedem Tag des Krieges die Verwüstung weiter ausbreitete und der Wiederaufbau entsprechend schwieriger werden würde. Das kümmerte Hitler und seine Paladine nicht, die wußten, daß es für sie keine Zukunft gab. Einige wenige Fanatiker – es gab Ende 1944 nicht mehr viele – hofften, daß Hitlers Wunderwaffe die Wende im Kriegsglück herbeiführen oder zumindest ein Patt bringen werde. Für die große Mehrheit der denkenden Deutschen aber gab es keinen Zweifel mehr hinsichtlich des Kriegsausgangs. Die einzige noch offene Frage war, wie Deutschland zwischen der Sowjetunion und den Westmächten aufgeteilt werden würde.

Eduard Schulte dürfte sich an seinem Schweizer Zufluchtsort relativ sicher gefühlt haben; aber er war alles andere als glücklich. Das Leben in einem Hotel konnte sich unmöglich mit dem Komfort seines großen Hauses in Breslau oder seines pommerschen Gutes messen, aber das war unerheblich. Seine Frau mochte die Schweiz nicht. Alles war zu ordentlich, zu adrett und zu sauber. Auch mißfiel es ihr, zu einer Zeit, da der größte Teil der Welt in Flammen stand, die Feuersbrunst von einem sicheren Ort aus zu beschauen. Nach außen trug sie alles mit Fassung, aber ihre Schwermutsanfälle häuften sich. Wider alle Vernunft hoffte sie noch immer, daß Wolfgang noch lebte und eines Tages heimkehren werde. Aber tief in ihrem Herzen muß sie gewußt haben, daß er nie wiederkehren würde. Sie korrespondierte mit Wolfgangs Verlobter, Marie-Luise, und die beiden Frauen kamen einander in ihrer gemeinsamen Trauer näher.

Eduard besuchte ziemlich regelmäßig Doris, was Clara nicht verborgen blieb. Sie gelangte allmählich zu der Überzeugung, daß ihre Situation in Zürich ganz und gar unerträglich werde. Es war nicht recht, daß das Leben ganz normal weitergehen sollte, während ihre eigene Welt zusammenstürzte.

Es kam nur noch selten Nachricht von Ruprecht. Er war in diesem Krieg viermal verwundet worden, und er befand sich in ständiger Gefahr durch die Gestapo. Es war die Zeit der Sippenhaft, als ganze Familien für die politischen Unbotmäßigkeiten eines einzigen ihrer Mitglieder bestraft wurden. So hatte Himmler, der große Erbmassenenthusiast der Nazis, von den Stauffenbergs gesagt, bei ihnen handele es sich um einen Fall von »schlechtem Blut«. Es genüge nicht, den Mann hinzurichten, der versucht hatte, Hitler zu töten – die ganze Sippe Stauffenberg war auszulöschen.

Solange Ruprecht an der Ostfront stand, befand er sich physisch außerhalb der Gestapo-Reichweite, aber 1944 wurde er nach Frankreich versetzt, wo die Gestapo aktiv war. Eduard Schulte, der nicht ausschloß, daß die Nazis versuchen würden, ihn zu entführen oder in Zürich zu ermorden, fürchtete auch, daß man Ruprecht als Geisel nehmen könnte. Mittlerweile wußte er, daß einer seiner jüngeren Mitarbeiter bei Giesche der Gestapo mitgeteilt hatte, er, der Herr Generaldirektor, sei immer schon ein Gegner des Dritten Reiches gewesen und habe auf mannigfaltige Weise das NS-Regime zu sabotieren versucht. Es gab allen Grund zur Sorge.

Schultes Flucht in die Schweiz hatte einen bedeutsamen OSS-Plan zunichte gemacht, den einer seiner ehemaligen Geschäftsfreunde, Irving Sherman, entwickelt hatte und dessen Ziel es war, die Giesche-

Zinkhütte in Magdeburg lahmzulegen. Sherman, Bankier in New York, hatte sich im New Yorker OSS-Büro an die Arbeit gemacht. Er hatte sich eine hohe Meinung von Schulte als Anti-Nazi gebildet. Später erinnerte er sich an ihn als einen »Mann von echtem Schrot und Korn«.

Sherman war überzeugt davon, daß der Verlust der Giesche-Zinkhütte einen schweren Schlag für die deutsche Kriegswirtschaft bedeuten würde. Ob Schulte bereit sein würde, dabei mitzuhelfen? Einige hohe OSS-Leute wie John C. Hughes, Chef des New Yorker Büros, und General John Magruder, stellvertretender Geheimdienstchef, beurteilten Shermans Plan positiv, während Major Otto Doering, William Donovans Assistent und Anwalts-Partner, Bedenken hatte.

Im einzelnen schlug Sherman vor, daß die Regierung der Vereinigten Staaten Schulte eine Art Gegengeschäft anbieten solle - nämlich ihre Zustimmung zu einem komplizierten Geschäft. Im Jahre 1941 hatte Schultes Geschäftspartner Jacques Rosenstein erfolglos versucht, den Kauf sämtlicher Aktien der Silesian-American Corporation (Giesche-Polen) durch ein Schweizer Konsortium zu arrangieren - also der 49 Prozent, die sich im Giesche-Besitz befanden, und der 51 Prozent im Besitz von Anaconda und Harriman. Das US-Finanzministerium hatte geargwöhnt, daß die Schweizer als Strohmänner für deutsche Interessen fungierten und das Geschäft sich zum Vorteil für Deutschland auswirken werde. Es lehnte den Vorschlag ab. Nach Ausbruch des Krieges zwischen Deutschland und den Vereinigten Staaten hatte Schulte heimlich gehandelt und dennoch den Giesche-Anteil dem Schweizer Konsortium übertragen. Selbst im Jahre 1943 noch war das Schweizer Konsortium bereit, die im amerikanischen Besitz befindlichen Aktien zu erwerben, um die Kontrolle über die Firma zu erlangen. Sherman schlug nun vor, daß das Finanzministerium die Transaktion als Gegenleistung für Schultes Kooperation bei der Ausschaltung der Magdeburger Zinkhütte genehmige. Die Ministerialbeamten in der Kontrollabteilung für Auslandsinvestitionen waren keineswegs begeistert, aber Sherman behauptete, er werde von den Vereinigten Stabschefs unterstützt.

Die Magdeburger Hütte war Schultes Idee gewesen. Er wollte den Sturz des Nazi-Regimes herbeiführen, aber dabei zu helfen, dieses Werk zu sabotieren, wäre für ihn gleichbedeutend gewesen mit der Verletzung eines Familienangehörigen. Vielleicht war es nur gut, daß er in die Schweiz floh, bevor die amerikanischen Behörden eine Einigung erzielen konnten. Er hätte vor einer unangenehmen Wahl gestanden.

Unterdessen gab es, während er auf das Ende des Krieges wartete, in der Schweiz einige konstruktive Dinge für Schulte zu tun. Mitte 1943 hatte Allen Dulles ihn zum erstenmal gebeten, einige seiner Gedanken über die Zukunft Deutschlands zu Papier zu bringen. Dann, nach seiner Flucht in die Schweiz, bat ihn das OSS-Hauptquartier, eine ausführliche Denkschrift über die industrielle und unternehmerische Reorganisation Deutschlands auszuarbeiten. Schulte ging mit Eifer daran, nicht nur, weil er viel freie Zeit hatte (ein Luxus, den er früher selten oder nie gekannt hatte); es gab Dämonen, die er austreiben mußte. Hier bot sich eine Chance, über die jüngste Geschichte seines Landes und der westlichen Zivilisation nachzudenken und die Grundprobleme zu diagnostizieren, die den Aufstieg Hitlers und die Errichtung seines barbarischen Regimes zugelassen hatten. Er hatte ganz in der Nähe des Epizentrums des Erdbebens gelebt, und er hatte sich Gedanken gemacht über Ursachen und Wirkungen, über Strafe und Vorbeugung. Eduard Schulte schrieb und schrieb, mit breiten Pinselstrichen mischte er Wirtschaft und Politik, Philosophie und Soziologie. Es war anders als alles, was er je zuvor geschrieben hatte. Nach sechs Monaten lieferte er ein nur mäßig ausgearbeitetes, ungefähr 150 Seiten langes Manuskript ab, in dem sich seine humanistischen Wertvorstellungen deutlicher spiegelten als irgendeine spezifische wirtschaftliche Perspektive. Vielleicht schrieb er zum Teil auch deshalb, um sich selber davon zu überzeugen, daß es recht und notwendig war, was er für die Alliierten getan hatte. Ganz gewiß fand sich in dem Manuskript nicht die leiseste Spur von Milde gegenüber den Nazi-Führern oder der deutschen Wirtschaftselite. Schulte hatte Mitleid mit dem deutschen Volk, nicht aber mit jenen, die Deutschland auf den Kurs der Aggression, des Nihilismus und der mutwilligen Zerstörung geführt hatten.

Der Nationalsozialismus, schrieb er, sei ein Produkt der wirtschaftlichen Probleme und der sozialen Spannungen in Deutschland, die auf den Ersten Weltkrieg gefolgt waren. Ein Faktor seien der übereilte Abbau der Wirtschaftskontrollen kurz nach Kriegsende und die Abschaffung der Beschränkungen für Devisentransaktionen gewesen. Obwohl Vertreter der Wirtschaft mit Heftigkeit kritisiert hätten, was sie als Regierungseinmischung und ausschweifende Bürokratie ansahen, sei die deutsche Wirtschaft zu jener Zeit noch nicht bereit für eine rasche Rückkehr zum freien Markt gewesen. Ins Irrsinnige gesteigerte Inflation, unbegrenzte Inanspruchnahme von Auslandskrediten und am Ende die große Depression hätten dem kurzen Leben der Weimarer Republik ein Ende bereitet.

Die frühe Gefolgschaft des Nationalsozialismus habe sich aus entwurzelten, verarmten und wirtschaftlich gefährdeten Elementen rekrutiert, die die neue demokratische Ordnung ablehnten. Schulte hob die Rolle der deutschen Jugend hervor, die sich durch den Mangel an wirtschaftlichen Chancen nach dem Krieg ins Abseits gedrängt fühlte.

Darüber hinaus hätten sich die Deutschen nur mit ihren eigenen Angelegenheiten befaßt – der Staat, das waren »die da«, nicht »wir«. Die Deutschen seien politisch unter einer mächtigen, halbautokratischen Regierung herangewachsen, an deren Spitze ein Kaiser stand, und sie hätten bitter wenig Erfahrung mit Selbstregierungsverfahren sammeln können. Was sie von der Weimarer Republik zu sehen bekommen hätten, habe ihnen nicht den Wunsch eingegeben, ihre politische Haltung zu ändern. Der tiefste Grund des Scheiterns der Republik sei die Tatsache gewesen, daß Deutschland nie vollständig mit seiner feudalen Vergangenheit gebrochen habe.

Während der Depression unter schwerstem wirtschaftlichen Druck stehend und mit harten Forderungen der Gewerkschaften konfrontiert, hätten die Kohle- und Stahldirektoren beschlossen, die »marxistischen« Gewerkschaften zu bekämpfen, eine Entscheidung, die einige Unternehmer dazu gebracht habe, die Nazis finanziell zu unterstützen. Die Deutschnationale Volkspartei (DNVP), die von vielen Industriellen unterstützt worden sei, habe sich für die Zusammenarbeit mit den Nazis entschieden. Einige ältere konservative Führer in der DNVP hätten die Gefahr erkannt, seien aber überstimmt worden. Nicht der NSDAP angehörende Fachleute hätten in Hitlers Kabinett das Wirtschafts- und das Finanzressort übernommen, seien aber schon bald ausgeschaltet worden; binnen eines Jahres sei offenkundig gewesen, daß die Schwerindustrie ihr Hasardspiel und ihren Einfluß verloren hatte. Auch als Hitler schon alle Macht an sich gerissen hatte, hätten viele Wirtschaftsführer das Regime weiterhin unterstützt, hauptsächlich deshalb, weil die wirtschaftliche Erholung an Kraft gewonnen und die Wiederaufrüstung lukrative Regierungsaufträge für die Schwerindustrie bedeutet habe. Die Arbeiter seien wieder zu Arbeit und Lohn gekommen, und unter lautem Getöse seien Sozialprogramme verabschiedet worden. Auch andere Gruppen hätten von dem Aufschwung profitiert. Hitler sei als der starke Mann erschienen, den Deutschland brauchte.

Einige Deutsche seien nach 1933 standhaft gegenüber den Lockungen des Nationalsozialismus geblieben. Das seien Menschen, die sich den Glauben an die Herrschaft des Rechts und Respekt vor der Würde des einzelnen bewahrt hätten. Man finde sie unter ehemaligen Gewerkschaftern, unter hohen Beamten, denen die positiven Seiten der preußischen Tradition in Fleisch und Blut übergegangen seien, unter Christen aller Glaubensrichtungen und in Teilen des gebildeten Bürgertums. Eine der ersten Aufgaben einer alliierten militärischen Besatzungsregierung werde darin bestehen müssen, die schuldlosen von den potentiell gefährlichen Elementen zu scheiden. Irgendeine Form von Klassifizierungs- und Internierungssystem werde erforderlich sein.

Die Alliierten, meinte Schulte, müßten schnell und gnadenlos gegen die aktiven Nazi-Führer und die Träger der Nazi-Ideologie vorgehen. Es gehe nicht nur darum, die Tausende ausfindig zu machen, die Kriegsverbrechen begangen hatten. Dem ganzen NS-Führungskorps, das nach Zehntausenden zähle, müsse jeder künftige Einfluß genommen werden. Natürlich seien auch viele andere schuldig geworden, wenn auch in geringerem Maße.

Schulte war der Meinung, daß die Alliierten diejenigen enteignen sollten, die persönlich von der Naziherrschaft profitiert hatten. Die Alliierten würden unter den besiegten Deutschen keinen Respekt vor dem Gesetz erzeugen, wenn sie jeden privaten Besitz schützen würden, ganz gleich, wie er erworben worden sei. Alle Deutschen müßten *gezwungen* werden, den Behörden alles mitzuteilen, was sie über NS-Verbrechen wußten, ja, ihnen müsse Bestrafung angedroht werden für das Verschweigen solchen Wissens.

Da wahrscheinlich Mangel an lebenswichtigen Versorgungsgütern herrschen werde, sei die freie Marktwirtschaft kein gangbarer Weg. Eine Möglichkeit wäre eine Art Staatssozialismus. Ob das für den deutschen Verbraucher von Nutzen wäre, sei fraglich. Schulte empfahl statt dessen die Schaffung eines überregionalen Gremiums, in dem Erzeuger, Verbraucher und Verteiler vertreten sein sollten. Diese korporative Organisation würde nach genossenschaftlichen Grundsätzen arbeiten, entscheiden, welche Waren am dringendsten benötigt werden und die erforderlichen Vorkehrungen für Produktion und Verteilung im ganzen Lande treffen. Sie würde sich bestehende Verkaufswege zunutze machen, sollte aber nicht auf diese beschränkt werden. Das war im wesentlichen das Modell einer »gemischten« Wirtschaft.

Schulte trat für eine direkte Rolle der Regierung in gewissen entscheidenden Bereichen der Wirtschaft ein – Verkehr, öffentliche Dienste, Rüstungsindustrie, Grundstoffe für die Rüstungsindustrie (z.B. Stahl) und synthetische Rohstoffe. Für alle diese Bereiche, schrieb er, sollten die Alliierten Kommissare ernennen, die sofort die Kontrolle übernehmen müßten. Mit Ausnahme der Rüstungsindustrie sollten die Kommissare ihre Kontrollfunktionen allmählich neuen öffentlichen Behörden übergeben.

Schulte räumte ein, daß die deutsche Wirtschaft eine allgemeinere Gefahr in sich berge. Deutschland leide an »industrieller Hypertrophie«, und weil es so stark auf Auslandsmärkte angewiesen sei, hätten einige Deutsche sich dazu verführen lassen, den Eroberungskrieg als Lösung anzusehen. Würden keine drastischen Maßnahmen ergriffen, werde diese Versuchung bestehen bleiben, ganz gleich unter welchem politischen System. Schulte trat für Bemühungen zur Intensivierung der deutschen Landwirtschaft ein und für Bestrebungen, die deutsche Wirtschaft weniger exportabhängig zu machen. Aus dem Ausland heimkehrende Deutsche könnten ebenso wie andere, die die überfüllten Städte verließen, zu selbständigen Landwirten werden. Auch könnten die handwerklichen Kleinbetriebe des Landes mit staatlicher Hilfe wieder auf die Beine gestellt werden. Schulte hielt es für wichtig, einen von der Großindustrie unabhängigen Mittelstand zu erhalten.

Aber er wies den Gedanken zurück, Deutschland durch den Abtransport der Industrieanlagen oder durch ein Verbot industrieller Exporte in ein Agrarland zu verwandeln. Das würde nur der europäischen und der Weltwirtschaft schaden und aufs neue den Kreislauf der Probleme in Gang setzen, der zum Krieg beigetragen hatte. Damit lehnte Schulte das Konzept der »Agrarisierung« ab, wie es in dem 1944 vorgelegten Plan von US-Finanzminister Henry Morgenthau, den Roosevelt und Churchill für kurze Zeit in Erwägung gezogen hatten, entwickelt wurde.

Statt dessen müsse man, argumentierte Schulte, einen Weg finden, um Deutschland fester in dic Weltwirtschaft zu integrieren. Eine Lösung der wirtschaftlichen Probleme Deutschlands werde ganz wesentlich zu einem Abbau der sozialen und wirtschaftlichen Spannungen Europas beitragen und einen neuen Krieg verhindern.

Schulte wies den Gedanken zurück, daß alles, was der privaten Wirtschaft diene, auch gut sei für das Land und den Kontinent. Europa könne es sich nicht leisten, die internationalen Wirtschaftsbeziehungen dem privaten Unternehmertum zu überlassen. Die beste Lösung wäre eine multinationale Wirtschaftsplanung. Die Privatwirtschaft bliebe intakt, aber allgemeine Entscheidungen über Produktion, Investition und Arbeitsmarkt-Ziele könnten kollektiv von einer multinationalen Wirtschaftsbehörde getroffen werden. Dadurch würden wirtschaftliche Reibungen zwischen den Nationen auf ein Minimum reduziert.

Bei der Formulierung seiner Vorschläge hatte sich Schulte zum Teil von seinen eigenen Erfahrungen in der Führung eines multinationalen Unternehmens leiten lassen. Eine wirtschaftliche Zusammenarbeit der Nationen war unerläßlich, wenn die Organisation der Vereinten Nationen einen Sinn haben sollte. Vielleicht hoffte er, die Phantasie Präsident Roosevelts entflammen zu können, der große Konzerne nicht sehr liebte. Ein weiterer Faktor, der ihn stark beeinflußte, war das Ausmaß der Kriegszerstörungen. Von der Vorkriegs-Weltordnung war wenig geblieben; es schien sinnlos zu sein, das alte Wirtschaftssystem wiederherzustellen. Wie viele andere Industrielle und Ökonomen zu jener Zeit war Schulte zu der Ansicht gelangt, daß die Tage des alten Wirtschaftsliberalismus endgültig gezählt seien.

Er zog bei der Ausarbeitung seiner Denkschrift zwei gleichgesinnte Persönlichkeiten in der Schweiz zu Rate. Der eine war Dr. Andreae, ein Schwager von Walther Rathenau, des jüdischen Reichsaußenministers, der 1922 von einer Bande von Rechtsterroristen ermordet worden war. Andreae war etwa zwanzig Jahre älter als Schulte. Er war einer der Säulen der Berliner Bankiers- und Industriellengemeinde gewesen, unter anderem als Vorstandsvorsitzender der Dresdner Bank und stellvertretender Vorstandsvorsitzender des AEG-Konzerns. Mit seiner Frau Edith und seinen vier Töchtern war er kurz nach Ausbruch des Krieges in die Schweiz übergesiedelt.

Schulte hatte Andreae kennengelernt, als dieser vorübergehend im Reichswirtschaftsministerium tätig war. Er war in dessen Grunewald-Villa zu Gast gewesen, wo Bankiers und Industrielle mit führenden Wissenschaftlern und Persönlichkeiten aus dem kulturellen Leben wie Max Reinhardt zusammentrafen. Andreae war ein zutiefst anständiger Mann, der den Nationalsozialismus verabscheute. Er war hochkultiviert, ein exzellenter Goethe-Kenner und ein Freund Hugo von Hofmannsthals. Aber er verband die angestammte Vorsicht des Bankiers mit der Umsicht des bejahrten Mannes, der weiterhin seine Pension aus Berlin bezog. Er pflegte ganz offen über nahezu jedes Thema mit Schulte zu reden. Aber wie viele andere Menschen seiner Generation, so hatte auch er eine instinktive Abneigung gegen Politik, und er wollte nicht, daß sein Name mit irgendeinem Manifest oder Memorandum in Verbindung gebracht werde, auch nicht mit einem privaten und vertraulichen. Etliche von Rathenaus Ideen zur Wirtschaftsplanung waren in Schultes Memorandum eingeflossen, aber als es erschien, fehlte Andreaes Name. Schulte war als alleiniger Autor genannt.

Der andere Mitarbeiter war Eduard Waetjen, der Mann, dessen rechtzeitiger Telephonanruf Schulte wahrscheinlich das Leben gerettet hatte. Mittlerweile war auch Waetjen in die Schweiz gegangen und hatte gute Kontakte zu Dulles hergestellt, der ihm den Decknamen Gorter gab. Waetjens Weg in den Widerstand gegen die Nazis war einigermaßen verschlungen gewesen.

Seine Mutter war Amerikanerin, und die Familie besaß noch weitere Verbindungen zu Amerika. Waetjens Vater hatte den Morgan Guaranty Trust in Deutschland vertreten; seine Schwester hatte Sterling Rockefeller geheiratet. Waetjen war Absolvent der progressiven, von Kurt Hahn gegründeten Salem-Schule. Er war auch - sehr zu Hahns Unwillen - einer der wenigen Salem-Ehemaligen, die dann als Student in die NSDAP eintraten, wenn auch geraume Zeit vor 1933. Als Joseph Goebbels aus Anlaß der Uraufführung des in Amerika gedrehten Films »Im Westen nichts Neues« eine Kundgebung auf dem Kurfürstendamm veranstaltete, hatte Waetjen zu den Teilnehmern gehört. Aber diese Begeisterung hielt sich nicht lange, und er schied aus der Partei aus, bevor sie an die Macht kam.

Er heiratete in die angesehene Berliner Familie Sarre ein und arbeitete in renommierten Berliner Anwaltskanzleien. Er freundete sich mit einigen der wichtigsten Mitglieder des Kreisauer Kreises an, einer der bedeutendsten deutschen Oppositionsgruppen. Inzwischen hatte er eine Stellung in der Abwehr übernommen. Seine Abneigung gegen die Nazis brachte ihn schließlich in Schwierigkeiten; nachdem ein enger Freund ihn brieflich bei der Gestapo denunziert hatte, war Waetjen in ernster Gefahr. Sein Glück wollte es, daß die Angelegenheit nicht weiterverfolgt wurde, aber es bestand immer die Gefahr, daß sie eines Tages wiederaufgegriffen wurde.*

* Der Brief an die Gestapo begann mit den Worten: »Obwohl Herr W. mein bester Freund ist, empfinde ich es als meine Pflicht . . .« Dieser Brief fiel in die

Waetjen gelangte zu der vernünftigen Ansicht, daß für ihn möglichst ausgedehnte, von der Abwehr gedeckte Auslandsaufenthalte ratsam seien. Er wurde wiederholt in die Türkei und auch in die Schweiz geschickt. Er reiste jedesmal getarnt als Vertreter einer großen deutschen Firma. Das war immerhin mehr als eine Legende: Waetjen tätigte wirklich einige Geschäfte im Auftrag eines deutschen Unternehmens.

Waetjen war gut bekannt mit Oster, und er hatte mit Gisevius schon vor dem Krieg zu tun gehabt. Gegen Ende 1943 erhielt er eine Warnung; es sei wahrscheinlich, daß die alte Sache gegen ihn wieder hochkommen werde. Er bat um einen Dauerposten im Ausland. Die Abwehr war damals schon nicht mehr in Berlin, Oster war abgesetzt, Canaris hatte viel von seiner einstigen Macht eingebüßt. Die Organisation wurde von Oberst Hansen geleitet, der bereit war, Waetjen den alten Posten von Gisevius in Zürich zu geben. Aber Waetjen wollte seine Frau, seine alte Mutter und seine Kinder mitnehmen, und so etwas konnte die Abwehr jetzt nicht mehr arrangieren. Um es dennoch durchzusetzen – obwohl absolut schleierhaft war, welche Rolle seine Angehörigen eigentlich im Ausland spielen sollten –, mußte er Walter Schellenberg vom SD einreden, er habe einen großartigen Plan, einen gegen die Alliierten gerichteten Aufstand in Afghanistan, im Maghreb oder an irgendeinem anderen geeigneten Ort zu entfesseln, und zwar mit Hilfe Nuris, eines Türken, der der Bruder von Enver Pascha war, des im Ersten Weltkrieg berühmt gewordenen türkischen Feldherrn. Die SS war beinahe immer aufgeschlossen für neue Ideen, mochten sie noch so hirnverbrannt sein, und obwohl Göring sich weigerte, ihm ein Flugzeug zur Verfügung zu stellen, um sein vielversprechendes Projekt verwirklichen zu können, verließ Waetjen im Januar 1944 Deutschland mit seiner ganzen Familie.

Allen Dulles entdeckte in Waetjen einen kongenialen Geist. Sein Englisch war sehr gut, er war ebenfalls Anwalt, man konnte sich ausgezeichnet mit ihm unterhalten, und er war bereit, mit der OSS zusammenzuarbeiten. Er und Gisevius informierten Dulles schon im Januar 1944 äußerst präzise über die Pläne des Widerstandes, gegen Hitler zu putschen. Waetjen beschäftigte sich auch mit Nachkriegsfragen – ebenso wie Schulte und Andreae. Als die Nazis nach dem Scheitern der Ver-

Hände eines Bürokraten alter preußischer Schule, der zu der Überzeugung gelangte, daß ein Mann, der seinen besten Freund denunzierte, selber verdächtig sei. Er beschloß daher, die Akte verschwinden zu lassen.

schwörung vom 20. Juli mit ihren Untersuchungen begannen, wurde Waetjens Beteiligung an dem Komplott offenbar, und man setzte ihn auf die Fahndungsliste der Gestapo. Er wußte natürlich, daß er in der Schweiz bleiben mußte. Und als er von einem Haus hörte, das angeboten wurde, die Casa Rossa in Ascona, pachtete er es und blieb für den Rest des Krieges dort, Homer ins Deutsche übertragend.

Wenn Schulte auch Andreae und Waetjen bei der Ausarbeitung seiner Denkschrift zu Rate zog, so waren die Gedanken und Formulierungen doch seine eigenen. In der Rückschau muß gesagt werden, daß er über die Grenzen seines Auftrags und vielleicht auch seiner Kompetenz hinausging. Wirtschaftsplanung mochte nützlich sein, war aber kein Allheilmittel. Die Erfahrung sollte lehren, daß die Verweisung von Problemen an immer höhere und aufgeblähtere Instanzen nicht notwendigerweise geeignet ist, Provinzialismus zu verhindern. Selbst ein begrenzteres wirtschaftliches und politisches Unterfangen wie die Europäische Wirtschaftsgemeinschaft sollte Jahrzehnte brauchen, um sich zu einem funktionierenden Gebilde zu entwickeln. Nachkriegsdeutschland brauchte raschere Lösungen. Dennoch erschienen Allen Dulles gewisse Anregungen, die Schulte in seiner Arbeit und in anderen Denkschriften machte, beachtenswert. Schulte trat dafür ein, daß die Deutsche Arbeitsfront und der Reichsnährstand, diese von den Nazis geschaffenen Einrichtungen, für eine Übergangszeit beibehalten und genutzt werden sollten, um die Rechte der Arbeiter und Bauern zu schützen. Die Tatsache, daß die Nazis diese Organisationen für korrupte und korrumpierende Zwecke eingesetzt hatten, machten sie im Prinzip nicht weniger nützlich. Schulte schlug auch vor, daß die Alliierten einen beratenden Ausschuß von Deutschen einsetzen sollten, der nach Kriegsende bei Personalentscheidungen helfen solle.

Dulles war beeindruckt davon, daß Schulte die Notwendigkeit hervorhob, NS-Verbrecher auszusondern und zu bestrafen, und daß er den Gedanken einer langen Besetzung Deutschlands durch die Alliierten akzeptierte. Im August 1944 funkte Dulles an seine Vorgesetzten in Washington:

> Mit »643« habe ich seit seiner Flucht hierher im Dezember ununterbrochen in Verbindung gestanden ... »643« hat Pläne wirtschaftlicher und industrieller Natur für ein Deutschland nach dem Kriege ausgearbeitet. Ich glaube, daß er ein Antinazi und uneingeschränkt

> vertrauenswürdig ist, und er ist einer der wenigen technisch fähigen und wohlinformierten Leute, die unserer Besatzungsarmee nach dem deutschen Zusammenbruch gute Dienste leisten können. Außerdem vertraue ich seinem Urteil über oppositionelle Gruppen, auf die man sich hinsichtlich einer späteren Zusammenarbeit mit uns würde verlassen können ... Ich bitte um Anweisung, ob wir Männern wie »643« einigen Mut machen dürfen ... Viele Deutsche seiner Art werden wir nicht finden können ...

Die OSS-Zentrale bat Dulles um ein Resümee der Nachkriegspläne Schultes, weil das ganze Memorandum viel zu lang war, um es kabeln zu können. Man äußerte sich zustimmend:

> Unserer Meinung nach sollten Sie ihn ermutigen, diese Arbeit fortzusetzen. Sobald die Grenzen offen sind [die Schweiz war natürlich noch abgeschnitten], werden Sie diese Vorschläge nach London übermitteln können, wo sie angemessen bewertet werden können. ... Wir sind der Meinung, daß Sie, wie vorgeschlagen, eine Gruppe zuverlässiger, bereitwilliger Deutscher zusammenstellen sollten, da offizielle Maßnahmen nicht geeignet sind, eine derartige Gruppe aufzutreiben.

Das war zumindest eine vorläufige Bestätigung dafür, daß prominente Antinazis wie Schulte nach dem Krieg eine Rolle in Deutschland spielen könnten.

Im Herbst 1944 holte Eduard Schulte sich eine Lungenentzündung, an der er beinahe gestorben wäre. Trotz einer im übrigen robusten Konstitution neigte er zu Infektionen der Atemwege. Die Ärzte der Hirslanden-Klinik, in der er nun wieder lag, dieses Mal als echter Patient, waren besorgt. Gaevernitz wurde benachrichtigt, und mit Hilfe von Allen Dulles konnten Schultes Ärzte das damals äußerst rare Penicillin von amerikanischen Militärdienststellen beschaffen. Wahrscheinlich hat dieses Medikament Schulte das Leben gerettet. Aber er brauchte mehrere Wochen, um zu genesen und wieder zu Kräften zu kommen.

Während er sich erholte, fühlte Schulte sich quälend isoliert von seiner Arbeit und seinen Freunden. Gisevius war im Zusammenhang mit der Verschwörung gegen Hitler vom 20. Juli nach Deutschland gefahren. Als der Putsch scheiterte, mußte er in den Untergrund gehen. Im Januar 1945 gelang es ihm dann, wieder in die Schweiz zurückzukehren. Waetjen hatte sich nach Ascona zurückgezogen. An einem Januartag des Jahres 1945 kam Riegner mit einem anderen führenden Mitglied des Jüdischen Weltkongresses nach Zürich, und respektvoll machten beide Männer Schulte ihre Aufwartung. Zum erstenmal stand Riegner dem Manne gegenüber, der im Jahre 1942 Koppelmann die Schreckensnachricht von der Endlösung überbracht hatte. Sie wechselten einige belanglose Worte. Schulte antwortete mit »Ja« und »Nein«. Als sie sich verabschiedeten, hatte Riegner den Eindruck, daß dieser Mann nicht über seine tragische Mission vom Juli 1942 sprechen mochte, ebensowenig wie über das Deutschland von gestern und heute.

In den letzten Kriegsmonaten wurde Schultes Einsamkeit durch eine neue Freundschaft gelindert. Er entdeckte einen verwandten Geist in Emmy Rado, einer Amerikanerin Schweizer Herkunft, die eines Tages in Majorsuniform in Bern auftauchte. Geboren in der Nähe des schweizerischen St. Gallen, hatte sie in den zwanziger Jahren in Berlin studiert und dort auch ihren zweiten Mann kennengelernt, Sandor Rado, einen ungarischen Juden und Freudianer von internationalem Ruf. Rado erhielt eine Einladung nach Amerika und wurde Professor an der Columbia University. Als der Krieg ausbrach, bot die inzwischen sehr amerikanisierte Emmy den amerikanischen Geheimdiensten ihre Mitarbeit an und begann ihre Arbeit in New York damit, Neuankömmlinge aus Europa und Nordafrika zu befragen und biographische Informationen über wichtige Nazis zu sammeln.

Als der alliierte Vormarsch in Frankreich die Wege nach der Schweiz wieder freilegte, überredete Emmy Rado die OSS dazu, sie als Helferin von Allen Dulles nach Bern zu schicken; es gäbe schließlich nicht viele Leute bei der OSS, die fließend Schwyzerdütsch sprachen. Die willensstarke, leidenschaftliche Frau widmete sich in der Schweiz dann zwei Hauptthemen. Wiewohl selbst keine praktizierende Christin, plädierte sie eindringlich dafür, religiösen Institutionen nach Kriegsende eine wichtige Rolle bei der Umerziehung des deutschen Volkes zuzuweisen. Die Alliierten hatten es versäumt, Kontakte zu Protestanten zu pflegen, und sie machte sich daran, das wieder ins Lot zu bringen. Ihre zweite Spezialität war es, die »Kronjuwelen« zu pflegen, wie Allen Dulles liebevoll-spöttisch die zuverlässig demokratischen Deutschen wie Schulte nannte. Wiederholt führte sie Gespräche mit Schulte, und in beiden wuchsen Zuneigung und Respekt. Für Schulte war sie eine Gottesgabe, denn hier war neben dem vielbeschäftigten Gaevernitz ein weiteres OSS-Mitglied, mit dem er sich auf Deutsch unterhalten konnte.

Als der Krieg in seine Endphase eintrat, erhielt Schulte von Zeit zu Zeit Nachricht von seinem Büro in Breslau und von den Werken in Oberschlesien, wo sich mehr als zwanzigtausend Giesche-Arbeiter und -Angestellte befanden. Er wußte, daß es nur noch eine Frage der Zeit war, bis die Russen dieses Gebiet besetzen würden. In den ersten Januartagen des Jahres 1945 traten die Sowjets zu einer neuen Großoffensive an. Am 19. Januar war das Industriegebiet abgeschnitten, fünf Tage später wurden die Büros und Gruben von Giesche in Kattowitz geschlossen. Einigen leitenden Angestellten gelang es, sich in die noch nicht besetzte Tschechoslowakei durchzuschlagen; andere erreichten Breslau, das bis zum letzten Tag des Krieges aushielt. Einige kamen bei den Kämpfen ums Leben; die anderen wurden gefangengenommen. Lothar Siemon jedoch schaffte es, nach Berlin zu gelangen, im Gepäck eine kleine Menge Platin. Aber in den letzten Tagen des Dritten Reiches bestand keine Nachfrage mehr nach diesem seltenen Metall. Am 25. April traf Siemon in Hamburg ein, das sich in britischer Hand befand.

Am 30. April 1945 – nur noch wenige Tage sollten bis zur bedingungslosen Kapitulation Deutschlands vergehen – rief die Telephonzentrale des Hotels Bellerive Schulte zu einem Ferngespräch an den Apparat. Er nahm den Hörer auf und fühlte sich sofort wie von einer ungeheuren Bürde befreit: Am anderen Ende der Leitung war sein Sohn Ruprecht, der aus Luzern anrief. Von jedem anderen hätte Schulte eher Nachricht erwartet. Viele Monate lang, während das ungeheure Blutvergießen an den Fronten im Westen und Osten weiterging, hatten Ruprechts Eltern kaum noch Hoffnung gehabt, ihren jüngeren Sohn jemals wiederzusehen. Nun war er in der Schweiz und in Sicherheit – interniert zwar von den Schweizern, aber gleichwohl in Sicherheit. Später an diesem denkwürdigen Tag verbreitete der Schweizer Rundfunk die Meldung von Hitlers Selbstmord. Wie Millionen von Europäern feierten auch die Schultes an jenem Abend den Tod des Führers; sie aber hatten nun noch einen zusätzlichen Grund, glücklich zu sein.

Am nächsten Tag fuhren sie nach Luzern. Nachdem sie die erforderliche Bewilligung zum Besuch des Gefangenen erhalten hatten, durften sie das Internierungsgebäude betreten. Sie fanden einen ausgemergelten, erschöpften, aber im übrigen gesunden Ruprecht vor. Sie waren unendlich gespannt darauf, zu hören, wie es ihm gelungen war, in die Schweiz zu entkommen, aber sie mochten ihn bei diesem ersten Zusammensein seit nahezu zwei Jahren nicht mit Fragen bestürmen. Nach und nach erfuhren sie dann seine Geschichte.

Nachdem er von der Ostfront in den Westen versetzt worden war, hatte man Ruprecht das Kommando über eine Front-Versorgungseinheit gegeben. Gegen Ende Februar 1945 hatten britische Truppen den Rhein bei Kalkar nördlich von Köln erreicht, und am 5. März nahmen die Amerikaner Köln selbst. Nach dem Einsatz starker Fallschirmjäger-Einheiten (»Operation Varsity«) überschritten die alliierten Truppen auf breiter Front den Rhein. Ruprecht, der im Osten schon mehr als seinen Anteil an Einsätzen in vorderster Front gehabt hatte, wurde nun Kommandeur eines Bataillons, dessen regulärer Chef zusammen mit seinem Stab bei der Bombardierung eines kleinen Bahnhofs umgekommen war. Schlimmer noch, dem Rest des Bataillons wurde nun ein Himmelfahrtskommando zugeteilt. Im Angesicht zahlreicher amerikanischer Divisionen sollte ein Angriff gegen den Brückenkopf geführt werden, den die Alliierten in Remagen errichtet hatten. Aber als die deutschen Einheiten das Gebiet von Remagen erreichten, war der Brückenkopf schon mindestens fünf Kilometer tief, und alliierte Flak war in Stellung gegangen. Man unternahm einen Versuch, bei Nacht in den Brückenkopf einzudringen, aber das gelang nicht. Am nächsten Abend wurde Ruprecht wieder verwundet (es war das fünfte Mal), und zwar durch eine Granate, die den Funker an seiner Seite tötete. Zur Genesung schickte man ihn zu seiner Versorgungseinheit zurück.

Während der nächsten Tage hörte er Gerüchte, daß die Offiziere, die den gescheiterten Gegenangriff geführt hatten, verhaftet worden seien und vor ein Standgericht kommen sollten. Das bedeutete so gut wie sicher, daß man sie erschießen würde. Die Information erwies sich allerdings als falsch; vor ein Standgericht kamen nur die Offiziere, die man dafür verantwortlich machte, daß die Brücke unversehrt den Amerikanern in die Hände gefallen war. Aber für Ruprecht Schulte waren die Gerüchte der Tropfen, der das Faß zum Überlaufen brachte. Ganz abgesehen von diesem letzten Zwischenfall wußte er, daß ihm ständig die Gefahr der Verhaftung (und Schlimmeres) wegen der Flucht seiner Eltern in die Schweiz drohte. Zusammen mit zwei anderen Soldaten requirierte er ein Auto und fuhr in Richtung Schweizer Grenze los. Die Entfernung war beträchtlich, und die Fahrt dauerte mehrere Wochen. Auch war es keine ungefährliche Reise. In der Schlußphase des Krieges konnte jeder kleine Nazi-Häuptling, der ein paar bewaffnete Subjekte zu seiner Verfügung hatte, Offiziere und Soldaten, die an einem Ort gefaßt wurden, an dem sie nichts zu suchen hatten, verhaften und erschießen lassen. Aber Ruprecht Schulte war ein hochdekorierter Offizier, und zusammen mit seinen Kameraden gelang es ihm, sich bis nach Waldshut in Baden an der Schweizer Grenze durchzuschlagen. Sie konnten sich unterwegs sogar Benzin beschaffen, das in jenen Tagen praktisch nicht mehr zu haben war, und auch etwas Proviant.

Inzwischen, es war Ende April, waren SS-Einheiten für den grenznahen Bereich entlang der Schweizer Grenze verantwortlich. Sie waren aber bereits im Rückzug begriffen und ließen hinter sich einen Streifen Niemandsland. Die beiden Gefährten Ruprechts beschlossen, es nicht darauf ankommen zu lassen, jetzt noch erschossen zu werden, und versuchten ihr Glück bei den vorrückenden französischen Truppen. Ruprecht aber hatte genug. Am 25. April überquerte er bei hellichtem Tage die Grenze. Er konnte nicht sicher sein, ob die SS nicht auf ihn schießen werde, aber nach fünf Jahren Krieg war ihm das nun auch egal. Kein Schuß fiel – auch die Männer auf ihren Posten mußten wohl gewußt haben, daß alles vorbei war. Vielleicht beneideten sie Ruprecht sogar. Er meldete sich beim Schweizer Grenzposten und bat um Asyl. Am selben Abend noch brachte man ihn nach Luzern. Zehn Tage später, nachdem man einige Verbindungen hatte spielen lassen, wurde er entlassen und in eine Privatklinik gebracht. Am Ende erhielt er eine Aufenthaltserlaubnis für die Schweiz, um Landwirtschaft am Zürcher Polytechnikum zu studieren.

Als der Krieg zu Ende war, wollte Eduard Schulte in seine Heimat zurückkehren. Anfang August 1945 stellte die OSS-Mission für Deutschland eine Liste von Deutschen zusammen, die geeignet waren, Posten in einer deutschen Zentralregierung zu übernehmen, die die Alliierten zu bilden gedachten. Die rund hundert Namen, die man nach Berlin an einen alliierten Koordinationsausschuß für deutsches Regierungspersonal schickte, wurden in zwei Kategorien unterteilt: Personen, die geeignet waren, an der Spitze von Ministerien zu stehen, und solche, die sich eher zum Abteilungsleiter von Ministerien eigneten. Schulte war einer der wenigen, die in die erste Kategorie eingestuft wurden. Die kurze biographische Notiz, verfaßt von der OSS, verlieh den Glanz dazu:

> Führender Industrieller in der Schwerindustrie, insbesondere in Bergbau, Transport und Kohle. Verfolgt von der Gestapo. Während des ganzen Krieges in engem Kontakt mit Alliierten. Gelangte unter hohem persönlichen Risiko in die Schweiz. Einer der wenigen führenden deutschen Großindustriellen, die sich nie zu Kompromissen mit der NSDAP bereit gefunden haben. Ausreichende Englischkenntnisse.

Nur die letzte Angabe war übertrieben. Ausgestattet mit Zuspruch und Ermutigung von Allen Dulles, Gaevernitz und Emmy Rado, verließ Eduard Schulte Zürich bei der ersten sich bietenden Gelegenheit. Nicht, daß es irgendeiner Ermutigung bedurft hätte; er steckte voller Ideen und fuhr voller Begeisterung los, um seinen Teil zum Wiederaufbau Deutschlands beizutragen. Seine Hoffnungen sollten sehr bald enttäuscht werden.

Ein Nachkriegs-Alptraum

Schultes Maschine landete an einem Frühnachmittag im August 1945 in Tempelhof im amerikanischen Sektor Berlins. Von München aus war er in einer Militärmaschine gereist; es gab in jenen Tagen keinen regulären Zivilverkehr. Es war eine Art Heimkehr für ihn; fast zwei Jahre waren seit seiner Flucht aus Deutschland vergangen.

In den Hauptstraßen hatte man die Trümmer fortgeräumt, und als das Flugzeug zur Landung ansetzte, hatte er ohne Schwierigkeiten den Kurfürstendamm und einige andere Straßen erkannt. Sehr viele Wahrzeichen waren verschwunden, und offensichtlich waren ganze Stadtviertel schwer heimgesucht, aber im Sommersonnenschein und aus der Luft waren ihm die Zerstörungen weniger groß erschienen, als er befürchtet hatte. Später jedoch, als er zu Fuß und per Auto auf Erkundungsreise durch die Straßen ging, wurde ihm schlagartig bewußt, daß nur die hohle Schale der Stadt geblieben war; hinter den Fassaden lagen riesige Halden von Mauerwerk, eingestürzten Trägern und Pfeilern sowie Trümmern in jeder Form und Gestalt – die ganze Stadt war eine einzige Studie in verschiedenen Grautönen, ein grausiges Chaos von zerstörten und halbzerstörten Gebäuden.

In Tempelhof erwartete Schulte ein Militärfahrzeug, man lotste ihn durch die Paßkontrolle, die jetzt vom Militär vorgenommen wurde, und brachte ihn zu einer Adresse im Berliner Stadtteil Dahlem.

Die Fahrt vom Flughafen dauerte erhebliche Zeit und führte durch Stadtviertel, von denen er geschworen hätte, sie noch nie gesehen zu haben – doch mußte er sie gut gekannt haben. Je weiter sie sich von der Stadtmitte entfernten, umso mehr Gebäude waren intakt. Der Wagen hielt vor einem Gebäudekomplex, den die Amerikaner mit Beschlag belegt hatten. Man sah eine amerikanische Flagge und wachestehende GIs. Schulte entdeckte später, daß die Kaserne der deutschen Luftwaffe gehört hatte.

Ein junger Offizier begrüßte Schulte. Ihm war telegraphiert worden, daß Dr. Schulte als Berater der Militärregierung fungieren werde, mit einem Status irgendwo zwischen dem eines deutschen Zivilisten und eines alliierten Beamten. Es war eine Zeit des Übergangs; es waren noch keine festen Regeln geschaffen worden, und es würde zu Anomalien und Härten kommen, mit denen Schulte sich abzufinden haben würde. Sein Vorgesetzter würde wahrscheinlich Oberst James Boyd sein, aber vorläufig sollte er sich bei Oberstleutnant Howard Jones melden, der mit der Auswahl von deutschen Staatsbürgern beauftragt war, die von den Militärbehörden beschäftigt werden sollten. Man verfügte über einige Gästezimmer, wo Schulte die ersten paar Tage wohnen konnte, aber man erwartete Besucher aus den Vereinigten Staaten, und so ließ man ihn wissen, daß es gut wäre, wenn er sich anderswo nach einer Unterkunft umsähe. Gewiß habe er Freunde und Bekannte in der Stadt, die ihn aufnehmen könnten? Die amerikanischen Stäbe seien in Dahlem konzentriert, und es wäre ratsam für ihn, sich nach einer Unterkunft in der Nähe seines künftigen Arbeitsplatzes umzusehen, denn auf die öffentlichen Verkehrsmittel sei noch kein Verlaß, und Fahrzeuge der Armee seien knapp und führen selten. Es könne eigentlich nicht allzu schwierig sein, eine solche Unterkunft zu finden, weil viele Zivilisten Berlin verlassen hätten und der Südwesten der Stadt in verhältnismäßig gutem Zustand sei, viel besser erhalten als der französische oder der russische Sektor. Darüber hinaus konnte der Offizier Schulte keine brauchbaren Hinweise geben, denn er war selber erst vor zwei Wochen eingetroffen.

Schulte wurde zum Abendessen eingeladen, das in einem nahegelegenen Saal serviert wurde. Sie gingen über eine kleine Brücke, und Schulte fand sich in einem Gebäude wieder, das ihm irgendwie bekannt vorkam. Als er es bei Tage wiedersah, erkannte er, daß es sich um das Harnack-Haus handelte, das Gebäude, in dem sich einst die deutsche Akademie der Wissenschaften befunden hatte. Das Essen war reichlich, wenn es auch nicht sonderlich einladend aussah, und Schulte mußte sich mit ein paar Dutzend anderen anstellen. Sein Bein begann zu schmerzen, und es war alles in allem ein nicht sehr vielversprechender Beginn seines neuen Lebens in Berlin. Seit sehr vielen Jahren schon war er nicht mehr gewöhnt, daß andere ihm sagten, was er zu tun habe.

Nachdem er erfahren hatte, wie schlimm die Lebensumstände in Berlin bei Kriegsende waren, hatte er einigen seiner Freunde in der Stadt Lebensmittelpakete geschickt, sobald das wieder möglich war. Er hatte es über einen privaten Botendienst getan, weil es zu der Zeit keine reguläre Postverbindung zwischen Deutschland und dem Ausland gab (sie sollte erst nach einem weiteren Jahr wiederaufgenommen werden). Und auch jetzt, bei seiner Rückkehr, hatte er es nicht versäumt, Lebensmittelpakete und andere nützliche Dinge mitzubringen. Er hatte die Rationierung im Ersten Weltkrieg erlebt, und er erinnerte sich noch genau daran, wie dankbar die Menschen sein konnten für ein Stück Seife oder ein paar Zigarren; Dinge, die einst als Selbstverständlichkeiten gegolten hatten, waren zu Luxusgütern geworden.

Er fand für den Anfang ein Zimmer bei einer befreundeten Familie namens Spielhagen in Zehlendorf, später bei den Morgensterns in Wannsee – jenem Vorort, wo Reinhard Heydrich im Januar 1942 die Endlösung der Judenfrage vor einem Kreis ausgewählter Regierungs- und Parteiexperten verkündet hatte. Zehlendorf, ein Wohnvorort mit einer Fülle an Gärten und Bäumen, war relativ ungeschoren aus dem Krieg hervorgegangen, und auch viele schöne Villen in Wannsee waren unbeschädigt geblieben. Das Leben war weit von dem Komfort entfernt, den Schulte in Breslau oder Zürich gekannt hatte, aber nicht dies machte ihm zu schaffen. Zog man das allgemeine Leiden und den Mangel am Notwendigsten in Betracht, so gehörte er ganz gewiß zu denen, die gut dran waren. Schulte war ein dynamischer, rastloser Mann, und was ihn mehr als alles andere irritierte, war, daß er, der geborene Organisator und Unternehmer, hier allem Anschein nach zur Untätigkeit verdammt war. Ja, hieß es zwar, er werde für eine verantwortungsvolle und wichtige Aufgabe gebraucht. Aber nein, noch sei es nicht ganz so weit. Die Räder der Bürokratie drehten sich quälend langsam, und er war gezwungen, herumzusitzen und wenig oder nichts zu tun.

Schulte nutzte seine unfreiwillige Muße, um alte Freunde und Bekannte aufzuspüren und die Orientierung wiederzufinden in einer Stadt, die bis vor kurzem noch die Hauptstadt eines vereinigten Deutschlands gewesen war. Er hatte drei verschiedene Berlins kennengelernt, seit er vor zweiunddreißig Jahren zum erstenmal hier eingetroffen war: Das kaiserliche Berlin, das republikanische Berlin und, natürlich, das nationalsozialistische Berlin. Nun sollte er noch ein weiteres Berlin erleben – eine zerstörte, besetzte, gevierteilte Stadt. Welche Unterschiede es auch in ihren drei vorangegangenen Phasen gegeben haben mochte, sehr verändert hatte sich die Stadt äußerlich nie. Unter den Linden, die Friedrichstraße und die Wilhelmstraße waren das Herz der Stadt gewesen, der riesige Park des Tiergartens ihre Lunge. Zum Berlin der Arbeiter gehörten der »rote« Wedding und das Gebiet um den Alexanderplatz, der seine Spur in der deutschen Literatur genauso hinterlassen hatte wie die Cafés und die Cabarets am Kurfürstendamm. Trotz aller politischen und gesellschaftlichen Erdbeben hatte ein populärer Schlager verkündet: »Berlin bleibt doch Berlin.«

Jetzt war das Herz der Stadt zusammen mit ihren Lungen und anderen lebenswichtigen Organen zerstört. Nur Trümmer waren geblieben, Ruinen, so weit das Auge reichte. Harry Hopkins, Roosevelts Sonderbotschafter und Vertrauter, hatte Berlin »ein zweites Karthago« genannt. Schulte war nie ein unkritischer Bewunderer dieser Stadt oder ihrer Atmosphäre, der berühmten »Berliner Luft«, gewesen. Sie war nicht gerade schön, und das Vulgäre an ihr hatte ihn manchmal abgestoßen. Aber ihre Dynamik, das pulsierende Leben, der trockene Humor der Berliner hatten ihn angezogen. Es war die Hauptstadt des Dritten Reiches gewesen, aber Berlin war unter allen großen deutschen Städten vielleicht diejenige, die sich vom Nazismus noch am wenigsten hatte anstecken lassen.

Die Reste dieser Stadt, das vierte Berlin zu erforschen, war wie die Entdeckungsreise in ein neues Land, und zwar in ein höchst desolates. Es war keineswegs einfach, von Schultes neuem Quartier in den südlichen Vororten aus das ehemalige Herz der Metropole zu erreichen. Das Berlin jener Tage war eine Stadt hauptsächlich der Frauen, Alten und Kinder, auch wenn man die meisten der Jüngeren in der letzten Phase des Krieges, als die Luftangriffe immer schrecklicher wurden, aufs Land verschickt hatte. Die meisten Männer waren Soldat gewesen und waren entweder gefallen oder saßen in Gefangenenlagern. Wenn die Hauptstraßen Berlins geräumt und wieder passierbar gemacht wurden, so war das vor allem den Frauen der Stadt zu danken. Aber geschätzte 55 Millionen Kubikmeter Trümmerschutt waren noch da, und die Experten sagten, daß es beim gegenwärtigen Tempo der Aufräumungsarbeiten fünfzig bis hundert Jahre dauern werde, bis der Normalzustand wiederhergestellt sei.

Die ersten Schulen wurden im Oktober wieder geöffnet. Unterdessen spielten die Kinder Versteck in halbzerstörten Häusern und zwischen großen Trümmerhaufen – sicher ein aufregendes, aber auch ein gefährliches neues Spiel. Von Zeit zu Zeit stürzte eine Mauer ein, oder ein Blindgänger explodierte.

Einige Kinos öffneten wieder und zeigten russische Filme. Von den Cabarets hatten die alte »Femina« und »Rio Rita« wie durch ein Wunder überlebt, daher gab es schon wieder so etwas wie ein Nachtleben. *Neues Deutschland*, eine von den Russen ins Leben gerufene Tageszeitung, hatte sein Erscheinen fast unmittelbar nach Kriegsende aufgenommen. Ende September folgte *Der Tagesspiegel*; er wurde in den Westsektoren verlegt. Die wichtigste Informationsquelle, die vor allem auch die lebenswichtigen Bekanntmachungen der Kommandantura verbreitete, der Exekutive der vier Besatzungsmächte, war der Rundfunk. Aber elektrischen Strom gab es immer nur wenige Stunden am Tag, und der Alltag richtete sich mehr oder minder nach diesen Stunden.

Als Schulte durch die Straßen der Stadt wanderte, sammelte er eine große Menge nützlicher Informationen. Die Lebensmittel waren natürlich rationiert. Im Prinzip standen jedem ungefähr eintausend Kalorien pro Tag zu. Leider standen nicht immer ausreichende Mengen Lebensmittel zur Verfügung. Einige Menschen waren sogar dazu übergegangen, ihre unzulänglichen Lebensmittelrationen dadurch aufzubessern, daß sie Gras, Eicheln, Bucheckern, Brennesseln und Baumrinde aßen.

Mehr als einmal wurde Schulte von Leuten angesprochen, die wissen wollten, ob er Zigaretten zu verkaufen hätte – einige sagten, er sähe wie ein Raucher aus. Aber er hatte nie Zigaretten geraucht, und er fing an, sich mit einem bescheidenen Vorrat von Lucky Strikes und Chesterfields auszurüsten, weil sie zur neuen Universalwährung geworden waren, eine Entwicklung, die sein Wirtschaftsprofessor in Erlangen vor dem Ersten Weltkrieg wirklich nicht vorausgeahnt hatte. Der Schwarzmarkt faszinierte Schulte. Welche Gesetze von Angebot und Nachfrage entschieden darüber, daß man eine Leica für ein Dutzend Schachteln Camels bekommen konnte und einen wertvollen Perserteppich für eine Wurst zweifelhaften Ursprungs und gleichermaßen zweifelhaften Inhalts, plus einem Dutzend Eier unbekannten Alters? Schulte brauchte nicht lange, um die Grundprinzipien zu beherrschen, und er glaubte, daß er innerhalb weniger Wochen ein sehr reicher Mann würde sein können, wenn er seine Talente als Geschäftsmann ganz auf diese verrückte neue Volkswirtschaft konzentrierte. Aber er war schon reich, und er war nicht nach Deutschland zurückgekehrt, um aus dem Elend von Millionen ein Vermögen zu machen. Er hatte sich den Amerikanern freiwillig zur Verfügung gestellt und wollte ohne Gehalt arbeiten.

Die Geschichte von dem Bergarbeiter und seinem Huhn, die zu dieser

Zeit die Runde durch Berlin machte und die ihm mehrere Menschen, denen er begegnete, unbedingt erzählen wollten, verdeutlichte akkurat die herrschenden Zustände. Der Wochenlohn des Bergarbeiters betrug 60 Mark; die Henne legte fünf Eier die Woche. Eines aß er selbst oder die Familie, die anderen vier wurden auf dem schwarzen Markt gegen zwanzig Zigaretten getauscht, die für 160 Mark verkauft werden konnten. Somit verdiente das Huhn beinahe dreimal so viel wie der Bergarbeiter. Die Geschichte versinnbildlichte eine absurde Situation, und aus langer Erfahrung wußte Schulte, daß absurde Situationen nie sehr lange Bestand haben. Mit anderen sah er es als seine Aufgabe an, die Amerikaner zu überreden, eine vernünftigere Politik zu betreiben.

Menschen ausfindig zu machen, war in jenen Tagen beinahe eine Ganztagsbeschäftigung. Viele von Schultes Freunden hatten Berlin vor Monaten schon verlassen, entweder weil ihre Büros verlegt worden waren oder weil sie vor den konzentrierten alliierten Bombenangriffen fliehen wollten, die Anfang 1945 ein Crescendo erreichten. Eine regelmäßige Postzustellung gab es nicht, und Telephonverbindungen existierten nur zu Stellen, die lebenswichtige Dienste leisteten. Ehemalige Regierungsbeamte und hohe Offiziere waren verschwunden; sie befanden sich entweder in Gefangenschaft oder hatten sich nach Westdeutschland abgesetzt. Alte Geschäftsfreunde, mit denen er sprach, wirkten erheblich verunsichert: Gab es für sie eine Zukunft in Berlin? Gab es überhaupt irgendwo eine Zukunft für sie?

Es gab ein paar eingefleischte Optimisten, aber bei den meisten Menschen stieß Schulte auf ein überwältigendes Gefühl der Verzweiflung und des Selbstmitleids, von dem nur der tägliche Kampf ums nackte Überleben und die Notwendigkeit, wenigstens ein Minimum an Lebensmitteln, Heizmaterial und anderen Unentbehrlichkeiten zu beschaffen, sie ablenkte. Das Straßenbild wurde beherrscht von Menschen mit Rucksäcken und Handkarren, wie einst die Straßenhändler sie benutzt hatten. Die Glücklichen, die ein Fahrrad besaßen, bildeten die neue Aristokratie, und jedermann befand sich ständig auf der Suche nach Dingen, die er kaufen oder tauschen konnte. Die Schwarzmarkt-Zentren befanden sich auf dem jetzt desolaten Platz vor dem alten Reichstagsgebäude und auf dem Alexanderplatz oder was von ihm übriggeblieben war. »Schwarzmarkt« war in mehr als einer Beziehung ein irreführender Ausdruck, denn die Behörden tolerierten ihn weitgehend als unentbehrlich für das Leben des Landes. Er war in Wirklichkeit der primäre Markt.

Die einfachen Berliner hatten sich ihren Humor nicht ganz nehmen lassen, aber es war inzwischen ein sehr schwarzer Humor geworden. Doch unter denjenigen, die noch vor kurzem in führenden wirtschaftlichen Positionen gesessen hatten, herrschte eine Stimmung krassester Hoffnungslosigkeit vor. Die Situation war schon an sich schlimm genug, aber es schien auch keinerlei Aussicht auf eine Besserung zu bestehen. Die Alliierten demontierten die Reste der deutschen Industrie. Es schien, als hätten sie beschlossen, daß Deutschland nie wieder eine Industriemacht sein dürfe, denn ohne eine industrielle Basis würde es nicht in der Lage sein, jemals wieder seine Nachbarn zu bedrohen.

Als Wirtschaftsfachmann wußte Schulte, daß Zorn und Rachegefühle der Alliierten zwar zu erwarten gewesen waren, daß sie aber keine gesunde Grundlage für eine sinnvolle Politik bildeten - auf lange Sicht nicht, und wahrscheinlich nicht einmal auf kurze. Fünfundsechzig Millionen Deutsche mußten ernährt werden, und da das Land nicht genügend Lebensmittel produzierte, mußten die Alliierten zusätzliche Mengen heranschaffen, wenn sie nicht mit einer Situation befaßt sein wollten, in der die Menschen massenweise verhungerten. Entweder mußten sie Deutschland auf unbegrenzte Zeit ernähren, oder sie mußten ihm den Export von Industrieerzeugnissen gestatten, damit es die Lebensmitteleinfuhren bezahlen konnte. Früher als andere erkannte Schulte, daß die Alliierten die Wiederaufnahme der deutschen Industrieproduktion würden erlauben müssen.

Um die Sache noch schlimmer zu machen, hatten Amerikaner und Briten jeden Kontakt zwischen den Besatzungstruppen und der deutschen Bevölkerung bis auf ein unerläßliches Mindestmaß verboten. Ein amerikanischer Oberst, der seinen Männern die Politik der »Nichtfraternisierung« erklären wollte, sagte, Fraternisierung sei, »wenn Sie zum Frühstück bleiben«. Zur gleichen Zeit aber hatten die Alliierten die Deutschen zu Demokraten umzuerziehen. Woher aber wollte man die Lehrer für die politische Umerziehung nehmen, und wie sollten die Deutschen etwas über Demokratie lernen, wenn nicht von amerikanischen und britischen Soldaten? Überdies hatte keine der Westmächte Lust, Deutschland längere Zeit hindurch direkt zu regieren. Doch sie versuchten zu vermeiden, Deutschen wichtige Stellen in der Verwaltung zu geben. Kurz gesagt, die alliierte Politik beruhte auf grundlegenden Widersprüchen. Man kann sogar sagen, daß es am Anfang überhaupt keine amerikanische oder britische Politik für Deutschland gab.

Im Oktober begann der Apparat der amerikanischen Militärregierung in Berlin Form und Gestalt anzunehmen. Dwight D. Eisenhowers Stellvertreter für die Militärregierung, General Lucius Clay, errichtete ein »Office of Military Government (United States)«, das bald unter dem Kürzel OMGUS bekannt wurde. Oberst James Boyd wurde Chef der Industriestelle der Wirtschaftsabteilung, und im Rahmen dieser neuen Struktur gab man Schulte endlich eine Funktion und ein Büro, einen einfachen, rechteckigen Raum, gelegen an einem langen Korridor in dem sogenannten »Building C«, einem großen, L-förmigen Bau.

Anfangs wurde Schulte als Berater (»Consultant«) geführt; später wurde er befördert und hatte nun eine Position inne, die als »Chef des Büros der Berater für die deutsche Industrie« bezeichnet wurde. Er konnte einen Mitarbeiterstab aufbauen, der damit begann, Berichte über den Zustand und die Aussichten verschiedener Industriezweige zu erarbeiten. Seine Vorgesetzten versicherten ihm, daß es sich hier nur um ein Vorspiel für etwas Größeres handele. Aber es war unklar, ob sie definitive Pläne für mehr als die nächsten paar Wochen besaßen.

Schulte scheint einen guten Eindruck auf Oberst Boyd, dessen Stellvertreter, Oberst Scharff, und den juristischen Chefberater, Major Demuth, gemacht zu haben. Er hatte ihnen Exemplare seiner 1944 ausgearbeiteten Denkschrift über Nachkriegsdeutschland gegeben, und was sie da lasen, gefiel ihnen. Auch Fred Gaethke, ein Anaconda-Direktor, der ihn zwanzig Jahre lang durch die Zusammenarbeit bei Giesche-Polen gekannt hatte und der jetzt Leiter der Abteilung für Kohle- und Nichtmetall-Bergbau in der »Economics Division« war, sprach in den höchsten Tönen über Schulte.

Oberst Boyds Memorandum über Schultes Qualifikationen beschrieb ihn als einen »Mann von herausragendem Charakter und höchsten Fähigkeiten ... absolut ehrlich, sehr energisch und intelligent«. Boyd wählte Schulte und vier andere Deutsche – Walter Schreiber, Ferdinand Friedensburg, Konrad Mommsen und Otto Heinz von der Gablentz – als Kandidaten für Spitzenpositionen in den geplanten zentralen deutschen Industrieabteilungen aus. (Schreiber war preußischer Finanzminister in der Weimarer Republik gewesen. Friedensburg und von der Gablentz waren Professoren; ersterer war ein führender Liberaler in der Republik gewesen und diente nach 1945 als stellvertretender Bürgermeister von Berlin. Mommsen, ein Nachfahre des großen Historikers Theodor Mommsen, war ein Industrieller, der seine Karriere nach 1948 wiederaufnehmen sollte.) Diese zentralen Abteilungen sollten die vier Besatzungszonen verwalten. Schulte wäre praktisch einer von mehreren deutschen Wirtschafts- und Finanz-Staatssekretären in einer ernannten deutschen Regierung gewesen, verantwortlich nur gegenüber einem Alliierten Kontrollrat.

Es gab Hindernisse. Die Franzosen, erst vor kurzem mit dem Status einer Besatzungsmacht ausgezeichnet, kämpften heftig gegen zentrale deutsche Behörden, die, wie sie befürchteten, zu einer deutschen Zentralregierung werden könnten. General Clay ließ sich durch derlei Obstruktionismus nicht aufhalten und bat Washington um Erlaubnis, mit dem Aufbau von Zentralbehörden für die drei verbleibenden Besatzungszonen fortfahren zu dürfen. Washington war aufgeschlossen, aber die Russen waren es nicht. Sie hatten schon mit Ernennungen innerhalb ihrer eigenen Zone begonnen. Es wurde immer klarer, daß sie Zentralbehörden nur nach ihren eigenen Vorstellungen akzeptieren würden. Clay gab den Gedanken zentraler Abteilungen nicht auf, aber er begann damit, einen separaten administrativen und politischen Apparat innerhalb der amerikanischen Zone aufzubauen.

Unterdessen wirkte sich eine neue Entwicklung auf Schultes Beförderung aus – die amerikanische Politik der Entnazifizierung Deutschlands. Auf der anderen Seite des Atlantiks fanden sehr viele Amerikaner, daß es höchste Zeit sei, diejenigen hinauszuwerfen, die für das Nazi-System und alle seine Verbrechen verantwortlich waren. Nicht wenige Stimmen forderten eine Säuberungsaktion, um anti-demokratische Elemente auszuschalten und die Grundlage für einen neuen und friedlichen Geist im Lande zu schaffen. Als Strafe ebenso wie als Vorbeugung schien die Entnazifizierung unerläßlich zu sein, und die amerikanische Regierung sowie die Militärbehörden stimmten zu.

Was in der Theorie großartig war, erwies sich als schwierig in der Praxis. Die Militärbehörden brauchten geschulte deutsche Verwaltungsbeamte, die ihnen dabei helfen konnten, die Ordnung wiederherzustellen, aber die meisten waren kompromittiert durch ihre Tätigkeit im Dritten Reich. General Clay stellte gegenüber seinen Abteilungsleitern klar: Die Militärregierung werde alle Bereiche des Lebens in Deutschland entnazifizieren, den privaten Sektor ebenso wie den öffentlichen. Jedes Wirtschaftsunternehmen müsse bestätigen, daß es bei ihm keine Nazis in hohen Positionen gebe. Jeder, der Mitglied der NSDAP gewesen war (es hatte zwölf Millionen Parteigenossen gegeben), müsse, um dem neuen Bann zu entgehen, der Militärregierung nachweisen, daß er oder sie nicht aktiv gewesen waren. Eine Komplikation bestand darin, daß jeder deutsche Beamte, jeder Angestellte und Arbeiter des öffentlichen Dienstes, ganz gleich, wie bescheiden sein Posten auch sein mochte, durch ein 1937 erlassenes Gesetz automatisch Parteimitglied geworden war. Gleichzeitig hatten einige der schlimmsten Übeltäter, darunter Leute, die für die Ermordung Tausender von Menschen in den Konzentrationslagern verantwortlich waren, formal nie der Partei angehört.

Das Deutschland der Nazis war ein Dschungel von Partei-, Regierungs- und Militärorganisationen gewesen, die einander zum Teil überlagerten und die in heftige Konkurrenzkämpfe verstrickt waren. Es gab kein einfaches Rezept, um Aufschluß darüber zu bekommen, wer eigentlich wofür verantwortlich gewesen war. Diejenigen amerikanischen Experten, die wirklich verstanden, wie das politische System der Nazis funktioniert hatte, waren fast an einer Hand abzuzählen. Und es erforderte sehr viel Zeit und Mühe, um das relevante dokumentarische Material aufzuspüren und zu begreifen, was es aussagte.

Das Ausmaß des Entnazifizierungsprozesses stand seiner Kompliziertheit nicht nach: Dreizehn Millionen Deutsche in der amerikanischen Zone mußten den offiziellen Fragebogen ausfüllen, dessen 131 Fragen bis ins kleinste die Vorgeschichte des Ausfüllers, seine politische Betätigung und seine Zugehörigkeit zu Organisationen ausloten sollten. Leute, die der NSDAP nicht beigetreten waren, galten damit noch nicht automatisch als entlastet; wer als Militarist und prominenter Anhänger des Regimes eingestuft wurde, war auch dann von wichtigen Positionen im öffentlichen Leben des Landes zu entfernen oder fernzuhalten, wenn er nie Mitglied der Partei gewesen war. Die Last der Entscheidung in diesen Angelegenheiten lag bei der Abteilung für öffentliche Sicherheit (Division of Public Safety), die mit Hilfe ihrer Unterabteilungen die Massen von Papier zu durchpflügen und die manchmal unmögliche Aufgabe zu lösen hatte, die unaufrichtigen Antworten von den wahrheitsgemäßen zu scheiden.

Der bürokratische Charakter des Entnazifizierungsverfahrens wird deutlich an Hand der Anweisungen, die die Unterabteilungen erhielten:

> Um den Auftrag erfüllen zu können, muß der Strom der Fragebogen und Formulare nach dem Fließbandverfahren bearbeitet werden, wobei jede Einheit und jeder einzelne innerhalb der Einheiten

sich auf die Erfüllung der eigenen Teilfunktion innerhalb der Gesamtaufgabe zu spezialisieren hat. Das Arbeitstempo wird bestimmt durch die Zahl der Fragebogen, die die Auswertungseinheit pro Tag analysieren kann. Die Zahl der Arbeitskräfte in der Civil Service Records Unit [zuständig für die Personalakten der Beamten], der Police Records Unit [zuständig für Polizeiakten], der Counter-Intelligence Liaison Unit [zuständig für Spionageabwehr] und in der Index and Files Unit [Registratur und Archiv] richtet sich nach der jeweiligen Fähigkeit, den Ausstoß der Auswertungseinheit zu bewältigen, ohne daß ein Engpaß entsteht, der den Ausstoß verlangsamt. Zum Beispiel müssen die Fragebogen-Auswertungen vom Montag die Civil Service Records Unit am Dienstag passiert haben, die Police Records Unit am Mittwoch, die Counter-Intelligence Liaison Unit am Donnerstag und die Index and Files Unit am Freitag.

Von Kriegsende bis Mitte März 1946 bearbeiteten die verschiedenen Unterabteilungen mehr als eineinviertel Millionen dieser Akten. Selbst wenn alle amerikanischen Beamten intelligent und kompetent gewesen wären, mußten unweigerlich viele Fehler passieren. Darüber hinaus gab es 1945 und 1946 ein ständiges Kommen und Gehen von Personal, und viele, die sich mit deutschen Angelegenheiten zu befassen hatten, verfügten nur über eine minimale Kenntnis der Situation. Am sichersten war es für diese Bürokraten allemal, jeden zu verdächtigen.

Eine der ersten Aufgaben für OMGUS bestand darin, Klarheit darüber zu gewinnen, welche Deutschen ohne Sicherheitsrisiko bei der amerikanischen Militärregierung angestellt werden konnten. Aufgrund der Akten wurden die Überprüften in fünf Kategorien eingeteilt: 1.) Entfernung zwingend vorgeschrieben; 2.) Entfernung nach Ermessen, negative Empfehlung (d. h., Entfernung empfohlen); 3.) Entfernung nach Ermessen, keine negative Empfehlung; 4.) Keine Anhaltspunkte für NS-Betätigung; und 5.) Anhaltspunkte für Anti-Nazi-Betätigung. Die Gruppen 3 bis 5 sollten das Reservoir für die neue deutsche Regierung und für Schlüsselpositionen im privaten Sektor bilden. Für das OMGUS-Personal, das seine Listen und Statistiken für Washington zusammenstellte, war es wichtig zu beweisen, daß es keinen Deutschen auf seinem Posten belassen oder neu eingestellt hatte, der den beiden Kategorien der Belasteten angehörte.

Schulte hatte immer sorgfältig darauf geachtet, daß seine Tätigkeit zugunsten der Alliierten geheim blieb, aber das schuf nun Probleme für ihn. Wenn man scharf genug hinsah, wurde ein Makel in seinem Werdegang sichtbar. Die amerikanischen Streitkräfte hatten am 7. Juli 1945 eine Anordnung herausgegeben, in der spezifiziert wurde, wer von öffentlichen Ämtern zu entfernen beziehungsweise fernzuhalten sei; insgesamt waren 136 Kategorien aufgeführt, und Nr. 104 lautete *»Wehrwirtschaftsführer«*. Weil ihm die Nazis diesen ganz und gar papierenen Titel verliehen hatten, fiel Schulte automatisch in die Kategorie derjenigen Deutschen, die für kein öffentliches Amt verwendet werden durften. Als er im September erfuhr, daß es sich so verhielt, gelangte er widerstrebend zu dem Schluß, daß er nun doch gegen seine eigene Regel verstoßen und gewisse Beweise für seine Arbeit zugunsten der Alliierten vorlegen müsse. Er erbat Hilfe von Allen Dulles.

Dulles schrieb zwei Briefe für Schulte. Der erste bestand aus einer kurzen Empfehlung. Schulte, stand dort, habe in den Jahren 1943 und 1944 mit Dulles kooperiert und habe »der Sache der Vereinten Nationen äußerst wertvolle Dienste geleistet, motiviert allein durch seinen Haß auf das Nazi-System . . .« Er habe »in gleichbleibender Entschlossenheit sich für die Ideale und Prinzipien von Freiheit und Demokratie eingesetzt, und er war immer zur Stelle, wenn es galt, diese Prinzipien in seinem eigenen Lande, in Deutschland, zu fördern«. Der zweite Brief, gerichtet an Oberstleutnant Howard Jones, Chef einer übergeordneten Personalbehörde in Berlin, befaßte sich direkt mit dem Problem der belastenden Einstufung Schultes. Dulles bestätigte, daß Schultes Titel eines »Wehrwirtschaftsführers« ein rein ehrenhalber verliehener Titel gewesen sei und nicht mit der Erfüllung bestimmter Pflichten verbunden war. Zum Zeitpunkt, als er Schulte verliehen worden sei, habe dieser in Wirklichkeit den Alliierten geholfen. Es wäre für ihn riskant gewesen, den Titel zurückzuweisen; es hätte den Verdacht der Nazis auf ihn gelenkt. Dulles bat Jones, Schultes »technische Disqualifizierung« für den Dienst bei den Alliierten aufzuheben. Diese Erklärung war mehr als ausreichend für Oberst Boyd und seine Mitarbeiter, die nun Schultes Entlastung in aller Kürze erwarteten.

Im Herbst 1945 übernahm Oberstleutnant Joseph W. Darling die Aufgabe einer Überprüfung deutscher Berater in Hinblick auf deren Beschäftigung bei der Industrie-Abteilung. Darling erkannte, daß Schulte eine ungewöhnliche Persönlichkeit war und daß es unangebracht wäre, die bürokratischen Standardverfahren auf ihn anzuwenden. Er erklärte Schulte nicht nur für unbedenklich; er freundete sich auch mit ihm an – sein Büro befand sich auf dem gleichen Korridor wie dasjenige Schultes. Die beiden Männer hatten häufig miteinander zu tun, weil Darling die Deutschen überprüfen mußte, die Schulte in seiner Eigenschaft als Chef der deutschen Industrieberater anstellen wollte. Wie viele Industrielle, muß Darling sich gefragt haben, hätten sich wohl freiwillig für eine unbezahlte Regierungstätigkeit gemeldet?

Darlings schnelles OK für Schulte galt nur für den Bereich der Industrie-Abteilung. Die Akte Schulte wanderte anschließend zur Abteilung für Öffentliche Sicherheit in Berlin, wo man keine Kenntnis von Schultes Tätigkeit im Kriege hatte. Dort ordnete man ihn in die Kategorie »Keine Anhaltspunkte für NS-Betätigung« (anstatt in die Gruppe »Anhaltspunkte für Anti-Nazi-Betätigung«) ein. Wegen seines Titels »Wehrwirtschaftsführer« befand er sich noch immer in der Kategorie »Entfernung/Nichtzulassung zwingend vorgeschrieben«. Solange er nicht durch ein streng formales bürokratisches Verfahren entlastet worden war, kam er für eine Anstellung als Staatssekretär für Industrie nicht in Frage, die Position, für die er zuvor als Kandidat ausgewählt worden war. Ein Beamter in einer derartigen Position mußte eine makellose Vergangenheit haben, verbürgt nicht nur durch die Amerikaner, sondern auch durch die drei anderen Besatzungsmächte.

Im Dezember 1945 hatte Schultes Dienststelle der Entnazifizierungsbehörde (Denazification Policy Board) ein Memorandum vorgelegt, in dem die Bestrafung derjenigen Männer der Wirtschaft empfohlen wurde, die erheblich zur Unterstützung des Nazi-Regimes beigetragen hatten, auch wenn sie formell nicht der NSDAP angehörten. (Schulte selbst hatte wahrscheinlich an diesem Memorandum mitgewirkt.) Aber die Industrie-Abteilung sprach auch die Empfehlung aus, Listen von Geschäftsleuten, die Regierungsämter oder vergleichbare Positionen im Dritten Reich innegehabt hatten, nicht starr zu handhaben. Zum Beispiel solle das Verbot der Einstellung eines ehemaligen »Wehrwirtschaftsführers« begrenzt werden auf »Personen, die die Auszeichnung am 10. April 1942 oder danach« erhalten hätten. Schulte war im April 1941 zum »Wehrwirtschaftsführer« erklärt worden, und wahrscheinlich wußte er genau, daß die NSDAP erst 1942 das Nominierungsverfahren direkt an sich gezogen hatte.

Dieser Vorschlag war zu vernünftig, als daß man ihn angenommen hätte. Aber Schulte wäre selbst dann nicht entlastet gewesen, wenn man dem Vorschlag gefolgt wäre. Irgendjemand hatte dem Büro des Geheimdienstchefs beim OMGUS die unzutreffende Information - eine von vielen - geliefert, daß Schulte den Titel »Wehrwirtschaftsführer« im Sommer 1943 erhalten habe - was bedeutete, daß es umso mehr Veranlassung gab, seinen Fall besonders genau unter die Lupe zu nehmen. Also machten sich die Geheimdienstexperten daran, lange und ausführlich den Fall eines Mannes zu untersuchen, der prominente amerikanische Fürsprecher hatte, über den aber an mancher Stelle auch Zweifel bestanden.

Das politische Klima in Berlin war bestimmt von Argwohn und Verdacht. Schon war in der amerikanischen Presse - und in internen OMGUS-Memoranden - Klage darüber geführt worden, daß die Vereinigten Staaten wenig getan hätten, um führende Männer der deutschen Wirtschaft zu verfolgen. Nur ein Industrieller befand sich unter den Hauptkriegsverbrechern, die in Nürnberg vor Gericht standen - der alte Krupp, dem bald bescheinigt wurde, daß er verhandlungsunfähig sei. Etliche, die von den Nazi-Jahren am meisten profitiert hatten, waren gänzlich unbehelligt geblieben. Im März 1946 stellte die US-Anklagebehörde in Nürnberg eine Liste von fünfundachtzig prominenten deutschen Wirtschaftsführern auf und erbat von anderen Regierungsstellen Beweismaterial über eventuelle Zusammenhänge zwischen diesen Namen und Kriegsverbrechen. Schultes Name stand nicht auf dieser Liste, wohl aber die Namen mehrerer anderer aufrechter Nazi-Gegner. Selbst General Clay äußerte den Wunsch, es möge mehr getan werden zur Bestrafung von Industriellen, die vielleicht nicht Mitglied der Partei waren, die aber in Kriegsverbrechen verwickelt gewesen seien. Amerikanische Beamte, die das Beweismaterial für die Kriegsverbrecherprozesse vorbereiteten, beurteilten die zu »Wehrwirtschaftsführern« ernannten Geschäftsleute so: »Nur Männer, die von der Partei als vertrauenswürdige Säulen des Systems angesehen wurden, konnten nach Beginn des Jahres 1938 derartige Ernennungen erhalten; zuvor Ernannte hatten ihre Auszeichnung ihren besonderen Verdiensten bei der Wiederaufrüstung zu verdanken.« Diese reichlich ungenaue Beurteilung bedeutete, daß jeder, der auf der Liste der »Wehrwirtschaftsführer« stand, einer peinlich genauen Untersuchung zu unterwerfen war.

So kam es dann zu der Entscheidung, daß Eduard Schulte einer äußerst rigorosen Überprüfung zu unterziehen war, bevor er mit einem der höchsten Ämter im neuen Deutschland betraut werden dürfe. Ein an der Überprüfung beteiligtes Amt war die Einstufungsabteilung der Personalbehörde (später Teil der Abteilung für Zivilverwaltung). Die meisten Beamten dort waren wohlmeinend, aber unerfahren, und sie erlagen immer wieder der Versuchung, wichtige Entscheidungen schnell zu treffen, auf der Grundlage nur dürftiger Informationen. Einmal hatte General Clay selbst einen Bericht über einen deutschen Bankier angefordert, den der schwedische Marine-Attaché General Eisenhower empfohlen hatte; Eisenhower und Clay wünschten den Bericht binnen 24 Stunden zu sehen. Der zuständige Offizier, Oberleutnant Thomas B. Stauffer, sagte zu Clay, daß er keinen Bericht vorlegen könne, solange er nichts Konkretes vorliegen habe. Doch nach einiger Wühlarbeit entdeckte Stauffer, daß der »unschuldige« Bankier mit der Verwaltung des gesamten Besitzes beauftragt gewesen war, den die Nazis österreichischen Juden gestohlen hatten. General Clay bedankte sich dann bei Stauffer dafür, daß er seine Nachforschungen mit gewohnter Sorgfalt angestellt und OMGUS eine große Peinlichkeit erspart habe. Stauffer und seine Kollegen zogen daraus den logischen Schluß: Der schlimmste Fehler, der ihnen unterlaufen konnte, bestand darin, einen wirklichen Nazi zu entlasten. Ihre Einheit tauften sie auf den Namen »Stinktierfabrik« - schließlich befaßten sie sich mit zahlreichen deutschen Kandidaten, deren Vergangenheit einen üblen Geruch ausströmte.

Als Stauffer sich die Akte Schulte ansah, leuchteten bei ihm sogleich Alarmlämpchen auf. Schulte war in den Wochen unmittelbar nach Kriegsende in eine Anstellung bei den Amerikanern geschlüpft - zu einer Zeit, als es noch recht formlos zuging. Es hieß, er sei ein Anti-Nazi, aber dafür hatte er einen recht merkwürdigen Werdegang aufzuweisen - Träger des Kriegsverdienstkreuzes und Wehrwirtschaftsführer. Schulte wies (zutreffenderweise) darauf hin, daß er bereits 1941 - und ohne sein Wissen - zum Wirtschaftsführer ernannt worden sei und daß das Kriegsverdienstkreuz Erster Klasse ein Köder gewesen sei, mit dem die Gestapo ihn im Jahre 1944 nach Deutschland zurückzulocken versucht habe. Beide Aussagen erschienen Stauffer jedoch wenig überzeugend.

Thomas B. Stauffer war damals neunundzwanzig Jahre alt. Seine Familie war deutschen Ursprungs, hatte aber ihr Heimatland nie idealisiert. Die Stauffers waren von Wisconsin nach Chicago gezogen, und Thomas hatte an der University of Chicago einen Abschluß gemacht. Er hatte dann in Chicago und Princeton politische Philosophie doziert und sich dabei einige Deutschkenntnisse angeeignet. Nach mehreren Jahren in der Armee traf er im Juli 1945 in Berlin ein und landete dort in der Einstufungsabteilung. In der Abteilung gab es vier Juden, und Stauffer heiratete später eine Jüdin.

Im Frühjahr 1946 kam Schulte hinkend in das Büro der Abteilung, das sich damals in einem Haus in der Saargemünderstraße in Berlin-Dahlem befand. Wie Stauffer berichtete, war er überaus freundlich und kooperativ. Gleichzeitig wußte er, was er wollte: etwaigen Vorschriften möglichst rasch Genüge tun, um die kleinen Beamten zufriedenzustellen. Er schien Stauffer sagen zu wollen, daß »wir Männer von Welt« im Grunde doch weit über diesen Dingen stehen. Seine Präsenz erschien Stauffer als »souverän«. Erfreut nahm er Stauffers Beschlagenheit in der deutschen Kultur zur Kenntnis. In einer Beziehung war Stauffer beeindruckt - hier war ein Mann von großer Kraft und Eleganz. Doch ganz wohl fühlte er sich nicht; er glaubte, daß Schulte ihm etwas verschwieg. Schulte würde sicherlich einen fabelhaften Freund abgeben, aber einen höchst unangenehmen Feind. Stauffer beschloß daher, dafür zu sorgen, daß während seiner Unterredungen mit Schulte stets ein Dritter als Zeuge zugegen sein müsse. Während Stauffer sich mit Ferdinand Friedensburg, einem anderen für ein hohes Amt nominierten Deutschen, sehr anfreundete, gelang ihm der Brückenschlag zu Schulte nicht. Und aufgrund seiner Erfahrungen mit Deutschen, die Leichen im Keller hatten, beschloß er, solange mit seiner Zustimmung zu warten, bis seine Zweifel sich legten. In einem offiziellen Memorandum schrieb er sogar, daß Schulte ohne überzeugende Zeugnisse amerikanischer Geheimdienststellen »als aktiver Nazi angesehen wird«.

Schulte konnte nicht viel tun, um das Verfahren zu beschleunigen. Er schrieb seinen überarbeiteten Lebenslauf auf Englisch und fügte weitere Einzelheiten seiner geheimdienstlichen Tätigkeit während des Krieges hinzu. Innerlich widerstrebend, übergab er OMGUS Abschriften der Empfehlungsschreiben, die er von der polnischen, der französischen und der britischen Regierung erhalten hatte. Koppelmann, der über enge Beziehungen zum polnischen und britischen Geheimdienst verfügte, hatte darauf bestanden, daß die Briten Schulte irgendeine Bescheinigung über die Verdienste, die er sich erworben hatte, ausstellten und sie von hoher Stelle unterzeichnen ließen. Als die Bescheinigung eintraf, war sie von keinem Geringeren als von Feldmarschall Bernard Montgomery unterschrieben: »Hiermit verleihe ich meiner Dankbarkeit

Ausdruck für den Beitrag, den Eduard ›Hans‹ [sein britischer Deckname] Schulte als Freiwilliger im Dienste der Vereinten Nationen der großen Sache der Freiheit geleistet hat.«

Der Hochsommer 1946 kam, und es hatte noch immer keinen Fortschritt gegeben. Schulte verließ Berlin und fuhr in die Schweiz. Er hatte keinerlei Schwierigkeiten, die Reiseerlaubnis zu bekommen. Seine Beinprothese mußte repariert und eine Gallenblaseninfektion behandelt werden. Die medizinische Versorgung war in der Schweiz besser, und er kannte die Ärzte dort. Außerdem hatte er Geschäfte zu erledigen. Wenn OMGUS ihn nicht brauchte, würde er sich Zeit lasssen in der Schweiz. Vielleicht würde er sogar zu geschäftlichen Besprechungen mit Anaconda in die USA reisen. Am 19. Juli traf er in Zürich ein, und nach seiner Entlassung aus dem Krankenhaus nahm er Quartier im Hotel Bellerive-au-Lac.

Schon bald schrieb er Oberst Wilkinson, dem Chef der Industrie-Abteilung, einen Brief und bat ihn in aller Form um Verlängerung seines Urlaubs bis Ende Januar. Er teilte ihm mit, daß leitende Herren von Anaconda und La Roche ausgedehnte Besprechungen mit ihm zu führen wünschten und daß er allem Anschein nach in Berlin nicht dringend benötigt werde. Wilkinson entsprach seiner Bitte.

Im selben Monat, im September, schrieb er seiner Sekretärin und Freundin Elisabeth Urbig in Berlin und äußerte sich verärgert über die lächerliche Tatsache, daß man bei ihm eine »Entnazifizierung«, wenn auch nur eine »technische«, überhaupt für erforderlich halte.

Schulte dokumentierte jetzt einige Spuren, um deren Tilgung er einst sehr bemüht gewesen war. Eine früher abgefaßte Zusammenfassung seiner Tätigkeit im Kriege führte er weiter aus und ergänzte sie durch einige Einzelheiten über seine Flucht in die Schweiz. Er legte Abschriften von Dankschreiben bei, die er von den Regierungen Großbritanniens, Frankreichs, Polens und der Vereinigten Staaten erhalten hatte, und ließ das ganze Paket am 1. November in Zürich notariell beglaubigen. Er muß sich dabei gefragt haben, ob wohl einer der Bürokraten, die die Untersuchung gegen ihn führten, sich rühmen konnte, vier alliierten Regierungen gedient und dabei Kopf und Kragen riskiert zu haben.

Er hielt es noch immer für möglich, daß die ganze Affäre auf ein Mißverständnis oder auf mangelnde Information und nicht auf Böswilligkeit zurückzuführen war. Im Januar 1947 schrieb er an Lothar Siemon, daß zwar einige höhere Offiziere gut informiert seien, aber die vielen untergeordneten nichts wüßten und nichts wissen könnten, und daß es ungehörig wäre, ihnen alle Einzelheiten mitzuteilen, weil gewisse höhere alliierte Stellen nicht wünschten, alle möglichen Leute über Dinge zu informieren, die sie vertraulich behandelt wissen wollten.

Wie Allen Dulles zu Richard Helms sagte - der damals, im Juli 1946, ein junger Geheimdienstmann in Deutschland war -, handelte es sich bei Eduard Schulte um einen Mann, der äußerst stoisch sein konnte. Aber es gab Grenzen, und so fügte Dulles hinzu, daß Schulte und ein anderer, nicht namentlich genannter deutscher Anti-Nazi »eine gute Wahl für Spitzenpositionen unter der Militärregierung sein würden, sofern man sie nicht vorher solange herumschubst, bis sie sich verbittert abwenden«. Als das Jahr 1946 zu Ende ging, hatte Schulte allen Grund, verbittert zu sein.

Selbst wenn man Schulte als »entlastet« eingestuft hätte, wäre es wahrscheinlich nicht dazu gekommen, daß man ihm, wie er gehofft hatte, eine wichtige Rolle beim Wiederaufbau Deutschlands übertrug. Gegen Ende 1945 nämlich war es schon deutlich geworden, daß sich das Hauptgeschehen nicht in Berlin abspielen würde: Schulte war am falschen Ort. Die amerikanische Militärregierung richtete ein vor allem mit Wirtschaftsfragen befaßtes Koordinierungsbüro ihrer Regionalverwaltung ein. Es hatte seinen Sitz in Stuttgart, und zwar in der Villa des früheren Gauleiters. Berlin besaß nur eine Zweigstelle dieser Behörde.

Am Ende übergaben die Amerikaner dann die Macht an gewählte deutsche Volksvertreter. Schulte hätte nur dann eine zentrale Rolle in der neuen deutschen Regierung spielen können, wenn er einer der politischen Parteien beigetreten und als einer ihrer Repräsentanten nominiert worden wäre - wie Konrad Adenauer und die anderen führenden Politiker im Deutschland der Nachkriegszeit. Es ist fraglich, ob Schulte, der sich sein ganzes Leben lang von der Parteipolitik ferngehalten hatte, in diesem Stadium eine solche Karriere eingeschlagen hätte. Zwar hätte er einen ausgezeichneten Wirtschaftsminister abgegeben, doch spürte er kein Verlangen, parteipolitisch tätig zu sein, um ein solches Amt zu bekommen.

Es gab andere Deutsche, zum Beispiel Ludwig Erhard, den späteren Wirtschaftsminister unter Konrad Adenauer, die gleichermaßen befähigt waren, die Wirtschaft an den Untiefen der Nachkriegszeit vorbei einem neuen Wohlstand entgegenzusteuern. Man kann nicht behaupten, daß Schultes Disqualifizierung ein historisches Unglück für

Deutschland bedeutete. Auch als persönliche Katastrophe kann man sie nicht bewerten, denn Schulte war ein reicher Mann und deshalb an den materiellen Früchten, die überdies mager waren, nicht interessiert. Doch es war schon ein Verlust für das Land, daß ein Mann seines Kalibers keine Gelegenheit erhielt, ihm mit seinem Können zu dienen.

Das Schicksal der drei anderen »Musketiere« in der Schweiz – Gaevernitz, Waetjen und Gisevius – verlief ganz ähnlich. Alle hatten den Alliierten im Zweiten Weltkrieg unter größten persönlichen Risiken hervorragende Dienste geleistet, und alle wurden sie nach dem Krieg von den neuen Machthabern kritisiert, ja »bestraft«. Die Bürokraten, die auf der Bildfläche erschienen, waren der Überzeugung, wie einer von ihnen es später in einem Memorandum formulierte, daß diese Anti-Nazis zwar »angeblich« während des Krieges von Nutzen gewesen waren, daß sie jedoch über verdächtige Bindungen oder Kontakte verfügten und »mehr als einem Herrn gedient« hätten. Je länger die Nachforschungen dauerten, umso mehr Gerüchte und Flüsterparolen aller Art, die im Laufe der Jahre ihren Weg in die Akten gefunden hatten, tauchten wieder auf. Selbst Gaevernitz, naturalisierter amerikanischer Staatsbürger, sah sich Anfeindungen ausgesetzt. Stimmte es etwa nicht, daß er geholfen hatte, ein finnisches Schiff im Hafen von Lissabon unter Schweizer Flagge registrieren zu lassen? Und stand er nicht Hugo Stinnes jr. nahe, einem notorischen Nazi-Sympathisanten? Gaevernitz hatte Beziehungen zur Familie Stinnes durch Edmund Stinnes, seinen Schwager. Die Bürokraten übergingen die Tatsache, daß Edmund Stinnes vollständig mit dem Rest der Familie in Deutschland gebrochen hatte, daß er das Land als politischer Flüchtling verließ und daß er während des Krieges am Haverford College in Pennsylvania lehrte.

In zwei sehr scharfen Auseinandersetzungen mit Beamten der amerikanischen Botschaft in Bern sah Allen Dulles sich gezwungen, deutsche Anti-Nazis zu verteidigen, unter ihnen Gaevernitz, seine eigene rechte Hand. Die Beamten hatten sich von anderen Deutschen, die verhört wurden – darunter ein ehemaliger Konsul – weismachen lassen, daß es sich bei diesen Männern um unverbesserliche deutsche Nationalisten handele, und sie hatten vorgeschlagen, Washington von dieser negativen Beurteilung in Kenntnis zu setzen. Dazu hatte Dulles folgendes bemerkt:

> Sie [die Botschaftsbeamten] und ich stimmen bezüglich dieser Dinge und dieser Menschen nicht überein. Sie verurteilen Männer, die

hinausgegangen sind und unter großem persönlichen Risiko Wertvolles für uns geleistet haben; und auf welcher Grundlage? Aufgrund von Klatsch und Geschwätz anderer Deutscher, die viel zu viel Angst hatten, Farbe zu bekennen, denn das hätte sie ja um Lohn und Brot bringen können. Sie wissen, daß es Gisevius war, der mir die Information gab, daß die Deutschen Ihren Code kannten – den Sie dann nicht mehr benutzt haben. Er hat mir Vorausinformationen über die Ereignisse vom 20. Juli [dem Attentatsversuch auf Hitler] gegeben. Durch seinen Kontaktmann haben wir erfahren, was es mit Peenemünde auf sich hatte. Ich könnte Ihnen eine Menge über diese Leute erzählen, aber Sie [die Botschaftsbeamten] wollen mir ja nicht glauben ...

Ich halte es für ungeheuerlich, daß die Aussage von Deutschen benutzt wird, um einen patriotischen Amerikaner (v.G.) [von Gaevernitz] zu diskreditieren. Krauel [der deutsche Konsul] war ganz einfach eifersüchtig, weil wir ihn ignoriert haben. Ich habe ihm nie getraut. Woher weiß er, daß Canaris seine Agenten anwies, Kontakt zu v.G. und durch ihn zu den Amerikanern aufzunehmen? Wissen Sie eigentlich, daß einige Ihrer Leute darauf aus sind, v.G. »abzuschießen«? Es wird dem Mann das Genick brechen ...

Sobald ich in Washington bin, werde ich über alles Bericht erstatten, auch auf diese Sache werde ich eingehen ... Warum wollen Sie eigentlich das Ding [den Bericht] abschicken? Ich würde ihn nicht einmal als Material benutzen; er ist nicht vollständig genug.

Aber was Dulles zu sagen hatte, fiel auf taube Ohren, und die Botschaft schickte ihren scheinheiligen Nonsens nach Washington.

Gisevius erging es nicht besser. Die schweizerischen Behörden eröffneten nach dem Krieg ein Gerichtsverfahren gegen ihn, und die meisten seiner alliierten Freunde rührten keinen Finger, um ihm zu helfen. Es war unwahrscheinlich, daß Gisevius während des Krieges in der Schweiz hätte bleiben können, wenn er sich ausschließlich als Anti-Nazi betätigt hätte. Dennoch war seine Arbeit für die Alliierten von unendlich viel größerer Bedeutung als alle etwaigen Dienste, die er der Abwehr geleistet haben mochte. Gisevius wies die gegen ihn erhobenen Beschuldigungen in einer langen Denkschrift zurück. Aber er zog es doch vor, und vielleicht mit Recht, nicht ausschließlich auf die Kräfte der Logik und der Gerechtigkeit zu vertrauen. Er brachte auch ein wenig Erpressung ins Spiel; wenn die Schweizer es wagen sollten, ihn vor Gericht zu stellen, dann würden sie den Tag bereuen, an dem sie das Verfahren eröffneten. Gisevius wußte zuviel; also legten die Schweizer Behörden die Anklage zu den Akten.

Gisevius wurde ein wichtiger Zeuge im Nürnberger Prozeß gegen die Hauptkriegsverbrecher. Auch von Gaevernitz und Waetjen wich der Schatten des Verdachts. Aber alle drei empfanden Bitterkeit – ebenso wie Schulte. Sie hätten Besseres verdient gehabt.

Warum waren sie in Verdacht geraten? Ignoranz erklärt eine Menge, und es stimmt auch, daß jedermann, der das Nazi-Regime überlebt hatte, automatisch als verdächtig galt. Verdächtig waren selbst diejenigen, die geflohen waren. Die Amerikaner hatten keinerlei Erfahrung mit Widerstand gegen den Nationalsozialismus. Und so wurden ziemlich häufig die falschen Leute befördert, und diejenigen, die Hitler widerstanden hatten, gerieten in Verdacht. Es wäre ungerecht, bestimmten einzelnen Funktionären die Schuld daran zu geben; sie lag im System.

Schulte verließ Berlin fast genau ein Jahr nach seiner Ankunft. Noch mochte er nicht vollständig den Gedanken aufgegeben haben, seinem Land zu dienen – seine offizielle Kündigung bei OMGUS kam erst im Januar 1947. Aber er muß gewußt haben, daß er zu mehr als nur einem kurzen Aufenthalt nach Zürich reiste und daß es unter den gegenwärtigen Bedingungen für ihn in Deutschland wenig Raum gab. Die Situation war wirklich nicht frei von Ironie. Seine Aussichten wären strahlender gewesen, wenn er irgendwo in der Schweiz oder in Lateinamerika in Ruhe das Kriegsende abgewartet und seine Warnungen und Informationen nie an die Alliierten weitergegeben hätte.

Schultes Nachkriegs-Alptraum war mit seiner Abreise aus Berlin nicht zu Ende. Sein Firmenreich wurde gleichermaßen von Kommunisten, Kapitalisten und der Regierung der Vereinigten Staaten angegriffen. Die Russen demontierten die Giesche-Hütten und -Fabrikanlagen in der deutschen Ostzone und schafften Maschinen und Gerät als Teil ihrer Reparationsforderungen in die Sowjetunion. Die polnischen Kommunisten verstaatlichten eine ganze Reihe von Großunternehmen. Deutsches Eigentum war ihr spezielles Ziel, aber selbst andere in ausländischem Besitz befindliche Unternehmen erhielten als einziges Angebot die Aussicht auf spätere Entschädigung. Schulte war Realist, und diese Wendung der Dinge in Osteuropa überraschte ihn nicht.

Schwerer zu begreifen war die Haltung der Amerikaner. Schulte hatte seine Geschäftspartner in den USA ebenso wie die amerikanische Regierung über seine Unternehmensstrategie auf dem laufenden gehalten. Er hatte angenommen, daß sie erkannt hätten, wie sehr er sich bemühte, auch in ihrem Interesse zu handeln, und bei Kriegsende rechnete er damit, von ihnen maximale Unterstützung zu erhalten. Aber er war zu optimistisch.

Vor dem Eintritt der Vereinigten Staaten in den Krieg hatte er versucht, einen Verkauf aller Aktien und Obligationen der Silesian-American Corporation - der Holding für den polnischen Giesche-Besitz, die sich zu 49 Prozent im Besitz von Giesche-Deutschland und zu 51 Prozent im Besitz einer von der Anaconda Copper Company und von Harriman and Company gemeinsam getragenen Holdinggesellschaft befand - in die Schweiz zu arrangieren. Wäre dieses Geschäft zustande gekommen, hätte es die Amerikaner vor einer Beschlagnahme amerikanischen Besitzes durch die Deutschen geschützt. Es hätte zugleich Giesche-Deutschland vor der Beschlagnahmung seiner Anteile an der Silesian-American durch die amerikanische Regierung geschützt. Aber törichterweise hatte das US-Finanzministerium die Transaktion blokkiert, weil sie »von potentiellem Nutzen« für Deutschland sei. Die unmittelbare Folge war der Zusammenbruch der Silesian-American Corporation. Schultes Unternehmen war außerstande, Geld in die Vereinigten Staaten zu schaffen, und es war damit nicht in der Lage, die Zinsen für die Kredite zu zahlen, die es von der Silesian-American erhalten hatte. Das Unternehmen in Delaware konnte seinerseits keine Zinsen an die Inhaber seiner Obligationen zahlen. Wegen der Sperre zwischen Deutschland und den Vereinigten Staaten kam die Silesian-American ihren Verpflichtungen nicht nach - und ihre Aktionäre und Obligationsinhaber waren in Gefahr, alles zu verlieren.

Schulte versuchte es dann auf anderem Wege. Im August 1942 übertrug er das Besitzrecht an Giesches Silesian-American-Aktien gegen weitere Kredite unwiderruflich an die Erzag, eine Schweizer Firma, die von seinen Schweizer Geldgebern (La Roche) kontrolliert wurde. Damit wurden die Silesian-American-Aktien zu Schweizer Besitz, wiewohl Schulte auch der Leitung der Schweizer Firma angehörte. Er wußte sehr wohl, daß er ein gefährliches Spiel spielte. Während er deutsche Aktiva in Schweizer Aktiva verwandelte, erzählte er der NS-Regierung, daß es sein Ziel sei, das gesamte Giesche-Unternehmen in deutscher Hand wiederzuvereinigen. Er hätte unmöglich erklären können, wieso die Übertragung von Silesian-American-Aktien in Schweizer Besitz seinem bekundeten Ziel dienen könne, das ganze Giesche-Imperium wieder deutsch zu machen. Er mußte den ganzen Plan geheimhalten - sein Leben hing davon ab, daß Berlin nichts davon erfuhr. Zum Glück waren seine Freunde bei La Roche absolut vertrauenswürdig und diskret.

Schulte erlangte sogar die Genehmigung der NS-Regierung, Zink, einen kriegswichtigen Rohstoff, in die Schweiz zu exportieren. Das sei nötig, sagte er, um zur Finanzierung des Schweizer Erwerbs der amerikanischen Aktien und Obligationen der Silesian-American beizutragen. Damit entzog Schulte der Kriegswirtschaft der Nazis nicht nur wichtige Rohstoffe, sondern auch Exportgewinne. Der mit den Zinkverkäufen erzielte Ertrag verblieb bei Schweizer Banken, angeblich zur Verwendung in dem Aktien- und Obligationengeschäft. An diesem Punkt nun wurde das ganze Geschäft äußerst verwirrend, für einen Außenseiter unmöglich zu verstehen, und das hatte Schulte womöglich von Anfang an beabsichtigt. Daß es ihm gelang, deutsche Beamte zum Mitmachen zu überreden, sagt eine Menge über seine Überzeugungskraft und manipulativen Fähigkeiten aus.

Fast ein Jahr, nachdem Deutschland den USA den Krieg erklärt hatte, beschlagnahmte das Justizministerium der Vereinigten Staaten die Giesche-Aktien der Silesian-American Corporation als Feindbesitz. Da die Aktienzertifikate selbst sich in Europa befanden, erwirkte das Ministerium eine gerichtliche Anordnung zur Ungültigmachung der Aktien und zur Ausgabe neuer Wertpapiere. Treuhänder wurde die Treuhandstelle für Auslandsbesitz beim Justizministerium. Vielleicht glaubten die Beamten des Ministeriums, sie hätten einen schweren Schlag gegen ein großes und mächtiges deutsches Unternehmen geführt. In Wirklichkeit aber hatten sie Aktien beschlagnahmt, die Schulte soeben insgeheim - und unter hohem Risiko - an Schweizer Interessen transferiert hatte. Die Wertpapiere des US-Justizministeriums würden nicht viel wert sein, sofern derjenige, der den Besitz bei Kriegsende kontrollierte, sie nicht anerkannte. Für die Dauer des Krieges kontrollierte Giesche-Deutschland das Schwester-Unternehmen, weil Deutschland Polen beherrschte und weil es Schulte gelang, eine Übernahme durch die Hermann Göring Werke abzuwehren.

Bei Kriegsende gab es dann effektiv zwei Parteien, die Anspruch auf die 49 Prozent der Silesian-American-Aktien erhoben. Das US-Justizministerium hatte keinerlei Absicht, seine Aktien einem deutschen Unternehmen zurückzugeben. Das Schweizer Bankenkonsortium bezog auf der anderen Seite die Position, daß es die Silesian-American-Aktien im Jahre 1942 erworben habe, vor Tätigwerden des US-Justizministeriums, daß also das Justizministerium kein Recht auf die Aktien habe. Es war ein Konflikt darüber, wer Entschädigung von den Polen für das verstaatlichte Firmeneigentum verlangen dürfe – das US-Justizministerium oder die Schweizer.

Der erste Schweizer Versuch, dem Justizministerium die rechtliche Kontrolle über die Aktien zu entwinden, scheiterte. Es wurde ein Verfahren anhängig gemacht, wobei der Vorwurf erhoben wurde, daß das Justizministerium die Silesian-American-Aktien von vornherein widerrechtlich beschlagnahmt habe. Im September 1945 entschied der Southern District Court in New York zugunsten der Regierung, und der Circuit Court bestätigte in der Berufung dieses Urteil. Der Oberste Gerichtshof verweigerte gegen Ende 1946 die Revision. Aber es sollten weitere rechtliche Schritte folgen, in denen es um die konkurrierenden Ansprüche zwischen amerikanischem Justizministerium und Schweizer Investoren ging.

Es gab nur einen einzigen Menschen, der ganz genau wußte, was wann und warum geschehen war – und wo sich all die Aktiva befanden. Das war Eduard Schulte. Weit davon entfernt, ihm gegenüber Dankbarkeit für das auszudrücken, was er während des Krieges getan hatte, wurde das Justizministerium jetzt zu seinem Gegner, überzeugt davon, daß er im Giesche-Rechtsstreit auf der Seite der Schweizer stehe. Alles, was er geltend machte, wurde mit Argwohn aufgenommen.

Das US-Außenministerium leitete eine Untersuchung ein. Wieder schrieben Allen Dulles und ein anderer OSS-Beamter, der mit Schulte befaßt gewesen war, sehr positive Empfehlungen für ihn, aber die Fahnder förderten auch Dokumente des Reichwirtschaftsministeriums zutage, die sie als verdächtig ansahen. In ihrem Bericht mit dem Datum des 23. Juli 1946 verlangten die Fahnder dokumentarische Beweise für Schultes gegen die Nazis gerichtete Tätigkeit sowie darüber hinaus eine Einvernahme Schultes über seine Korrespondenz und seine Kontakte mit NS-Behörden.

Mittlerweile versuchte Schulte in Zürich, seine Verpflichtungen gegenüber seinen Schweizer Bankiers mit denjenigen gegenüber seinen amerikanischen Partnern in Einklang zu bringen und eine starke Position für Entschädigungsforderungen gegenüber der polnischen Regierung aufzubauen. Die Polen, die den Großteil des Giesche-Eigentums verstaatlicht hatten, waren eher geneigt, Schweizer Investoren zu entschädigen als die amerikanische Regierung. Schulte mußte den ganzen komplizierten Sachverhalt gegenüber Anaconda-Direktoren darlegen und eine gemeinsame Position ausarbeiten, die der amerikanischen Regierung dargelegt werden konnte.

Am 7. Oktober beantragte er beim amerikanischen Konsulat in Zürich ein Besuchervisum für zwei Monate. Die übervorsichtigen Konsulatsbeamten kabelten nach Washington, wo die Visa-Abteilung ihrerseits einen Bericht über den Fall Schulte anforderte. Schultes Antrag wurde der amerikanischen Botschaft in Bern zugeleitet, wo Deutsche aller Art als verdächtig galten. Die Botschaft stellte neue Erkundigungen an. Ein Vertreter der polnischen Exilregierung in der Schweiz unterstützte Schulte, aber einer der Nachfolger von Allen Dulles in der Schweiz, der mit der ganzen Angelegenheit nicht vertraut war, gab ihm nur eine lauwarme Empfehlung.

Das Büro des Politischen Beraters für Deutschland setzte sich daraufhin mit der amerikanischen Botschaft in Bern in Verbindung, um warnend darauf hinzuweisen, daß Schulte »mehreren Herren gedient« habe, ganz gleich, was er während des Krieges für die Alliierten auch getan haben mochte. Das war eine interessante Redewendung, die sich nicht einfach mit bürokratischer Idiotie erklären läßt. Ein Element der Böswilligkeit muß im Spiele gewesen sein. Irgend jemand war zu der Ansicht gelangt, daß Schultes Firma einen Beitrag zur deutschen Kriegswirtschaft geleistet hatte, und daß er persönlich zu gut dabei gefahren sei, um noch mit Wohlwollen betrachtet werden zu können. Und nun wollte er also zu einer Zeit, in der Reisegenehmigungen und Visa rar waren, in die USA fahren, offenkundig in der Absicht, seine Profite weiter zu mehren. Bern reagierte mit der Anweisung an das Generalkonsulat in Zürich, in der Sache der Visumerteilung nicht tätig zu werden.

Mittlerweile hatte Schulte mehr als ein Jahr damit verbracht, dieselben Fragen zu beantworten und dieselben Aktivitäten zu dokumentieren. Förderten die Fahnder für ihn günstige Informationen zutage, ignorierten sie sie. Sein Teilhaber bei Giesche, Lothar Siemon, erklärte gegenüber OMGUS-Beauftragten, daß Schulte es mit großem Nachdruck abgelehnt habe, der NSDAP beizutreten, und daß er viele jüdische Freunde gehabt habe.

Schultes ehemalige Sekretärin Hella Jerchel hatte am Breslauer Firmensitz viele Jahre lang regelmäßig Diktate von ihm aufgenommen. Sie erinnerte sich daran, daß er während dieser Sitzungen immer dann, wenn er von neuen Maßnahmen der Nazis hörte, aufbrauste und »schrie, daß diese Burschen Trümmerberge verursachen würden, höher und größer, als man sie bisher je in der Welt gesehen habe«.

Günter von Poseck, der in den Kriegsjahren die Geschäfte von Giesche-Polen geleitet hatte, erklärte, er habe wenige Deutsche gekannt, deren Haß auf den Nationalsozialismus so leidenschaftlich, so kompromißlos gewesen sei wie derjenige Schultes, oder die eine solche innere Überzeugungskraft an den Tag gelegt hätten. Schulte betrachtete den Nationalsozialismus als die größtmögliche Katastrophe für Deutschland und die Welt. Bedauerlicherweise fielen die Aussagen deutscher Zeugen für ihren Landsmann nicht sehr ins Gewicht.

Einen Menschen gab es, der sich in einer Position befand, von der aus er den bürokratischen Krieg erfolgreich zugunsten Schultes führen konnte. Obwohl Allen Dulles inzwischen als Privatmann in seine Anwaltskanzlei zurückgekehrt war, zögerte er nicht, den ihm verbliebenen Einfluß zu nutzen, um Schulte zu helfen. Weil er erfahren hatte, daß der Fall Schulte inzwischen das Büro von Will Clayton, Staatssekretär im US-Außenministerium, erreicht hatte, wandte Dulles sich brieflich an Clayton, mit dem er zufällig befreundet war. Er legte ihm dar, daß er kein berufliches Interesse an der Sache habe und keine Kenntnis von Schultes Geschäftsangelegenheiten besitze. Dann fuhr er fort:

> Ich möchte nur zu Protokoll geben, daß Dr. Schulte der Sache der Alliierten im Kriege unter eigener Lebensgefahr außerordentliche Dienste erwiesen und daß er während meiner beiden Jahre in der Schweiz aufs engste mit mir zusammengearbeitet hat. ... Es sind wenig genug anständige Deutsche übriggeblieben, die einen Kern bilden können, um in Deutschland etwas Besseres aufzubauen. Er war ein Anti-Nazi, als der Rest der Welt Hitler zu beschwichtigen suchte. Er blieb von Anfang bis Ende ein unversöhnlicher Feind der Nazis. Daß wir ihm das Recht verweigern, in die Vereinigten Staaten zu reisen ... ist meiner Meinung nach Zeichen einer Undankbarkeit, die sich eine große Demokratie wie die unsere nicht zuschulden kommen lassen sollte.

Allen Dulles besaß noch immer erheblichen Einfluß. Am 7. Januar 1947 erwiderte Clayton, sein Ministerium sei zu dem Schluß gelangt, daß es im nationalen Interesse liege, den Besuch Dr. Schultes in den USA zu erlauben. Am 22. Januar 1947 teilte die Visa-Abteilung Zürich telegraphisch mit, daß sie keine Einwände gegen die Erteilung eines Visums an Eduard Schulte habe. So weit und nicht weiter pflegte das Ministerium normalerweise zu gehen, denn technisch blieb die endgültige Entscheidung über Einzelanträge bei dem Konsul am Orte.

Zwei Tage später unternahm Schulte einen Schritt, den er seit langem in Erwägung gezogen hatte. OMGUS hatte ihm die Entscheidung abgenommen, als es ihm die Unbedenklichkeitserklärung für die Übernahme eines hohen Regierungsamtes verweigerte und ihn als subversiv behandelte. Er kündigte.

Aber die Schlacht um das amerikanische Visum war noch keineswegs geschlagen. Das US-Justizministerium schickte ein drei Mann starkes Team nach Berlin, dem die Entdeckung gelang, daß Schulte während des Krieges Briefe an Reichsministerien mit »Heil Hitler« unterschrieben hatte. Jeder, der auch nur über eine bescheidene Kenntnis der im Dritten Reich herrschenden Zustände verfügte, hätte den dreien sagen können, daß es keine Möglichkeit gab, diese Art von Gruß zu vermeiden, wenn man, sei es mündlich, sei es schriftlich, mit einer Institution des Staates oder der Partei zu tun hatte. Entweder kannten die Ermittler diese Grundtatsache nicht, oder sie wollten sie nicht kennen und glaubten, endlich den Beweis gefunden zu haben, den sie brauchten: Den Beweis für Schultes Nazi-Sympathien.

Es entwickelte sich nun ein langwieriges bürokratisches Hickhack. Das US-Justizministerium setzte das Außenministerium mit dem Ansinnen unter Druck, Schulte das Visum zu verweigern, und als das keinen Erfolg hatte, setzte es sich mit der Einwanderungsbehörde in Verbindung. Zwar wollte man Schulte unbedingt im Zusammenhang mit den Giesche-Prozessen verhören, aber dies sollte in Berlin geschehen und nicht in New York. In einem Stadium der Angelegenheit entdeckte ein Major Hess von der OMGUS-Geheimdienstabteilung sogar eine gefährliche Verschwörung – offensichtlich hätten einige ranghohe OMGUS-Offiziere ein Komplott mit Schulte geschmiedet. Diese Leute müsse man observieren; »heimliches Eindringen« in ihre Wohnungen sowie Telephon- und Postüberwachung wurde empfohlen.

Diese Wendung der Ereignisse in der gegen Schulte gerichteten Kampagne weckte nun aber Bedenken bei einigen hohen Offizieren des Geheimdienstes der US-Army. Eine Sache war es, einen verdächtigen Deutschen anzuklagen; hochrangige amerikanische Staatsbürger mit irgendeiner Art von Verschwörung in Zusammenhang zu bringen, war hingegen nicht nur höchst unkorrekt, es war auch politisch gefährlich. Also lehnten sie es ab, hier zu kooperieren, und das Justizministerium hatte seine Schlacht verloren. Schulte sprach dann tatsächlich elf Tage lang mit den Untersuchungsbeamten in Zürich. Das Justizministerium hatte erkannt, daß er in dem bevorstehenden Prozeß um die strittigen Ansprüche auf Giesches polnischen Besitz der entscheidende Zeuge für die Schweizer sein werde, und versuchte deshalb, sein Ansehen zu beschädigen.

Schließlich bekam Schulte sein Visum, wurde aber in New York im Februar und März 1948 erneut unter Strafandrohung verhört. Das Justizministerium versuchte noch immer zu beweisen, daß er ein Nazi gewesen sei, aber die einzigen Beweise, die man aufzutreiben vermochte, untermauerten Schultes Behauptung, daß er die NS-Regierung von Anfang an getäuscht habe. Dies war nun das Letzte, was das US-Justizministerium hören wollte.

Im Mai 1951 erhielt Schulte in seinem Hotel einen Brief von Thomas B. Stauffer. Fünf Jahre vorher hatte Stauffer Bedenken gegen eine Entnazifizierung Schultes geäußert und dafür gesorgt, daß ihm die Eignung für ein hohes Regierungsamt nicht bescheinigt wurde, aber Schulte hatte nie erfahren, was sich da eigentlich hinter den Kulissen abgespielt hatte. Jetzt war Stauffer, der in den Auswärtigen Dienst der Vereinigten Staaten eingetreten war, selbst in Schwierigkeiten. Ein ehemaliger Offizier der OMGUS-Abteilung für Arbeit hatte ihn beschuldigt, »zu weich« gegenüber Kommunisten und dem Kommunismus zu sein. Beweise für diese Behauptung gab es wirklich nicht. Kurz nach dem Kriege hatte Stauffer gesagt, er sei nicht dafür, daß die USA nun den Kampf gegen die Sowjetunion weiterführten. Aber das entsprach immerhin der erklärten amerikanischen Politik. Ein anderer Faktor mag gegen Stauffer ins Gewicht gefallen sein. Während des Krieges hatte er unter Jürgen Kuczynski im United States Strategic Bombing Survey (US-Auswertungsdienst für die Resultate des strategischen Bombardements) gedient, und nach Beendigung der Kampfhandlungen hatte Kuczynski kurze Zeit für OMGUS gearbeitet. Später wurde bekannt, daß Kuczynski ein Kommunist und seine Schwester eine führende KGB-

Agentin war. Es war die Zeit der von Senator Joseph McCarthy betriebenen Hexenjagd auf Kommunisten, und Stauffer mußte erkennen, daß seine Karriere gefährdet war. Das US-Außenministerium rief ihn überstürzt nach Washington zurück und unterzog ihn einem Verhör zur Prüfung seiner Loyalität. Stauffer mußte beweisen, daß er weder Kommunist noch Sympathisant der Kommunisten war, und Schulte gehörte zu denjenigen, an die er sich hilfesuchend wandte.

Es war eine Situation von exquisiter Ironie. Schulte war es nicht gelungen, amerikanische Offiziere in Deutschland davon zu überzeugen, daß er kein Nazi war. Jetzt spielte er in seiner Antwort an Stauffer auf seine eigenen Erlebnisse an: »Es ist nicht leicht, etwas Negatives zu beweisen, dessen ungeachtet habe ich eine Erklärung verfaßt, die, wie ich hoffe, Ihnen bei der Überwindung der Schwierigkeiten helfen wird, wenn so ein Papier überhaupt zu helfen vermag.« Schulte legte eine notariell beglaubigte eidesstattliche Erklärung bei, in der er versicherte, daß Stauffer auch vom »leisesten Anzeichen« einer Sympathie für das Sowjetsystem frei sei. Schulte schrieb, daß er Stauffer immer als einen Mann »absolut bürgerlicher Herkunft« am Anfang einer vielversprechenden Karriere im Staatsdienst gesehen habe.* Es war eine für ihn bezeichnende großzügige Geste.

Im Jahre 1960 gelangte die Regierung der Vereinigten Staaten zu einem Abkommen mit Polen über Ansprüche amerikanischer Bürger, deren Eigentum von Polen beschlagnahmt worden war. Die polnische Regierung erklärte sich bereit, für die Dauer von zwanzig Jahren jährlich zwei Millionen Dollar in Abgeltung aller amerikanischen Ansprüche, die sich insgesamt auf mehrere hundert Millionen Dollar beliefen, zu zahlen. Am Ende erreichte die Entschädigung für den Besitz der Silesian-American Corporation einen Betrag von wenigen hunderttausend Dollar pro Jahr über einen Zeitraum von zwanzig Jahren, aufgeteilt unter die Schweizer, Anaconda, Harriman und das US-Finanzministerium. Aber im Jahre 1960 war der Dienst, den Eduard Schulte den Vereinigten Staaten geleistet hatte, längst vergessen.

* Stauffer wurde später von jedem Verdacht freigesprochen, aber seine Karriere im Auswärtigen Dienst endete nicht lange nach den Anhörungen aus Gründen, die mit dieser Sache nichts zu tun hatten.

Aristoteles hat bemerkt, daß nichts so schnell altert wie der Dank. Wer sich mit Geschichte und Psychologie befaßt, dürfte ob der Behandlung, die amerikanische Beamte Eduard Schulte zuteil werden ließen, nicht besonders überrascht sein. Bürokratien geben sich oft völlig sinnlosen Tätigkeiten hin, ganz einfach deshalb, weil das in ihren Diensten stehende Personal beschäftigt werden muß. Allerdings war die Kampagne gegen Schulte mehr als sinnlos, sie grenzte an Idiotie.

Als die Washingtoner Bürokraten sich auf diese Kampagne einließen, standen sie vor äußerst dringlichen und großen Aufgaben, zum Beispiel vor der Notwendigkeit, eine neue demokratische Ordnung in Deutschland aufzubauen und ein begleitendes wirtschaftliches Hilfsprogramm zu erarbeiten. Eine große Zahl notorischer Kriegsverbrecher befand sich noch auf freiem Fuß oder war noch nicht angeklagt. Doch es gab amerikanische Beamte, die einen erheblichen Aufwand an Zeit und Arbeit trieben, um einen mutigen und überzeugten Anti-Nazi, nämlich Eduard Schulte, zu verfolgen. Die Behandlung, die Schulte nach dem Krieg zuteil wurde, sollte als ein nahezu perfektes Beispiel für eine wildgewordene Bürokratie in die Lehrbücher aufgenommen werden.

Epilog

Eduard Schulte war Mitte Fünfzig, als er 1946 in die Schweiz zurückkehrte, um dort den Rest seines Lebens zu verbringen. Anfangs schien er noch voller Ideen und Energie zu sein, und seine Entscheidung, sich in Zürich niederzulassen anstatt in Hamburg, Frankfurt oder München, muß eine Überraschung für seine Freunde gewesen sein. Wenn die Amerikaner ihn nicht wollten und wenn eine politische Karriere nicht nach seinem Geschmack war, hätte er immer noch eine bedeutende Rolle in der Privatindustrie oder im Bankwesen spielen können.* Es gab nicht viele Männer von seiner Weitsicht und Erfahrung und von seinen vorzüglichen Verbindungen. Natürlich hatte er nahezu alles, was er wußte, bei Giesche gelernt, aber ein Überwechseln zu einem anderen Industrieunternehmen wäre nicht allzu schwierig gewesen. Sein Sachverstand war ja nicht auf den Bergbau als solchem beschränkt, sondern erstreckte sich auf Geschäftsabschlüsse großen Stils, auf das Finanzwesen und auf die Führung einer großen Organisation. Er war anpassungsfähig; in mancher Beziehung war er ein Vorläufer der Gründer der modernen Großkonzerne mit ihren diversifizierten Aktivitäten. Gewiß, die Jahre des Wirtschaftswunders waren noch nicht gekommen; Deutschland war noch ein verzweifelt notleidendes Land, und die Arbeits- und Lebensbedingungen waren, gelinde gesagt, schwierig. Das jedoch hätte Schulte nicht abgeschreckt. Im Gegenteil, es hätte für ihn eine besondere Herausforderung bedeutet.

Die Gründe, aus denen er nicht in seine Heimat zurückkehrte, waren zum Teil politischer Natur. Während er noch immer viele enge Freunde

* Schultes Unternehmen, Giesche, hat das Jahr 1945 als bedeutendes Wirtschaftsunternehmen nicht überlebt. Schlesien fiel an Polen, und mit ihm der größte Teil des Giesche-Besitzes. Die Russen rissen ab, was von Giesches Zinkhütte in Magdeburg übriggeblieben war, und schafften es in die Sowjetunion.

in Deutschland hatte, gab es dort auch jene anderen, denen er ihre NS-Vergangenheit nicht verzeihen konnte. Vielleicht hätten auch sie ihm nicht verziehen, wenn sie erführen, was er getan hatte. Dann war da auch noch Doris, die Frau, die er schon aus Vorkriegszeiten kannte und die er im Jahre 1956 heiraten sollte, ein Jahr nach Claras Tod. Doris empfand keinerlei Verlangen, in Deutschland zu leben, nicht zuletzt deshalb, weil sie Jüdin war.

Schulte fiel es immer noch schwer, zur Ruhe zu kommen, und manchmal trat er praktisch ohne Vorankündigung eine Geschäftsreise an – nicht, weil seine Anwesenheit in Frankfurt oder Stuttgart absolut erforderlich war, sondern weil ihm die alte Bewegung und das energische Handeln fehlten.

Aber nach einiger Zeit wurde deutlich, daß einiges von der Dynamik der alten Tage von ihm gewichen war. Wochenlang war er glücklich und zufrieden damit, die Bilanzen in der kleinen Boutique aufzustellen, die Doris besaß. Seine alten Freunde, die ihn als Großunternehmer gekannt hatten, waren schockiert und enttäuscht. Einige machten sich auch lustig über ihn. Sollte es möglich sein, daß dieser Industriekapitän jetzt Erfüllung in den Aufgaben eines Jungbuchhalters fand? Zu anderen Zeiten sah man ihn beim Schaufensterbummel in der Bahnhofstraße oder beim Spaziergang auf der eleganten Promenade am See, die alle Welt in Zürich nur »die Goldküste« nennt. Bald war er eine vertraute Gestalt unter denjenigen, die über die von Buerkli, dem Stadtarchitekten des vorigen Jahrhunderts, entworfenen Terrassen und Kais schlenderten, den kleinen Schiffen zusehend, die emsig auf dem See hin- und herfuhren, oder die Limmat und die Altstadt von Zürich betrachtend. Diesen Teil der Stadt liebte er, die Bauten im imposanten Biedermeier-Stil, genauso wie sein geliebtes Baur-au-Lac. Manchmal nahm er die Straßenbahn, dann die Drahtseilbahn hinauf zum Dolder, wo er dann im Wald spazierenging und den Amseln zuhörte oder einem Specht. Er hatte den Anblick und den Duft des Waldes immer gemocht, auch wenn es mit der Jagd für ihn nun vorbei war.

Noch hatte er einen Schreibtisch in Jacques Rosensteins Zürcher Büro. Viele kamen dorthin und suchten seinen Rat. Er begann sich für verschiedene Projekte zu interessieren, die man ihm vortrug. Die amerikanischen Schiffe, die im Rahmen des Marshall-Plans Getreide nach Europa brachten, fuhren leer wieder zurück, und Schulte hatte die Idee, daß man sie vielleicht mit Torf beladen sollte, für den es in Amerika

Nachfrage gab. Aus dem Projekt scheint nichts geworden zu sein. Er war befaßt mit dem Bau von Kraftwerken in Südwestdeutschland und an der Saar und mit Entwürfen für einen revolutionären neuen Zigarettenfilter. Aber auch dieses letztere Projekt war alles andere als ein voller Erfolg. Schulte zeigte Interesse an der Herstellung von Kunstseide und Zellstoff und beriet die Clavels aus Basel. In einigen Fällen arbeitete er mit Arthur Burkhardt zusammen, der eine Zeitlang ein hochgeschätzter Gesellschafter von Giesche gewesen war und der dann Direktor bei der Württembergischen Metallwarenfabrik (WMF) wurde. Bei wieder anderen Gelegenheiten kooperierte er mit Finanziers aus Zürich und Basel.

Einige dieser Unternehmungen prosperierten; ein Kraftwerk, bei dessen Bau er in den frühen 60er Jahren mitwirkte, war eines der größten (220 Megawatt) und teuersten jener Zeit. Auch an der Entwicklung zweier neuer Einrichtungen im Nachkriegsdeutschland - Einkaufszentren und Motels - war er beteiligt. Andere Unternehmungen scheiterten. Die Zielstrebigkeit, die ungeheure Dynamik, die er einmal besessen hatte, sie waren nicht mehr da. Er war vorsichtig, er investierte nur einen bescheidenen Teil seines Kapitals in diese spekulativen Projekte, ganz so wie ein disziplinierter Glücksspieler, der eine gewisse Obergrenze seiner Einsätze niemals überschreitet. Schulte war reich genug und hätte komfortabel leben können, ohne auch nur einen Handschlag zu tun. Aber er brauchte es wie ein Stimulans, sich mit anderen geschäftlich auseinanderzusetzen, die Abwechslung von Geschäftsreisen und Besprechungen war für ihn eine Art Beschäftigungstherapie gegen die Langeweile.

Bei alledem war er weder verbittert noch enttäuscht. Günter Schwerin, ein junger deutsch-amerikanischer Geschäftsmann, der aus Breslau stammte und ein Enkel des Wissenschaftlers Paul Ehrlich war, sah ihn in dieser Zeit gelegentlich in Zürich. Schwerin schilderte ihn später als einen glücklichen Menschen, einen amüsanten Gesprächspartner, extrovertiert und lebensfroh. Ein anderer alter Freund, der ihn von Zeit zu Zeit in geschäftlichen Angelegenheiten aufsuchte, war Gottfried Treviranus, der 1930 Minister im Kabinett Brüning gewesen war; wie Schulte hatte er aus dem Deutschland der Nazis fliehen müssen.

Hatte er Angst vor einer Rückkehr nach Deutschland, fürchtete er, daß man ihm seine Tätigkeit für die Alliierten vorhalten werde? Wahrscheinlich ist ihm der Gedanke durch den Kopf gegangen, aber ein entscheidender Faktor kann das nicht gewesen sein; schließlich war Giesches Rechtsberater in der Nachkriegsperiode Paul Leverkühn, der im Zweiten Weltkrieg der prominenteste Abwehrmann war, der zu den Amerikanern überlief.

Schulte beschäftigte sich auch geraume Zeit nach seinem siebzigsten Geburtstag noch mit verschiedenen geschäftlichen Projekten; dann erklärte er in einem Brief an seinen Sohn Ruprecht, daß er sich allmählich aus dem Berufsleben zurückziehen werde.

Schultes erste Ehe war zu Ende gegangen, als er nach dem Ende des Krieges beschloß, nach Berlin zurückzukehren. Clara entschied sich 1946 für die Rückkehr nach Deutschland, anstatt in Zürich zu bleiben. Sie hatte seit langer Zeit sehr zurückgezogen gelebt. Nach dem Tod ihres älteren Sohnes hatten ihre Depressionen zugenommen, ihre Abhängigkeit von Schlaftabletten und anderen Drogen war stärker geworden. Nach Deutschland zurückgekehrt, ging sie zuerst nach München und lebte später bei der Familie eines Breslauer Arztes, Dr. Nissen. Sie wußte von dem Verhältnis ihres Mannes mit Doris, aber das war vermutlich nicht der entscheidende Grund, der sie zu der Überzeugung gelangen ließ, daß ihre Wege sich trennen müßten. Es gab keine abschließende Auseinandersetzung, keine Szenen, keine bitteren Vorwürfe. Hier waren zwei Menschen sehr unterschiedlichen Charakters, deren Bindungen sich im Laufe der Jahre gelöst hatten. Schulte kümmerte sich um Claras finanzielle Angelegenheiten bis zu ihrem Tod im November 1955.

Ohne seine Familie und seine Freunde zu benachrichtigen, heiratete Schulte Doris im Jahre 1956. Sie bezogen eine Wohnung in der Zürcher Alfred-Escher-Straße, nicht weit vom See und seiner Lieblingspromenade entfernt; hier sollte er das letzte Jahrzehnt seines Lebens verbringen.* Ruprecht war nach seinem Abschluß am Zürcher Polytechnikum im Jahre 1950 in die Vereinigten Staaten gegangen. Wenige Monate nach Kriegsende hatte er Hazel kennengelernt, eine junge Amerikanerin, die

* Alfred Escher war der größte Unternehmer in der Geschichte Zürichs. Ein Denkmal vor dem Hauptbahnhof erinnert an ihn. Es gibt einige interessante Parallelen zwischen ihm und Schulte. Eschers Leistungen waren beachtlich. Er gründete eine der größten Schweizer Banken, und mehr als irgendeinem anderen war es ihm zu danken, daß der St. Gotthard-Tunnel gebaut werden konnte. Aber infolge politischer Auseinandersetzungen mit seinen Mitbürgern fand er sich am Ende seines Lebens aller bedeutsamen politischen Posten enthoben, und als der St. Gotthard-Tunnel eröffnet wurde, lud man ihn nicht einmal zu den Feierlichkeiten ein.

aus Connecticut stammte und am US-Generalkonsulat in Zürich arbeitete. Nach kurzer Verlobungszeit heirateten sie. Die beiden ersten Enkelkinder Schultes wurden in Zürich geboren. Aber nachdem Ruprecht 1950 mit Hazel nach Amerika ausgewandert war, sollte er seine Enkelkinder nicht wiedersehen.

Schultes Leben in Zürich folgte einem genau festgelegten Plan, zu dem auch die täglichen Spaziergänge gehörten. Erst nach seinem einundsiebzigsten Geburtstag im Jahre 1962 begann er ernstlich, ein langsameres Tempo einzuschlagen. Das Gehen fiel ihm schwerer, und er klagte häufiger über seine Gesundheit, was er früher nur selten getan hatte. Doris überredete ihn, in Flims, Tarasp und ähnlichen Kurorten Ferien zu machen. Er begleitete sie ohne Begeisterung; er hatte die Trägheit eines Aufenthalts in einem Kurort nie gemocht. Im Sommer 1965 kam Ruprecht zu Besuch; es war die erste Begegnung zwischen Vater und Sohn seit fünfzehn Jahren. Eduard unternahm jetzt keine Spaziergänge mehr. Statt dessen erörterte er mit den örtlichen Honoratioren Probleme des Hotel-Managements und bot ihnen gratis seinen Rat an.

Seit einiger Zeit litt er unter Magenschmerzen. Bei einer explorativen Operation im Jahre 1965 stellten die Ärzte einen inoperablen Magenkrebs fest. Schulte starb in Zürich im Januar 1966, zwei Tage nach seinem fünfundsiebzigsten Geburtstag. Am 10. Januar fand im Zürcher Krematorium eine kurze, private Trauerfeier statt. Eine kleine Trauergemeinde war einige Tage später anwesend, als er in Düsseldorf im Familiengrab beigesetzt wurde. Die Sonne schien, und es wehte ein eiskalter Wind, als seine engsten Verwandten und Freunde kamen, um ihm die letzte Ehre zu erweisen. In der Zeitung stand eine kurze Todesanzeige. Für die Medien war Schulte kein wichtiger Mann gewesen. Seine Witwe erhielt Kondolenzbriefe von Sagalowitz und Riegner, in denen seines Eintretens für Freiheit und Humanität gedacht und der große Mut hervorgehoben wurde, den er gezeigt hatte. Und das war alles. Es kam kein Wort von den alliierten Regierungen oder von Bonn, es kamen keine Kränze von den Schweizern oder von jüdischen Organisationen. Nur eine Handvoll Menschen hatte jemals etwas von Schultes Taten im Kriege gehört. Einige von ihnen waren gestorben, andere hatten vergessen oder waren nicht mehr in einflußreichen Ämtern. Schulte hatte ja auch nie den geringsten Wert darauf gelegt, daß man viel Aufhebens machte von dem, was er getan hatte.

Zwanzig Jahre sind seit dem Tode Eduard Schultes vergangen und mehr als vierzig seit dem Ende des Zweiten Weltkrieges. Für neue Generationen gehören der Nationalsozialismus und der Krieg der fernen Vergangenheit an, auch wenn sie immer wieder Gegenstand von Büchern, Filmen und Fernsehprogrammen sind – ein geheimnisvolles Thema von schrecklicher Faszinationskraft.

Zürich, wo Schulte die letzten beiden Jahrzehnte seines Lebens verbrachte, ist noch immer halb Dorf, halb Metropole. Die Bahnhofstraße ist noch die gleiche; dort wechseln Geschäfte nur selten den Besitzer. Die Bankmanager klagen über uneinbringliche Außenstände und die weltpolitische Lage im allgemeinen, aber es besteht Grund zu der Annahme, daß es ihnen mindestens so gut geht wie früher. Das Baur-au-Lac sieht so elegant aus wie eh und je. An sonnigen Nachmittagen kann man viele Paare sehen, die auf dem Rasen vor dem Hotel ihren Tee trinken. Der Chefportier ist ständig damit beschäftigt, die Neuankömmlinge zu begrüßen, und seine Uniform ist unverändert geblieben seit den Tagen, da er Schulte begrüßte.

Dieselben Statuen stehen an der Seeufer-Promenade, und noch immer gibt es Boote auf dem See, Berge in der Ferne und Möwen, die über der Limmat kreisen. Die Zeit scheint stehengeblieben zu sein, seit Eduard Schulte hier spazierenging.

Zürich ist keine Insel des Friedens mehr in einer Welt des Krieges. In Europa herrscht seit mehr aufeinanderfolgenden Jahrzehnten als jemals zuvor in seiner leidvollen Geschichte Frieden. Konflikte zwischen den Regierungen entzünden sich heute an Käsepreisen und Stahlquoten. Die Grenzen, die einst so scharf bewacht wurden, existieren kaum noch. Ungeduldig winken Zollbeamte und Grenzpolizisten die Reisenden durch die Kontrollen. Sie haben Besseres zu tun, als sich für deren Pässe zu interessieren.

Zwei neue deutsche Staaten sind entstanden und zwei neue Gesellschaftsordnungen. Sie sind so grundverschieden vom Nazi-Regime, daß Deutsche, die die finstere Ära nicht durchlebt haben, es als äußerst schwierig empfinden, die Ereignisse zu begreifen, die sich in den dreißiger und vierziger Jahren in ihrem Lande abgespielt haben. Europa ist nicht mehr das politische und kulturelle Zentrum der Welt. Es hat sich auf beinahe wunderbare Weise von den Verwüstungen des Krieges erholt, aber der politische Schwerpunkt dieser Welt hat sich woanders hin verlagert.

Die Juden sind aus Deutschland verschwunden, abgesehen von wenigen tausend, die nach dem Krieg zurückgekehrt sind. Das gleiche gilt für Polen, die Tschechoslowakei, für Österreich, Ungarn und die meisten anderen europäischen Länder mit Ausnahme Frankreichs und Großbritanniens. In Auschwitz, Dachau und Bergen-Belsen gibt es jetzt Museen. Historiker debattieren darüber, warum Schultes Botschaft ignoriert wurde und wie viele Juden hätten gerettet werden können, wenn irgend jemand dieser Botschaft seine Aufmerksamkeit zugewendet hätte. Die Stumpfheit und Gleichgültigkeit von 1942 bleiben ein Rätsel trotz aller politischen und psychologischen Erklärungen.

Kattowitz und Breslau, jetzt Katowice und Wroclaw, sind wiederaufgebaut. Breslau, die Stadt, in der Schulte viele Jahre lang residierte, ist jetzt ebenso wie Kattowitz eine rein polnische Stadt. Die Kohlen- und Zinkgruben, die einst Giesche gehörten, arbeiten noch immer. Es herrscht sogar erhebliche Nachfrage nach der dort geförderten Kohle, denn sie zeichnet sich durch einen geringen Schwefelgehalt aus. Die neuen Chefs haben erhebliche Probleme mit ihren Arbeitern. Katowice und Wroclaw sind Hochburgen der verbotenen Solidarität, der polnischen freien Gewerkschaft. Die Arbeiter in den früheren Giesche-Werken haben ihre Unzufriedenheit auf verschiedene Weise deutlich gemacht, sogar durch einen Streik.

Schultes Haus in dem vornehmen südlichen Vorort von Breslau existiert nicht mehr. Der ganze südliche Teil der Stadt war in den Kämpfen der letzten Kriegswochen zerstört worden. Einst ein Name von Geltung, ist Giesche heute ein Begriff, an den sich nur noch einige pensionierte Direktoren erinnern. Von dem einstigen Imperium ist nur eine kleine Fabrik irgendwo in Westdeutschland geblieben, die Fensterrahmen herstellt. Wie die meisten großen deutschen Unternehmen, die es vor 1945 im Osten gegeben hatte, schaffte Giesche nach 1945 den Übergang nicht; die Verluste, die der Konzern erlitten hatte, waren zu groß.

Vor kurzem, an einem bitterkalten, grauen Januartag, sind wir auf den Spuren Eduard Schultes nach Ost-Berlin gegangen. In der Georgenstraße hielten wir Ausschau nach dem Coburger Hof, jenem Hotel, das viele Jahre lang Schultes Berliner Hauptquartier gewesen war. Aber es waren keine alten Bauten übriggeblieben, wenn man von der einen oder anderen Ruine absah. Nur wenige neue Häuser sind seit dem Krieg dort gebaut worden. Passanten machten erstaunte Gesichter; was gab es denn in dieser unbedeutenden Straße zu photographieren?

Die Friedrichstraße ist verbreitert worden, und ein Schild informierte uns, daß Friedrich Engels dort in den Jahren 1841 und 1842 gelebt habe, als er seinen Militärdienst ableistete. Wir passierten das Haus der (Ost-) Berliner Journalisten und das »Presse Café« und bogen in die Straße Unter den Linden ein, wo neue Linden in Viererreihen gepflanzt worden sind. Es wird lange dauern, bis sie die Größe der alten Bäume erreicht haben. Das Gebäude der früheren Deutschen Bank, wo Schulte viele Stunden im Bemühen um Kredit verbracht hatte, beherbergt heute das ostdeutsche Innenministerium. Das berühmte Zeughaus dient jetzt als Museum für deutsche Geschichte. Die Staatsoper spielt wieder, und sogar das Operncafé ist wiederauferstanden. Es gibt dort ein interessantes Ensemble von Denkmälern – Sophokles und Aristophanes vor der Oper, Gneisenau und Yorck, die Helden der Befreiungskriege von 1813, vor dem Café: Wer vieles bringt, wird manchem etwas bringen, wie der Theaterdirektor im Vorspiel in Goethes Faust sagt.

Düster und wuchtig liegt die sowjetische Botschaft da mit ihren verschiedenen Ablegern wie Intourist, Aeroflot und der Nachrichtenagentur Nowosti. Das Brandenburger Tor, fünfundsechzig Meter breit, ist wieder zu einer großen Touristenattraktion geworden. Jahrelang galt es als Symbol des preußischen Militarismus, aber neuerdings haben die Ostdeutschen entdeckt, daß diejenigen, die es im späten achtzehnten Jahrhundert erbauten, es als Mahnmal für den Frieden verstanden wissen wollten. Und es ist allerdings eine Tatsache, daß die berühmte Quadriga auf dem Tor den Wagen der Friedensgöttin darstellt.

Ist der Friede gekommen? In der Bendlerstraße, dem ehemaligen Reichskriegsministerium und Oberkommando der Wehrmacht, wo Schultes Vetter Hermann von der Abwehr einst arbeitete, wird jetzt Parfum hergestellt, wenn auch nicht von der allerhöchsten Qualität. Es fällt schwer, sich vorzustellen, daß sich hier einst das Herz einer der größten und wichtigsten Städte der Welt befand, daß sich Menschenmassen zu fast jeder Stunde des Tages und der Nacht in diesen Straßen drängten.

Der Anhalter Bahnhof befindet sich knapp innerhalb des Westsektors der Stadt, aber hier ist seit Jahrzehnten kein Zug mehr angekommen oder abgefahren; Gras und Sträucher wachsen auf den Gleisen, Vogelnester gibt es in den Ruinen, und das Ganze ist eine ländliche Idylle inmitten der Großstadt. Vom Anhalter Bahnhof aus hatte Schulte Berlin im Dezember 1943 verlassen, der Gestapo nur wenige Schritte voraus.

Ganz in der Nähe lag die Reichskanzlei, wo Hitler in seinem berühmten Bunker im April 1945 Selbstmord beging. Vergeblich hält der Besucher Ausschau nach diesem Bunker. Man hat ihn nicht einmal als Touristenattraktion erhalten. Jede Spur von ihm hat man getilgt.

Deutschland geht es jetzt besser als jemals zuvor, aber noch immer wird, wie Schulte es einst vorausgesehen hatte, ein furchtbarer Preis für die wahnsinnige Politik der Nazis gezahlt. Die Ostgebiete sind verloren, eintausend Jahre deutscher Geschichte sind zunichte gemacht, und was vom Lande geblieben ist, das wurde in zwei Teile geteilt. Wird man diese Teilung jemals überwinden? Vielleicht, aber bestimmt nicht in der absehbaren Zukunft.

Es war leicht, die physischen Überreste der Nazi- Herrschaft zu beseitigen, viel schwieriger aber war es, sich mit einigen der indirekten, weniger greifbaren Konsequenzen jener Ära auseinanderzusetzen. Das Land mußte entnazifiziert werden. Es gab keine Präzedenzfälle in der Geschichte für einen Vorgang dieser Art, und vielleicht war es nicht überraschend, daß die Politik der Alliierten inkonsequent und oft auch ineffektiv war. Als die Entnazifizierung abgeschlossen war, blieben noch viele Probleme, die mit dem Dritten Reich in Beziehung standen; manche waren moralischer oder politischer, andere finanzieller oder administrativer Natur. Sollten ehemalige Nazis Pensionen vom Staat bekommen, wie sie Beamten gemäß Paragraph 131 des Grundgesetzes garantiert waren? Was sollte mit dem Eigentum führender Nationalsozialisten geschehen? Waren diejenigen Nazis, die ihre Habe ganz oder teilweise infolge des Krieges verloren hatten, berechtigt, Lastenausgleich zu erhalten?

Gesetze, die für alle gelten müssen, können dem speziellen Einzelfall niemals gerecht werden. Die deutschen Gerichte versuchten in den meisten Fällen, eine gerechte Lösung zu finden. Manchmal war ihre Objektivität ein wenig suspekt, und in anderen Fällen waren ihre Entscheidungen ungerecht. Nach dem Gesetz war jeder, der am 8. Mai 1945 Beamter war, pensionsberechtigt; das galt auch für seine Erben. Aber das bedeutete, daß auch Gestapo-Beamte pensionsberechtigt waren. Es wurde dann hastig beschlossen, bei ihnen eine Ausnahme zu machen. Aber die Witwe Reinhard Heydrichs, des Mannes, der an der Spitze des Reichssicherheitshauptamtes gestanden hatte und damit Chef der Gestapo gewesen war, konnte ihren Anspruch durchsetzen.

Diejenigen, die das Glück gehabt hatten, rechtzeitig von der Gestapo weg auf einen anderen, weniger notorischen Posten versetzt zu werden, konnten sich ihren Dienst bei der Gestapo auf ihre Dienstjahre anrechnen lassen - »wenn sie sich korrekt verhalten hatten«. Wie stellte man es an, sich im Dienste der Gestapo korrekt zu verhalten? Die westdeutsche Legislative gab hier den Gerichten keine klaren Richtlinien an die Hand. Einige führende Nazis oder ihre Witwen (wie zum Beispiel Emmy Göring) bekamen eine Pension.

Einige Anti-Nazis, die verhaftet worden waren, weil sie aktiv gegen Hitler opponiert hatten, erhielten nichts, aber Staatssektretäre oder Generale, die Hitler bis zum bitteren Ende blind gehorcht hatten, bekamen eine stattliche Pension. Es war keineswegs so, daß die Richter im Nachkriegsdeutschland die Anti-Nazis bestrafen und Hitlers Anhänger belohnen wollten - allerdings gab es auch einige Fälle dieser Art -, vielmehr verhielt es sich so, daß hier Recht gesprochen wurde von einer Bürokratie, die einfach die Tatsache übersah, daß in Deutschland etwas Außergewöhnliches stattgefunden hatte, etwas, für das es keinen Präzedenzfall gab; daß eine Situation bestanden hatte, in der Gehorsam gegenüber der Obrigkeit und blinde Pflichterfüllung aufhörten, Tugenden zu sein.

Im Dezember 1970 beantragten Ruprecht und Doris Schulte gewisse Leistungen aufgrund geltender Regelungen in ihrer Eigenschaft als Erben einer Person, die in den verlorenen Ostgebieten Verluste erlitten hatte. Ihr Antrag machte eine Überprüfung der Tätigkeit Schultes im Kriege erforderlich. Der Spruch des Gerichts ist nicht wegen seiner juristischen Qualität interessant, sondern wegen seiner politischen Argumentation. Das Gericht erklärte, daß Eduard Schulte durch die Weitergabe von Informationen an die Alliierten eine Straftat begangen habe, die »nach dem Gesetz jedes Landes strafbar ist«. Darüber hinaus bedeute eine solche Handlungsweise in keiner Hinsicht Widerstand gegen das Nazi-Regime. Selbst wenn das Motiv für Schultes Agententätigkeit Gegnerschaft zum Nationalsozialismus gewesen wäre, hätte es sich nicht um eine politische Tat gehandelt. Nur eine solche Tat aber könne als Opposition gegenüber dem Nationalsozialismus gewertet werden. Schultes Flucht im Jahre 1943 sei deshalb keine politisch motivierte Flucht gewesen, sondern die Tat eines Agenten, der sich der Verhaftung und Bestrafung habe entziehen wollen.

Die Richter äußerten sich indigniert über Schultes Handlungsweise, die, wie sie sagten, zu einer Kriegsfolge - der Vertreibung von Deutschen aus Ostdeutschland – beigetragen und somit Schaden für diese Deutschen verursacht habe. Schulte habe strafbare Handlungen begangen und sich einer Bestrafung erfolgreich entzogen; seine Erben könnten deshalb gewiß keine Leistungen nach dem Gesetz beanspruchen. Der Antrag wurde abgelehnt.

Wie schwer fällt es doch bis in die jüngste Zeit hinein vielen Deutschen, sich mit der Vergangenheit ihres Landes auseinanderzusetzen! Für manche ist die Handlungsweise eines Mannes wie Schulte bis zum heutigen Tage ein Problem. Ein Mann, der sein Leben aufs Spiel gesetzt hat, um Hitlers Opfer zu warnen, wird von manchen Leuten als ein Verbrecher angesehen, als ein Landesverräter, der einen Teil der Schuld an der Vertreibung der Deutschen aus den von Polen besetzten Gebieten zu tragen hat. Die Antwort auf Beschuldigungen dieser Art liegt auf der Hand. Hätte es mehr Menschen wie Schulte gegeben, hätten mehr einen solchen Mut aufgebracht, dann hätte es keinen Krieg gegeben, oder er wäre sehr viel kürzer gewesen. Dann hätte es auch keine Vertreibung von Deutschen aus dem Osten gegeben, und Breslau, Stettin und Königsberg wären noch heute deutsche Städte.

Unter den wenigen Dokumenten in Schultes Nachlaß fand sich die Kopie eines Artikels, der am 20. November 1952 in der *Deutschen Juristenzeitung* erschienen war, dem wichtigsten Organ dieses Berufsstandes in Deutschland. Er befaßte sich mit den Männern und Frauen des deutschen Widerstandes: Handelte es sich bei ihnen um Helden oder um Verräter? Anlaß des Artikels war der Prozeß gegen einen ehemaligen Major namens Otto Remer, der die Männer des 20. Juli 1944 öffentlich als Verbrecher und Verräter angegriffen hatte. Er wurde der Verleumdung angeklagt.

Remer war im Jahre 1944 Chef eines Wachbataillons in Berlin gewesen und befand sich damit auf einem strategisch wichtigen Posten. Einige entscheidende Minuten lang spielte er eine Rolle von historischer Bedeutung. Bald nach dem gescheiterten Anschlag auf Hitlers Leben hatte Goebbels diesen Remer aufgefordert, die Führer der Verschwörung zu verhaften. Er gehorchte dem Reichsminister für Volksaufklärung und Propaganda, nicht aber seinen eigenen Vorgesetzten, die an der Verschwörung beteiligt waren. Major Remer trug auf diese Weise dazu bei, den Krieg um fast ein Jahr zu verlängern; für diesen Dienst machte Hitler ihn zum Generalmajor. Die mittelbare Folge seines Handelns waren der Tod weiterer Hunderttausender von Deutschen und weitere unermeßliche Verwüstungen. Nach dem Krieg wurde Remer Führer einer Neo-Nazi-Partei. Später tauchte er in einem arabischen Land unter. Anfang der achtziger Jahre erschien er wieder in der Bundesrepublik, dieses Mal als Fürsprecher eines deutschen Bündnisses mit der Sowjetunion.

Der juristische Kommentator interessierte sich weniger für Major Remer als für die Braunschweiger Richter, die das Urteil über ihn sprachen. Remers Anwälte hatten argumentiert, daß zwar die Männer des 20. Juli 1944 keine Verbrecher gewesen seien, daß sich aber die wenigen unter ihnen, die Kontakt zum Feind unterhalten hatten, gewiß eines Verbrechens schuldig gemacht hätten. Dieses Argument wurde zum Teil vom Gericht akzeptiert. Der juristische Kommentator merkte mit Recht an, daß die Einstellung des Gerichts gefährlich sei, denn sie wecke Zweifel an der Legitimität der demokratischen Ordnung, die auf den Trümmern des Dritten Reiches errichtet worden sei.

Das war natürlich keine Sache, über die ein Gericht zu befinden hatte. Richter befassen sich mit Fragen des Gesetzes, während der Versuch, das Nazi-Regime zu stürzen, keine juristische, sondern eine politische Angelegenheit und damit jenseits der Kompetenz von Juristen angesiedelt war. Die Braunschweiger Richter waren keine Neo-Nazis, ebensowenig wie jene anderen, die 1970 in Berlin das Urteil über die Entschädigungsforderung der Schultes fällten. Es fiel ihnen einfach nur schwer, anzuerkennen, daß Männer wie Schulte als wahre Patrioten gehandelt hatten, während jene anderen, die gehorsam den NS-Führern gefolgt waren, ihr Land verraten hatten. Sie konnten nicht zugeben, daß die große Mehrheit im Unrecht gewesen war, daß der Tod so vieler Väter, Brüder und Söhne vergeblich gewesen war. Es fällt über alle Maßen schwer, zu akzeptieren, daß das höchste Opfer von Millionen unnötig gewesen sein könnte - oder schlimmer noch, daß es im Dienste einer schlechten Sache dargebracht worden sei.

Was hätte ein junger Deutscher im Jahre 1940 tun können und sollen - jemand wie, zum Beispiel, Wolfgang Schulte? Er war kein Fanatiker, kein Mitglied der NSDAP, nicht sonderlich gut informiert - dafür sorgte schon die NS-Propaganda. Seine Träume handelten nicht von einem Deutschland, das den europäischen Kontinent beherrscht, nicht von der Ausrottung minderwertiger Rassen. Er wäre entsetzt gewesen, hätte er die volle Wahrheit gekannt. Er tat einfach nur seine Pflicht, er führte

Befehle aus, wie es Sache der Soldaten ist. Seine Träume handelten von seiner persönlichen Zukunft, von seiner Freundin, von Reisen ins Ausland, vielleicht davon, an einem Sonntagnachmittag einen Fluß hinabzurudern. Er kämpfte, weil alle anderen es auch taten, weil man seine Kameraden nicht im Stich lassen konnte. Hätte er sich kampflos ergeben sollen? Das wäre feige gewesen, und überdies ist es nicht immer leicht, sich zu ergeben. Mit anderen Worten, die jungen Deutschen saßen in einer Falle.

Es ist nicht schwer, mildernde Umstände für diese Generation zu finden. Schwieriger ist es, eine Entschuldigung für die Älteren, die Erfahreneren zu finden, für die deutsche Elite, die Generale und die Diplomaten, die Führer der Wirtschaft und des kulturellen Lebens. Sie leisteten keinen Widerstand, als Widerstand noch eine Chance hatte.

Selbst dem deutschen Widerstand ist es zum größten Teil nicht gelungen, die Situation richtig zu erfassen. Die meisten seiner Mitglieder waren vollauf damit beschäftigt, über die Zukunft Deutschlands nach den Nazis zu diskutieren. Nur wenige packten, wie Oster oder Stauffenberg, die grundlegende Frage an, wie man den Diktator und seine Spießgesellen beseitigen könne. Die Menschen im Widerstand spürten eine Verantwortung gegenüber Europa, gegenüber der Menschheit und gegenüber den universellen menschlichen Werten. Aber bei zu vielen von ihnen kollidierte dieses Verantwortungsbewußtsein mit einer Abneigung gegen »Verrat« und gegen die Vorstellung, Deutschland zu schaden. Wir irgend jemand Deutschland mehr hätte schaden können, als Hitler es tat, kann man sich nur schwer vorstellen. Aber selbst im deutschen Widerstand gab es eine Art Ehrenkodex, in dem die Treue zu Deutschland eine wichtige Rolle spielte. Das war natürlich ganz fehl am Platze in einer Situation, in der man es mit Gangstern zu tun hatte. Von einigen wenigen abgesehen, begriffen die Männer und Frauen des deutschen Widerstands nicht, daß sie in ihrem Kampf gegen eine skrupellose Tyrannei das Recht hatten, jedes ihnen zur Verfügung stehende Mittel anzuwenden. Schulte gehörte zu den wenigen, die sahen, daß es nur mit Hilfe von außen eine Chance gab, Hitler zu stürzen, und daß eine Zusammenarbeit mit den Alliierten möglicherweise ästhetische oder psychologische Probleme aufwerfen könnte, daß dadurch aber ganz gewiß kein moralisches Dilemma entstünde.

Einige wenige Hauptfiguren in der Geschichte des Dr. Eduard Schulte leben noch. Doris, Schultes zweite Frau, lebt in einem Hotel auf dem Zürichberg; sie verläßt ihr Zimmer heute nur noch selten. Ruprecht Schulte hat jetzt das Ruhestandsalter erreicht, und vor kurzem hat er einen alten Traum verwirklicht - ein Haus nach seinen eigenen Plänen in einem der malerischsten Städtchen in den Bergen Südkaliforniens zu bauen. Seine Kinder und Enkel (Eduard Schultes Urenkel) leben über die ganze englischsprechende Welt verstreut - von Alaska bis zu einer Farm in der englischen Grafschaft Shropshire. In einer reizenden Kleinstadt Westfalens lebt Schultes jüngerer Bruder, Oskar; zufällig ist es die Stadt, in der Gisevius geboren wurde. Er ist nun schon in den Neunzigern, aber er spricht mit großer Zuneigung von seinem älteren Bruder, dem er sich immer sehr nahe gefühlt hat. Er kann sich noch an viele Einzelheiten des Lebens in ihrem Düsseldorfer Elternhaus erinnern, an gemeinsame Freuden und Leiden der Kindheit und der späteren Jahre. Er war der Oberförster dieser Gegend, und dieser lebensfrohe alte Mann sorgt sich um das traurige Schicksal der deutschen Wälder ebensosehr wie die deutschen Umweltschützer, von denen die meisten viele Jahrzehnte jünger sind als er.

Wenn er nicht gerade auf Reisen ist, kann man Gerhart Riegner noch immer in seinem Genfer Büro antreffen, wo er an seinen Erinnerungen arbeitet. Er lebt offiziell im Ruhestand, ist aber in Wirklichkeit so beschäftigt wie eh und je. Sagalowitz, Rosenstein, Koppelmann sowie die meisten deutschen Industriellen und Generale der Generation Schultes sind schon lange tot. Einer seiner engsten Mitarbeiter, Dr. Albrecht Jung, vormals Giesche-Justitiar, hat sich in Bad Homburg, nicht weit von Frankfurt, niedergelassen. Wir haben Dr. Arthur Burkhardt, der einmal bekannt gewesen war als Deutschlands »Zinkpapst«, eine Zeitlang Schultes engster Mitarbeiter, in seiner Wohnung in einem schönen Stuttgarter Vorort besucht. Beide Herren erinnern sich gut an Schulte und sprechen voller Bewunderung von ihm. Wir sprachen mit Dr. Alfred Schaefer, der einer der wichtigsten Schweizer Kontakte Schultes war, in seinem Haus am Ufer des Zürichsees. Nicht weit von ihm lebt in einem schönen Anwesen Dr. Messner, der Schweizer Industrielle und Metallurge, der dabei geholfen hat, das Schulte-Geheimnis zu lüften. Dr. Eduard Waetjen, der Schulte rettete, indem er ihn telephonisch warnte, lebt in einem Haus an den Hängen des Monte Verita im schweizerischen Ascona, nicht weit von der italienischen Grenze. Ascona, einst ein malerisches, verträumtes Fischerdorf, hat sich sehr verändert; es gleicht jetzt St. Tropez oder Monte Carlo. Im Krieg hatte Waetjen als einen Akt geistiger Hygiene Homer übersetzt. Er arbeitet jetzt an einem Buch über Heraklit, den alten griechischen Philosophen.

Die letzten Tage des Breslauer Gauleiters Hanke liegen im Dunkeln. Die Festung Breslau war die einzige bedeutende deutsche Stadt, die nicht vor dem 8. Mai 1945, dem »V-E Day« der Alliierten, kapitulierte. Wenige Tage vorher requirierte Hanke den persönlichen Hubschrauber des Generals, der die Verteidiger Breslaus befehligte, und verschwand. Einige behaupten, er sei von tschechischen Partisanen getötet worden, als er sich auf dem Wege zu einer der wenigen noch intakten deutschen Armeegruppen befand. Aber es ist auch möglich, daß er seine Tage unter einer angenommenen Identität irgendwo beschlossen hat, vielleicht in Paraguay oder Bolivien. Fest steht, daß er bis zuletzt Hitlers Lob entsprechend gelebt hat – »der allerbeste unserer Gauleiter«.

Hankes Freund Otto Fitzner, zugleich Schultes enger Kollege und politischer Antipode, wurde bei Kriegsende von den Polen gefangen. Sie erinnerten sich an die Rolle, die er während der Besatzungszeit gespielt hatte, und schickten ihn zur Arbeit in eine Kohlengrube. Das hat ihm wahrscheinlich weniger ausgemacht – es war schließlich der Beruf, den er sich erwählt hatte – als die Tatsache, daß die von ihm verachteten Polen jetzt die Herren waren. Er konnte sich mit der neuen Situation nicht abfinden, nannte die neuen Herren »Schweine« und wurde dafür von ihnen in einer der Gruben totgeschlagen. Hermann Schulte, Eduards Vetter, enger Freund und wichtiger Informant, wurde nach dem Krieg von den Alliierten verhaftet, aber nach wenigen Monaten wieder entlassen. Vor nicht langer Zeit ist er in seinen Neunzigern in Düsseldorf gestorben.

Soviel also über das Schicksal derjenigen, die im einen oder anderen Stadium am Fall Eduard Schulte beteiligt waren. Was aber gibt es über die tiefergehenden Fragen wie Treue, Verrat und Zivilcourage zu sagen? Über sie wird man natürlich noch diskutieren, wenn die letzte der in dieser Geschichte agierenden Personen schon lange gestorben ist. Eduard Schulte war kein Mann aus dem Holze, aus dem man Heilige schnitzt. In seinen Stärken und in seinen Schwächen war er nur allzu menschlich. Er war ein genialer Geschäftsmann und Manager, aber das alleine wäre schwerlich ein ausreichender Grund gewesen, die Geschichte seines Lebens zu erzählen, denn solche Talente erscheinen zu jeder Zeit und an jedem Ort. Er aber besaß jenen einsamen Mut, der zu jeder Zeit selten ist, jene Tapferkeit, der zuvörderst die Völker ein Denkmal setzen sollten.

Nachwort

Teil I von Walter Laqueur

Warum ist die Rolle, welche Eduard Schulte gespielt hat, nicht schon früher erkannt worden? Und wie ist man ihr schließlich doch auf die Spur gekommen? Obwohl Schultes Identität viele Jahre lang eines der am besten gehüteten Geheimnisse des Zweiten Weltkrieges blieb, wurden gewisse Einzelheiten der Öffentlichkeit bereits zugänglich, als Schulte noch in Deutschland war. Die *Congress Weekly*, eine Zeitschrift des Amerikanischen Jüdischen Kongresses, berichtete in ihrer Ausgabe am 4. Dezember 1942, daß die Information über den Massenmord an den Juden von einem Deutschen mit hervorragenden Verbindungen zur höchsten Nazi-Führung übermittelt worden und über die Schweiz nach draußen gelangt sei. In demselben Bericht hieß es auch, daß diese deutsche Quelle vorher schon zutreffende Informationen über militärische Angelegenheiten geliefert habe. Das hätte ausreichen sollen, um die Gestapo zu alarmieren, aber die Gestapo-Beamten hatten offenbar nicht die Angewohnheit, ausländische jüdische Zeitungen systematisch zu lesen. Es gibt keinerlei Hinweis darauf, daß eine Suche nach der undichten Stelle eingeleitet worden sei. Selbst als die NS-Behörden schon den Verdacht gegen Schulte geschöpft hatten, erfuhren sie nichts von seiner humanitären Initiative zur Rettung der noch verbliebenen Juden Europas.

Nach 1945 blieb die Identität des geheimnisvollen Boten unbekannt. Als das volle Ausmaß des Holocaust weithin bekannt wurde, übte die Tatsache, daß sechs Millionen Juden ermordet worden waren, eine bestürzende, dann eine betäubende Wirkung aus. In Deutschland zogen es die meisten Menschen vor, dieses Thema zu meiden. Auch im Westen bestand in der ersten Nachkriegszeit geringe Neigung, nachzuforschen, ob es frühzeitig Warnungen vor der Katastrophe gegeben und ob ihnen irgend jemand seine Aufmerksamkeit geschenkt habe.

Bei mehreren Gelegenheiten ist Riegners Telegramm an Rabbi Stephen Wise erwähnt worden. In seinen Tagebüchern, die 1947 in Auszügen veröffentlicht wurden, hob der ehemalige US-Finanzminister Henry Morgenthau jr. die Bedeutung hervor, die Riegners Botschaft für die Mobilisierung der führenden amerikanischen Juden und für ihr Drängen gegenüber der Regierung der Vereinigten Staaten hatte, gegen die Mordtaten der Nazis einzuschreiten. Jenes Telegramm hatte Aufschluß darüber gebracht, daß die Nachricht von der Endlösung von jemandem stammte, der Verbindungen zu den höchsten deutschen Stellen hatte. Stephen Wise erwähnte das Telegramm und den Anti-Nazi-Industriellen in seinen Erinnerungen. Aber weitere Hinweise auf seine Identität oder seine Informationsquellen gab es nicht. Die Episode wurde bei den Nürnberger Prozessen ebensowenig erwähnt wie beim Eichmann-Prozeß, der mehr als ein Jahrzehnt später in Israel stattfand.

In den 50er Jahren begann eine systematische Erforschung des Massenmordes. Die ersten als Standardwerke akzeptierten Arbeiten, Gerald Reitlingers *Die Endlösung* und Raul Hilbergs massives Werk *Die Vernichtung der europäischen Juden,* erweiterten das schon vorhandene Wissen über den Industriellen nicht. Ihnen war es schließlich um jene zu tun, die die Tötung beschlossen hatten und sie ausführten, nicht um jene, die versucht hatten, sie zu verhindern. In den 60er Jahren begann sich der Journalist Arthur Morse dafür zu interessieren, warum die Vereinigten Staaten nicht mehr getan hatten, um dem Holocaust Einhalt zu gebieten oder diejenigen zu retten, die noch gerettet werden konnten. Morse verschaffte sich Zugang zu Akten des US-Außenministeriums, die bis dahin unter Verschluß gehalten worden waren, und zu den Privatpapieren von Sumner Welles, zu denen auch ein Brief von Leland Harrison an Welles über den deutschen Industriellen gehörte – allerdings ohne Namensnennung. Morse interviewte auch Riegner, aber der hatte sein Ehrenwort gegeben, den Namen des Mannes nicht bekanntzugeben. (Er lehnt es bis auf den heutigen Tag ab, seine Quelle zu nennen.) Zuerst in einem Artikel, der 1967 in dem Magazin *Look* erschien, und dann in seinem Buch *Die Wasser teilten sich nicht* (1968) enthüllte Morse, daß Riegner Leland Harrison den Namen des Industriellen in einem versiegelten Umschlag übergeben hatte. Aber Morse fand weder den Umschlag, noch lüftete er das Geheimnis. Er konnte jedoch feststellen, daß die Firma des Industriellen mindestens dreißigtausend Menschen beschäftigt hatte – daß es sich also um eines der bedeutendsten deutschen Unternehmen gehandelt haben mußte.

Nach dem detaillierten Bericht von Morse über einige der entscheidenden Ereignisse bestürmten andere Historiker Riegner mit der Bitte, ihnen den Namen zu nennen. War es nicht an der Zeit, den Mut eines großen Vorkämpfers der Menschlichkeit zu ehren? Es blieb alles vergeblich. Inzwischen waren die anderen Männer, die Schulte als den geheimnisvollen Boten hätten identifizieren können - Koppelmann, Sagalowitz, Lichtheim und Leland Harrison -, alle gestorben. Es schien, als solle der Name des Boten für immer in den Tiefen der Vergangenheit versinken.

Ende der 70er Jahre hielt ich in New York einen Vortrag darüber, wie Informationen über den Holocaust zuerst außerhalb Deutschlands bekannt geworden waren. Die Nazis hatten die Endlösung als Staatsgeheimnis ersten Ranges behandelt, und die Geschichte, wie und wann das Geheimnis nach außen durchsickerte, schien faszinierend und bedeutungsvoll zugleich. Aus dem Vortrag wurde bald ein Buch. Im Laufe der Recherchen befragte auch ich Riegner, der außerordentlich hilfsbereit war - bis auf einen Punkt, den Namen des geheimnisvollen Boten. Die Sache begann mich zu fesseln. Wenn Riegners Ehrenwort der einzige Grund war, weshalb der Name des Mannes noch immer geheim bleiben sollte, dann könnte es doch vielleicht andere Möglichkeiten geben, das Geheimnis zu lüften und eine historische Gestalt zu ehren.

Eine erste Durchsicht der in den National Archives lagernden Akten erbrachte keine Resultate, weil Harrison den Namen nicht nach Washington übermittelt hatte. Aber der versiegelte Umschlag mit dem Namen fehlte auch unter Harrisons persönlichen Papieren, die von der Library of Congress verwahrt wurden, aber nicht katalogisiert waren. Vielleicht war der Name 1942 dem OSS mitgeteilt worden - viele der OSS-Papiere waren noch geheim. Vielleicht war er auch verlorengegangen oder vernichtet worden. Eine schnelle Lösung gab es in Washington nicht.

Es war nicht leicht, herauszufinden, welche der bedeutenden deutschen Industriellen während des Krieges die Schweiz besucht hatten. Eine Prüfung der Listen von Visa, die 1942 von Schweizer Behörden erteilt worden waren, hätten einen Hinweis erbringen können, aber im Schweizer Staatsarchiv erklärte man mir, daß die von der Schweizer Botschaft in Berlin und von der Schweizer Grenzpolizei geführten Visa-Listen entweder nicht mehr existierten oder nicht zugänglich waren.

Das machte die Suche sehr kompliziert. Von den Großindustriellen jener Zeit waren viele nicht mehr am Leben. Und selbst wenn es gelungen wäre, nachzuweisen, daß ein gewisser Industrieller im Juli 1942 in der Schweiz gewesen war, so wäre daraus noch nicht gefolgt, daß der Reisende in einer Position gewesen wäre, Staatsgeheimnisse höchsten Ranges zu kennen, daß er Kontakt zu jüdischen Repräsentanten aufgenommen und daß er tatsächlich die Information an jüdische Freunde weitergegeben hätte. Selbst der am wenigsten plausible Kandidat auf der Liste hätte einen guten Freund oder einen nahen Verwandten in einer führenden Position in Partei oder Regierung haben können, aber das konnte nicht nachgewiesen werden.

Ich mußte auch die Möglichkeit in Betracht ziehen, daß die Bezeichnung »Industrieller« eine Tarnung war, um die Nazis für den Fall irrezuführen, daß etwas über die Angelegenheit durchsickerte. Vielleicht war der Bote in Wirklichkeit ein auf Wirtschaftsfragen spezialisierter Journalist, oder ein Diplomat, oder irgendein anderer offizieller deutscher Abgesandter, der mit Außenhandels- oder Finanzverhandlungen beauftragt war. Es gab eine große Zahl solcher Leute, die während des Krieges die Schweiz besucht hatten. Viele von ihnen hatten mit Schweizer Bekannten über die Zustände in Deutschland gesprochen. Nicht wenige Sachkundige in der Schweiz, an die ich mich wandte, meinten, daß es sich bei der Quelle entweder um einen abtrünnigen Diplomaten oder um eine zusammengesetzte Gestalt handele – daß das Riegner-Telegramm auf einem aus mehreren Quellen gespeisten Informationsextrakt beruhe. Meine Suche in deutschen Archiven erbrachte eine beinahe endlose Liste von Möglichkeiten.

Durch einen Zufall konnte ich feststellen, daß der Name des Mannes mit dem Buchstaben *S* begann. Das half damals nicht sehr viel weiter, denn *S* ist der häufigste Anfangsbuchstabe für deutsche Nachnamen. Zahlreiche Schmidts, Schoellers, Straussens und Stumms waren während des Krieges nach Basel, Zürich oder Bern gereist. Ich erkundigte mich bei noch lebenden deutschen und Schweizer Industriellen jener Zeit, ob sie mir irgendwelche Hinweise geben könnten. Ich schrieb Dutzende von Briefen und führte viele Telephongespräche, aber alles ohne Ergebnis.

Inzwischen waren einige andere Historiker zu der Schlußfolgerung gelangt, daß Arthur Sommer der geheimnisvolle Bote sei. Sommer war ein deutscher Volkswirtschaftler, der dem Kreis um Stefan George angehört hatte. Ein anderes Mitglied dieses Kreises war Claus Graf Schenk von Stauffenberg, der tapfere Offizier, der am 20. Juli 1944 beinahe Hitler getötet hätte. Sommer diente als Offizier in der Wehrmacht und besuchte als Mitglied der ständigen schweizerisch-deutschen Wirtschaftskommission häufig die Schweiz. Er war kein Nazi, und von Zeit zu Zeit traf er sich mit jüdischen Freunden in der Schweiz, darunter Professor Edgar Salin, ein gebürtiger Frankfurter, der Wirtschaftswissenschaften in Basel lehrte. Nach dem Krieg erbrachte Salin den Beweis, daß Sommer ihm im Jahre 1942 einen Brief geschrieben hatte des Inhalts, daß in Osteuropa Vernichtungslager eingerichtet worden seien, um alle europäischen Juden (sowie auch die meisten russischen Gefangenen) mittels Giftgas zu töten. Sommer hatte darum gebeten, die Information direkt an Churchill und Roosevelt zu übermitteln, und vorgeschlagen, Warnungen vor diesem Plan täglich von der British Broadcasting Corporation verbreiten zu lassen. Salin wußte nicht, wie er Churchill oder Roosevelt erreichen konnte, aber er nahm Verbindung zu Thomas McKittrick auf, dem amerikanischen Präsidenten der in Basel ansässigen Bank für internationalen Zahlungsausgleich. McKittrick stand in enger Verbindung zu Leland Harrison und leitete gelegentlich auch Informationen an das OSS weiter. Aber bis zum heutigen Tage hat niemand ein Dokument gefunden, aus dem hervorgeht, daß McKittrick von Salins Information Gebrauch gemacht hat. In Harrisons Kabeln und Briefen nach Washington findet sich kein einziger Hinweis auf diese Quelle, obwohl Harrison über andere Quellen zur Endlösung Bemerkungen gemacht hat.

Der wichtigste Verfechter der Verbindung Sommer-Salin-McKittrick war Dr. Haim Pazner (Posner), der während des Krieges als Assistent im Genfer Büro der Jewish Agency for Palestine gearbeitet und einst zusammen mit Salin studiert hatte. Pazner behauptete ferner, daß auch er von Salin über die Endlösung informiert worden sei. Diese These wurde im Vorwort der hebräischen Ausgabe des Buches von Morse erwähnt. Sie war interessant, aber falsch. Sommer war nicht der Mann hinter dem Riegner-Telegramm, und selbst wenn er jemandem zum einen oder anderen Zeitpunkt von den Todeslagern Mitteilung gemacht haben sollte, so hat die Information Washington oder London nicht erreicht, nicht einmal jüdische Kreise in der Schweiz.

In einem Artikel, der im März 1980 in *Commentary* veröffentlicht wurde, schrieb ich über meine langwierige Suche nach der Identität des Industriellen, auch darüber, wie ich verschiedene Kandidaten prüfte und verwarf. An einer Stelle schrieb ich, daß ich versucht hätte, mir den Typus von Mann vorzustellen, der das große Risiko auf sich nehmen würde, eine derart brisante Information in Kriegszeiten weiterzugeben. Das Resultat faßte ich so zusammen:

> Offenkundig muß er ein Mann von festen Ansichten gewesen sein, unerschütterlich von dem zutiefst teuflischen Charakter des Nazi-Regimes überzeugt, ein Mann, der sich von der unmenschlichen Politik dieses Regimes abgestoßen fühlte. Hätte ein solcher Mann ein Hehl aus seinen Überzeugungen gemacht? Möglicherweise, doch gewiß war das nicht. Ich dachte ihn mir als einen Mann, der sehr viel von der Welt gesehen hatte und der Vergleiche anstellen konnte, aber auch als eine Person, die wahrscheinlich keine Aufmerksamkeit auf sich zog; als jemanden, von dem selbst seine engsten Mitarbeiter, hätte man ihnen Beweise gegen ihn vorgelegt, sagen würden: »Der alte S. hätte das nie und nimmer getan ... Ja sicher, er hat hin und wieder eine kritische Bemerkung gemacht, aber wer tut das nicht?«

Das war, wie sich später herausstellte, eine recht genaue Beschreibung von Eduard Schulte.

Der Artikel führte zu weiterem Briefwechsel. Wie es schien, hatten nicht wenige deutsche und österreichische Industrielle während des Krieges die Schweiz besucht und Informationen über die Lage in Deutschland hinausgebracht. Es war nicht von vornherein auszuschließen, daß sie auch den Westen vor der Endlösung gewarnt haben könnten. Bei weiterer Prüfung erwies es sich, daß die Kandidaten alle aus dem einen oder anderen Grunde durchfielen.

Als ich im Sommer 1980 François Bondy in Zürich besuchte, erzählte ich ihm von meiner Suche, und er erwähnte Siegmund Hirsch, den ehemaligen Leiter eines der größten deutschen Metallunternehmen, das sich auf Kupfer spezialisiert hatte. Nach seiner Emigration hatte er eine kleinere Firma in Ägypten gemanagt. Hirsch war, als ich ihn kennenlernte, fast fünfundneunzig Jahre alt, aber er war hellwachen Geistes und steckte voller Anekdoten. Ich plauderte eine Zeitlang mit ihm, und wir erörterten verschiedene Möglichkeiten. Hirsch erwähnte Dr. Messner aus Zürich, einen sehr fähigen und vielseitigen Mann: Er war Metallurgie-Professor von Weltruf, ein weithin geachteter Berater mit ausgezeichneten Verbindungen, zudem Manager einer Fabrik in Dornach. Er hatte außerdem während des Krieges als Major in der Schweizer Armee gedient.

Ich machte Messners Bekanntschaft und fand in ihm einen Mann von nie versagender Hilfsbereitschaft. Messner machte wirklich die Suche zu seiner eigenen Angelegenheit. Er hatte kaum einen Zweifel hinsichtlich der Identität des Industriellen – es mußte Schulte gewesen sein, der Giesche-Generaldirektor in Breslau. Er selbst hatte Schulte nicht sehr gut gekannt, aber er hatte viel von ihm gehört, und zwar von einem engen Mitarbeiter Schultes, Arthur Burkhardt, der später selbst ein bedeutender Industrieller wurde.

Der Name Schulte sagte mir nichts, obwohl ich von Giesches Erben gehört hatte, einem vor dem Zweiten Weltkrieg führenden ostdeutschen Unternehmen. Immerhin hatte ich auf meinem Schulweg in Breslau tagtäglich das Giesche-Verwaltungsgebäude am Schweidnitzer Stadtgraben passiert. Auch hatte ich in der Sawadski-Schule einen Klassenkameraden namens Ruprecht Schulte gehabt, dessen Vater Industrieller war, aber daran erinnerten wir uns erst später bei unseren Spaziergängen an der südkalifornischen Küste.

Als ich diese Information von Messner erhielt, sollte gerade mein Buch *Was niemand wissen wollte* veröffentlicht werden. Die Zeit reichte gerade noch, um eine Fußnote unterzubringen, in der Schulte und zwei oder drei andere Namen als die wahrscheinlichsten Kandidaten erwähnt werden. Aber meine Suche nach dem geheimnisvollen Boten mußte ich beenden, denn ich hatte andere Verpflichtungen.

Teil II von Richard Breitman

Im Frühjahr 1980 las ich Walter Laqueurs Artikel im *Commentary* über seine Suche nach dem »geheimnisvollen Boten«, und der Bericht faszinierte mich. Ich hatte Laqueur noch nicht kennengelernt, aber als Historiker, der sich auf deutsche Geschichte spezialisiert hatte, kannte ich seine Bücher zur deutschen und europäischen Geschichte. Es schien mir eine lohnende Aufgabe zu sein, dort weiterzumachen, wo Laqueur aufgehört hatte.

Ich hatte schon einige thematisch verwandte Forschungen angestellt, denn ich arbeitete mit meinem Kollegen Alan Kraut an einer Studie über die amerikanische Flüchtlingspolitik und das europäische Judentum während der Roosevelt-Jahre. Ich hatte zuvor das Buch von Arthur Morse gelesen und wußte von der Rolle, die der deutsche Industrielle bei der Übermittlung der Nachricht von der Endlösung in die Schweiz gespielt hatte. Laqueur hatte einen weiteren Hinweis hinzugefügt - der gesuchte Name begann mit dem Buchstaben *S* -, und er hatte den Weg zu verschiedenen Ansatzpunkten für weitere Recherchen gewiesen. Darüber hinaus hatte er auch gezeigt, welche Wege wahrscheinlich nicht zum Ziele führen würden, was dem nächsten Rechercheur, in diesem Falle mir, sehr viel Zeit sparte.

Es wäre sicherlich lohnend gewesen, in eine Studie über die amerikanische Flüchtlingspolitik den Namen des Industriellen aufnehmen zu können, aber Alan Kraut und ich hatten, außer nach einem einzelnen Mann Ausschau zu halten, eine Menge andere Recherchen anzustellen. Zusammen suchten wir zweimal das Staatsarchiv (National Archives) in Washington auf, um nach dem Boten zu suchen; ergebnislos.

Unabhängig davon, ob es zur amerikanischen Politik gegenüber europäischen Juden im Krieg in Beziehung stand oder nicht, wollte ich auch den Verbindungen zwischen deutschen Nazigegnern und den alliierten Geheimdiensten nachgehen. Vielleicht würden ja meine Nachforschungen zu einem Buch über mehrere Deutsche führen, unter ihnen der geheimnisvolle Bote. Mein Freisemester im Herbst 1982 gab mir genügend Zeit für intensive Recherchen.

Laqueur war den deutschen und Schweizer Möglichkeiten so gründlich nachgegangen, wie man es nur tun konnte. War das Geheimnis überhaupt zu lüften, so mußte der Schlüssel in Washington liegen, wo zu leben und zu lehren ich das Glück hatte. Ich hatte Leland Harrisons Papiere in der Library of Congress durchforstet, um sicherzustellen, daß Laqueur auch wirklich nichts übersehen hatte. Er hatte nichts übersehen, was mich wieder in die National Archives führte.

Das Archiv-Hauptgebäude steht im Zentrum von Washington zwischen Pennsylvania und Constitution Avenue - ein gewaltiger klassizistischer Bau aus Kalkstein und Granit mit gigantischen gräko-romanischen Säulen rundherum und kunstvoll ausgeführten Friesen an den beiden Eingangsseiten, über den größten Bronzeportalen der Welt. Die Gebäude der National Archives nehmen einen ganzen Straßenblock in Sichtweite des Capitols ein und haben einundzwanzig Stockwerke,

196 Magazine und sehr viel Staub. Mangel herrscht an Fenstern; abgesehen von wenigen Glücklichen, erblicken die meisten Angestellten und Archivbenutzer das Tageslicht nicht. Sie sind in der Tat Grubenarbeiter, die sich in die Tiefen der Vergangenheit hineinwühlen.

Schlüssel zum System sind die Archivare, zumeist überbeansprucht und unterbezahlt, aber sehr oft reich an Sinn für Geschichte und an Erfahrung im Umgang mit Akten. Begegnet man dem Archivar ernsthaft, beharrlich und vernünftig, wird man im allgemeinen von ihm erfahren, wie man finden kann, was man sucht. Aber es erfordert Zeit und viel harte Arbeit, Akten zu durchforschen, die manchmal seit Jahrzehnten von keiner menschlichen Hand berührt worden sind.

Nach einiger fruchtloser Arbeit in den diplomatischen Akten dachte ich aufs neue über das Problem nach. Nicht erwähnt hatte Laqueur in seinem Artikel die Akten der amerikanischen Botschaft in Bern. Von ihnen wußte ich, daß sie im Washington National Records Center in Suitland im US-Staat Maryland aufbewahrt wurden. Wenn Riegner und Lichtheim am 22. Oktober 1942 Leland Harrison einen versiegelten Umschlag mit dem Namen des Boten übergeben hatten, dann war für Harrison der logische Aufbewahrungsort nicht sein persönliches Archiv, sondern das Büro-Archiv. Möglicherweise war der Umschlag später von Geheimhaltungsexperten der Regierung daraus entfernt worden, aber ebensogut konnte er auch noch dort sein.

Ich fand in den Berner Akten eine Fülle von faszinierenden Informationen über das Dritte Reich, über den Krieg und über amerikanische Informationsquellen in der Schweiz, aber über das Treffen Riegners und Lichtheims vom 22. Oktober 1942 mit Harrison war nichts zu entdecken. Es war tatsächlich sehr wenig Material über die Verfolgung der Juden durch die Nazis im Jahre 1942 vorhanden. Ich fragte David Pfeiffer, den Archivar, ob er mir alle Kartons aus Bern gegeben habe; er erwiderte, daß er sich dessen nicht sicher sei. Es sei nicht auszuschließen, daß ihm in einem anderen Magazin noch ein weiterer Karton in die Hände fallen würde. Aber alles, was ihm bekannt sei, habe er mir gegeben.

Widerstrebend mußte ich mir sagen, daß, wenn es eine besondere Berner Akte über die Judenverfolgung durch die Nazis im Jahre 1942 gegeben hatte, irgend jemand sie aus dem Archiv herausgenommen haben müsse, und daß es jetzt unmöglich sei, sie aufzuspüren. Der einfachste, der direkte Weg zur Lösung des Rätsels war versperrt. Ich würde mir etwas anderes einfallen lassen müssen.

Von Suitland kehrte ich wieder in das Hauptarchiv im Stadtzentrum zurück, um in den OSS-Akten nachzusehen und um den Rat von John Taylor einzuholen, dem altgedienten Archivexperten für Militärakten der Vereinigten Staaten. Auf Taylors Schreibtisch stapelten sich Dokumente, Bestellungen von Dokumenten und Wissenschaftler-Anfragen. Ich entdeckte sehr schnell, daß dieser bärbeißige, dabei aber freundliche weißhaarige Mann über eine enzyklopädische Kenntnis der Quellen verfügte - und nicht nur derjenigen, die zu seinem eigenen Reich gehörten. Seine Hinweise und sein Rat erwiesen sich für mich bei zahlreichen Gelegenheiten als unschätzbar wertvoll.

Taylor bestätigte, daß es geheime OSS-Berichte über Informationen gebe, die von deutschen Nazigegnern geliefert worden waren, aber ich würde vor zwei Problemen stehen. Erstens hätten OSS-Agenten in praktisch allen Fällen die Namen der Quellen aus ihren Berichten getilgt; und wo sie das einmal versäumt hatten, seien die Namen vor Aufhebung der jeweiligen Geheimhaltungsstufe gelöscht worden. Zweitens seien die OSS-Archive für Deutschland immens umfangreich, und das Karteisystem sei antiquiert und ineffizient.

Am Ende fand ich zwei Geheimdienst-Dokumente, die einigermaßen vielversprechend aussahen. Sie enthielten zwar keine Namen von Informanten, aber was da über die Quellen mitgeteilt wurde, entsprach dem, was ich schon über den geheimnisvollen Boten wußte. Ich ordnete die Akten in mein eigenes Dossier mit der Bezeichnung »Mysterious Messenger« - Geheimnisvoller Bote - ein. Wenn alle meine Vermutungen über die neuen Dokumente richtig waren, dann hatte der Bote eine Verbindung zum polnischen Geheimdienst.

Vielleicht hatte Harrison mit anderen Beamten des amerikanischen Auswärtigen Dienstes in der Schweiz, deren Akten in Suitland zugänglich waren, über den Industriellen gesprochen. Ich beschloß, sämtliche Aufzeichnungen der amerikanischen Konsulate in der Schweiz durchzugehen und jede Möglichkeit, wo der Name hätte erwähnt werden können, zu prüfen.

Etwa nach einem Monat hatte ich mich bis zu den Zürcher Akten vorgearbeitet. Dort sah ich genug Material für mehrere Bücher, aber nichts für das eine, das ich schreiben wollte. Erschöpft blätterte ich die Akten von 1945 durch. Das war fast drei Jahre nach der Mission, die der Industrielle 1942 auf sich genommen hatte; es schien praktisch ausgeschlossen, daß sich hier irgendeine relevante Information fand.

Plötzlich hielt ich einen Satz Dokumente aus dem Jahre 1945 über einen Eduard Schulte in den Händen, der während des Krieges mit alliierten Geheimdienststellen zusammengearbeitet hatte - mit Polen, Franzosen, Briten und Amerikanern. Ich hatte den Namen noch nie gehört. Aus den Dokumenten ging hervor, daß es sich bei diesem Mann um einen Deutschen handelte, der Kontakt zu Dulles in der Schweiz gehabt hatte. Schulte schien einer der bedeutenderen deutschen Informanten der Alliierten während des Krieges gewesen zu sein, und er war im Dezember 1943 vor der Gestapo in die Schweiz geflohen. Dulles hatte ihn allem Anschein nach 1945 für einen Posten bei der amerikanischen Militärregierung in Berlin empfohlen.

Das alles war für mich gänzlich neu, und ich bat sofort um Photokopien der Dokumente. Ich wußte, daß ich diese Information für ein Buch über deutsche Nazigegner würde verwenden können. Aber noch wußte ich nicht, daß Schulte der geheimnisvolle Bote war. Tatsächlich fand sich nirgendwo in der Akte auch nur der leiseste Hinweis darauf, daß Schulte ein deutscher Industrieller war. Sein Name fing mit *S* an, aber das traf auch auf Millionen von anderen Deutschen zu. Immerhin war bekannt, daß der geheimnisvolle Bote den Alliierten auch bei anderen Gelegenheiten Informationen geliefert hatte, deshalb gehörte Schulte zu den Möglichkeiten. Ich nahm mir vor, mehr über Eduard Schulte in Erfahrung zu bringen. Vorläufig suchte ich weiter nach direkten Hinweisen.

Ich fand Namen von deutschen Industriellen, die im Kriege in der Schweiz gewesen waren, und einige davon hatten den Alliierten Informationen geliefert. Jedesmal, wenn ich einen Namen fand, der mit *S* anfing, kam ich ganz aufgeregt nach Hause und verkündete meiner Frau, daß ich das Rätsel gelöst hätte. Manchmal verkündete ich das auch meinem Kollegen Alan Kraut. Wenige Tage nach jeder neuen »Entdekkung«, sobald ich genauere Nachprüfungen unternommen hatte, erhielt meine Begeisterung einen Dämpfer - die Firma des Betreffenden war zu klein, er war kein Spitzenmanager, er war zur fraglichen Zeit nicht in der Schweiz gewesen, und so weiter.

Unterdessen versuchte ich auch mehr über Eduard Schulte in Erfahrung zu bringen, aber da stieß ich auf Schwierigkeiten. In keinem der Werke über die Spionagetätigkeit im Kriege wurde er erwähnt. Ich zog Laqueurs Artikel im *Commentary* zu Rate, in dem zahlreiche deutsche Industrielle erwähnt wurden, aber Schulte war nicht dabei. Ich sah noch einmal in Laqueurs Buch *Was niemand wissen wollte* nach, das ich zuvor schon gelesen hatte. Schulte war weder im Text erwähnt noch im Register aufgeführt. Ich unterließ es, alle Fußnoten durchzusehen - ein Versäumnis, das ich bereuen sollte: In winziger Schrift stand unten auf Seite 101 der Name Eduard Schulte.

Statt dessen kehrte ich zu den Primärquellen zurück - Werke, die im Dritten Reich veröffentlicht worden waren. Von *Wer ist's?*, der deutschen Fassung von *Who's Who*, existierte nur eine während der Nazizeit veröffentlichte Ausgabe. Das Exemplar in der Library of Congress fehlte. Ich fuhr hinaus zur Bibliothek der University of Maryland im College Park, um unter Schulte und den Namen mehrerer anderer Kandidaten nachzuschlagen. Schultes Name erschien in dem Buch nicht. Entweder war er unbedeutend oder öffentlichkeitsscheu gewesen.

Dann setzte ich mich mit Henry Turner in Yale in Verbindung, einem Spezialisten für deutsche Wirtschaftsgeschichte, bei dem ich als Student Vorlesungen gehört hatte. Turner sagte mir, daß es ein 1940–42 veröffentlichtes Verzeichnis von Direktoren deutscher Unternehmen gäbe (mit dem Titel *Wer leitet?*). Handelte es sich bei Schulte um einen bedeutenden deutschen Industriellen, dann müßte er dort gewiß aufgeführt sein. Auch in diesem Falle fehlte das Exemplar der Library of Congress; mehrere Bitten, nach dem Band zu forschen, zeitigten kein Resultat. Ich legte Schulte erst einmal auf Eis.

Im Februar 1983 lasen Alan Kraut und ich in der Washington Post, daß Gerhart Riegner in den USA sei. Wir wollten ihn unbedingt wegen unserer Studie über die Flüchtlingspolitik und wegen des geheimnisvollen Boten sprechen. Am 10. Februar trafen wir Riegner im New Yorker Büro des Jüdischen Weltkongresses. Nachdem wir über seine Bemühungen im Kriege gesprochen hatten, die Welt wegen der Nazi-Morde aufzurütteln, kamen wir zum Thema des von uns gesuchten Boten. Riegner sagte, er sei ein hochgewachsener Mann gewesen, ein überzeugter Demokrat und ein »Industriekapitän«. Riegner bestätigte die Richtigkeit dessen, was Laqueur über den Mann geschrieben hatte - sein Name fing mit *S* an, seine Firma beschäftigte mindestens dreißigtausend Menschen, er hatte Informationen an die Alliierten gegeben. Heute würde uns der Name des Industriellen gar nichts sagen, meinte Riegner, aber zu der Zeit, um die es ging, sei er ein durchaus bekannter Mann gewesen. Mehr wollte er nicht sagen.

Inzwischen hatte ich alle meine *S*-Namen bis auf drei gestrichen - Schulte; Willy Schloßstein, Direktor beim Elektrokonzern Bosch; und

Hermann Schlosser, Generaldirektor einer deutschen Chemiefirma. Ich war im Begriff, schriftlich Erkundigungen in Deutschland einzuziehen, und ich tendierte zu Schloßstein. Aus einem Impuls heraus sagte ich zu Riegner, daß ich zu wissen glaubte, wer der Mann sei. Verblüfft entgegnete er, er müsse mich warnen; andere vor mir hätten schon behauptet, das Rätsel gelöst zu haben, und sie hätten sich geirrt. Wir erklärten uns einverstanden, ihn zu benachrichtigen, bevor wir die Identität des Mannes öffentlich bekannt machen würden.

Schloßstein erwies sich als ein Mann, dessen Position in der Wirtschaftshierarchie nicht ausreichte, um ihn als »Industriekapitän« bezeichnen zu können, womit nur noch Schlosser und Schulte übrigblieben. Im April besuchte ich Freunde und Verwandte in der Bostoner Gegend und stellte einige Recherchen an der Harvard University an, an der ich promoviert hatte. Ich wußte, daß die dortige Widener Library, eine wahre Schatzkammer für Wissenschaftler, ganz gewiß den *Wer leitet?* haben würde. Ich wurde nicht enttäuscht. Ich schlug das voluminöse, rot eingebundene und arg verstaubte Werk auf und erfuhr, daß Eduard Schulte der Generaldirektor eines großen deutschen Unternehmens gewesen war und dem Aufsichtsrat von sieben anderen Unternehmen angehört hatte. Er war in der Tat ein »Industriekapitän«.

Auf meiner Rückfahrt von Cambridge nach Washington am 20. April 1983 wog ich ab, was für den einen und was für den anderen der beiden Kandidaten sprach. Die besseren Chancen hatte jetzt Schulte, denn ich hatte keinerlei Beweise dafür, daß Schlosser den Alliierten wichtige Informationen überbracht hatte, wie Riegners Industrieller es ja getan hatte. Weitere Nachforschungen ergaben, daß Schultes Firma, Georg von Giesches Erben, in der Tat mehr als dreißigtausend Menschen beschäftigt hatte. Ich zog vertrauliche Erkundigungen über Schulte ein und erhielt die Bestätigung, daß er der geheimnisvolle Bote war.

Alan Kraut und ich schrieben nieder, was ich über Schulte und über Riegners Botschaft an Stephen Wise in Erfahrung gebracht hatte, und reichten *Commentary* den Artikel ein, derselben Zeitschrift, die 1980 Laqueurs Beitrag veröffentlicht hatte. Die Redakteure dort würden gewiß die Bedeutung der Entdeckung erkennen. *Commentary* wünschte zunächst erhebliche Änderungen in dem Artikel und schob die Veröffentlichung dann bis Oktober hinaus. In der Zwischenzeit rief ich Walter Laqueurs Büro in Washington an, um ihm höflichkeitshalber mitzuteilen, daß ich die Identität des geheimnisvollen Boten entdeckt hätte.

Laqueur jedoch war in London, so daß es zu keinem Kontakt mit ihm kam.

Im August erklärte Monty Penkower, Professor am Touro College in New York, gegenüber der New Yorker *Jewish Week,* daß er bei Nachforschungen in Archiven in London und Jerusalem (Yad Vashem) die Identität des geheimnisvollen deutschen Industriellen entdeckt habe, der vor der Endlösung gewarnt hatte. Sein Name sei Eduard Schulte; er sei auf diesen Namen zuerst in den Akten des Jüdischen Weltkongresses in London gestoßen. In Jerusalem erfuhr Penkower dann aus dem Tagebuch von A. Leon Kubowitzki, eines Mitarbeiters des Jüdischen Weltkongresses, von einem Gespräch, das Kubowitzki und Riegner am 16. Februar 1945 über Schulte geführt hatten. Ich freute mich, zusätzliche Beweise für Schultes Rolle zu erhalten, war zugleich aber unglücklich darüber, daß man mir zuvorgekommen war - eine Folge der Verzögerungen bei *Commentary.*

Flankiert von Artikeln in der *Washington Post* und der Agentur *United Press International,* erschien der *Commentary*-Artikel schließlich im Oktober. Er legte dar, was man damals über Schulte wußte, und er stieß auf erhebliches öffentliches Interesse. Professor Penkowers *The Jews Were Expendable: Free World Diplomacy and the Holocaust* erschien im Dezember 1983. Bedauerlicherweise wurde darin die Bedeutung der Mission Schultes vom Juli 1942 bagatellisiert, weil der Autor zu jenen gehörte, die der Ansicht waren, daß Pazner (Posner) die allererste Information über die Endlösung von Salin erhalten habe, der sie seinerseits von Arthur Sommer bekommen habe. Penkower schrieb, daß Schultes Nachricht unmittelbar danach gekommen sei. Diese Version, von einigen Wissenschaftlern eine Zeitlang akzeptiert, wurde später fallengelassen. Die Dokumente zeigen, daß Riegners Telegramm das erste handfeste Beweisstück in Sachen Endlösung war, und daß die Information von Eduard Schulte stammte.

Walter Laqueur und ich trafen uns Ende 1983, und wir beschlossen, weitere Informationen über Schulte einzuholen. Ich fuhr wieder zu dem Archiv in Suitland, um dort nach weiterem Material über Eduard Schultes Verbindung mit alliierten Nachrichtendiensten zu forschen. Mein getreuer Archivar David Pfeiffer brachte mir die Akten, um die ich gebeten hatte, und teilte mir mit, daß er einen weiteren Karton mit Akten aus der amerikanischen Botschaft in Bern gefunden habe. Endlich habe er die Berner Akten neu erfassen können, und dabei sei er über den zusätzlichen Karton gestolpert. Er wisse nicht, ob etwas Interessantes für mich darin sei, aber man könne ja mal nachsehen. Ich rechnete mittlerweile kaum noch damit, hier etwas zu finden, machte mich aber gleichwohl an die Arbeit.

Inmitten der Papiere befand sich ein Aktendeckel mit der Aufschrift »840.1 Jews«. Augenblicklich fiel mir ein, daß ich viel früher schon einmal vergeblich versucht hatte, diesen Aktendeckel zu finden. Hier mußten der Riegner-Lichtheim-Bericht an Harrison und der Name des geheimnisvollen Boten enthalten sein. Fieberhaft blätterte ich das Aktenstück durch und fand eine Riegner-Lichtheim-Denkschrift mit der Überschrift: »Documents Submitted to His Excellency the Honorable Leland Harrison, Minister of the United States in Berne, October 22, 1942« (»Dokumente, am 22. Oktober 1942 Seiner Exzellenz Leland Harrison, Gesandter der Vereinigten Staaten in Bern, vorgelegt«). Am Ende befand sich ein Abschnitt über die herangezogenen Informationsquellen. Der versiegelte Umschlag war nicht mehr da, aber es fand sich ein halber Bogen mit dem Hinweis, daß die Quelle der Information über die Endlösung »Generaldirektor Dr. Schulte, Montanindustrie (Bergbau), in engem oder engstem Kontakt mit den maßgebenden Wehrwirtschaftskreisen« sei. Meine anfängliche Vorstellung davon, wie das Rätsel zu lösen sei, war also doch richtig gewesen, wenn die Entdeckung auch erst mit einiger Verzögerung gelang.

Aber wie es bei Recherchen so oft der Fall ist – eine Entdeckung führt zu einer neuen und nicht minder schwierigen Suche. Wer war dieser schwer faßbare Mann, der so sorgfältig darauf geachtet hatte, seine Spuren zu verwischen? Das ist die Frage, die wir mit diesem Buch zu beantworten suchen.

Anmerkungen

Einführung

Seite 7–8:
Interview mit Dr. Arthur Burkhardt, Stuttgart. Dr. Burkhardts unveröffentlichte Autobiographie »Lebenssinfonie in A-Dur«. Akte Otto Fitzner, Berlin Document Center.

Seite 8–11:
Über Himmler siehe: Heinrich Fraenkel u. Roger Manvell, *Himmler: Kleinbürger und Massenmörder,* Berlin usw. 1965; Felix Kersten, *The Kersten Memoirs 1940–1945,* New York 1957; Helmut Heiber (Hrsg.), *Reichsführer: Briefe an und von Himmler,* Stuttgart 1968. Himmlers Besuchsprogramm in: Hauptarchiv, Sammlung Himmler, Kopie in den United States National Archives (im folgenden: NA), Mikrofilm T-581, Rolle 39A, 17. Juli 1942; Rudolf Höss, *Kommandant in Auschwitz: autobiographische Aufzeichnungen,* Stuttgart 1958. Bericht über Himmlers Besichtigung der Anlagen der I.G. Farben in: NA Record Group (im folgenden: RG) 238, T-301, NI 14551. Der deutsche Eisenbahnbeamte ist erwähnt in: Walter Laqueur, *Was niemand wissen wollte: Die Unterdrückung der Nachrichten über Hitlers »Endlösung«,* Frankfurt/M., Berlin 1981, und Raul Hilberg, »German Railroads/Jewish Souls«, in: *Society* 14 (1976), S. 71.

Seite 11–12:
Interviews mit Dr. Albrecht Jung, Bad Homburg, Dr. Arthur Burkhardt, Stuttgart, und Dr. Walter Grünfeld, Zürich. Außerdem Eduard Schultes notariell beglaubigtes Affidavit Zürich, 25. Juli 1945, NA RG 84, Zurich Confidential File 1945, Box 2386, 800.

Düsseldorf und Breslau

Seite 12–20:
Es existiert eine Geschichte der Familie Schulte: Else Heintze, *Die Geschlechter Schulte-Hülsenbeck,* Hannover 1937 (Privatdruck). Die Einzelheiten aus Eduard Schultes Kindheit und Jugend beruhen größtenteils auf Angaben seines jüngeren

Bruders Oskar (Interview in Arnsberg) sowie auf Oskar Schultes unveröffentlichten Erinnerungen.

Seite 20:

F. Lau und O. Mist, *Geschichte der Stadt Düsseldorf,* Düsseldorf 1921.

Seite 22–24:

Über die Handelsgesellschaft: Hans Fürstenberg, *Carl Fürstenberg: Die Lebensgeschichte eines deutschen Bankiers, 1870–1914,* Berlin 1931. Über Jeidels siehe: Schulte an Jeidels, 28. November 1940, US-Justizministerium, Alien Property Custodian Records, Silesian-American Corporation Case File. Schultes Lebenslauf vom 16. Juli 1945 stellte Ruprecht Schulte zur Verfügung. Interview mit Ruprecht Schulte.

Seite 24:

Interviews mit Oskar und Ruprecht Schulte. Wilhelm Treue, *Georg von Giesches Erben 1704–1964, S. 92.* Hamburg 1964. Aus dieser Geschichte der Firma Giesche geht hervor, daß zwei Vertreter der Disconto-Gesellschaft Schulte für den Posten bei Giesche empfahlen. »Huge Mine Property of Giesche's Heirs in American Hands«, in *New York Times,* 2. August 1926.

Seite 25–27:

A. Tauber (Hrsg.), *Geliebtes Breslau,* München 1966; Niels von Holst, *Breslau, ein Buch der Erinnerung,* Hameln 1950; Paul Driske, *Der Wirtschaftsorganismus Groß-Breslau; ein Beitrag zur Wirtschaftsgeographie einer Großstadt,* Berlin 1936.

Seite 27–33:

Interviews mit Oskar und Ruprecht Schulte. Clara Schulte, *Charlotte Brontë, Genie im Schatten,* Dresden 1936; *Das Haus am Ring,* Berlin 1941; *Der Ritter mit dem Drachen,* Berlin 1943.

Seite 33–34:

Eine amerikanische Einschätzung Schultes aus dem Jahre 1945 besagte, daß seine damaligen politischen Ansichten denen der liberalen Demokratischen Partei entsprachen – gemeint ist vermutlich die Deutsche Demokratische Partei der Weimarer Republik. NA RG 260, OMGUS Transition Files, Box 10, Civilian Personnel, Oktober–Dezember 1945. Über Schultes frühere politische Anschauungen: Interviews mit Ruprecht und Oskar Schulte.

Seite 34–35:

Über die Verhältnisse in Schlesien siehe: Richard Bessel, *Political Violence and the Rise of Nazism: The Storm Troopers in Eastern Germany 1925–1934,* London 1984, S. 80, 85f., 89–92, 25; Paul Kluke, »Der Fall Potempa«, in: *Vierteljahrshefte für Zeitgeschichte* 5 (1957), S. 279–297. Interviews mit Dr. Albrecht Jung, Bad Homburg, Dr. Arthur Burkhardt, Stuttgart, und Ruprecht Schulte.

Seite 35–38:
Zu den Reden Hitlers und Görings siehe: *Trial of the Major War Criminals before the International Military Tribunal* (im folgenden: *IMT),* Nürnberg 1947–49, Bd. 35, S. 42–48, Dokument 203-D. Über Schachts Rolle siehe: Edward Norman Peterson, *Hjalmar Schacht: For and Against Hitler; A Political-Economic Study of Germany 1923–1945,* Boston 1954, besonders S. 127; ferner: Henry Ashby Turner jr., *Big Business und der Aufstieg Hitlers,* Berlin 1985; außerdem Verhör Georg von Schnitzler, NA RG 242, T-301, R 20/380–81. Zu Schultes Anwesenheit am 20. Februar: Turner, *Big Business* . . .

Seite 38–41:
Treue, *Georg von Giesches* . . ., S. 83–98. W. A. Harriman and Company an Anaconda Copper Mining Company, 30. Juli 1925, Anaconda- Silesian-American Corporation Records, Box 0110, Giesche Spolka 1927–1932, Atlantic Richfield Corporation Corporate Archive (im folgenden: ARCO). Schätzung des Werts von Giesche-Deutschland in: Anaconda-Silesian-American Corporation Records, Box 0984, Chronological File 1925–1957, 10. Juli 1926, ARCO. »Überraschende Wendung bei Giesches Erben«, in: *Berliner Tageblatt,* No. 525, 5. November 1925; »Zu dem Vertrage zwischen der Bergwerkgesellschaft von Giesches Erben und der Harriman-Gruppe«, in: *Berliner Tageblatt,* No. 526, 6. November 1925; »Wendung bei Giesche«, in: *Frankfurter Zeitung,* No. 320, 6. November 1925; »Anaconda-Giesche«, in: *Frankfurter Zeitung,* No. 321, 7. November 1925; »Giesche und der preußische Staat«, in: *Berliner Tageblatt,* No. 536, 12. November 1925. Interview mit Dr. O. H. C. Messner, Zürich.

Seite 41:
New York Times, 20. November 1925. Schacht war in den USA, als die ersten Nachrichten über den Verkauf Giesches auftauchten, und er telegrafierte seine Zustimmung nach Berlin. Später beteiligte er sich direkt an den Verhandlungen. Anaconda-Silesian-American Corporation Chronological File, Box 0984, 12. und 29. November 1925, ARCO. Interviews mit Dr. Albrecht Jung, Bad Homburg, und Ruprecht Schulte.

Seite 41–42:
Cornelius F. Kelley an John D. Ryan, 6. Mai 1926, Anaconda-Silesian-American Records, Box x-1028, »Preliminary Negotiations May–July 1926«. Abkommen zwischen der polnischen Regierung und W. A. Harriman and Company [3. Juli 1926], und Kelley an Harriman, 26. August 1926, Montana Historical Society, Anaconda Copper Mining Collection, Folder 6.4dx, »Contracts 1925–28«. »Huge Mine Property of Giesche's Heirs in American Hands«, in: *New York Times,* 2. August 1926. Treue, *Georg von Giesches* . . ., S. 91–93.

Seite 42–43:
Brooks an Laist, 17. August 1926, und Brooks an Kelley, 1. März 1927, Montana Historical Society, Anaconda Copper Mining Collection, Folder 6.4d, »Government Relations 1926–28«, und Folder 6.4dx, »Contracts 1925–28«. Im April 1927 schrieb der Vorstandsvorsitzende von Giesche-Polen seinem Vorgesetzten von Anaconda: »Ich glaube, Sie werden bei Ihrem Besuch hier feststellen, daß Schulte, sofern es nicht gelingt, ernsthaften Druck auf ihn auszuüben, nur sehr schwer zu einer Haltung zu bringen ist, die für die Freiheit Spolkas [Giesche-Polens], ohne die Federführung seiner Gesellschaft Geschäfte zu machen, vorteilhaft ist.« Brooks an Kelley, 8. April 1927, Montana Historical Society, Anaconda Copper Mining Collection, Folder 6.4dx, »Contracts 1925–28«. Brooks an Kelley, 1. August 1927, und Kelley an Brooks, 25. November 1927, Montana Historical Society, Anaconda Copper Mining Collection, Folder 6.4d, »Government Relations August–December 1927«. Über Schulte und Gaethke: Interview mit Ruprecht Schulte, San Diego.

Seite 43–44:
Treue, *Georg von Giesches...*, S. 99f. Wilhelm Groener an Reichskanzler und Reichswirtschaftsminister, 30. April 1932, NA RG 238, T-301, NI 577, 578. Das Büro des US Chief of Counsel Staff Evidence Analysis behauptet fälschlich, Groener habe an Kanzler von Papen geschrieben. Am 30. April war Brüning noch Kanzler. Zum Zeitpunkt der Ernennung von Papens war Groener nicht mehr im Amt. Siehe auch Otto Fischer an Kanzler Franz von Papen, 20. Juli 1932, NA RG 238, T-301, NI 576; I.G. Farben, Unterredung im Reichswehr-Ministerium, 29. Juli 1932, NA RG 238, T-301, NI 649; Das Magdeburger Giesche-Zinkelektrolyse-Unternehmen, 6. November 1932, NA RG 238, T-301, NI 564.

Seite 44–45:
Über die Nazis und die Hochfinanz siehe die umfassende Studie von Turner, *Big Business...*

Am 13. November 1934 erließ Hitler eine Verfügung, durch die sein Wirtschaftsberater Wilhelm Keppler ermächtigt wurde, die erforderlichen Maßnahmen zur Ersetzung importierter Rohstoffe durch im Inland hergestellte Substitute zu ergreifen. Siehe NA RG 238, T-301, NI 14648. Die Anfänge dieser Politik liegen jedoch weit vor Kepplers Ernennung. Am 14. Dezember 1933 unterzeichneten Vertreter der I.G. Farben eine Vereinbarung mit der Regierung über die Ausweitung der Produktion von synthetischem Erdöl, und schon Monate früher hatten Hitler und hohe Regierungsbeamte ihr Interesse an dem Verfahren der I.G. Farben bekundet. Siehe Joseph Borkin, *Die unheilige Allianz der I.G. Farben: Eine Interessengemeinschaft im Dritten Reich,* Frankfurt/M., New York 1979. Zu späteren Meinungsäußerungen Hitlers über das Thema Autarkie siehe besonders Keppler an Bosch, 8. April 1935, NA RG 238, NI 15576. Die statistischen Angaben über Zink in: »Statistische Zusammenstellungen über Aluminium,

Blei, Kupfer, Zink, Zinn, Kadmium, Nickel, Quecksilber und Silber«, Metallgesellschaft Aktiengesellschaft, Nr. 231, Kopie in NA RG T-84, R 51/1332539, und Treue, *Georg von Giesches . . .*, S. 100 f. Siehe auch B. J. Aylett, *The Chemistry of Zinc, Cadmium, and Mercury,* Oxford 1975, und H. J. Holtmeier (Hrsg.), *Zink, ein lebenswichtiges Mineral,* Stuttgart 1976. Interview mit Dr. O. H. C. Messner, Zürich. Brief von Dr. Arthur Burkhardt.

Seite 45–46:

Die Reichstagswahlen von 1936 brachten dann 98,8 % für die Liste der Nazis. Über Hitlers wachsende Popularität in dieser Periode siehe beispielsweise Alan Bullock, *Hitler: Eine Studie über Tyrannei,* Düsseldorf 1953.

Seite 46–51:

Interviews mit Dr. Albrecht Jung, Ruprecht und Oskar Schulte.

Seite 51–52:

Interviews mit Dr. Albrecht Jung, Bad Homburg, Dr. Alfred Schaefer, Zürich, und Dr. Hans La Roche, Basel. Treue, *Georg von Giesches . . .*, S. 105.

Seite 52–55:

Die Rekonstruktion der Unterhaltung Schultes mit Julius Schloss beruht auf einem Gespräch mit einem leitenden Angestellten von Brandeis Goldschmidt, der mit beiden Männern zusammenarbeitete.

Seite 55–56:

Über Hitler und die Kristallnacht siehe: *IMT,* Bd. 12, S. 381: Aussage Fritz Herwerth, beruhend auf Gespräch mit SA-Mann Obernitz. Zitat aus einem unveröffentlichten Manuskript von Dr. Hans Buwert, Köln, der Schulte am 10. November 1938 in München traf. Ferner Interview mit Oskar Schulte.

Es wird ernst

Seite 56–58:

Über Hitlers Außenpolitik im allgemeinen in dieser Periode siehe Gerhard Weinberg, *The Foreign Policy of Hitler's Germany: Starting World War II, 1937–1939,* Chicago 1980, S. 313–627. Das Hitler-Zitat in: Joachim Fest, *Hitler: Eine Biographie,* Berlin 1973, S. 742. Zu Hitler und Polen siehe auch: Telford Taylor, *Munich: The Price of Peace,* New York 1980, S. 964–974.

Seite 58–59:

Informationen über Schulte von Dr. Alfred Schaefer, Dr. Albrecht Jung und Ruprecht Schulte. Über die Einstellung der deutschen Wehrmacht zu Hitler in den 30er Jahren siehe Peter Hoffmann, *Widerstand, Staatsstreich, Attentat: Der Kampf der Opposition gegen Hitler,* Frankfurt/M. usw. 1974; allgemein hierzu Ger van Roon, *Neuordnung im Widerstand: Der Kreisauer Kreis innerhalb der deutschen Widerstandsbewegung,* München 1967, und Klaus-Jürgen Müller, *Das Heer und Hitler: Armee und nationalsozialistisches Regime 1933–1940,* Stuttgart 1969.

Seite 59–60:
Hitlers Reichstagsrede ist zitiert in: Lucy S. Dawidowicz, *Der Krieg gegen die Juden, 1933–1945,* München 1979. Über Schulte und Mannheim siehe das Affidavit, das Schultes Kollege Lothar Siemon gegenüber amerikanischen Behörden abgab: 28. November 1946, US-Justizministerium, Silesian-American Corporation Case File. Dasselbe Dokument läßt darauf schließen, daß es weitere derartige Fälle gab. Siehe auch James M. Markham, »An Unsung Good German: Fame Comes at Last«, in: *New York Times,* 9. November 1983.

Seite 60–61:
Zitat aus einem unsignierten Memorandum über die Silesian-American Corporation, NA RG 226, Entry 106, Box 12. Dieses Dokument verfaßte Schultes Geschäftspartner Jacques Rosenstein, der in der Absicht in die USA gekommen war, einen Verkauf der Silesian-American in die Schweiz zuwege zu bringen. Rosenstein erwähnt dort auch, daß Schulte (den er lediglich als führenden Vertreter des Giesche-Konzerns beschrieb) geholfen hatte, jüdisches Leben und Eigentum zu retten.

Seite 61–63:
Über Gaevernitz siehe Fabian von Schlabrendorff, *Begegnungen in fünf Jahrzehnten,* Tübingen 1979, S. 321–347. Ferner Gespräche mit Professor Douglas Steere, Haverford, Pa., und Cordelia Hood. Briefe von Gaevernitz' Schwester Marga Stinnes. Wir haben die Gaevernitz-Papiere im Bundesarchiv-Militärarchiv, Freiburg, durchgesehen. Es gibt weitere in der Hoover Library, Stanford. Es existiert eine kurze Biographie von Gerhart von Schulze-Gaevernitz: Kurt Zielenziger, *Gerhart von Schulze-Gaevernitz: Eine Darstellung seines Lebens und seiner Werke,* Berlin 1926.

Seite 63–66:
Informationen von Ruprecht Schulte und Günter Schwerin.

Seite 66–69:
Informationen von Ruprecht Schulte, Dr. Alfred Schaefer und Dr. Hans La Roche.

Seite 69:
Cornelius F. Kelley, Präsident der Silesian-American Corporation, an Außenminister Cordell Hull, 16. November 1939; Schulte an Kelley, 11. Oktober 1939; Kelley an Dr. Heinrich F. Albert, 12. Dezember 1939; Albert an Kelley, 24. Oktober 1939; alle in: Anaconda-Silesian-American Corporation File, Box 0984, Government of Poland Folder, Atlantic Richfield Corporation Archives, Los Angeles.

Seite 69–71:
Akte Otto Fitzner, Berlin Document Center. Dr. Arthur Burkhardt, »Lebenssinfonie in A-Dur« (unveröffentlichte Memoiren). Interviews mit Dr. Burkhardt und Dr. Albrecht Jung. Seev Goshen, »Eichmann und die Nisko-Aktion im

Oktober 1939«, in: *Vierteljahrshefte für Zeitgeschichte* 29 (1981), S. 85. In diesem Artikel wird Fitzners Name fälschlich Pfitzner geschrieben.

Seite 71–73:

Informationen von Ruprecht Schulte. Über Chojnacki siehe: Studium Polski Podziemnej, File 5.2 Bern; mündliche und schriftliche Mitteilungen von Jan Nowak, Washington, D.C., Cesare Szulczewski, Meran, Michael Rybikowski, Southampton, N.Y., und Leon Sliwinski, St. Moritz. Über die Polen und Enigma siehe: Witold Bieganski, *W konspiracji i walce: z kart polskiego ruchu oporu we Francji,* Warschau 1979; Leszek Gondek, *Wywiad polski w Trzeciej Reszy 1933–1939,* Warschau 1974; Wladislaw Kozaczuk, *Bitwa o tajemnice,* Warschau 1967, und *Wojna w eterze,* Warschau 1977; M. Z. Rygor-Slowikowski, *W tajnej sluzbie,* London 1977; Ronald Lewin, *Entschied ULTRA den Krieg? Alliierte Funkaufklärung im 2. Weltkrieg,* Koblenz, Bonn 1981.

Wir danken dem verstorbenen Ronald Lewin, der uns den Inhalt seiner Gespräche mit dem verstorbenen Oberst Mayer, dem Leiter des polnischen Nachrichtendienstes in den 30er Jahren, mit Oberst Lisicki und anderen mitteilte.

Chojnackis Affidavit für Schulte vom 19. Juli 1945 läßt erkennen, daß die beiden Männer ihre nachrichtendienstlichen Kontakte im September 1939 aufnahmen. Siehe NA RG 84, Zurich Confidential File 1945, Box 2386, 800.

Seite 73–75:

Siehe Memorandum Gaevernitz, 18. März 1940, Leland Harrison Papers, Box 29, R Folder, Library of Congress. Dieser unsignierte Bericht gehört zu einer Reihe von Berichten, die Gaevernitz verfaßte. Siehe Memorandum [Gaevernitz] vom 6. Mai 1940, ebd.; Bericht Gaevernitz' vom 12. November 1940, NA RG 59, CDF 740. 0011 E. W. 1939/6962. Über Gaevernitz und Messersmith siehe: Gaevernitz an Stinnes, 10. Juli 1938, Privatbesitz; Messersmith an Harrison, 31. Mai 1940, Harrison Papers, Box 29, Messersmith Folder, Library of Congress; Messersmith an Bigelow, 10. Dezember 1940, Messersmith Papers, Folder 1419, University of Delaware. Gaevernitz ist der ungenannte Freund, den Messersmith in beiden Briefen erwähnt – genannt *wird* er in: Harrison an Außenminister, 12. November 1940 (NA RG 59, CDF 740.0011 E. W. 1939/6962). Später beschrieb Harrison seine Kontakte zu Gaevernitz jedoch folgendermaßen: »... er trug mir einen mündlichen Bericht vor, in dem er die Verhältnisse in Deutschland aus seiner Sicht beschrieb, und übergab mir dann ein Memorandum zu diesem Thema. Ich glaube, ich sah Verne [Gaevernitz] danach noch ein- oder zweimal, und zwar suchte er mich in der Gesandtschaft für lediglich ein paar Minuten auf.« Memorandum [Harrison], 17. April 1943, NA RG 84, Bern Confidential File 1945, 820.02 von Gaevernitz, Gero.

Über »Fall Weserübung« siehe: H. R. Trevor-Roper (Hrsg.), *Blitzkrieg to Defeat: Hitler's War Directives 1939–1945,* New York 1971, S. 22–25.

Seite 75–76:
Informationen von Ruprecht Schulte, Dr. Arthur Burkhardt und Dr. Albrecht Schaefer.

Nachrichten aus Deutschland

Seite 76–81:
Zum Treffen Hitlers und Ribbentrops mit Molotow siehe: *Documents on German Foreign Policy 1918–1945,* Washington, D. C. 1960, Serie D, Bd. 11, Dokumente Nr. 325, 326, 328, 329, S. 533–570. H. R. Trevor-Roper (Hrsg.), *Blitzkrieg...,* S. 48–52. Barton Whaley, *Codeword Barbarossa,* Cambridge, Mass. 1973, passim.

Von Schultes Bericht über das Treffen zwischen Hitler und Molotow erhielten Sagalowitz und Riegner Kenntnis, als sie 1942 die Zuverlässigkeit ihrer Industriellen überprüften. Siehe Kapitel 5 und 6.

Eine von Schultes Quellen zum Überfall auf Rußland war möglicherweise Dr. Erwin Respondek, ein früherer Reichstagsabgeordneter der Zentrumspartei aus Schlesien, aber beweisen läßt sich dies heute nicht mehr. Respondek, der neben anderen damit beauftragt war, deutsche Währung für die besetzten Gebiete in Rußland herzustellen, war der erste, der – über Sam Woods – den Amerikanern den Plan Barbarossa im Detail zukommen ließ. In den USA verbürgte sich der frühere Reichskanzler Heinrich Brüning (der Respondek kannte) für die Authentizität der Quelle. In seinen Memoiren erwähnt Außenminister Cordell Hull diese Episode.

In seinem Buch *Codeword Barbarossa,* S. 38f., identifiziert Barton Whaley aufgrund von Angaben, die er von Professor Harold C. Deutsch erhielt, Sam Woods' Hauptinformanten fälschlich als Hans Herwarth von Bittenfeld, einen jungen deutschen Offizier und Beamten im Außenministerium. Professor Deutsch erfuhr jedoch später von dem früheren Botschafter »Chip« Bohlen, daß Respondek und nicht Herwarth die Quelle gewesen war. Affidavit Professor Deutsch aus dem Jahre 1982 und Interview mit Hans Herwarth von Bittenfeld.

Über Informationen, die zu den Briten gelangten, siehe F. H. Hinsley et al., *British Intelligence in the Second World War: Its Influence on Strategy and Operations,* Bd. I, New York 1979, S. 429–483; über den Feldzug: Andreas Hillgruber, *Hitlers Strategie: Politik und Kriegsführung 1940–1941,* Frankfurt/M. 1965, S. 536–563.

Seite 81–84:
Über Hermann Schulte: Angaben von Ruprecht und Oskar Schulte, Akte Hermann Schulte, Berlin Document Center. Über Abteilung Z siehe: Erkennungsmarkenverzeichnis, Amt Ausland/Abwehr (Zentralabteilung) sowie Arbeitsplan Amt Ausland/Abwehr, R. 5, S. 40 und RW 4 783, S. 54b–55, Bundesarchiv-Militärarchiv, Freiburg. Verhör Walter Huppenkothen, 3. Dezember 1947, NA RG 238. Außerdem: Heinz Höhne, *Canaris: Patriot im Zwielicht,* München 1976.

Über Oster allgemein siehe Romedio Galeazzo Graf von Thun-Hohenstein, *Der Verschwörer: General Oster und die Militäropposition,* Berlin 1982.

Seite 84–85:

Über den Niedergang der Abwehr im allgemeinen siehe vor allem Höhne, *Canaris.* Zu alliierten Einschätzungen der Abwehr siehe »The German Intelligence Services« [British Report], in: NA RG 319, XE 003 641. Über Hermann Schulte: Informationen von Ruprecht Schulte.

Seite 85–87:

Siehe das undatierte Affidavit des Gestapo-Offiziers Walter Huppenkothen über den polnischen Funkverkehr zwischen Bern und London, NA RG 238, Huppenkothen File.

Riegner und Sagalowitz erfuhren von dem Bericht über Veränderungen im deutschen Oberkommando im Laufe ihrer Untersuchung im Jahre 1942. Zu Deutschlands Rohstoffknappheit siehe Georg Thomas, *Geschichte der deutschen Wehr- und Rüstungswirtschaft,* Boppard a. Rh. 1966 (Schriften des Bundesarchivs, Nr. 14). Albert Seaton, *The German Army 1933–1945,* London 1983, S. 188.

Der Bericht von Januar 1942 gelangte aus einer alliierten Nachrichtenquelle über die Briten zu den Amerikanern. Obwohl der Name des Ursprungslandes in dem britischen Telegramm an Donovan (der die Codebezeichnung »Q« erhielt) zweimal gestrichen ist, ist es wegen der Länge der Lücke nahezu sicher, daß es sich um Polen handelte (das in jedem Fall über den aktivsten Nachrichtendienst der übrigen alliierten Länder verfügte). Dieser alliierte Dienst schätzte, so hieß es, die Quelle, die die Information geliefert hatte, sehr hoch ein.

Das Dokument beschreibt die Quelle folgendermaßen: »von ihm wird gesagt – wie wir glauben, zu Recht – daß er mit hochgestellten deutschen Persönlichkeiten in Verbindung steht. Wir haben diese Quelle häufiger zitiert, und unsere Erfahrungen mit ihm waren im großen und ganzen gut. Er sagte korrekt den deutschen Angriff auf Rußland voraus.« Siehe NA RG 226, 12854, 12856. All dies paßt vollkommen auf Schulte.

Geheimdienstberichte identifizieren ihre Quellen nur selten namentlich – und wenn sie es tun, werden die Namen gewöhnlich von Experten der Regierung gestrichen, bevor derartige Dokumente der Öffentlichkeit zugänglich gemacht werden. Polnische Geheimdienstberichte, die sowohl den Briten als auch den Amerikanern zugingen, machten da keine Ausnahme. Die britische Regierung hat weder ihre eigenen Geheimdienstakten aus dem 2. Weltkrieg noch das Archiv des Zweiten Büros des Polnischen Generalstabs, das nach dem Krieg in englischen Gewahrsam kam, freigegeben. Selbst der Freedom of Information Act in den USA läßt es zu, daß die Regierung die Namen von Informanten und Agenten zurückhält.

Als die Deutschen Mitte 1943 endlich den Code knackten, den die Polen in der Schweiz verwendeten, und die polnischen Funksprüche aus der Schweiz nach London lesen konnten, erfuhren sie eine ganze Menge über Chojnackis Netz in

Polen und die Rolle, die Schulte darin spielte. Gestapooffizier Walter Huppenkothen offenbarte einige dieser Einzelheiten in einem nach dem Krieg abgegebenen Affidavit, und Schulte äußerte sich in einigen Nachkriegsdokumenten ebenfalls zu seiner nachrichtendienstlichen Tätigkeit. Aus diesen Aussagen geht hervor, daß Schulte Zugang zu Informationen aus dem deutschen Generalstab und Hitlers Hauptquartier hatte. Im Wissen darum konnten wir Hunderte von polnischen Geheimdienstberichten durchforsten, die den Amerikanern zugingen (und die sich in den National Archives befinden), und die Informationen, die von Schulte kamen, mit Hilfe einer bestimmten Codebezeichnung, die der polnische Militärattaché verwendete, ausfindig machen.

In anderen Fällen, in denen sich dechiffrierte polnische Sendungen ohne Codenamen oder Codeziffer in deutschen oder amerikanischen Akten fanden, stießen wir auf Informationen, von denen Schulte Kenntnis gehabt haben müßte, und wir unternahmen eine vorläufige Identifizierung. Eine Bestätigung wird nicht erfolgen, bevor die britische Regierung ihre polnischen Geheimdienstunterlagen freigibt, was in diesem Jahrhundert nicht mehr der Fall sein wird.

Seite 87-88:
Polish Intelligence Report 241, 25. August 1942, NA RG 319, Box 957, Germany 9505; Polish Report 340/43, 29. Januar 1943, NA RG 165, Box 1431, Policy 0/B Intelligence. Wir danken Professor Gerhard Weinberg von der Universität North Carolina, der uns auf dieses Material aufmerksam machte.

Über den anderen deutschen Industriellen, der Informationen weitergab, siehe: »Information über Deutschland«, 28. Juli 1942, Kopie im Besitz von Gerhart Riegner.

Seite 88-89:
Die Akten des Schweizerischen Bundesarchivs in Bern über Schulte sind noch nicht geöffnet. Wir danken dem Direktor des Archivs und seinem Vertreter Dr. Christopher Graf dafür, daß sie uns offizielle Zusammenfassungen über Schultes Aktivitäten zur Verfügung stellten. Auch wenn in nicht allzu ferner Zukunft weiteres Material veröffentlicht werden mag, ist es wenig wahrscheinlich, daß sich darunter Akten befinden, die die von Schulte an die Schweizer übermittelten Informationen betreffen. Aber Dr. Alfred Schaefer war äußerst mitteilsam über Schulte.

Dank schulden wir auch Professor H. R. Kurz, dem Autor des Buches *Nachrichtenzentrum Schweiz: Die Schweiz im Nachrichtendienst des Zweiten Weltkrieges,* Frauenfeld 1973, mit dem wir über einige Probleme dieses Buches diskutierten. Eine weitere wichtige Quelle ist: Hans Rudolf Fuhrer, *Spionage gegen die Schweiz: Die geheimen deutschen Nachrichtendienste gegen die Schweiz im Zweiten Weltkriege 1939–1945,* Frauenfeld 1982. Über Masson siehe Schweizerisches Bundesarchiv, 10019-10040, 10098 u.v.a. Eine der besten Zusammenstellungen über das Ausmaß von Informationen, die den Schweizer militärischen Nachrichtendienst erreichten, ist eine journalistische Darstellung: K. Emmenegger, *»Q-n« wußte Bescheid,* Zürich 1965.

Über die schweizerisch-deutschen Beziehungen siehe Edgar Bonjour, *Geschichte der schweizerischen Neutralität: Vier Jahrhunderte eidgenössischer Außenpolitik, 1939-1945,* Bde. 4-8, Basel 1970-1975, besonders Bd. 5, S. 47-67, 241-278.

Über Waibel und Viking siehe unter anderem Fuhrer, *Spionage . . .,* S. 131; Jozef Garlinski, *The Swiss Corridor,* London 1981, S. 110f., 117f.; Nigel West, *Unreliable Witness: Espionage Myths of the Second World War,* London 1984, S. 51-67.

Seite 89 Fußnote:
»The O.K.W.'s Military Plans«, 31. März 1943, NA RG 165, Box 1431, Polish O/B Intelligence.

Seite 89-91:
Joseph Goebbels, *Tagebücher 1945: Die letzten Aufzeichnungen,* Hamburg 1977. Michael H. Kater, *The Nazi Party: A Social Profile of Members and Leaders, 1919-1945,* Cambridge, Mass. 1983, S. 228, 382, Anm. 20. Akte Hanke, Berlin Document Center. Siehe auch Peter Hüttenberger, *Die Gauleiter: Studie zum Wandel des Machtgefüges in der NSDAP,* Stuttgart 1969, S. 199. Zwar wurde Hanke formell erst 1941 zum Gauleiter ernannt, Hitler beschloß aber schon im Dezember 1939, ihn mit einem Gauleiterposten zu belohnen. Siehe Aktenvermerk [Bormann] für Pg. Friedrichs, 7. Dezember 1939, NA RG 242, T-580, R 80. Über Hanke und Goebbels: Albert Speer, *Erinnerungen,* Berlin 1969; Viktor Reimann, *Dr. Joseph Goebbels,* Wien usw. 1971. Über Hanke und die Nacht der langen Messer: Friedrich Christian Prinz zu Schaumburg-Lippe, *Dr. G.: Ein Porträt des Propagandaministers,* Wiesbaden 1972, S. 88-93. Über Hanke und Auschwitz: Speer, *Erinnerungen.*

Seite 91-93:
Informationen über Schulte von Dr. Arthur Burkhardt und Dr. Albrecht Jung. Akte Werlin, Berlin Document Center. Zu Werlin in Hitlers Hauptquartier siehe: *Adolf Hitler: Monologe im Führerhauptquartier 1941-1944, Die Aufzeichnungen Heinrich Heims,* hrsg. v. Werner Jochmann, Hamburg 1980, S. 194, und Confidential Intelligence Report No. 398, 28. März 1944, NA RG 84, Zurich Confidential File 1944, 800. In diesem Report wird Werlins Name falsch »Wernle« geschrieben.

Der geheimnisvolle Bote

Seite 93-99:
Einzelheiten der Reise wurden anhand der Gewohnheiten Schultes zusammengetragen, wie sie von seinen Kollegen und Familienangehörigen berichtet worden sind. Jagdbuch und Angaben über Kleist von Ruprecht Schulte. Über die Juden von Breslau am 15. November 1941 siehe NA RG 242, T-81, R 676/ 5485696. Einzelheiten im Hotel Baur-au-Lac von der Leitung des Hotels, der wir dankbar sind.

Seite 99–105:
Über Schulte, Rosenstein und Koppelmann Informationen von Hans La Roche, Basel, Dr. Jonathan Friedmann, Basel, und Dr. Alfred Schaefer, Zürich; über Rosenstein und Koppelmann mündliche und schriftliche Mitteilungen von Dr. Gerhart Riegner. Über Doris Kurz Informationen von Dr. Arthur Burkhardt. Informationen über Koppelmann und seine Schwester von Dr. S. Scheps, Genf. Über Sagalowitz und seinen Begleiter Informationen von Sagalowitz' Schwägerin Lucie Sagal und seiner Nichte Nina Zafran-Sagalowitz, beide Zürich.

Über das Schachturnier wurde in den Schweizer Zeitungen, beispielsweise in der *Neuen Zürcher Zeitung* und der monatlich erscheinenden *Schweizerischen Schachzeitung,* berichtet. Wir sind Alois Nagler zu Dank verpflichtet, der Sagalowitz kannte und während des Wettbewerbs in Lausanne war, ebenso Dr. Alois Müller, dem stellvertretenden Vorsitzenden des Schweizer Schachbundes, sowie Dr. Schudel, der das Hauptturnier 1942 in Lausanne gewann.

Seite 105–110:
Ein Teil der Sagalowitz-Papiere liegt in Yad Vashem, Jerusalem, aber die meisten persönlichen Unterlagen sind in Zürich in Privathand. Einige biographische Angaben enthält eine Broschüre, die kurz nach seinem Tode von seinen Freunden herausgegeben wurde. Weitere Einzelheiten von Dr. J. Treitel, St. Gallen, Jules Passweg, Zürich, Dr. Gerhart Riegner und verschiedenen Zürcher Journalisten.

Über Steiger und Rothmund siehe Alfred A. Häsler, *Das Boot ist voll,* Zürich 1967.

Seite 110–116:
Über Sagalowitz Informationen von Lucie Sagal und Nina Zafran-Sagalowitz. Curt Riess, *Café Odeon: Unsere Zeit, ihre Hauptakteure und Betrachter,* Zürich 1973. Winston Churchills Rede in »Botschaft Churchills an die amerikanischen Juden«, *Neue Zürcher Zeitung,* 23. Juli 1942 (Morgenausgabe). Köchers Beschwerden und Goebbels' Drohungen in: Edgar Bonjour, *Geschichte der schweizerischen Neutralität,* Bd. 5, Basel 1970–75, S. 161–238, 243–246, 250f., 260. Über die jüdischen Organisationen in der Schweiz und auch über Sagalowitz und Riegner: Briefwechsel und Interviews mit Dr. Riegner.

Seite 116–120:
Briefwechsel und Interviews mit Dr. Riegner. Riegners Brief »Zur Klarstellung«, in: *Israelitisches Wochenblatt,* 1. Juni 1984.

Seite 120–122:
Über die Hintergründe der frühen Nazimorde in Polen siehe Helmut Krausnick, »Hitler und die Morde in Polen«, in: *Vierteljahrshefte für Zeitgeschichte* 11 (1963), S. 196–209. Hitlers einschlägige Reden sind zitiert in Lucy S. Dawidowicz, *Der Krieg gegen die Juden.* Über die Wannseekonferenz siehe Raul Hilberg, *Die Vernichtung der europäischen Juden,* Berlin 1982, S. 284–86, und R. Hilberg (Hrsg.),

Documents of Destruction: Germany and Jewry 1933-1945, London 1972, S. 89-99. Zum Ausmaß der zeitgenössischen Kenntnis von diesen Ereignissen: Riegner, »Zur Klarstellung«, *Israelitisches Wochenblatt,* 1. Juni 1984; Briefwechsel und Interviews mit Riegner. Über Lichtheims Kenntnisse und Berichte siehe Walter Laqueur, *Was niemand wissen wollte: Die Unterdrückung der Nachrichten über Hitlers »Endlösung«,* Frankfurt/M., Berlin 1981, und Martin Gilbert, *Auschwitz und die Alliierten,* München 1982.

Seite 122-124:
Über die allgemeine Ungläubigkeit gegenüber Berichten von Massentötungen siehe Laqueur, *Was niemand wissen wollte,* passim. Über die Gedanken und Empfindungen von Riegner und Sagalowitz im Juli/August 1942: Briefwechsel und Interviews mit Dr. Riegner. Riegner, »Zur Klarstellung«, *Israelitisches Wochenblatt,* 1. Juni 1984.

Das Riegner-Telegramm

Seite 124-129:
Interview mit Dr. Arthur Burkhardt. Briefwechsel und Interviews mit Dr. Riegner. Riegner, »Zur Klarstellung«, *Israelitisches Wochenblatt,* 1. Juni 1984. Dr. Riegners (unveröffentlichter) Brief vom 4. August 1942 an Guggenheim, den uns Dr. Riegner freundlicherweise zugänglich machte. Guggenheims Empfehlungsschreiben für Dr. Riegner an Squire vom 6. August 1942, in: NA RG 84, Geneva Confidential File 1942, 110.2. Wir müssen betonen, daß sich Dr. Riegner noch immer an sein Versprechen gebunden fühlt, den Namen des Industriellen nicht preiszugeben.

Seite 129-131:
Interviews mit Dr. Riegner. Riegners Brief vom 8. August 1942 an Guggenheim. Die Tatsache, daß Squire in Crans-sur-Sierre Urlaub machte, geht hervor aus: Squire an Harrison, 8. August 1942, NA RG 84, Bern Confidential File 1942, 800-Germany. Interviews mit Elting und Dr. Riegner.

Seite 131:
Memorandum Eltings vom 8. August 1942 über Gespräch mit Riegner, NA RG 84, Geneva Confidential File 1942, 110.2. Elting an Außenminister, 10. August 1942, NA RG 59, CDF 862.4016/2234. Zitat aus Harrison an Außenminister, 11. August 1942, NA RG 59, CDF 862.4016/2234; auch zitiert in: Saul S. Friedman, *No Haven for the Oppressed: United States Policy Toward Jewish Refugees, 1939-1945,* Detroit 1973, S. 131. Die Zusammenfassung des Außenministeriums, die an das OSS übermittelt wurde, in NA RG 226, Entry 4, Box 1, Despatches from Neutral Posts, 11. August 1942.

Seite 131-133:
Allgemein über Wise: Stephen Wise, *Challenging Years: The Autobiography of Stephen Wise,* New York 1949, und Melvin I. Urofsky, *A Voice That Spoke for*

Justice: The Life and Times of Stephen S. Wise, Albany 1982. Das Zitat aus Urofsky, S. 73. Die Einschätzung, die die Autoren von Wise haben, beruht auf sorgfältiger Lektüre seiner Privatpapiere, die bei der American Jewish Historical Society, Waltham, Mass., liegen. Über die Einstellung des Außenministeriums zu Wise im Jahre 1942 siehe beispielsweise Eddy an Gordon, 7. Dezember 1942, NA RG 59, CDF 862.4016/2251.

Seite 133–134:

NA RG 59, CDF 862.4016/2235 und 2233 Confidential File. Huddle an Elting, 21. August 1942, NA RG 84, Geneva Confidential File 1942, 110.2. Squire an Riegner, 24. August 1942, NA RG 84, Geneva Confidential File 1942, 800. Riegner an Squire, 26. August 1942, Geneva Confidential File 1942, 800.

Seite 134–135:

Complete Presidential Press Conferences of Franklin D. Roosevelt, New York 1972, Bde. 19–20, 21. August 1942.

Seite 135:

Interviews mit Dr. Riegner. Die offizielle britische Reaktion auf das Telegramm wird ausführlich diskutiert von Martin Gilbert, *Auschwitz und die Alliierten,* München 1982. Das US-Außenministerium erhielt eine Kopie von Silvermans Telegramm an Wise; sie befindet sich in NA RG 59, CDF 740.00 116 E. W. 1939/553.

Seite 135–137:

Wise an Welles, 2. September 1942, NA RG 59, CDF 840.48 Refugees/3080. Wise an Frankfurter, 4. September 1942, abgedruckt in *Stephen S. Wise: Servant of the People. Selected Letters,* hrsg. von Carl Hermann Voss. Philadelphia 1969, S. 248f. Über Welles und Hull siehe Robert Dallek, *Franklin D. Roosevelt and American Foreign Policy, 1932–1945,* New York 1981, S. 149, 421. Ferner Interview mit Elbridge Durbrow. Über Hulls Einstellung zu jüdischen Wünschen siehe David S. Wyman, *The Abandonment of the Jews, 1941–1945,* New York 1984, S. 190. Atherton an Welles, 3. September 1942, NA RG 59, CDF 840.48 Refugees/3080; die Notiz läßt darauf schließen, daß die Informationen Wise am 3. September telefonisch mitgeteilt wurden. Wise an Frankfurter, 4. September 1942, in: Voss (Hrsg.), *Stephen S. Wise* . . ., S. 248f.

Seite 137–138:

Tagebuch A. Leon Kubowitzki, 15. Februar 1945, World Jewish Congress, London. Briefwechsel und Interviews mit Dr. Riegner.

Es gab weitere Juden in der Schweiz, die teils zutreffende, teils unzutreffende Informationen über die Nazimorde weitergaben. Wyman, *The Abandonment* . . ., S. 45–47, nennt zusätzliche Einzelheiten über die Aufnahme, die verschiedene Telegramme in New York fanden. Hitlers Rede vom 30. September wurde in den USA abgehört und übersetzt. Siehe NA RG 165, Box 1193, Germany 3700. Auszüge zitiert Arthur Morse, *Die Wasser teilten sich nicht,* Bern usw. 1968.

Seite 138–139:

Wise an Frankfurter, 16. September 1942, abgedruckt in: Voss (Hrsg.), *Stephen S. Wise*..., S. 250f. Cox an Ciechanowski, 14. September 1942, Oscar Cox Papers, Box 6, Franklin D. Roosevelt Library. Auch Allen Dulles war von der Idee einer Kriegsverbrechenskommission angetan. Allen Dulles an James G. McDonald, 24. September 1942, McDonald Papers, Dulles Folder, G-113, Columbia School of International Affairs. Taylors generelle Aufgabe war es, den Papst dazu zu bewegen, als moralischer Führer aufzutreten und von jeder Bemühung um einen Kompromißfrieden abzusehen. Siehe President's Secretary's File, Box 71, Vatican: Myron Taylor, Franklin D. Roosevelt Library. Kopie des Lichtheim-Welles-Berichts in NA RG 84, Bern Confidential File 1942, 840.1 »Jews«. Über diese Episode siehe Gilbert, *Auschwitz*..., Über die Bitte um Bestätigung der Berichte durch den Vatikan siehe Wyman, *The Abandonment*..., S. 49; NA RG 84, Bern Confidential File 1942, 840.1 »Jews«. Memorandum über das Gespräch vom 25. September 1942: President's Secretary's File, Box 71, wie oben zitiert. Taylor an Maglione, 26. September 1942, und Welles an Taylor, 21. Oktober 1942, Taylor Papers, Box 1, 1942, Library of Congress. Tittman Report of Audience with Pope, 5. Januar 1943, Kopie in: William J. Donovan Papers, Box 102A, Bd. 5, U. S. Army Military History Institute, Carlisle, Pa.

Seite 139–140:

Welles an Harrison, 5. Oktober 1942, NA RG 84, Bern Confidential File, 1942, 840.1 »Jews«, und RG 59, CDF 740.00116 E. W. 1939/600A. Harrisons Lebensstil geht hervor aus seinen Privatpapieren, Library of Congress. Wise an Mack, 6. Oktober 1942, Box 115, Wise Papers, American Jewish Historical Society. Harrison an Squire und Huddle an Squire, 6. Oktober 1942, NA RG 84, Geneva Confidential File 1942, 800. Wise an Frankfurter, 9. Oktober 1942, Wise Papers, Box 109.

Seite 140–143:

Pressemitteilung des Weißen Hauses in: Official File 5152, Franklin D. Roosevelt Library. Briefwechsel und Interviews mit Dr. Riegner. »Documents submitted to His Excellency ... Leland Harrison«, 22. Oktober 1942. NA RG 84, Bern Confidential Correspondence, 1942, 840.1 »Jews«. Der Name Eduard Schulte findet sich in einem Quellenanhang zu dem Dokument über die Endlösung.

Squire an Harrison, 29. Oktober 1942, NA RG 84, Bern Confidential File 1942, 800. Harrison an Welles, 24. Oktober 1942, NA RG 84, Bern Confidential File, 840.1 »Jews«. Squire an Außenminister, 29. Oktober 1942, und Squire an Harrison, 29. Oktober 1942, Geneva Confidential File 1942, 800. Harrison an Welles, 31. Oktober 1942, NA RG 84, Bern Confidential File 1942, 840.1 »Jews«.

Seite 143–144:

Biographische Angaben über Burckhardt in: Wilhelm Kosch, *Biographisches Staatshandbuch: Lexikon der Politik, Presse und Publizistik,* Bern 1963. Interview mit Dr. Riegner. Das Treffen zwischen Hitler und Burckhardt beschreibt Burckhardt in *Meine Danziger Mission,* Zürich 1960, S. 341–348. Squire an Harrison [7. November 1942], NA RG 84, Bern Confidential File 1942, 840.1 »Jews«; Squire an Harrison, 7. und 9. November 1942, NA RG 84, Geneva Confidential File 1942, 800.

Seite 145:

Wise an Bakstansky, 29. September 1942, Wise Papers, Box 104. NA RG 59, CDF 740.00 116 E. W. 1939/656. Wyman, *The Abandonment* . . ., S. 50–52.

Seite 145–146:

Bericht des US-Außenministeriums vom 15. Dezember 1942, zitiert in: Memorandum on the Bermuda Conference, 22. Februar 1944, War Refugee Board Records, Box 3, FDR Library; Eddy an Gordon und Anlage, 7. Dezember 1942, NA RG 59, CDF 862.4016/2251.

Seite 146–148:

Wertheim u. a. an den US-Präsidenten, 8. Dezember 1942, und Anlage, OF 76-C, FDR Library. Monty N. Penkower, *The Jews Were Expendable: Free World Diplomacy and the Holocaust,* Urbana 1983, S. 85f. Über Frankfurter siehe Walter Laqueur, *Was niemand wissen wollte* . . .. Über Roosevelt und die Third War Powers Bill siehe Wyman, *The Abandonment* . . ., S. 56–58. Über Roosevelts Konferenz mit Wallace und Rayburn, die von Wyman nicht erwähnt wird, siehe Tagebuch Wallace, 26. November 1942, S. 1995, Columbia Oral History Collection, Columbia University, zitiert in Dallek, *Franklin D. Roosevelt* . . ., S. 446. Über die Beratung, die Roosevelt zu dieser Zeit über die Judenfrage erhielt, siehe Richard Breitman, »The Allied War Effort and the Jews, 1942–43«, in: *Journal of Contemporary History* (Januar 1985), S. 138–143. Zu Großbritannien siehe Bernard Wasserstein, *Britain and the Jews of Europe 1939–1945,* Oxford 1979, S. 171–174. Bericht des US-Außenministeriums vom 15. Dezember 1942 (im vorigen Absatz zitiert). Der Wortlaut der Erklärungen der Vereinten Nationen und Wises in: *Bulletin of the World Jewish Congress* (Januar 1943), No. 4, S. 10f.

Mr. Dulles tritt auf

Seite 148–150:

Informationen von Dr. Alfred Schaefer, Dr. Arthur Burkhardt und Ruprecht Schulte. Zur Häufigkeit von Schultes Reisen in die Schweiz: Offizielle Zusammenfassungen, Schweizerisches Bundesarchiv, Bern.

Seite 150–151:

Über die verspätete Entscheidung der USA, einen Vertreter in die Schweiz zu entsenden, siehe William J. Donovans Memorandum an den Präsidenten, 27. Mai 1942, President's Secretary's File, Box 166, OSS: Donovan Reports, FDR Library. Über Dulles siehe Allen Dulles, *Verschwörung in Deutschland,* Kassel

1949; über die Anwerbung von Gero von Gaevernitz durch Dulles und seine Arbeit mit ihm: Interview mit Cordelia Hood. Außerdem, wenn auch weniger zuverlässig: Leonard Mosley, *Dulles: A Biography of Eleanor, Allen and John Foster Dulles and Their Family Network,* New York 1978, S. 126–132. Das Dulles-Zitat aus Allen Dulles, *Im Geheimdienst,* Düsseldorf, Wien 1963.

Seite 151:

Die Episode mit Dulles' Köchin in Dulles, *Im Geheimdienst,* und Mosley, *Dulles,* S. 140. Zu den Sicherheitsproblemen der Gesandtschaft siehe Dulles, *Verschwörung...,* und NA RG 84, Bern Confidential File, 1942, 820.02 Gero von Gaevernitz. Ferner Interview mit Cordelia Hood. Der Name des Nazispions war Jacob Fürst.

Seite 151–154:

Die wichtigsten Untersuchungen über die deutschen Geheimdienste in der Schweiz sind: David Kahn, *Hitler's Spies,* New York 1978; Heinz Höhne, *Canaris,* München 1976; Paul Leverkühn, *Der geheime Nachrichtendienst der deutschen Wehrmacht im Kriege,* Frankfurt/M. 1957; Wilhelm F. Flicke, »War Secrets in the Ether«, 2 Bde., Kopie in: Philip Strong Papers, Mudd Library, Princeton. Zur Bedeutung von Gisevius als Nachrichtenquelle siehe Dulles' Kommentar in Warren M. Chase's Office Memorandum vom 25. Oktober 1945, NA RG 84, Bern Confidential Correspondence 1945, 800 Germany – »Remnants of Subversive Movements«. Gisevius' Bedeutung wird bestätigt durch die Lektüre der von Dulles nach Washington gesandten Telegramme (mit verschlüsselten Quellenhinweisen). Siehe NA RG 226, Entry 134, »Radio and Cables from Bern«. Gisevius' Papiere sind unseres Wissens noch in Privatbesitz. Siehe aber Hans Bernd Gisevius, *Bis zum bittern Ende,* Darmstadt 1947–48, und ders., *Wo ist Nebe: Erinnerungen an Hitlers Reichskriminaldirektor,* Zürich 1966; beide Bücher enthalten autobiographische Informationen. Siehe auch Mary Bancroft, *Autobiography of a Spy,* New York 1983, S. 163–240. Das Gisevius-Zitat aus Klaus Urner, *Der Schweizer Hitler-Attentäter: Drei Studien zum Widerstand und seinen Grenzbereichen,* Frauenfeld 1980, S. 19f. Bestätigt wird Gisevius' Rolle bei der Rettung von Juden im Verhör von Aloys Schreiber, 22. August 1946, NA RG 238, M-1270 R 27/0435–36.

Seite 154–155:

Wir danken Dr. Eduard Waetjen, daß er uns seine Erinnerungen an Gisevius und Schulte mitteilte. Für die Code-Episode siehe Anmerkungen im vorigen Absatz. Bestätigung des Kontakts von Dulles zu Schulte in Dulles' Telegramm an Washington, 15. Mai 1943, NA RG 226, Entry 134, Box 307. Über das vorangegangene Treffen zwischen Schulte und Dulles: Informationen von Dr. Albrecht Jung und Ruprecht Schulte. Ferner James M. Markham, »An Unsung Good German: Fame Comes at Last«, *New York Times,* 9. November 1983.

Seite 155–156:
Dulles und Schulte trafen sich in den Monaten Mai, Juli, September und Oktober 1943 - in manchen der Monate möglicherweise mehr als einmal. Zu Dulles' erster Reaktion siehe Akte Schulte des CIA. Andere Kommentare von Dulles in: Bern an OSS, 15. Mai 1943, NA RG 226, Entry 134, Box 307; 3. Juli 1943, ebd.; Zitat vom 29. Oktober 1943, Box 171; 17. November 1943, Box 170. Ferner Informationen von Dr. Eduard Waetjen und Ruprecht Schulte. Washingtons Reaktion auf Schultes Memorandum in: OSS an Bern, 13. Dezember 1943, Box 341; Washingtons Anweisungen über Deutsche, die den USA behilflich sein könnten, in: OSS an Ustravic London, 30. Oktober 1943, Box 340; alles in NA RG 226, Entry 134.

Seite 156–157:
Anfrage OSS, 25. August 1943, Box 338; Dulles' Antwort mit Informationen von Schulte, 9. September 1943, Box 340; das Zitat beruht auf Schultes Angaben über Hitler, 1. Oktober 1943, Box 171; alles in NA RG 226, Entry 134.

Seite 157–161:
Über den Oslo Report siehe F. H. Hinsley et al., *British Intelligence in the Second World War,* Bd. I, New York 1979, S. 508–512; zu den Berichten über die V 2, ihre Einschätzung durch die Alliierten sowie den potentiellen und tatsächlichen Schaden siehe ebd., Bd. I, 99; Bd. III, Teil 1, New York 1984, S. 357–455. Nützlich ist auch R. V. Jones, *Most Secret War,* London 1978, S. 523–584. Schultes Bericht über die V 2 ist enthalten in: Bern an OSS, 9. September 1943, NA RG 226, Entry 134, Box 340.

Etwas später wurde die Treffgenauigkeit der V 2 auf ungefähr 150 m verbessert. Walter Dornberger, *V 2: Der Schuß ins Weltall; Geschichte einer großen Erfindung,* Esslingen 1952. Der Bericht von Gisevius in: Bern an Außenminister für OSS, 15. September 1943, NA RG 226, Entry 134, Box 340. Quelle »680« ist in demselben Dokument erwähnt. Das Dulles-Zitat vom 18. Juli 1946: Dulles Papers, Box 19, Peenemünde Raid Folder, Mudd Library, Princeton University. Dulles' Vorbehalte gegenüber Berichten von Geheimwaffen in: Dulles an OSS, 28. Mai 1943, NA RG 226, Entry 134, Box 307.

Seite 161–162:
Dwight D. Eisenhower, *Crusade in Europe,* New York 1948, S. 260. Dornberger, *V 2 . . .,* 1946 schrieb der amerikanische Geheimdienstbeamte Peter M. F. Sichel, daß die von Schulte übermittelten Informationen von der US-Armee hoch geschätzt worden seien. Sichel an Sorter, 8. November 1946, US-Justizministerium, Silesian-American Corporation Case File.

Über Schultes Treffen mit Waetjen: Informationen von Dr. Eduard Waetjen.

Seite 162–168:
Interview mit Dr. Albrecht Jung. Schreiben von Günter von Poseck. Interview mit Dr. Eduard Waetjen. Siehe auch Allen Dulles, *Verschwörung . . .;* hier wird der Vorfall kurz beschrieben, ohne daß jedoch Schultes Name genannt ist. Interviews mit Ruprecht und Oskar Schulte. Der Paß wurde im Oktober 1943 in Breslau verlängert. Siehe Affidavit Chojnacki, 19. Juli 1945, NA RG 84, Zurich Confidential File 1945, 800.

Seite 168–172:
Brief Wolfgang Schultes und Dokument der schweizerischen Grenzpolizei im Besitz von Ruprecht Schulte. Interviews mit Ruprecht und Oskar Schulte und mit Dr. Eduard Waetjen.

Seite 172–175:
Interview und Briefwechsel mit Dr. Eduard Waetjen. Ein großer Teil der Geschichte wird in Dokumenten erzählt, die Schulte im November 1946 zusammentrug. »Dr. Schulte's Pro-Allied Activities«, NA RG 84, Zurich Confidential File 1945, 800. Über Daufeldt siehe Akte Hans Daufeldt, Berlin Document Center, sowie Bericht und Nachkriegsverhör Eggen, Schweizerisches Bundesarchiv E 27 9846 und 12 3190.

Seite 174 Fußnote:
Interview mit Dr. Eduard Waetjen und Dulles, *Verschwörung . . .*

Seite 175–176:
Am 22. September 1942 erklärte von Steiger dem schweizerischen Parlament, die Regierung könne nicht alle illegal einreisenden Flüchtlinge als politische Flüchtlinge behandeln. Die Neuankömmlinge stellten eine Gefahr für die innere Ordnung dar, und es müßten gesetzliche Maßnahmen ergriffen werden, die ihre Ausweisung ermöglichten. Die schweizerischen Grenzkontrollen würden verschärft werden. Der Text dieser Rede findet sich in NA RG 84, Bern Confidential File 1942, 800 Switzerland – »Refugees«. Zur Flüchtlingspolitik der Schweiz im allgemeinen siehe Häsler, *Das Boot . . .;* Bonjour, *Geschichte der schweizerischen Neutralität,* VI, S. 13–44; Interview mit Dr. Waetjen.

Seite 176–177:
Interview mit Dr. Eduard Waetjen. Über Meisner siehe Hans Rudolf Fuhrer, *Spionage gegen die Schweiz,* Frauenfeld 1982, S. 110.

Seite 176 Fußnote:
Dulles informierte Washington über seine vorgebliche wirtschaftliche Aufgabe, die er als Deckmantel benutzte, in: Bern an Washington, 12. Juni 1944, NA RG 226, Entry 134, Box 192.

Seite 177–179:
Über Abwehr III: Heinz Höhne, *Canaris,* München 1976. Interview mit Dr. Eduard Waetjen.

Seite 179–180:
Interviews mit Ruprecht und Oskar Schulte. Medizinisches Attest im Besitz von Ruprecht Schulte.

Seite 180–183:
Interviews mit Dr. Afred Schaefer, Dr. Albrecht Jung, Ruprecht und Oskar Schulte.

Seite 183:
Interviews mit Ruprecht Schulte, Dr. Eduard Waetjen und Dr. Albrecht Jung. Über das Kriegsverdienstkreuz, das anscheinend im Mai 1944 verliehen wurde, siehe Stauffer an Politischen Berater, 3. Juni 1946, Dokumente des Außenministeriums in: Justizministerium, Alien Property Custodian Documents, Silesian-American Corporation Case File.

Seite 183–185:
Über die deutschen Abhörstellen und Bern siehe Wilhelm F. Flicke, »War Secrets in the Ether«, 2 Bde., Kopie in: Philip Strong Papers, Mudd Library, Princeton, Bd. II, S. 237–240, 245–249, 315f., 396. Über Firla siehe NA RG 242 EAP 173–B–16–12, Himmler Collection, Box 26. Über die Auswirkungen der Verhaftung(en) in Toulouse siehe Huppenkothens undatiertes Affidavit über das polnische Funknetz, NA RG 238, Huppenkothen File.

Seite 185:
Über die Dechiffrierung der polnischen Berichte durch die Deutschen siehe dechiffrierte Berichte in NA RG 242, T–175, R 122/2647255–57; R 404/2926344–45; T–175, R 404/2926312–14; R 488/9349114. Über Kursk siehe Wilhelm F. Flicke, *Agenten funken nach Moskau: Sendergruppe »Rote Drei«*, Kreuzlingen 1954, S. 337f. Das Zitat aus Flicke, »War Secrets . . .«, Bd. II, S. 316. Huppenkothens undatiertes Affidavit, NA RG 238, Huppenkothen File.

Seite 185–187:
Huppenkothens undatiertes Affidavit, NA RG 238, Huppenkothen File. Akten Häusler, Heller und Bruno Urbanski, Berlin Document Center. Geschäftsverteilungsplan des Amtes IV, NA RG 319, XE 002783. Über die Jerzy-Verhaftungen: NA RG 242, T–175, R 485/9342513–20.

Seite 187–190:
Bern an OSS, 9. September 1943, NA RG 226, Entry 134, Box 169. Schulte erwähnte die Übermittlung seines richtigen Namens nach London im September 1943 in seinem Lebenslauf vom 25. März 1946, US-Justizministerium, Alien Property Custodian Records, Silesian-American Corporation Case File. Akten Heller und Huppenkothen, Berlin Document Center. Das Dulles-Zitat aus: Bern an OSS, 20. Dezember 1943, NA RG 226, Entry 134, Box 170. Die Liste der deutschen Postzensur vom 21. August 1944 verzeichnet Koppelmann als Hauptfigur der Organisation »Jersey« [Jerzy] und erwähnt Schulte und eine Reihe anderer, die mit Koppelmann in Kontakt standen. Siehe die Akte Schulte des

CIA. Dieses Beweisstück sowie Huppenkothens Nachkriegs-Affidavit machen es außerordentlich wahrscheinlich, daß die Gestapo im Sommer 1944 zu dem Schluß gekommen war, Schulte für schuldig zu halten.

Schultes Nachkriegsdarstellung in seinem Lebenslauf, 25. März 1946, US-Justizministerium, Alien Property Custodian Records, Silesian-American Corporation Case File.

Warten im Exil

Seite 191–192:
Interviews mit Ruprecht Schulte, Dr. Albrecht Jung und Dr. Alfred Schaefer.

Seite 192–193:
Memoranden über Shermans Magdeburger Vorhaben siehe: NA RG 226, Entry 106, Box 12. Telefoninterview mit Irving Sherman. Aus den Dokumenten wird nicht deutlich, was genau von Schulte erwartet wurde. Sherman schrieb, man würde Schulte nach dem sichersten Weg zur Zerstörung der Zinkhütte fragen. In einigen Fällen in Frankreich gingen OSS-Agenten zur Firmenleitung und »ersuchten« sie, den Betrieb einzustellen; andernfalls würde man die Fabrik bombardieren und vollständig zerstören müssen. Gelegentlich funktionierte die Drohung, was den Alliierten Flugzeuge, Soldaten und Material sparte. »Blackmail Scheme«, NA RG 226, Entry 91, Secret Operations War Diary, Bd. 1, S. 51–52.

Es ist außerdem unklar, ob die Vereinigten Stabschefs jemals formell um ihre Zustimmung zu dem Projekt gebeten wurden oder ob Sherman einfach annahm, daß sie den Vorschlag unterstützen würden. Nachforschungen in den Unterlagen der Vereinigten Stabschefs erbrachten nichts zu diesem Plan, aber es muß auch nicht alles in den Papieren festgehalten sein.

Seite 193–199:
Eduard Schulte, »Gutachten betreffend die grundlegende Behandlung der deutschen wirtschaftlichen Nachkriegsprobleme einschließlich konkreter Vorschläge zu den wichtigsten Wirtschafts-Komplexen«, im Besitz von Ruprecht Schulte. Akte Schulte des CIA. Über Andreae: Interview mit Dr. H. Rathenau, New York.

Seite 199–201:
Interviews mit Dr. Eduard Waetjen. Akte Waetjen des CIA, freundlicherweise zur Verfügung gestellt von Dr. Klemens von Klemperer. Zu der Tatsache, daß Waetjen Dulles Informationen über den geplanten Staatsstreich gegen das Naziregime lieferte, siehe beispielsweise Dulles an OSS, 6. April 1944, NA RG 226, Entry 134, Box 228, Breakers January – March 1944.

Seite 201:
Bern an OSS, 22. Februar 1944, NA RG 226, Entry 134, Box 169. Die Tatsache, daß Schulte der ungenannte Industrielle war, der die Vorschläge machte, die Dulles unterstützte und nach Washington weitergab, wird in der Akte Schulte des

CIA enthüllt. Über Schultes Vorschlag eines beratenden Ausschusses siehe Bern an OSS, 14. August 1944, NA RG 226, Entry 134, Box 169, sowie Akte Schulte des CIA.

Seite 201–202:

Bern an OSS, undatiert, No. 4498–4500 [etwa 15. August 1944], NA RG 226, Entry 134, Box 277; Antwort von OSS Washington, 19. August 1944, ebd.

Seite 202–207:

Über Schultes Krankheit: E. O. Sowerwine an Robert F. Kelley, 19. Oktober 1945, SEC Exhibit 33, Proceedings for the Reorganization of the Silesian-American Corporation, United Staates Court of Appeals for the Second Circuit, 26. Dezember 1950, Kopie in: Anaconda Copper Mining Corporation Records, Atlantic Richfield Company Corporate Archives. Ferner Interview mit Ruprecht Schulte.

Schulte und Riegner: Interview mit Dr. Gerhart Riegner. Kriegsende und Giesche: Interview mit Dr. Albrecht Jung. Die Autoren danken Cordelia Hood und Charlotte Stone (Hasenclever), die mit Emmy Rado zusammenarbeitete, für die Informationen über sie. Ihr Büro in New York war in 270 Madison Avenue, und ihre Aktivitäten waren später verschiedentlich Gegenstand von Sensationsdarstellungen, so etwa Elizabeth P. MacDonald, *Undercover Girl*, New York 1947, S. 248–253. Freud fand einmal sehr freundliche Worte für Sandor Rado, aber das verhinderte nicht, daß es in späteren Jahren zu einer Entfremdung zwischen ihnen kam.

Über Ruprecht Schulte: Interviews mit Ruprecht Schulte; ferner Amerikanisches Generalkonsulat Zürich an Visa Division, 22. Juli 1946: Visa Case of Ruprecht Franz Hubertus Schulte, NA RG 84, Zurich Confidential File 1946, 811.11.

Office of Strategic Services Mission for Germany, »German Government Personnel«, 6. August 1945, NA RG 226, XL 22686.

Ein Nachkriegs-Alptraum

Seite 208–214:

Informationen von Melvin Lasky und A. Hauschner. Die Atmosphäre in Berlin ist ausgezeichnet wiedergegeben in Wolfgang Staudtes Film *Die Mörder sind unter uns* (1946). Zu Schultes Einstellung siehe sein Manuskript von 1944 sowie Informationen von Ruprecht Schulte und Dr. Arthur Burkhardt.

Seite 214–216:

Die Frühstücks-Bemerkung zitierte General Clay nach John H. Backer, *Die deutschen Jahre des Generals Clay: Der Weg zur Bundesrepublik 1945–1949*, München 1983. Einzelheiten über Gebäude C in RG 260, Economics Division, Box 21, Folder 17/8302 (28), 322–2. Als Berater aufgeführt ist Schulte in NA RG 260, Economics Division, Box 20, Folder 17/8302 (15), 320.4 (1945). Übergabe von

Schultes Denkschrift aus dem Jahre 1944 an Oberst Boyd und Major Demuth: Schultes Lebenslauf, 25. März 1946, US-Justizministerium, Alien Property Custodian Records, Silesian-American Corporation Case File (im folgenden: »Justizministerium . . .«). Siehe Schultes Memorandum vom April 1946 in NA RG 260, Economics Division, Box 134, 3/134-1, 32-2. Gaethkes Empfehlung an die Rechtsberater der Industrie-Abteilung, 31. Januar 1946, Justizministerium . . .

Schultes Ernennung in: Oberst James Boyd an den Direktor der Economics Division, 26. Oktober 1945, NA RG 260, Transition Files, Box 10, Folder Civilian Personnel October-December 1945.

Seite 216:

Thilo Vogelsang, »Die Bemühungen um eine deutsche Zentralverwaltung 1945/46«, in: *Vierteljahrshefte für Zeitgeschichte* 18 (1970), S. 512-517.

Seite 216-217:

Backer, *Die deutschen Jahre des Generals Clay.* Conrad F. Latour und Thilo Vogelsang, *Okkupation und Wiederaufbau: Die Tätigkeit der Militärregierung in der amerikanischen Besatzungszone Deutschlands 1944-1947,* Stuttgart 1973, S. 134f.

Seite 217-218:

Special Branch Subsection of Public Safety: »Proposed Organization and Procedure«, undatiert, NA RG 260, Civil Administration Division, Public Safety Branch, Folder 15/108-2/1. Statistische Angaben in NA RG 260, Civil Administration Division, Box 429, Public Safety Branch Folder 15/120-3/4, 100.

Seite 218:

Latour und Vogelsang, *Okkupation* . . ., S. 134f. Siehe beispielsweise: »Statistical Report on the Results of Implementation of Control Council Directive No. 24 in the Four Zones of Occupation of Germany and in the Sectors of the City of Berlin, 1 January-30 June 1946«, NA RG 260, Civil Administration Division, Box 429, Folder 15/120-3/4, 100. Special Branch Subsection of Public Safety, »Proposed Organization and Procedure«, undatiert, NA RG 260, Civil Administration Division, Public Safety Branch, Folder 15/108-2/1.

Seite 219-220:

Anordnung vom 7. Juli 1945 in: Dulles an Oberstleutnant Howard Jones, 30. Sept. 1945, NA RG 84, Zurich Confidential File 1945, 800. Dulles an Amerikanisches Konsulat Zürich, 5. Juli 1946 [fälschlich für 1945], NA RG 84, American Consulate Zurich 1946, Box 2397, 811.11-867.7. Informationen über Darling von Ruprecht Schulte. Die Tatsache, daß Schultes Beschäftigung auf die Industrie-Abteilung beschränkt war, geht hervor aus: Boyd an den Direktor der Economics Division, 26. Oktober 1945, NA RG 260, OMGUS Transition Files, Box 10, Civilian Personnel October-December 1945. Wir waren nicht in der Lage, Schultes Fragebogen ausfindig zu machen, aber die Tatsache, daß ihm die Sicherheitsabteilung am 3. November 1945 die Einstufung »Keine Anhaltspunkte für NS-Betätigung« gab, wird erwähnt in Major Haakon Limfjords Aktennotiz, 9. Juni 1947, Army Intelligence Investigative Records, Ft. Meade, Md., NA RG 319, im Register unter Schulte, Eduard. Daß die Kandidaten eine makellose Vergangenheit aufweisen mußten, wird erklärt in Thomas B. Stauffer an Oberst Durand, 3. Juni 1946, Justizministerium ...

Seite 220–221:

Major R. H. Demuth an Working Committee of Denazification Policy Board, 17. Dezember 1945, NA RG 260, Civil Administration Division, Box 307, Folder 15/124–3/16, 102. Zum falschen Datum von Schultes Ernennung siehe Oberst H. G. Sheen an A. C. of S., G–2, 21. Februar 1946, NA RG 319, Schulte, Eduard (Fort Meade Index). Zum tatsächlichen Datum von Schultes Ernennung zum Wehrwirtschaftsführer siehe Akte Schulte, Berlin Document Center. Zur Übernahme der Ernennungen durch die Nazis siehe Partei-Kanzlei Rundschreiben Nr. 110/42, 23. Juli 1942, NA RG 242, T–81, R–1/11952. Über die amerikanische Einstellung zu Industriellen: NA RG 260, Box 377, Folder 11/17–3/13, »Industrialists«. General Clays Wunsch nach Bestrafung von Industriellen in: C. R. Coleman an Botschafter Murphy und Mr. Steere, 1. April 1946, NA RG 260, Box 673, F. Lists-Personalities, Firms 17/250–1/31. Zitat aus Gantt an Lyon, Heath und Sprecher, 9. Dezember 1946, NA RG 238, Entry 203, Box 34, Nr. 6.

Seite 221–223:

Die Episode mit Eisenhower und Clay in Briefen von Stauffer. Stauffers Ansicht über Schultes Situation besonders in: Stauffer an Oberst Durand, 3. Juni 1946, Justizministerium ... Biographische Angaben und Darstellung des Treffens mit Schulte aus Briefen von Stauffer.

Seite 223–224:

Lebenslauf vom 25. März 1946, Justizministerium ... Belobigungen und Zeugnisse in NA RG 84, Zurich Confidential File 1945, 800. Schulte an Fritts und Schulte an Wilkinson, 16. September 1946; Wilkinson an Schulte, 30. September 1946; Kopien sämtlich in: Justizministerium ...

Seite 224–225:

Schultes Dokumentensammlung in NA RG 84, Zurich Confidential File 1945, 800. Schulte an Siemon, 6. Januar 1947, SEC Exhibit 8–H, Reorganization of the Silesian-American Corporation, United States Court of Appeals for the Second Circuit, 26. Dezember 1950, Kopie in Atlantic Richfield Company Corporate Archive. Dulles an Helms, 15. Juli 1946, zitiert in Helms an Cushing, 10. Februar 1947, Akte Schulte des CIA.

Seite 225–228:

Siehe Gaevernitz an Dulles, 22. Oktober 1945, N 524/v. 6, Bundesarchiv-Militärarchiv, Freiburg. Chase Office Memorandum, 25. Oktober 1945, NA RG 84, Bern Confidential File 1945, 800 Germany – »Activities of Remnants of Subversive Movement«. Über Gisevius: Interview mit Dr. Eduard Waetjen und Klaus Urner, *Der Schweizer Hitler-Attentäter,* Frauenfeld 1980, S. 20ff.

Seite 228–230:
Über die Demontage des Magdeburger Giesche-Werks durch die Russen siehe: *The Metal Bulletin,* 26. September 1947. Die Verstaatlichung der Firma Giesche in Polen, die als deutsches Eigentum betrachtet wurde, fand im Januar 1946 statt. Siehe »Brief for J. Howard McGrath, Attorney General, Appellant, in the Matter of Silesian-American Corporation«, in: United States Court of Appeals for the Second Circuit (Urteil vom 26. Dezember 1950), Kopie in: Justizministerium . . ., S. 2. (Dieses Dokument, im folgenden als »Brief« bezeichnet, stellt einen relativ guten Führer durch das Labyrinth der Ereignisse dar, auch wenn es Schultes Motive völlig falsch interpretiert.)

Der »Trading with the Enemy Act« ermöglichte es dem Präsidenten, auf dem Verordnungswege Devisentransaktionen sowie alle Transaktionen in den USA, die ausländisches Eigentum berührten, zu regeln. Dies führte zu einer Reihe von Verordnungen, die für gewisse Transaktionen Lizenzen des Finanzministeriums erforderlich machten, und dieses verweigerte für das Silesian-American-Geschäft dreimal die Lizenz (Juli und Oktober 1941, Januar 1942). »Brief«, S. 7–10. Die Silesian-American Corporation ging in Konkurs.

Schulte war jedoch entschlossen, zu handeln, und schloß das Geheimgeschäft mit den Schweizer Banken ab. Mit umfassender Handlungsvollmacht ausgestattet, informierte er nicht einmal Giesches Repräsentanten-Kollegium. Das US-Justizministerium besaß später die Kühnheit zu behaupten, diese Vereinbarung mit den Schweizer Banken sei nicht legal gewesen, weil es dafür keine Genehmigung der Naziregierung gegeben habe; diese hätte Schulte sicherlich hingerichtet, hätte sie erfahren, was er tat!

Für den Wortlaut des Abkommens siehe Trustee's Exhibit 27, Witness Exhibit 4, Schulte Deposition, Agreement between La Roche and Giesche, 21. August 1942, Proceedings for the Reorganization of the Silesian-American Corporation, United States Court of Appeal for the Second Circuit, 26. Dezember 1950, Kopie in: Atlantic Richfield Company Corporate Archive, Anaconda-SICO Records (im folgenden: »Proceedings«). Für Schultes Erklärung siehe: Statement of Dr. Eduard Schulte to Lawyers of the Alien Property Custodian, 5. September 1947, Anaconda-SICO Records, Box X–1028, Schulte Folder.

Über Schulte und die Göring-Werke siehe Schultes Affidavit vom 25. Juli 1945 in NA RG 84, Zurich Confidential File 1945, 800. Ferner Interview mit Dr. Albrecht Jung; Wilhelm Treue, *Georg von Giesches Erben 1704–1964,* Hamburg 1964, S. 106–108.

Seite 230–231:
I. F. Stone, »When's a German Firm Not German«, in: *P.M.,* 15. November 1946.

Seite 231–232:
Marcel Maliga an Außenminister, 16. April 1946, NA RG 59, CDF 860C.63 Silesian-American Corporation/4–1646; Acheson an Amerikanische Gesandt-

schaft, Bern, 14. Juni 1946, Kopie in: Justizministerium . . .; Generalkonsulat Zürich, Geheimes Memorandum, 27. November 1946, NA RG 84, Zurich Confidential File 1946, 811.11; Hamilton Robinson, US-Außenministerium, Office of Economic Security Policy an Donald Cook, US-Justizministerium, Office of Alien Property, 6. Dezember 1946, Kopie in NA RG 84, Zurich Confidential File 1945, 811.11.

Über den Visumantrag siehe Woods an Außenminister, 21. November 1946; Generalkonsulat Zürich, Geheimes Memorandum, 27. November 1946; Legge an Woods, 18. November 1946, über die Ansicht von Paul Blum; alles in NA RG 84, Zurich Confidential File 1946, 811.11. Stauffer an Office of the Director of Political Affairs, 21. November 1946; Office of the Political Adviser an Amerikanische Gesandtschaft Bern, 24. Dezember 1946; Amerikanische Gesandtschaft Bern an Office of the Political Adviser, Berlin, 21. Januar 1947; alles in: Justizministerium . . .

Seite 232–233:

Bericht Dr. Lothar Siemon an Audits and Investigations Branch, Finance Division, OMGUS, 28. November 1946; Erklärung Hella Jerchel, 28. November 1946; Affidavit Günther von Poseck, 29. November 1946; alles in: Justizministerium . . .

Seite 233–234:

Dulles an Clayton, 3. Dezember 1946, Allen Dulles Papers, Box 26, Schulte File, Mudd Library, Princeton University. Clayton an Dulles, 9. Dezember 1946, Clayton Papers, Dulles Folder, Harry S. Truman Library. Die Antwort des US-Außenministeriums vom 22. Januar 1947 fehlt, aber Dulles zitiert aus dem Brief des Außenministers vom 7. Januar 1947 an ihn in seinem Brief vom 8. Juli 1947 an Robert Alexander von der Visumabteilung, Box 32, Schulte File, Dulles Papers, Mudd Library, Princeton. Siehe auch Generalkonsulat Zürich an Außenminister, 7. Februar 1947, Zurich Confidential File 1946, 811.11. Schulte an Wilkinson, 24. Januar 1947, Justizministerium . . .

Daß Schulte sich über seine Behandlung beklagte, ist erwähnt in Generalkonsulat Zürich an Außenminister, 7. Februar 1947, Zurich Confidential File 1946, 811.11.

Seite 234–235:

McGrath an Sonnet, 20. Februar 1947, Justizministerium . . . Brief und Interview Dr. Arthur Burkhardt über das Verhör von Dr. Wolf im Justizministerium, das auch erwähnt wird in McGrath an Sonnet, 26. Februar 1947; Funkspruch McGrath, 25. Februar 1947; Connor an Searls, 28. Februar 1947; Jones an McGrath, 3. April 1947; Abramson an George Searls, 23. Juli 1947, worin die Genehmigung des Außenministeriums für das Visum und die neue Strategie des Justizministeriums übermittelt werden; alles in: Justizministerium . . .

Memorandum Hughes, 15. Mai 1947, NA RG 260, Office of Director for Intelligence, 004 (1). Memorandum Hess, 15. Mai 1947, NA RG 260, Box 3,

General Correspondence. Memorandum Schepsis an Befehlshabenden Offizier, 970th Counter Intelligence Corps, 20. Mai 1947; Memorandum Vizekommandeur Harold Marr Jr. vom 23. Mai 1947; NA RG 260, Box 3, General Correspondence. McGrath an Harry LeRoy Jones, 12. August 1947, Justizministerium ...

Statement of Dr. Eduard Schulte to Lawyers of the Alien Property Custodian, 5. September 1947, Kopie in: Anaconda-Silesian-American Records, Box X-1028, Schulte Folder, Atlantic Richfield Corporate Archives. Schulte an Siemon, 4. September 1947, SEC Exhibit 8L, »Proceedings«. McGrath an Harry LeRoy Jones, 13. September 1947, Justizministerium ... Zur fortgesetzten Suche nach für Schulte belastendem Material siehe Harrison, Litigation Branch, an McGrath, 19. März 1948; Hosiosky an Richter Dougherty, 24. Mai 1948; Justizministerium ...

Seite 235–236:

Schulte an Stauffer, 16. und 22. Juni 1951, Privatbesitz Stauffer. Briefe von Thomas B. Stauffer.

Seite 236–237:

»Poland Will Pay $ 40,000,000 to U. S. to Settle Claims«, *New York Times,* 17. Juli 1960.

Epilog

Seite 238–241:

Interviews mit Dr. Arthur Burkhardt, Dr. O. H. C. Messner, Günter Schwerin, Dr. Alfred Schaefer, Ruprecht Schulte. Ferner Eduard Schultes Briefe an Ruprecht Schulte.

Seite 241–242:

Informationen von Ruprecht Schulte. E. Gagliardi, *Alfred Escher,* Frauenfeld 1919. Todesanzeige in: *Neue Zürcher Zeitung,* 7. Januar 1966. Dr. Gerhart Riegners Brief an Frau D. Schulte, Genf, 10. Januar 1966.

Seite 242–249:

Gerichtsdokumente im Besitz von Ruprecht Schulte. *Deutsche Juristenzeitung,* 20. November 1952.

Archivquellen

Dokumente der amerikanischen Regierung

United States National Archives

Bereich Washington, D.C.
Record Group (im folgenden: RG) 59, General Records of the Department of State, Central Decimal File
RG 84, Records of the Foreign Service Posts of the Department of State (in: Washington National Records Center, Suitland, Maryland)
RG 165, Records of the War Department General and Special Staffs (in: Washington National Records Center, Suitland, Maryland), Military Intelligence
RG 226, Office of Strategic Services (OSS)
Plain Number Files, L and XL Files
Entry 4, Security Classified Dispatches from Neutral Posts
Entry 91, London Branch, War Diaries
Entry 106, Secret Intelligence
Entry 134, Radio and Cables
RG 238, National Archives Collection of World War II War Crimes Records, Records of the United States Chief of Counsel for War Crimes, Nuremberg, Military Tribunals Relating to German Industrialists
RG 243, Records of the U.S. Strategic Bombing Survey
RG 260, Office of Military Government United States (OMGUS) (in: Washington National Records Center, Suitland, Maryland)
RG 319, Records of the Army Staff. Darin auch: U.S. Army Intelligence Investigative Records, Fort Meade, Maryland.

Dokumente des Präsidenten in:
Franklin D. Roosevelt Presidential Library (FDRL), Hyde Park, New York
Official File
President's Secretary's File
Oscar Cox Papers, in FDRL

Henry Morgenthau jr., Präsidententagebücher, in FDRL
War Refugee Board Records, FDRL

Dokumente des Präsidenten in:
Harry S. Truman Presidential Library, Independence, Missouri
Will Clayton Papers in Truman Library

Andere amerikanische Regierungsdokumente

Unterlagen des CIA (United States Central Intelligence Agency)
US-Justizministerium, Unterlagen des FBI (Federal Bureau of Investigation)
US-Justizministerium, Office of Alien Property Custodian, Silesian-American Corporation Case File

Private Sammlungen in den USA

American Jewish Committee Archives, New York
Anaconda Copper Mining Corporation Records, Atlantic Richfield Company Corporate Archives, Los Angeles, California
Anaconda Copper Mining Corporation Records, Montana Historical Society, Helena, Montana
William J. Donovan Papers in U.S. Army Military History Institute, Carlisle, Pennsylvania
Allen W. Dulles Papers, Seeley G. Mudd Library, Princeton University, Princeton, New Jersey
Leland Harrison Papers, Library of Congress
James G. McDonald Papers, Columbia University School of International Affairs, New York
George S. Messersmith Papers, University of Delaware
Philip G. Strong Papers, Seeley G. Mudd Library, Princeton University, Princeton, New Jersey
Henry A. Wallace Collection, Columbia University Oral History Collection, New York
Stephen S. Wise Papers, American Jewish Historical Society, Waltham, Massachusetts

Dokumente aus Nazi-Deutschland

Biographische Dokumente der NSDAP, Berlin Document Center
Verschiedenes nicht biographisches Material (Schumacher-Material), Berlin Do-

cument Center und United States National Archives, RG 242, Mikrofilm T-580
Akten des Reichsministeriums für Volksaufklärung und Propaganda, Kopien in United States National Archives (im folgenden: NA), RG 242, Mikrofilm T-70
Akten des Hauptquartiers des Oberkommandos der deutschen Wehrmacht, NA RG 242, T-77
Akten des Hauptquartiers des Oberkommandos des deutschen Heeres, NA RG 242, T-78
Sammlung verschiedener deutscher Dokumente, NA RG 242, T-84
Akten des Reichsaußenministeriums und der Reichskanzlei, NA RG 242, T-120
Akten des Reichsführers SS und Chefs der deutschen Polizei, NA RG 242, T-175
Sammlung Himmler, NA RG 242, EAP 173-B-16-12/Boxes 1–4
Amt Ausland/Abwehr, Bundesarchiv-Militärarchiv, Freiburg
Papiere Gero von Gaevernitz, Bundesarchiv-Militärarchiv, Freiburg

Schweizerische Regierungsdokumente

Geheimdienst-Dokumente und Offizielle Zusammenfassungen von Dokumenten, Schweizerisches Bundesarchiv, Bern

Polnische Regierungsdokumente

Studium Polski Podziemnej, London

Jüdische Dokumente ausserhalb der USA

Tagebuch A. Leon Kubowitzki, World Jewish Congress Records, London
Papiere Benjamin Sagalowitz, Yad Vashem, Jerusalem

Interviews und Briefwechsel

Dr. Hermann Abs
Nicholas Baer
Mary Bancroft
Gerda Bassenge
Dr. Arthur Burkhardt
Dr. Hans Buwert
Dr. Paul Carter
Dr. Gerhard Charig
Degussa AG
Dr. Harold Deutsch
Joseph H. Domberger
Wolf von Eckhart
Dr. Lutz Ehrlich
Howard Elting jr.

Charles Fenyvesi
Dr. Jonathan Friedmann
Dr. Eugen Gerstenmaier
Dr. Walter Grünfeld
Dr. Katja Guth
W. Averell Harriman
A. Hauschner
Hans Heilsohn
Dr. Thomas Helde
Hans Herwarth von Bittenfeld
Siegmund Hirsch
Cordelia Hood
Dr. Albrecht Jung
Dr. Benjamin M. Kahn
David Kahn
Andrew King
Dr. Klemens von Klemperer
Dr. H. R. Kurz
Hans La Roche
Fred Lessing
Ronald Lewin
James M. Markham
Dr. O. H. C. Messner
Sophia M. Miskiewicz
Dr. Alois Müller
Alois Nagler
Jan Nowak
Dr. Dietrich Orlow
Jules Passweg
Polnische Exilregierung
Günter von Poseck
Dr. H. Rathenau
Patrick Reid
Dr. Gerhart M. Riegner
Peter Rosenstein
Michael Rybikowski
Lucie Sagal
Nina Zafran-Sagalowitz
Dr. Alfred Schaefer
Dr. S. Scheps
Dr. Schudel
Oskar Schulte
Ruprecht Schulte
Günter Schwerin
Irving Sherman
Peter M. F. Sichel
Herman Simon
Leon Sliwinski
Thomas B. Stauffer
Dr. Douglas Steere
Marga Stinnes
Charlotte Stone
Shepard Stone
Cesare Szulczewski
Dr. J. Treitel
Dr. Wilhelm Treue
Thomas Troy
Dr. Henry Turner
Dr. Hans Tütsch
Dr. K. Urner
Dr. Eduard Waetjen
Dr. Gerhard Weinberg
C. Wichmann

Danksagung

Viele Menschen, an die wir uns wandten, um Dokumente für diese Studie aufzuspüren oder zugänglich zu machen, kamen uns mit einer Hilfsbereitschaft entgegen, die weit über ihre Amtspflicht hinausging. John Taylor vom Modern Military Branch der National Archives leistete uns bei den OSS-Berichten und anderen wichtigen Schriftstücken kritische und beständige Unterstützung; Lawrence McDonald leitete uns höchst wirkungsvoll durch eine Reihe kürzlich freigegebener OSS-Dokumente. Vom Modern Military Branch waren uns auch Direktor Robert Wolfe, John Mendelsohn und George Wagner immer wieder behilflich, in den beschlagnahmten deutschen Dokumenten und in den Nürnberger Protokollen einschlägiges Material aufzufinden. Im Diplomatic Branch hatten wir in Sally Marks eine sachkundige Helferin, und David Pfeiffer und Fred Pernell bearbeiteten geduldig unsere vielen Anfragen an das Washington National Records Center. David Pfeiffers Initiative ist es zu verdanken, daß ein Schlüsseldokument unserer Studie zutage gefördert wurde. Thomas F. Conley, der Direktor des Freedom of Information Office in Fort Meade, stellte uns bereitwillig Informationen aus den Akten des militärischen Nachrichtendienstes zur Verfügung. Der Direktor der Franklin D. Roosevelt Library, William R. Emerson, gab uns zu verschiedenen Dokumenten fachmännischen Rat; sein Mitarbeiterstab war uns eine große Hilfe. Dennis Bilger von der Harry S. Truman Library und Gary Cohen von der Library of Congress unterstützten uns ebenfalls mit großer Hilfsbereitschaft.

Sandra Rozenblad vom Freedom of Information Act Office, Civil Division, Department of Justice half uns bei der Beschaffung wichtiger Schriftstücke der amerikanischen Regierung und stellte uns ihr Büro zur Verfügung. Ihre Hilfe war von unschätzbarem Wert. Daniel P. Simon, der Direktor des Berlin Document Center, verschaffte uns zahlreiche Akten über Personen, die mit Eduard Schulte zu tun hatten.

Als eine der für uns bedeutendsten Sammlungen erwies sich zu unserer Überraschung das Archiv der Anaconda Copper Mining Corporation, heute Teil der Atlantic Richfield Company Corporate Archives, die uns Roxanne Burg mit nie versagender Hilfsbereitschaft zugänglich machte. Von großem Wert war auch die Anaconda Collection der Montana Historical Society, wo Ellen H. Arguimbau die einschlägigen Dokumente für uns heraussuchte. Dr. Richard J. Sommer vom U.S. Army Military History Institute, Carlisle Barracks, Pennsylvania, und Frau J. Holliday von der Seeley G. Mudd Manuscript Library der Universität Princeton geleiteten uns durch die wichtigen William J. Donovan- und Allen W. Dulles-Papiere. Dr. O. Gauye und Dr. Christopher Graf vom Schweizerischen Bundesarchiv in Bern beschafften uns amtliche Zusammenfassungen verschiedener wichtiger Schriftstücke. Professor Klemens von Klemperer vom Smith College stellte uns Dokumente zur Verfügung, die er bei seinen eigenen Forschungen gesammelt hatte. Thomas B. Stauffer versorgte uns mit Dokumenten und persönlichen Informationen. Sean Moran ging für uns einigen Hinweisen nach.

Unser Dank gilt auch dem Direktor und den Mitarbeitern vom Bundesarchiv-Militärarchiv Freiburg; dem Studium Polski Podziemnej, London; dem World Jewish Congress, London; Yad Vashem, Jerusalem; der American Jewish Historical Society, Waltham, Massachusetts, und der Manuscript Division der University of Delaware Library.

Die Zahl derer, mit denen wir im Laufe unserer Untersuchung korrespondierten oder die wir interviewten, ist so groß, daß es leider unmöglich ist, sie hier alle aufzuführen; eine unvollständige Liste findet sich im Anschluß an die Archiv-Quellen. An vorderster Stelle von ihnen steht Ruprecht Schulte, ohne dessen beständige Unterstützung dieses Buch niemals hätte geschrieben werden können. Oskar Schulte, der jüngere Bruder Eduards, war gleichfalls sehr hilfsbereit; ebenso Dr. Eduard Waetjen, der in unserer Geschichte an einer Stelle eine entscheidende Rolle spielte. Dr. Gerhart Riegner wahrt hinsichtlich der Identität des geheimnisvollen Boten nach wie vor Schweigen; doch in der Erörterung anderer Aspekte dieses Falles hätte er hilfreicher nicht sein können.

Die American University, Washington D.C., hat unsere Forschung unterstützt. Die einzigartigen Materialien der Wiener Library, London, waren uns eine enorme Hilfe, und unser Dank gilt insbesondere der Chefbibliothekarin, Frau C. Wichmann, die uns half, dieses Buch zu vollenden.

Personenregister

Bildnachweis

(Die Zahlen beziehen sich auf die Reihenfolge der Bilder)
AP/Wide World Photos-41, Comet Photo Agency, Zurich-42, Howard Elting, Sr.-31, Josef Jeiter-20, Library of Congress-32, Sophia M. Miskiewicz-17, 21, 48, Moos Verlag, Berlin-15, Neofot-16, New York Public Library-40, Gerhart M. Riegner-26, Oskar Schulte-1, 2, 4, 5, 47, Ruprecht Schulte-3, 6, 7, 8, 9, 10, 11, 12, 19, UPI/Bettmann/Newsphotos-34, 35, 36, Dr. Eduard Waetjen-39, Washington National Record Center-29, 30, 45, 46, Wiener Library-18, 37, 38, Nina Zafran-Sagalowitz-28.